Fred Kurt

DIE GÄRTNER VON EDEN

Reportagen über das Abenteuer, wilde Tiere zu erforschen und bedrohte Arten zu erhalten

Rasch und Röhring Verlag

Für Chandi und Nati

CIP-Titelaufnahme der Deutschen Bibliothek

Kurt, Fred:
Die Gärten von Eden: Reportagen über das Abenteuer, wilde Tiere zu erforschen und bedrohte Arten zu erhalten / Fred Kurt. – Hamburg: Rasch und Röhring, 1991
ISBN 3-89136-396-6

Schutzumschlaggestaltung: Peter Albers
unter Verwendung eines Fotos vom Cinema-Archiv
Satzherstellung: Fotosatz Otto Gutfreund, Darmstadt
Druck- und Bindearbeiten: Ebner Ulm
Printed in Germany

Inhalt

Vorbemerkung

Arten- und Naturschutz sind Kinder der Wohlstandsgesellschaft. Nur sie kann sich den Luxus leisten, sich um bedrohte Pflanzen, Tiere und Lebensgemeinschaften zu kümmern, Geld für ihre Erhaltung zu spenden, sie zu erforschen und möglicherweise gar im Zoo oder botanischen Garten zu pflegen. Dieselbe Gesellschaft leistet sich aber auch millionenfachen Verschleiß von wildlebenden Geschöpfen aus fernen Welten. Was an Papageien und anderen Ziervögeln, an Land- und Sumpfschildkröten, Schlangen und Krokodilen, Orchideen, Bromelien, Tillandsien und vielen anderen anspruchsvollen, seltenen Wildpflanzen in die gute Stube geschmuggelt wird und früher oder später krepiert, kann bestenfalls geschätzt und kaum eingedämmt werden. Und siegt gelegentlich einmal die Vernunft über den Konsum, gelingt es zum Beispiel fünf vor zwölf, die Wilderei auf den Afrikanischen Elefanten einzustellen, sucht sich der Markt ganz einfach neue Opfer – Elfenbein liefern jetzt Nilpferde und Walrosse.

Seit mehr als einem Jahrzehnt wurde der schreckliche Ausverkauf der Natur vorzüglich dokumentiert, beispielsweise von Gerd Schuster seinerzeit in der Zeitschrift »natur«, von Jochen Bölsche und anderen Autoren im »Spiegel« oder von Dieter Kaiser und seinen Mitarbeitern in der ARD-Fernsehreihe »Wir töten, was wir lieben«. Wir nehmen diese Berichte zwar zur Kenntnis, verweisen aber sofort auf die Menschen der sogenannten Dritten Welt: Auch sie zerstören ihre natürliche Umwelt. Hungrige, völlig verarmte Menschenmillionen können gar nicht anders, sie roden, jagen, vergiften nicht aus bösem Willen, nicht aus Zerstörungssucht, sondern um schlecht und recht zu überleben. Stopp dem Bevölkerungswachstum! ist nicht von ungefähr die vordringlichste Forderung aller Naturschutzorganisationen, sie ist auch die theoretischste. Ebensowenig wird es in Anbetracht der gegenwärtigen politischen Großwetterlage, in Anbetracht brennender Ölquellen und total verseuchter Strände am Persischen Golf, gelingen, eine drohende Klimakatastrophe und damit die Zerstörung weiträumigster Lebensgemeinschaften aufzuhalten. Der »biologische Winter« scheint unausweichlich, für Pessimisten hat er mit dem Krieg am Golf bereits begonnen.

Trotz aller trüben Aussichten gibt es aber immer mehr Menschen, die erhalten und retten wollen, was noch zu retten ist. Ich nenne sie die »Gärtner von Eden«. Von einigen ist in diesem Buch die Rede. Es sind Arten- und Naturschützer, Jäger und Förster, Laien und Naturwissenschaftler, die gegen Zerstörung kämpfen, die gestörten Lebensgemeinschaften ihr Fließgleichgewicht zurückgeben wollen. Die einen haben sich einzelnen Arten, etwa dem Biber oder Tiger, verschrieben, andere kümmern sich um ganze Lebensgemeinschaften, um ein bestimmtes Moor oder ein bestimmtes Waldreservat. Was immer die Gärtner von Eden tun, ihr Wirken wird mehr und mehr von wissenschaftlichem Kalkül mit bestimmt. In der Neuen Welt und in England spricht man längst von »Conservation Biology«, von Naturschutz-Biologie.

Der neue biologische Fachbereich unterscheidet sich wesentlich von der klassischen Biologie, in mancher Hinsicht ist er eine »Krisendisziplin«. Naturschützer, das weiß ich aus eigener Erfahrung, kommen sich oft vor wie Ärzte, die einen Patienten behandeln sollen, den sie in gesundem Zustand nicht kannten. Anders ausgedrückt: Im Gegensatz zur »normalen« Wissenschaft ist es in der Naturschutz-Biologie oft dringend nötig, Entscheidungen zu treffen, obwohl fundierte Forschungsdaten fehlen. Das Risiko, »nichts zu tun«, überwiegt das Risiko, »das Falsche« zu tun.

Ein Beispiel: Will man ein letztes Bergtal von Rindern, Skipisten und Massentourismus freihalten, kommt es unter

»Naturschutz«. Darunter versteht auch der Laie den Schutz vor menschlicher Nutzung. Bald wird sich herausstellen, daß »gut gemeint« nicht unbedingt »gut« sein muß. Wahrscheinlich werden sich Hirsche oder andere Huftiere rasch auf Kosten einer vielfältigen Pflanzendecke vermehren, nur die Jagd kann hier Abhilfe schaffen. Also führt man das vor Menschen geschützte Tal wiederum einer menschlichen Nutzung zu.

Naturschutz gelingt langfristig nie »gegen« den Menschen. Auch in dieser Hinsicht ist Naturschutz-Biologie eine »Krisendisziplin«: Solange Naturschutzprojekte erfolglos sind, selbst tief in einer Krise stecken, haben sie mehr Chance, unterstützt zu werden, als wenn sie erfolgreich sind. Einen fernen Tiger oder Biber duldet man, einer, der einem das Vieh frißt oder ein paar Bäume fällt, wird unverzüglich bekämpft. Naturschutz hat in der Kultursteppe des Menschen nur aktiv zu sein, wenn er keinen »Schaden« anrichtet.

Selbst der große Nationalpark in schier endloser afrikanischer Savanne hat nicht die geringste Chance, wenn er lediglich von Touristen und Touristenorganisationen, aber nicht in irgendeiner Form von der Lokalbevölkerung genutzt wird. Naturschutz hat in jedem Fall auch immer »Menschenschutz« zu sein, eine Feststellung, die viele Gärtner von Eden oft viel zuwenig ernst nehmen.

Doch lassen wir die Theorie. Beispiele sagen mehr. Sie finden sich in den folgenden Reportagen. Ich berichte vor allem von Naturschutzprojekten in Europa und Südasien, wo ich fast ein Vierteljahrhundert populäre Großtierarten und ihre Lebensräume studierte und versuchte, sie zu erhalten. Über Reh, Hirsch, Luchs und Biber, Tiger, Elefant, Nashorn und Orang-Utan ist vieles bekannt, über ihre Bedeutung für die Ökosysteme, über das Schicksal ihrer letzten Lebensräume wenig. Ich hoffe, meine Schilderungen können die eine oder andere Wissenslücke schließen.

Aichach, Januar 1991 *Fred Kurt*

Reh und Luchs: verfehlte Bleikuren

So begann die Rehforschung

Fridolin war handzahm und trank Milch aus der Flasche. Er folgte mir auf Schritt und Tritt, wahrte aber gelegentlich fünfzig und mehr Meter Abstand. Trotzdem fand er mich immer wieder, selbst im Menschengewühl auf Zürichs Straßen – keine besondere Leistung für ein Tier, das 320 Millionen Riechzellen auf seiner 90 Quadratzentimeter messenden Nasenschleimhaut trägt. Menschen, die Fridolin nicht kannten, hielten ihn auf den ersten Blick für einen Hund und beachteten ihn nicht weiter. Wohl deshalb bewegte er sich so sorglos mitten in der Großstadt. Fridolin war ein junges Reh.

Zusammen mit fünf anderen Kitzen zog ich ihn seinerzeit mit der Flasche auf, spielte Rehmutter und lernte dabei das kleine Einmaleins der Rehsprache: Kontakt- und Drohgebärden, Warn- und Schrecklaute. So begann 1963 mit Fridolin, der sich nie an einer Leine führen oder hochheben und in die Arme nehmen ließ, die erste Studie über Sozialverhalten und Ökologie des Rehs.

Das war, gemessen am damaligen Wissensstand über die Lebensweise anderer Großtiere, erstaunlich spät. Immerhin war die kleine Hirschart das häufigste Großwild Europas, verursachte trotz Jagd Schäden an Waldbäumen und war so für namhafte Kosten (Schadenvergütung und -verhütung) verantwortlich. Gleiches gilt auch für den größeren Vetter des Rehs, den Rothirsch. Die Forschung hätte viele Aufgaben gehabt. Vorerst kam es anders:

Europäische Ökologen und Verhaltensforscher, die sich mit großen wildlebenden Säugetieren beschäftigten, schenkten ihre Aufmerksamkeit vorrangig afrikanischen Arten: Im Dezember 1957 begannen Bernhard Grzimek und sein zwei Jahre später verunglückter Sohn Michael ihre unvergeßlichen Studien über die wandernden Tierherden in der Serengeti. Am 1. Januar 1959 fing George B. Schaller in den Vulkanbergen Ruandas mit seinen Forschungen über Berggorillas an, ein Unterfangen, das 1963 von Dian Fossey weitergeführt wurde und am zweiten Weihnachtstag des Jahres 1985 für sie tragisch endete. Helfer fanden die Amerikanerin tot in ihrer Hütte, den Schädel gespalten von einer Machete. Die Umstände ihres Todes konnten bis heute nicht geklärt werden.

Neben Dian Fossey machte eine zweite Frau von sich reden, die Scheuheit und Angriffslust unserer nächsten Verwandten überwand: Jane Goodall. Im Juli 1960 kam sie zusammen mit ihrer Mutter nach Gombe am Tanganjikasee. Damit begannen aufregende, heute mit einem beachtlichen Mitarbeiterstab geführte Beobachtungen an Schimpansen. Kurz nach dem Start von Jane Goodall in Gombe bauten der Zürcher Verhaltensforscher Hans Kummer und ich in Erer-Gota unser Camp auf; ein Jahr lang befaßten wir uns in den Steppen Ostäthiopiens mit dem Sozialverhalten der Mantelpaviane.

Genug der Beispiele. Die großen Säugetiere, um die sich Forscher damals vor allem kümmerten, waren dem Menschen nahe verwandte Arten oder Arten, die in offenem Gelände leben. Die Motive waren wie bei der Serengeti-Studie von Vater und Sohn Grzimek bereits vom Naturschutzgedanken beseelt. Mit den Ergebnissen ihrer abenteuerlichen Forschung wollten sie um die Erhaltung der Serengeti und um eine Vergrößerung des Lebensraumes wilder wandernder Tiere kämpfen. Angesprochen auf ihre Motive, das Leben wilder Schimpansen im Wortsinn auf Tuchfühlung zu ergründen, meinte Jane Goodall kürzlich: »Persönlich finde ich es nicht nötig, meine Studien zu rechtfertigen, indem ich etwa behaupte, man würde dann einmal menschliche Verhaltensweisen besser begreifen. Das glaube ich zwar. Aber in erster Linie ist es doch jener typisch menschliche Wunsch, das Wissen zu erweitern.« Unsere angeborene Neugierde und die unstillbare Abenteuerlust sind wohl in erster Linie die Triebfedern der (Feld-)Forschung.

Zweifellos standen meine ersten Rehforschungen zu Beginn der sechziger Jahre unter dem Vorzeichen »Wildschaden«. Waldbesitzer, Jäger, Naturschützer und Wildschadenkommissionen drängten nach wissenschaftlich fundierten Antworten auf Fragen wie: »Warum haben die Schalenwildbestände seit der Jahrhundertwende geradezu explosionsartig zugenommen? Schießen die Jäger zuwenig oder zumindest die falschen Tiere? Liegt es am Fehlen der natürlichen Beutegreifer wie Wolf und Luchs?« Immerhin verschwanden diese beiden Beutegreifer zur selben Zeit aus der europäischen Landschaft, als sich die »Hege mit der Büchse« durchsetzte, eine Jagdart, nach der alte, kranke und männliche Beutetiere erlegt, junge, gesunde und weibliche aber geschont werden sollten. Daß die Ursachen der Verbißschäden an wirtschaftlich bedeutenden Waldbäumen möglicherweise auf eine falsche Forstpolitik oder auf ganz andere Ursachen zurückgehen könnten, überlegte ich kaum. Vorerst entwickelte ich gewisse Beobachtungstechniken, beispielsweise zum Thema »Sozialverhalten«. Auf was ich mich da einließ, ahnte ich anfänglich nicht.

Wie in derartigen Studien üblich, sammelte ich in einem »Ethogramm« rund fünf Dutzend Verhaltenselemente. Ich beschrieb, wie Rehe imponieren (sie »machen sich groß«, recken den Hals nach oben, winkeln die Ohren an und stehen quer vor dem Rivalen) oder drohen (sie grätschen ihre Vorderläufe und stoßen mit dem Geweih Richtung Rivale, berühren ihn aber nicht), wie sie sich begegnen, fortpflanzen, ihre Kitze säugen oder sich niederlegen. Jeder dieser 62 Bewegungsabläufe ließ sich genau umschreiben und von anderen eindeutig unterscheiden.

Dann kamen die ersten Schwierigkeiten. Ich wollte wissen: Wer macht was mit wem und wie oft? Zum Beispiel: Gegen wen kämpfen erwachsene Böcke? Verjagen alte Ricken immer andere Ricken, oder dulden sie sie zu bestimmten Jahreszeiten? Jetzt war Fleißarbeit gefordert. Wann immer ich zwei oder mehr Rehe zusammen sah, notierte ich. Gleiches hatte ich einige Jahre früher von Hans Kummer auf den schroffen Felsen in Ostäthiopien gelernt, wohin die Mantelpaviane abends gruppenweise kommen. Bevor sie hier auf schmalen Terrassen schlafen – und ihre Nachtquartiere am nächsten Morgen als sich allmählich auflösende Herde verlassen –, wird begrüßt, gedroht, gekämpft, sich gepaart, gestillt und besänftigend »gelaust«.

Auf dem Schlaffelsen war ein erwachsener Pavianmann 43 von 100 Beobachtungsminuten mit einem Artgenossen beschäftigt. Rehböcke dagegen treten, wenn sie überhaupt mit Artgenossen zusammen sind, nur in 4 von 100 Minuten mit ihnen, für Menschen erkennbar, in Beziehung. Das gleiche gilt für Kitze. Paviankinder dagegen unterhalten in 60 von 100 Minuten Sozialkontakte zu einem Artgenossen.

Verglichen mit den bodenlebenden Pavianen zeigten sich die Rehe aus menschlicher Sicht nicht gerade kontaktfreudig. Der frappante Unterschied wird mit bestimmt von den Fähigkeiten des menschlichen Beobachters. Paviane sind tagaktive Bewohner offener Landschaften. Sie orientieren sich in erster Linie mit den Augen und verständigen sich gegenseitig vor allem durch optische Signale. Da es sich bei ihnen um verhältnismäßig nahe Verwandte des Menschen handelt, die zudem in einer Landschaft leben, in der die menschliche Spezies entstanden ist, darf angenommen werden, daß die von uns an dieser Art festgestellten Verhaltensweisen sinnvoller interpretiert werden können als Verhaltensäußerungen des Rehs. Es ist mit uns nicht besonders eng verwandt, lebt meist in dichter Vegetation und unterhält sich mit Artgenossen vorrangig mittels geruchlicher Signale. Ihre Erforschung zwingt den Wissenschaftler zur Laborarbeit, zum Beispiel zu langwierigen mikroskopischen Untersuchungen an Hautdrüsen, und verlangt Experimente mit gefangenen Tieren. Dazu ein Beispiel: das Schlagen oder Fegen der Böcke.

Rehböcke »fegen« bekanntlich ihre Geweihe an kleinen Bäumen und Büschen. Dabei wird der Bast, jene samtene, an Nerven und Blutgefäßen reiche Haut, unter der das Geweih als lebender Knochen heranwächst, abgefegt, wenn im Frühjahr das Geweihwachstum beendet ist und Haut wie Geweihknochen schnell absterben. Allerdings schlagen auch Böcke mit bereits gefegten Geweihen. Und da die Schlagstellen nicht irgendwo liegen, sondern an besonderen Stellen wie Waldrändern und Wegkreuzungen und zudem von mehreren Böcken regelmäßig erneut verschlagen werden, stellt sich die Frage, ob die Böcke mit ihrem auffälligen, ihrem Kampfverhalten ähnlichen Tun nicht gezielt Marken hinterlassen, ähnlich den Hunderüden, die an jeder Straßenecke geradezu zwanghaft ihr Bein heben.

In der Tat: Rehböcke hinterlassen an den mit Geweihen malträtierten Pflanzen Duftspuren aus Drüsen der Kopfhaut. Der Beobachter kann diese Visitenkarten jedoch nicht riechen. Also bedient er sich des Versuches. Er kann beispielsweise Rehböcken, die er einzeln in kleinen Gehegen hält, Holunderruten in den Boden stecken. Sie werden sie mit den Geweihen schlagen und ihre Wangen daran reiben. Tauscht er dann die Duftmarken tragenden Stämmchen in den Gehegen aus, wird er feststellen, daß seine Versuchstiere fremdmarkierte Duftträger aggressiver bearbeiten als solche, die nur eigene Marken tragen. Er wird auch bald merken, daß ältere Böcke allein mit ihren Duftstoffen jüngere zu erschrecken vermögen, wenn die Holunderruten entsprechend vertauscht worden sind. Und er wird sich fragen, ob dies an verschieden ausgebildeten Hautdrüsenfeldern liegt. Unter dem Mikroskop zählt er dann bald Talg- und Schlauchdrüsen aus. Und wenn ihm das noch nicht genügt, wird er früher oder später mit dem Gas-Chromatographen versuchen, frische Drüsensekrete in ihre Bestandteile zu zerlegen. So macht das Abenteuer Forschung aus einem harmlosen Feldbeobachter, der aus schierer Wißbegier wildlebende Studienobjekte zunächst mit gefangenen und schließlich mit Zellproben vertauscht und sein Fernglas mit teuren Mikroskopen sowie anderem kostspieligen Laborgerät, einen Spezialisten, der, so meinen Zyniker, »am Ende seines Strebens alles von nichts wissen wird«. Wahrscheinlich lassen sich durch seine Resultate die von schlagenden Rehböcken verursachten Schäden an Nutzbäumen weder begreifen noch verhindern.

Gefordert ist der Generalist. Natürlich muß er wissen, welche Böcke welche Bäumchen schlagen, wie dem durch Abschuß oder Pflanzung zu begegnen ist. Und um dem Vorwurf, »am Ende nichts über alles zu wissen«, zuvorzukommen, muß er sich des Wissens von Spezialisten bedienen. Denn es gibt keine »praktische« Wildforschung, keinen »praktischen« Arten- und Naturschutz ohne den Spezialisten, der fleißig scheinbar nebensächlichen Problemen nachgeht und wenig öffentliches Ansehen genießt. Das ist nicht nur so bei der Lösung des Wald-Wild-Problems in Europa. Gleiches gilt für den Kampf um die Erhaltung der letzten Tiger, der Asiatischen Elefanten oder der Regenwälder.

Man hält mich für einen solchen Generalisten. Ich betrachte es als eine meiner Aufgaben, meine Ansichten und Pläne auf möglichst viel Spezialistenwissen zu gründen. Ein Beispiel aus der Praxis ist die Zusammenfassung vieler Rehstudien. Meinen ersten, die sehr allgemein waren, folgten bald die Untersuchungen von Kollegen. So von Helmut Strandgaard aus Kalö in Dänemark, von Hermann Ellenberg in einem großen Rehgatter in Stammham (Bayern) oder von Friedrich Reimoser aus der Steiermark. Allein an der Abteilung für Ethologie und Wildforschung an der Universität Zürich ergründeten zwischen 1970 und 1983 zwei Dutzend Assistenten und Studenten in fünf Forschungsrevieren und einem Versuchsgehege die Lebensgewohnheiten des kleinen Hirsches und schrieben darüber gut fünfzig Berichte. Das Reh, so darf füglich behauptet werden, gehört zu den am besten erforschten wildlebenden Wiederkäuern, und zwar weltweit.

Dennoch erbrachte die Fülle der Ergebnisse all dieser Untersuchungen kein einheitliches Bild. Im Gegenteil! Rehe werden einerseits als mehr oder weniger unduldsame Einzelgänger, andererseits als Gruppentiere beschrieben, die in stabilen Weibchensippen und Einmanngruppen oder – wie ein Fischschwarm – in offenen Gesellschaften leben. Fand einer der zahlreichen Rehforscher in seinen Resultaten Abweichungen vom bisher Bekannten, so erklärte er dies häufig mit seiner besseren Beobachtungsmethode und mit Fehlinterpretationen der anderen und wußte möglicherweise nicht, daß der rätselhaften Vielfalt an sozialen Organisationsformen eine Vielfalt an möglichen Lebensräumen gegenübersteht: In Europa bewohnen Rehe zwischen den Dünen von Nord- und Ostsee und der klimatischen Waldgrenze im Gebirge nahezu alle Wald- und Agrarlandschaften. So liegt der Schluß nahe, daß sie zwar über ein ganzes Repertoire von sozialen Organisationen verfügen, in einer bestimmten Umwelt aber immer nur einen Teil davon nutzen.

Wie dies im einzelnen geschieht, beschrieben meine Kollegen und ich mittels Beobachtungen an Rehen, die individuell verschiedene, gut sichtbare Ohrmarken oder Halsbänder aus Hartplastik trugen. Aufschluß gaben aber auch Experimente, in denen bestehende Organisationen gezielt verändert wurden, beispielsweise durch vorsichtiges Auswildern, das heißt Angewöhnen an und Aussetzen in eine neue Umwelt, von halbjährigen Kitzen wie Fridolin und seine Stiefgeschwister.

Territorialverhalten

Fridolin kehrte im Alter von neun Monaten in seinen natürlichen Lebensraum zurück. Doch die wiedererlangte Freiheit war vorerst alles andere als golden. Das merkte der starke Kitzbock spätestens im März, als er sich einem erwachsenen »Territorialen« zum hoffnungslosen Kampf stellte. Der Überlegene und Kampferfahrene vermöbelte Fridolin. Zufälligerweise war ich Zeuge dieses Kampfes und reagierte gefühlsmäßig wie eine Ziehmutter. Ich wollte Fridolin trösten oder wenigstens feststellen, ob er verletzt war. Der mir gegenüber zahme Rehbock sah mich kommen, drehte sich mit leicht gegrätschten Vorderbeinen ab, blickte zurück, fiepte leise und forderte mich so auf, ihm zu folgen.

Fridolin wußte offenbar genau, wo sich sein Widersacher nun befand. Er führte mich auf eine Waldkuppe, wo der starke Bock stand und selbstverständlich sofort das Weite suchte, als er einen Menschen kommen sah. Fridolin interpretierte die Flucht als eigenen Sieg, schlug sein Geweih gegen umliegende Bäumchen und Sträucher, die offensichtlich Geruchsmarken des Rivalen trugen. Geholfen hat ihm mein Dazwischentreten wenig oder nichts. Auch in späteren Kämpfen fand Fridolin seine Meister: Von Mitte März bis Anfang August mied der Kitzbock die Eigenbezirke territorialer Böcke. Seine Nahrung fand er, wo sonst wenig wächst.

Zwischen Mitte März und Anfang August gibt es, was ihre Äsung anbelangt, für anspruchsvolle Rehe mehr und vor allem leichtverdaulichere Nahrung als in der übrigen Zeit. Jetzt läßt sich der vergleichsweise kleine Pansen täglich elf- bis zwölfmal füllen. Seine Wand hat nun mehr und größere Zotten als sonst. Mit dermaßen vergrößerter Oberfläche wird ohnehin Leichtverdauliches schneller verdaut. Nicht von ungefähr fallen in die vier- bis fünfmonatige Periode, in der die Pflanzen Schosse und Blüten treiben, alle energie- und nährstoffzehrenden Ereignisse der Fortpflanzung: die Revierkämpfe, die Geburt und Aufzucht der Jungen und schließlich am Ende die Brunft. Daß die Brunft am Sommerende stattfindet, scheint sonderbar und bedarf der Erklärung:

Rehe paaren sich nicht wie die anderen drei einheimischen Wildwiederkäuer im Herbst, sondern Ende Juli oder Anfang August. Wie Hirsch, Gemse und Steinbock setzen sie die Jungen aber zwischen Mitte Mai und Mitte Juni. Ihre Tragzeit dauert demnach nicht lediglich sechs oder sieben Monate, sondern ungefähr zehn. Das ist allerdings nicht ganz korrekt, da sich nach der Paarung das befruchtete Ei nur bis zum sogenannten Bläschenstadium (Blastula) entwickelt. Erst im Spätherbst nistet es sich in der Gebärmutterwand ein und entwickelt sich weiter. Diese verlängerte Tragzeit mit Keimruhe gilt als Anpassung an das jahreszeitlich verschiedene Nahrungsangebot der gemäßigten Zone. Der auf Leichtverdauliches und Eiweißreiches angewiesene »Konzentratselektionierer« lebt »richtig« eigentlich nur zwischen Mitte März und Anfang August.

Doch zurück zum Territorialverhalten. Darüber wurde, seit wildlebende Tiere beobachtet werden, viel geschrieben und spekuliert. Deshalb hier eine kurze Definition. Für mich gilt ein Rehbock dann als territorial, wenn er ortstreu, das heißt in einem Revier oder Eigenbezirk von fünf bis zwanzig Hektar Umfang lebt, wenn er diesen Raum gegen bestimmte Eindringlinge verteidigt und wenn er ihn markiert.

Hat ein Rehbock ein Territorium erworben, so hält er konservativ bis zu seinem Lebensende daran fest. Jedes Frühjahr verteidigt er es aufs neue gegen Rivalen und markiert es. Dazu reibt er, wie gesagt, entweder die Wangen an den Stämmen bestimmter kleiner Bäume und Büsche oder schlägt kämpferisch mit den Geweihstangen nach ihnen, so daß Duftstoffe an die Pflanzen gelangen.

Über Jahre benachbarte Territoriumsinhaber verzichten auf heftige Kämpfe. Man kennt sich und die Grenzen seines Reviers. Hat man es im Winter zu verlassen, weil die Nahrung durch Schnee nur an wenigen Stellen zugänglich ist, möglicherweise nur an einer künstlichen Futterstelle, so achtet man den Rang des anderen. Er ist um so höher, je näher ein Bock zu seinem eigenen Sommerrevier steht. Territoriumsbesitz ist das überragende Rangkriterium zwischen Böcken.

In Lebensräumen mit vielen anderen, das sind zwanzig oder mehr Böcke auf hundert Hektar, erwirbt ein Bock frühestens mit vier Jahren ein eigenes Revier. In Beständen mit fünf- bis zehnmal weniger Böcken dagegen gelingt dies möglicherweise schon einem starken Jährling. Erfolglose Territoriumsanwärter haben zwei Möglichkeiten. Sie können auswandern und ihr Glück woanders versuchen oder bleiben und ihre Chance nutzen, wenn ein etablierter Revierbesitzer eines natürlichen Todes stirbt oder auf der Jagd erlegt wird. Allerdings sind es in der Regel die Revierlosen, die zuerst umkommen. Sie werden von den ansässigen Revierbesitzern andauernd verjagt, haben in äsungs- und deckungsarmen Gebieten zu überleben, sind dadurch ortsunerfahren und häufig gestreßt, somit leichte »Beute« für die vielen Parasitenkrankheiten, die Rehe heimsuchen, und für Jäger oder Autofahrer, die Wildwarntafeln nicht beachten.

Ein Rehbock, der sich ein eigenes Revier erkämpft hat, könnte man nun schließen, schafft dadurch auch Platz für

»seine« Weibchen und deren Nachkommen. So logisch das klingen mag, es stimmt nur unter gewissen Bedingungen, von denen noch zu reden ist. In Wirklichkeit etabliert sich ein erwachsener Bock im Eigenbezirk aus rein egoistischen Gründen.

Allerdings sind auch die stärksten Rehböcke nicht überall territorial. Zum Beispiel dort nicht, wo infolge geringer Bestandsdichte keine Konkurrenz zwischen potentiellen Revierinhabern vorhanden ist – wie etwa auf schottischen Anbauflächen, wo Rehe erst einwandern. Ebensowenig sind sie territorial, wenn – etwa in dichtbesetzten Gattern – allzu viele Konkurrenten vorhanden sind. In hochalpinen Lebensräumen, wie dem Oberengadin, herrscht Territorialität nur andeutungsweise, weil das beste Nahrungsangebot aus frischen Kräutern vom Frühjahr bis zum Sommer bergwärts wandert. Mit ihm wandern auch die Geißen und Jungtiere. Böcke verlassen hier spätestens Ende Juli, wenn die Brunft beginnt, ihre Territorien im Talboden und ziehen nach.

Territorialverhalten lohnt sich also nur dann, wenn die Gewinne aus mehr oder weniger exklusiver Nutzung des Eigenbezirkes höher sind als das Verlustrisiko, das Kampf- und Markierverhalten mit sich bringen. Möglich ist es in unterwuchsreichen Waldgebieten mit großen Waldrandanteilen, wo Äsung und Deckung ausreichend und langfristig vorhanden sind und ziemlich gleichmäßig verteilt vorkommen. Hier erhöht Territoriumsbesitz die Fitneß im Sinne Darwins, das heißt die persönliche Eignung eines Bockes. Dies macht der Fortpflanzungserfolg deutlich: An 96 von 100 Paarungen sind in Waldgebieten ausschließlich territoriale Böcke beteiligt, wie Hermann Ellenberg und ich in verschiedenen waldreichen Gebieten Bayerns und des Berner Mittellandes festgestellt haben.

Nun mußten aber in vielen Teilen der Kulturlandschaft ausgedehnte Wälder Feldern weichen; wo einst Feldgehölze und Hecken Vielfalt brachten, dehnt sich heute die Monotonie der Monokulturen. Sie vertrieb typische »Feldtiere« wie Feldhase und Rebhuhn. Das »Waldtier« Reh dagegen blieb. Sein Nahrungsspektrum und seine soziale Raumorganisation sind offenbar anpassungsfähiger als die des nicht besonders mobilen Niederwilds.

Erwachsene Rehböcke bleiben jedoch, solange es geht, konservativ. Solange kleine Waldinseln vorhanden sind, etablieren sie hier ihre Territorien, die sie allerdings gelegentlich verlassen müssen, um zu äsen. Wo sie ihre Nahrung finden, bestimmt der Bauer. Er sät und pflegt die Kulturpflanzen, von denen Rehe in waldarmen Gebieten zur Hauptsache leben. Diese Orte können sich von Jahr zu Jahr, von Jahreszeit zu Jahreszeit verlagern.

Die Ricken solcher Feldrehe ziehen dagegen in die offene Landschaft. Je nach dem Vorkommen geeigneter Äsung und Deckung variieren ihre Aktionsräume von Jahr zu Jahr. So kann es vorkommen, daß ein einzelner territorialer Bock sich in einem Jahr mit bis zu zehn Geißen fortpflanzen kann und dann im darauffolgenden allein steht. Ausschlaggebend für seinen Fortpflanzungserfolg ist nicht mehr Territoriumsbesitz, sondern ob sein Lebensraum an die von den Weibchen bevorzugten Zonen grenzt oder nicht.

Die Vorteile, die sich für die Geißen der Feldrehe und ihren Nachwuchs aus der Nutzung Jahr für Jahr neuer Ressourcen auf landwirtschaftlich genutzten Flächen ergeben, sind offenbar größer als die jahrelangen »treuen« Zusammenlebens mit einem konservativen territorialen Bock.

Familienplanung

Rehkitze soll man nicht anfassen, heißt es, ihre Mutter würde sie sonst nicht mehr erkennen und auch nicht mehr annehmen. Unter Tierschutz-Aspekt macht das durchaus Sinn. Denn die anfälligen Rehkitze gehören nicht in die Hände unerfahrener Menschen, geschweige denn in ihre Gärten und Häuser.

Was nun aber das Verhalten der Rehgeißen anbelangt, stimmt die Auffassung nicht ganz. Sie kennen in den ersten drei bis vier Wochen nach der Geburt ihren Nachwuchs nicht »persönlich«. Das geht aus Umtauschversuchen hervor, die ich seinerzeit durchführte, wenn eine führende Geiß von einem Fahrzeug getötet worden war und die hungrigen Kitze immer schriller nach Milchnahrung fiepten und schließlich eingefangen und einer Adoptivmutter anvertraut werden mußten.

Auch die Kitze können ihre Mutter nicht von anderen Rehen unterscheiden. Dies demonstrierten die von mir aufgezogenen Kitze eindrücklich: Zu Anfang konnte jeder Fridolin und seinen Stiefgeschwistern die Flasche geben oder sie mit einem feuchten Schwamm massieren und so Trinkverhalten und Darmperistaltik aktivieren. Sie unterschieden nicht zwischen meinen Eltern, dem Wildhüter Hans Schmid oder mir. Doch von einem bestimmten Tag an hielten sich die Kitze nur noch an eine ganz bestimmte menschliche Ziehmutter. Gleiches ist auch bei den Muttertieren zu beobachten. Nach Ablauf einer kritischen Periode stillen und putzen sie nicht mehr alle, sondern nur noch ganz bestimmte. Jedes Muttertier hat jetzt »seine« Kitze. Kurz: Die gegenseitige Prägung in der Mutter-Kinder-Beziehung findet demnach nicht, wie etwa bei Wildziegen, sofort nach der Geburt statt, sondern erst nach der dritten oder vierten Woche.

Da die Prägung dermaßen spät stattfindet, könnten Kontakte zwischen verschiedenen Mutterfamilien zu Verwechslungen, zum Vertauschen von Jungen und gar zum »Brutparasitismus« führen. Das versuchen trächtige Geißen zu vermeiden, indem sie sich rechtzeitig in eine eigene Setz- und Aufzuchtzone zurückziehen. Denn durch Adoptionen würden besonders mütterliche Geißen nachhaltig geschwächt (was nicht im Sinne der Arterhaltung läge). Allein schon die Aufzucht der eigenen Kitze nötigt den Geißen das Zwei- bis Dreifache der von ihnen sonst verbrauchten Energiemenge ab. Dies ist mit ein Grund, warum Setz- und Aufzuchtperioden ganz genau in die Zeit des höchstmöglichen Angebotes an leichtverdaulicher und eiweißreicher Nahrung fallen, Ende Mai bis Anfang Juni.

Zudem bestimmen Geißen den genauen Geburtstermin entsprechend dem jeweiligen Angebot. Das ergaben zehn- bis zwanzigjährige Studien: In warmen Frühjahren mit rasch wachsender Vegetation setzen sie ihre ein bis drei Kitze bis zu zwei Wochen früher als in Jahren mit verspätetem Pflanzenwuchs.

Durch häufiges Ruhen und Vermeiden von Auseinandersetzungen sparen trächtige und führende Geißen Energie. Sie wählen aber auch bestmögliche Kinderstuben, Orte, wo auf kleiner Fläche reichlich Äsung wächst. Diese müssen trocken und warm sein, denn die meist liegenden Kitze sterben leicht an Unterkühlung. Zudem muß der Aufzuchtplatz reichlich Dekkung bieten. Im ersten Lebensmonat entziehen sich Kitze einer Gefahr nämlich nicht durch Flucht, sondern dadurch, daß sie sich starr auf den Boden drücken.

In der Kulturlandschaft, zum Beispiel im Schweizer Mittelland, werden etwa vier von fünf Kitzen in Heugraswiesen gesetzt. Bei geringer Dichte von weniger als zwei erwachsenen Weibchen auf hundert Hektar produktives Land bringt hier jede zweite Geiß ihren Nachwuchs an südexponierten Lagen zur Welt. Mit steigendem Bestand verdrängen starke Geißen schwächere immer häufiger in ungeeignete Aufzuchtzonen, das sind vor allem feuchte Nordhänge. Konkurrenz und ungünstige Kinderstuben schränken jetzt den Fortpflanzungserfolg ein: Bei geringer Dichte lebt im Herbst noch wenigstens ein Kitz pro Geiß, bei hoher Dichte kommt nur noch eines auf zwei Geißen. Ein arteigener Mechanismus zur Bestandskontrolle beginnt zu greifen. Er wirkt doppelt: Geschwächte Geißen bringen zum einen weniger Junge zur Welt, sie müssen diese zum andern häufig an ungünstigen Orten aufziehen. Damit steigt auch die Kitzsterblichkeit.

Das anpassungsfähige Reh verfügt aber über Strategien, die gegen energiezehrende Kämpfe und Kitzverlust bei knapp werdenden Ressourcen wirkt: Vetternwirtschaft und Haremsbetrieb. Das erkannten Hermann Ellenberg in Bayern und ich im Schweizer Mittelland erst, nachdem wir jahrelang das Verhalten uns individuell bekannter, untereinander verwandter Rehgeißen beobachtet hatten. Sie bilden Sippenverbände, bewohnen den gleichen Platz oder zumindest benachbarte Wohnräume und rücken mit steigender Bestandsdichte immer enger zusammen.

In waldreichen Gebieten mit hoher Bestandsdichte überschneiden sich die Zonen, in denen verwandte Geißen ihren

Nachwuchs aufziehen. Ja, es kommt sogar vor, daß ein Setzplatz im selben Jahr mehrmals benutzt wird. Bei starkem Gerangel um begehrte Aufzuchtzonen werden nun tatsächlich Junge verwechselt, adoptiert und sogar gemeinsam aufgezogen. Aber es sind immerhin die Nachkommen von Oma, Mutter, Tante oder Tochter, also Verwandte. Wer sich bei hohem Konkurrenzdruck um die Nachkommen Nahverwandter kümmert, so sagen die Soziobiologen, erhöht seine inklusive Fitneß, zu deutsch: die Gesamteignung oder, anders ausgedrückt, den persönlichen wie den Fortpflanzungserfolg der Nahverwandten.

Außer in solchen sozial streng organisierten Weibchensippen leben bestimmte engverwandte Weibchen gelegentlich fest und treu mit einem ganz bestimmten territorialen Bock zusammen. Solche »Ehen« oder »Harems« sind aber nur in Gebieten möglich, in denen die für Kitze, Geißen und Böcke lebensnotwendigen Requisiten wie Ässtellen, Setzplätze, Aufzuchtzonen, Fegestellen und Ruhegebiete so eng nebeneinanderliegen, daß sie ins Revier des territorialen Bockes »passen«. Möglich ist dies nur in Waldgebieten, die artenreich, vielfältig strukturiert und von kleinen Lichtungen durchsetzt sind. Ohne Zweifel erhöht das feste Zusammenleben der Muttertiere mit einem territorialen Bock bei hoher innerartlicher Konkurrenz die Überlebenschancen der gemeinsamen Nachkommen. Denn der Bock vertreibt andere, nicht zu seiner Gruppe gehörende Rehe und tötet gelegentlich sogar fremde Kitze. Die eigenen duldet er dagegen, falls nötig, »führt« er sie sogar. Derartig väterliches Verhalten ist nur von wenigen Säugetieren, besonders von Affen, bekannt.

Der Haremsbetrieb verläuft allerdings nicht immer störungsfrei. Zu verschieden sind bei Böcken und Geißen die Strategien für einen möglichst hohen Fortpflanzungserfolg: Geißen versuchen möglichst viele eigene oder zumindest nahverwandte Kitze aufzuziehen. Böcke haben dann am meisten Nachkommen, wenn möglichst viele fortpflanzungsfähige Ricken, die Mütter ihrer Nachkommen, in ihrem Eigenbezirk leben, in den sich kein anderer fortpflanzungsfähiger Bock hineintraut. Und so »frißt« ein territorialer Bock »über den Zaun«, er wirbt am Winterende um Geißkitze, die ein halbes Jahr später erstmals brünftig werden. Gelingt ihm dies, so führt er die Heißbegehrten nach Hause in sein Territorium. Dies kann nun aber nicht im Interesse der versippten ansässigen Geißen sein. Sie halten, so Hermann Ellenbergs Studien, die nichtverwandten Neulinge mit laufenden Angriffen und anderen Gifteleien dermaßen unter Streß, daß diese nicht – wie bei Rehen sonst üblich – am Ende des zweiten Lebensjahres erstmals setzen, sondern ein bis zwei Jahre später. Psychostreß trägt ebenso zur Bevölkerungskontrolle bei wie knappes Äsungsangebot und ungünstige Setz- und Aufzuchtplätze.

Doch das Interessanteste ist folgendes. Rehe reagieren nicht nur mit der Anzahl Junge auf das herrschende Angebot der Umwelt, sondern auch, indem sie mal mehr Weibchen als Männchen, mal mehr Männchen als Weibchen gebären und aufziehen: Geht's ihnen gut, haben sie zwei- oder dreimal mehr Geißkitze als Bockkitze, geht's ihnen schlecht, ist es genau umgekehrt. Als ich dieses Phänomen Mitte der sechziger Jahre entdeckte, wagte ich vorerst nicht, darüber in wissenschaftlichen Zeitschriften zu berichten. Derartiges war damals noch nie beschrieben worden. Es galt die simple Regel, daß bei Säugetieren gleich viele Männchen wie Weibchen gezeugt und später auch geboren werden. Dann kamen meine Kollegen zu ähnlichen Ergebnissen. Statistisch ließen sich Abertausende von Einzeldaten absichern. Wie Rehe und andere Säugetiere, bei denen bald Ähnliches gefunden wurde, bestimmen, ob die nächste Generation mehr Weibchen oder mehr Männchen aufweisen soll, weiß bis heute niemand genau zu sagen. Dazu gibt es lediglich Hypothesen, auf die ich hier nicht eingehen kann.

Fest steht: In Gebieten, die von Rehen besiedelt werden, wie etwa in neuentstandenen Poldern in Holland, frisch entwässerten Gebieten entlang der Theiss in Ungarn oder im Hinterland von Venedig, wo es gelang, die Wilderei einzuschränken, ist das Angebot an Nahrung und anderen lebenswichtigen Requisiten vorerst viel größer als die Nachfrage. Hier bilden Rehe keine engverbundenen Sippen. Hier werden zwei- bis dreimal so viele Weibchen geboren und aufgezogen wie Männchen. Der Bestand wächst, wenn er nicht äußerst stark bejagt wird, rasch an.

In einem solchen Pionierbestand sind es vor allem die jungen, rangtiefen Ricken, die besonders viele Geißkitze bringen. David P. Barash, einer der Vorreiter der Soziobiologie, zieht das Fazit: »Erzeuge Männchen, wenn du eine dominante Stellung hast und/oder in guter körperlicher Verfassung bist; erzeuge Weibchen, wenn du einen untergeordneten Rang einnimmst und/oder körperlich nicht ganz auf der Höhe bist! Die Selektion gibt der risikoreicheren Strategie den Vorzug, wenn die Würfel irgendwie zu deinen Gunsten gefallen sind; andernfalls ist es besser, auf Sicherheit zu spielen.« Das bedeutet: Bei Tierarten, die, wie das Reh, polygam leben, also »Vielweiberei« betreiben, pflanzen sich praktisch alle Weibchen (also auch Töchter schwacher Mütter), aber nur die fittesten Männchen (lediglich Söhne ranghoher Weibchen) fort. Untersuchungen an Schweinen, Schafen, Nerzen, Seehunden und – man glaube und staune – auch am Menschen belegen die Erkenntnis von David P. Barash.

Keine Regel ohne Ausnahme: Rehgeißen gebären und ziehen plötzlich zwei- oder dreimal mehr Kitzböcke auf als Kitzgeißen: Das tritt ein, wenn der Bestand einer Pionierphase innerhalb weniger Jahre geradezu karnickelhaft dermaßen »explodiert« ist, daß die Äsungsnachfrage dem Angebot entspricht oder es gar überfordert. Jetzt ziehen praktisch nur noch die ranghohen Weibchen Geißkitze auf. Die verhältnismäßig vielen jungen Männchen sterben häufig früh oder wandern ab. In dieser Erhaltungsphase wächst der Bestand kaum noch.

Die Sippen von verwandten Weibchen in Bockterritorien sind nun zusammengerückt, und jede von ihnen steht unter der Fuchtel der Ältesten, der Mutter oder gar Großmutter. Sie ist Ranghöchste, verweist Jüngere auf ungünstigere Setzplätze, gebiert als erste, bringt mehr und kräftigere Junge zur Welt, vor allem mehr Weibchen als die jüngeren Verwandten, und zieht sie auch erfolgreicher auf. Ihre jüngsten Kinder werden von ihren erwachsenen Töchtern mitbetreut.

Auch die Leitgeiß dient der Sippe; und zwar im weitesten Sinne. Sie kennt den Lebensraum besser als alle anderen, und folglich lernen Rehe das meiste, was sie zum Überleben wissen müssen, von alten Geißen, vor allem die Kenntnisse über Feinde und Futterpflanzen.

Traditionen und Rollen

Fridolin und meine anderen handaufgezogenen Rehkitze erhielten, solange sie in Gehegen lebten, neben Futterwürfeln auch Zweige von Weiden, Brombeeren, Haseln und anderen Sträuchern. Also in etwa das gleiche Futter, wie es auch wilde Rehe zu sich nehmen. Wie diese von Jahreszeit zu Jahreszeit ihren Speiseplan ändern, so wechselte auch ich das Grünfutter für Fridolin und Co. Es vergingen jeweils mehrere Tage, bis sie die neue Äsung zu sich nahmen. Rehe halten offenbar zäh an bekannter Äsung fest und meiden neue und unbekannte.

Das erstaunt. Denn rund zwei Drittel aller 720 Arten höherer Pflanzen in ihrem Lebensraum gelten, so der Zürcher Pflanzensoziologe Frank Klötzli, als Äsung. Allerdings ernähren sich nie alle in einem Gebiet lebenden Rehe von allen dort wachsenden, genießbaren Pflanzenarten. Im Gegenteil: Jede Mutterfamilie hält sich traditionell an ein ganz bestimmtes Menü.

Wie solche Traditionen im einzelnen entstehen, zeigte die Aargauer Verhaltensforscherin Helen Müri anhand von Futterwahlversuchen. Gefangenen Rehen reichte sie neben den bekannten neue Futterwürfel, die mit einem bisher fremden Duftstoff markiert waren; etwa Rosen- oder Fenchelöl. Beschnuppert, später vorsichtig gekaut und schließlich in kleinen Mengen gefressen wurde das neue Futter immer nur von einem Tier aus den jeweiligen Versuchsgruppen. Die anderen verhielten sich passiv, bis sie der Testesser zum neuen Futter hinführte oder von Äsung, die er als ungenießbar erachtete, wegführte.

Im Grunde genommen kann jedes Reh die Rolle des aktiven Testessers spielen, so, wie jeder Mensch plötzlich mutig oder lustig sein kann. Ob er diese Rolle übernehmen will, hängt auch von der Zusammensetzung der Gruppe ab. Bei Rehen ist es in der Regel die älteste, erfahrenste Geiß, die als erste unbekannte

Äsung prüft. Getestet wird immer nur eine einzige neue Futterart. Einer weiteren wendet sich die Testerin erst zu, wenn die erste verdaut ist.

Das vorsichtige Vorgehen hat seinen Grund. Im Lebensraum der Rehe wachsen auch hochgiftige Pflanzen, etwa Tollkirsche, Fingerhut oder Seidelbast. Indem nur ein einziges Mitglied der Gruppe neue Nahrungsquellen zu erschließen versucht, setzen sich nicht alle einer möglichen Vergiftung aus. Und weil immer nur eine einzige neue Futterart in kleiner Menge getestet wird, deren schädliche Wirkung sich gegebenenfalls während der Verdauung durch Übelkeit zeigen würde, ist der Rückschluß auf die getestete Äsung möglich. Auch dies bewies Helen Müri mit ihren Experimenten. Trotz aller Vorsicht sterben Rehe gelegentlich an giftiger Nahrung, wie es unter Umständen auch moderne Rapssorten sein können, denen Bitterstoffe fehlen. Bei den herkömmlichen Rapssorten verhindern diese Stoffe starken Verbiß. Kurt Onderscheka und seine Mitarbeiter vom Wiener Institut für Wildtierkunde fanden unter den Opfern dieser Nutzpflanze neben ganz alten Rehen vor allem schwache Kitze, die möglicherweise den Kontakt zu einer erfahrenen führenden Geiß verloren hatten.

Führende Ricken vermitteln ihren Sippenkumpanen aber auch Kenntnisse über Ruheplätze, Futterstellen und den kürzesten Weg zwischen beiden oder über das geeignete Mischverhältnis zwischen eiweißreicher und stärkehaltiger Nahrung. Dies ergaben Beobachtungen und Experimente von Dennis C. Turner und seinen Mitarbeitern.

Die Zürcher Rehforscher fanden auch heraus, daß alte Geißen sich häufiger in gefährliche Situationen begeben als andere Gruppenmitglieder, abgesehen von jungen Böcken. Das geht auch aus Jagdstatistiken hervor: Alte Geißen werden leichter erlegt als junge. Dazu ein Beispiel: Im Kreis Eberswalde der früheren DDR mußten die Jäger alljährlich ein ganz bestimmtes Plansoll erfüllen, die Jagd wurde ja in erster Linie nach volkswirtschaftlichen Kriterien betrieben. Dabei war es gleichgültig, ob junge oder alte Tiere starben. Die Waidmänner drückten ab, wenn sie ein Reh vor dem Büchsenlauf hatten. Der

Wildbiologe Harro Passarge bestimmte dann anhand der Bakkenzähne das Alter der erlegten Rehe und notierte das Abschußdatum. 27 alte Geißen, das sind solche von fünf und mehr Jahren, also schon »Großmütter«, fielen bereits in den ersten Jagdtagen. Die meisten der 40 jungen Geißen, das sind drei- bis vierjährige Muttertiere, konnten dagegen erst erlegt werden, als die Jäger, gedrängt vom obrigkeitlich verfügten Plansoll, den Jagddruck erhöhten.

Umgekehrt war das Resultat bei der Jagd auf Böcke: 536 Jährlinge fielen, kaum hatte die Jagd begonnen; 709 der wenigstens dreijährigen Böcke, also die »Territorialen«, bereiteten den Jägern erhebliche Probleme. Am schwierigsten war es, der ganz Alten habhaft zu werden. Sie sind die Vorsichtigsten, die Erfahrensten, und ihre Erfahrung gewannen sie als Junge just mit der gefährlichen Strategie »Höheres Risiko – höherer Erfolg«. Offenbar gehört es zum Psychogramm junger Männchen aller höheren Säugetiere inklusive des Menschen, sich in Gefahr zu begeben. Formel-1-Rennfahrer, Testpiloten, Antarktisdurchquerer und Himalajagipfelstürmer gelten ja gesellschaftlich als besonders männliche Männer.

Warum leisten sich aber alte Weibchen altruistisches Verhalten, warum testen sie unbekannte Äsung oder suchen den gefährlichen Kontakt zu Feinden, wie zum Beispiel dem Jäger, während sich der Rest der Gruppe, die sie führen, in Sicherheit bringt? Ganz einfach: weil sie sich das am ehesten leisten können. Die Alte von fünf und mehr Jahren hat sich mehrfach erfolgreich fortgepflanzt, ihre Nachkommen bis zur Geschlechtsreife betreut und somit ihren Teil zur Arterhaltung beigetragen. Altruistisches Verhalten gegenüber Verwandten nützt der Fortschreibung ihrer vererbten und erworbenen Eigenschaften.

So weit zum Sozialverhalten von waldbewohnenden Rehen. Rehe leben aber auch in modernen Agrarlandschaften, wo Wälder und Feldgehölze selten sind oder sogar fehlen. Solche »Feldrehe« sind anders organisiert als »Waldrehe«. Besonders im Winter verhalten sie sich in mancher Hinsicht ähnlich wie typische Herdentiere der Steppenzone: Gruppen von 30 bis 40 sind keine Seltenheit. In strengen und schneereichen Wintern umfassen die Rudel bis zu 100 Tiere.

Offenbar beruht die Bildung großer Gruppen auf mangelnder Deckung: Viele Nasen, Augen- und Ohrenpaare merken einen Widersacher früher, wobei das einzelne Gruppenmitglied weniger zu sichern braucht. Dies geht aus Studien von Dennis C. Turner im Zizerser Feld im Churer Rheintal hervor, einem typischen Feldrehgebiet der Schweiz. Einzeln stehende Rehe sichern während 26 Minuten pro Stunde, solche in Gruppen im Schnitt knapp halb soviel. Mehr noch: In Gruppen übernehmen einzelne Tiere Wächterrollen, während das Rudel ruht oder äst. In den polnischen Feldrehgebieten bei Czempin klettern diese Wächter, so teilt Zygmunt Pielowski mit, zur Erweiterung des Sehfeldes sogar auf Strohhaufen oder Silagemieten.

Gruppenleben ermöglicht Feldrehen aber auch mehr Zeit für Nahrungssuche und Äsen, weil sie besonders im Winter einer oder mehreren erfahrenen Geißen nachziehen, die die geeignetsten Futterplätze kennen. Unduldsamkeit gegenüber nichtverwandten Artgenossen, wie sie von »Waldrehen« bekannt ist, fehlt »Feldrehen« weitgehend.

In offenen Agrarlandschaften leben Rehe nicht in geschlossenen Gruppen oder Sippen, sie gehen vielmehr lockere ortsabhängige Beziehungen zu vielen Individuen im selben Raum ein. Täglich werden Gruppen neu gebildet. Dieses flexible Sozialsystem ermöglicht, das infolge von Aussaat, Wachstum und Ernte stark schwankende Nahrungsangebot tages- und jahreszeitlich bestmöglich zu nutzen.

Allerdings sind in der Kulturlandschaft, von Ausnahmen abgesehen, reine »Waldrehe« ebenso schwer auszumachen wie reine »Feldrehe«. Die Übergänge sind gleitend. Immerhin zeichnet sich eine Tendenz ab: Immer mehr Rehe finden ihre Äsung auf gedüngten nährstoffreichen Äckern und Wiesen. Mit den schlagartig und weiträumig erfolgenden Ernten im Spätsommer wie auch bei plötzlichem Schneefall und Frost im Winter versiegt aber das reiche Angebot der Agrarlandschaft vorübergehend.

Zwangsläufig ziehen sich viele Rehe dann in die Wälder

zurück. Diesem Ansturm ist das Äsungsangebot selten gewachsen. Fichtenforste, die einst ihres raschen Wachstums wegen angebaut wurden, lassen nur wenig Unterwuchs aufkommen. Aufwuchsflächen, die naturgemäß geeignetsten Äszentren, sind des Wildschadens wegen eingezäunt.

Auch in naturnahe belassenen Wäldern dünnt starker Rehverbiß die Artenvielfalt aus. In Buchen-, Ahorn- und Eschenwäldern mit eingesprengten Stieleichen, Tannen und Fichten wachsen bei hoher Wilddichte praktisch nur noch die Buchen und verkrüppelte Eschen auf, wenn flächendeckende Schutzmaßnahmen fehlen. Einzelne Kräuterarten wie etwa Wald-Weideröschen, Türkenbund und viele Orchideenarten werden praktisch ausgerottet und Zwergsträucher wie Heidelbeere durch häufigen Verbiß dermaßen niedrig gehalten, daß sie nicht mehr blühen und fruchten.

Dies alles wirkt weiter auf andere Mitbewohner des Waldes. Wo Nahrungsbäume wie Eichen, Eschen und Ahorne fehlen, finden Mäuse, Eichhörnchen, Spechte und Singvögel kaum noch Nahrung, wo der Unterwuchs sich lichtet, lichten sich auch Vielfalt und Besiedlungsdichten anderer Waldbewohner. Das Fehlen von beerentragenden Sträuchern ist mitverantwortlich für das Seltenwerden des Auerhuhns.

Wildschäden in ungeschützten Waldgebieten sind ebenso unausweichlich wie die Schwächung des Wildes; denn die Nahrung auf Äckern und Wiesen wird besonders dann knapp, wenn die Rehe ihren bescheidenen Fettvorrat für den Winter aufbauen. Das ist nach der Brunft im Spätsommer und Herbst. Äsung ist aber auch im Winter knapp, wenn Kälte und Schnee zusätzliche Energie verlangen.

So wundert's nicht, daß die stärksten Rehe in Gebieten leben, in denen zwischen September und April mit ausgewogenem Kunstfutter kräftig zugefüttert wird, wie etwa im steirischen Weichselboden, dem Forschungsrevier von Herzog Albrecht von Bayern, oder im St. Galler Stadtrevier Wattbach-Eggen. In diesen Gebieten ist der Rehwildschaden gering. Kunstfütterung, von vielen voreilig als »Rehzoo« verspottet, entspricht aber nicht jedermanns Geschmack und Geldbeutel.

Wie dem auch sei: Das Rehwildproblem drängt nach einer Lösung. Und da besorgte Förster und Naturschützer nicht mehr glaubten, daß die Jäger das Problem durch vermehrten Abschuß lösen können, hoffte man auf den Luchs, der sich zur Zeit in der Schweiz und in Frankreich wieder ausbreitet und demnächst möglicherweise auch in Österreich (in der Umgebung von Salzburg), im Schwarzwald und im Nationalpark Bayerischer Wald ausgewildert werden soll. Im benachbarten Böhmerwald haben Luchse bereits wieder Fuß gefaßt. So auch in den Vogesen, wo seit 1983 13 aus der Tschechoslowakei stammende Pinselohren eine neue Heimat gefunden haben.

Der Luchs ist los

In den Alpen geht seit nicht ganz zwanzig Jahren wieder das »Untier« um. Es ist etwa so groß wie ein Schäferhund, hat einen Stummelschwanz, pinselartig behaarte Ohren und lebt, wenn sich die Gelegenheit dazu bietet, von Rehen, Gemsen, Hirschkälbern und Kleinvieh.

Unsere Vorfahren wurden fertig mit ihm, dem Luchs, sie rotteten ihn in den letzten Jahrhunderten kurzerhand aus. Doch dann kam 1967 der Schweizer Bundesrat und bewilligte seine Wiedereinbürgerung, die wenige Jahre danach tatsächlich auch im Kleinen Melchtal (Kanton Obwalden) und im Creux-du-Van (Kanton Neuenburg) gelang. Allen Unterschriftensammlungen und Protesten von Jägern, Kleintierhaltern und etwas weltfremden Tierfreunden zum Trotz. Immerhin sorgten gestandene Bürger seither dafür, daß sich der Unhold nicht zu wohl fühlen konnte in unserer Bergwelt, in der unbewachte Schafherden grasen dürfen und ein überhöhter Reh- und Rotwildbestand längst den von saurem Regen und Nebel geplagten Wald zwischen Skipisten, Liften und Wanderwegen dadurch gefährdet, daß mehr abgefressen wird als nachwächst.

Im Herbst 1989 gelang wieder einmal einem hochangesehenen Jägersmann, diesmal aus dem Kanton Nidwalden, ein »Fehlschuß« auf den Luchs. »Irren ist menschlich. Auch auf der Jagd«, kommentierten die Grünröcke. In der Tat: Verwechselt ein Waidmann seinen Rucksack mit einem Hasen oder eine Mähmaschine mit einem Reh, so sind ihm ob solcher Fehlschüsse Spott und Pressehäme sicher. Streckt er im Jagdeifer sogar seinen eigenen Hund nieder, weil er ihn irrtümlicherweise als Fuchs ansprach, wird die Sache ernster. Dann fordern Tierschützer einmal mehr ein generelles Jagdverbot.

Aber immerhin sorgt die Boulevardpresse für ausgleichende Gerechtigkeit: »Hund erschießt Jäger« war unlängst fettgedruckt zu lesen. Der Vierbeiner löste das todbringende Geschoß aus, als er mit einer ungesicherten, am Boden liegenden Waffe in Berührung kam. Trotz allem: Fehlschüsse und Unfälle sind ganz seltene Ereignisse. Im Kanton Graubünden etwa, wo 7000 Grünröcke pirschen, ereignen sich jährlich drei bis vier solcher Zwischenfälle.

Der Fehlschuß im Stanserhornwald in Nidwalden hatte Folgen. Der vermeintliche Fuchs, der im Gebüsch sein Leben ließ, war ausgesprochen groß, hochbeinig und kurzschwänzig. Anstelle des jagdbaren Reineke lag ein Luchs am Boden und damit eines der seltensten, hochgeschützten Tiere der Schweiz. Der Jäger hat sich jetzt vor dem Richter zu verantworten.

»Die Angelegenheit ist nicht lustig, nicht schön«, meint dazu Urs Breitenmoser. Der Wildbiologe aus Gstaad gilt als bester Kenner der großen Wildkatze, deren Schicksal er seit zehn Jahren verfolgt: »Immerhin ist der Fall vom Stanserhorn bekannt geworden«, fügt er an, »und das ist schon positiv.« Denn nicht jeder Kanton ist so »luchsfreundlich« wie Nidwalden. Nicht überall sind die Wildhüter so unbestechlich wie hier.

Offiziell starben seit Beginn der siebziger Jahre in der Schweiz fünfzig Luchse durch Wilderer oder Unfälle. »In Wirklichkeit sind es mehr. Denn jedes Jahr verschwinden einige Luchse, die gewildert werden, ohne daß Anzeige erstattet wird«, erklärt der eidgenössische Jagdinspektor Hans-Jörg Blankenhorn. Im Kanton Wallis protzten vor sechs Jahren Jäger sogar mit einem gewilderten Luchs, den sie öffentlich ausstellten. Die Jagdbehörden schwiegen, weil sie wissen, daß die meisten Jäger hier die Luchse am liebsten ausrotten würden, wenn sie nur könnten. Die Walliser Behörden schweigen immer, wenn sie erfahren, daß wieder einmal eine der pinselohrigen Katzen ihr Leben lassen mußte. Zu eng verfilzt sind im »Kongo der Eidgenossenschaft«, wie Restschweizer das Land des Matterhorns verspotten, Jäger und Beamte.

Das bekam auch Véronique Herrenschmidt zu spüren, die vom französischen Umweltministerium beauftragte Luchsforscherin aus den Vogesen. Bei ihrer Einreise im Frühjahr 1989 in die sonst so touristenfreundliche »Sonnenstube« der Schweiz, ins Tessin, erinnerte sich der Zöllner, ein Jäger, als er den Paß sah, ihres Namens und führte ihr hautnah eine halbe Stunde lang vor, wie pingelig Grenzschutzverordnungen sein können.

Das Kujonieren von jungen Luchsforscherinnen ist einfacher als das Einfangen von Luchsen. Das wissen die Hitzköpfe an der Rhône inzwischen auch. Der hohe Bundesrat zu Bern erlaubte nämlich hochkarätigen Abgesandten aus Sion den Lebendfang eines als übler Schafräuber verschrienen Luchses. Das Vorhaben gelang jedoch nicht. Viel leichter ist es, die zum Politikum geratenen Wildkatzen bei passender Gelegenheit ins Jenseits zu schießen. Davor würden selbst Wildhüter nicht zurückschrecken, munkeln Naturschützer. Ueli Halder vom Schweizerischen Bund für Naturschutz spricht ganz offen »von illegalem und völlig unverantwortlichem Treiben im Wallis«.

Was kann einem solchen heldenhaften Wilddieb schon geschehen? Gibt es doch »Die Freunde des Rehes«, eine finanzstarke anonyme Anti-Luchs-Mafia, die ihm postwendend tausend Schweizer Franken zukommen und dazu wissen läßt, daß sie auch für mögliche Gerichtskosten und Bußgelder aufkommen werde. »Jedenfalls haben sich die Menschen im Wallis noch nicht, wie in der Innerschweiz oder im Berner Oberland, an den Luchs gewöhnt«, so Urs Breitenmoser. Der Luchs liefert einen Vorwand für die Hatz vor allem dadurch, daß er sich an unbewachte Schafe hält, die nachts im Freien bleiben. Gut siebzig wurden letztes Jahr gerissen und vom Bundesamt für Forstwesen vergütet.

Einen Vorwand für rücksichtslose Luchswilderei liefern jetzt aber auch noch übereifrige »Tierfreunde« aus dem benachbarten Frankreich. »Nahe der Schweizer Westgrenze haben sie größere Raubkatzen freigesetzt, wahrscheinlich aber nicht europäische Luchse, sondern Karakale, das sind afrikanische Wüstenluchse oder gar Leoparden«, munkeln vermeintliche Kenner der Szene. Ich habe Mühe, das zu glauben.

Sicher ist: Auch in Frankreich tobt ein Luchskrieg. Im Departement von Ain im Jura nahe der Schweizer Grenze demonstrieren Schafhalter und Jäger lautstark gegen die Präsenz eingewanderter Pinselohren. Im Jahre 1989 seien hier 431 Schafe lebendigen Leibes von reißenden Luchsen angefressen worden, »weil sie nicht in der Lage sind, die Schafe sofort zu töten«. Die Amtstierärzte identifizierten aber nur 305 aufgefundene Kadaver als Luchsbeuten und stellten Papiere für staatliche Kompensation aus, 41 Fälle legten sie als »unklar« beiseite. Weitere 83 Schafe waren spurlos verschwunden. Keine Leiche – kein Mörder – keine Entschädigung.

Derartige Amtsschimmeleien verbünden 58 Kleinviehhalter, die im kalten Westjura ihre kargen Böden nur mit Schafen nutzen können, mit einem Heer von 10000 Jägern. Auch die Grünröcke, die, so sagen sie von sich selbst, bisher vorbildlich Reh und Gemsen hegten und für die vom Schalenwild verursachten Wildschäden prompt aufkommen, haben Übles zu berichten: Die Gemsen – im Jura übrigens künstlich angesiedelt – hätten die meisten Kolonien verlassen. Die Rehe gar seien um die Hälfte weggefressen, lassen die Nimrode auf einem Merkblatt verbreiten. Es kommt noch besser: Das wildlebende Schalenwild, so heißt es, sei wegen der Luchse dermaßen gestreßt, daß es sich nicht mehr richtig fortpflanzen könne. Gleiches gelte auch für Schafe.

Wildbiologen, die sich seit Jahren und Jahrzehnten mit wildlebenden Luchsen oder anderen großen Beutegreifern ernsthaft beschäftigen, können über derartige Schlußfolgerungen nur lachen und fragen: Warum gab es dann vor wenigen Generationen von Schafhaltern und Jägern, als noch einheimische Luchse ihr »Unwesen« trieben, trotzdem Jungtiere? Die Antwort interessiert nicht. Vorurteile knechten dermaßen, daß Sachlichkeit auf der Strecke bleibt. Immerhin schlagen die Luchsprofis naheliegende, von unzählbaren Hirtengenerationen erfolgreich entwickelte Schutzmaßnahmen vor. Breite Halsbänder mit Glocken zum Beispiel. Die würden Schafe bei der Paarung behindern, wissen die Besserwisser. Auch Hirtenhunde könnten nichts ausrichten, sagen sie.

Da staunt selbst der Laie, weiß er doch von belgischen, deutschen und schottischen Schäferhunden, die als Schutzhunde von jedem Einbrecher, der viel schwerer und kräftiger ist als ein Luchs, zu Recht gefürchtet werden. Übrigens heißt der deutsche Schäferhund im Alpenraum immer noch Wolfshund – nicht etwa, weil er dem Wolf ähnelt, sondern weil derartige Hunde einst die Herden sogar gegen Wolfsrudel verteidigt haben. Zwei oder drei Generationen von Schafhaltern in luchsfreier Zeit ließen aber die Tradition der Haltung von schützenden Schäferhunden aussterben.

Zwischen Pyrenäen und Ural, Himalaja und dem Apennin gab und gibt es meist zwei Typen herdenbegleitender Hunde: einen kleinen, der die Herde zusammenhält und sie antreibt, und einen großen, der sie schützt. In der weiten ungarischen Pußta kann heute noch jeder Tourist Herden- und Herdenschutzhunde im Einsatz sehen, die pudelkleinen Puli, Pumi und Mudi sowie die beiden Riesen Kuvasz und Komondor, deren Rüden achtzig Zentimeter Schulterhöhe haben und spielend sechzig Kilogramm wiegen. Alle diese Gebrauchshunde erfreuen sich zunehmender Beliebtheit in Westeuropa, sei es wegen ihrer hohen Intelligenz, sei es wegen ihres schafartigen Fells.

Im Zusammenhang mit den Luchsschäden an Schafen frage ich mich also: Wieso haben die Zuchtvereine von dermaßen urigen Rassen wie Komondor und Kuvasz, jenen mutigen und kräftigen Wacht-Schutz-Hirtenhunden, die auch heute noch im Osten Europas Schafherden wirksam gegen Luchs und Wolf verteidigen, sich noch nicht mit den Schafzüchtern im Wallis und im Jura zusammengesetzt? Es würde der Erhaltung der Erbeigenschaften dieser heute als Haushunde populär werdenden Rassen sicher nicht schaden, wenn ab und zu einer von ihnen seine herausgezüchtete Fähigkeit, Schafherden gegen wildlebende Beutegreifer wie Wolf und Luchs zu verteidigen, unter Beweis stellen müßte. Oder will man derartige Fähigkeiten etwa dadurch erhalten, daß man bei Hundeschauen einmal mehr Schulterhöhe, Ohr- und Kopf-Hals-Rumpf-Winkel mißt, die Gangart beurteilt und auf Grund solcher Werte entsprechende Eintragungen ins Zuchtbuch macht?

Warum, so frage ich weiter, haben eigentlich jene rührigen Vereine nicht längst mobil gemacht, die sich, wie etwa »Pro Species Rara«, um die Erhaltung der letzten Stiefelgeißen, Schopfhühner, Wollhaarschweine und Hinterwälder-Rinder kümmern? Sie verweisen doch zu Recht auf die außerordentliche Anpassungsfähigkeit uralter Haustierrassen an die Unbilden der Natur und versuchen die letzten Überlebenden mit ihrem so wertvollen genetischen Material zu erhalten. Haben sie eigentlich vergessen, daß neben Winterkälte, Sommerhitze, Nahrungsmangel und steilem Berghang auch Beutegreifer wie Luchs, Wolf und Bär mit von der Partie waren, als sich entschied, welches Schaf, Schwein oder Rind und welche Ziege überlebt? Haben sie vergessen, daß vor allem jene Schutzhunde überlebten und sich fortpflanzten, die wolf- und luchssicher waren? Jetzt bietet sich im Wallis und im benachbarten Frankreich die Gelegenheit, alten Hirtenhundrassen eine neue Aufgabe zu geben.

Überschätztes »Untier«

Hat ein Luchs erst einmal gelernt, von Schafen zu leben, wird er eben bald zum »Untier«, zur »reißenden« und »blutgierigen Bestie«. Dazu treibt ihn menschlicher Ordnungssinn. Gerissene Schafe werden, kaum gefunden, weggeschafft und, wenn's sich noch lohnt, weiterverwertet. So kann der Luchs nicht wie üblich zum Riß zurückkehren und davon fressen. Seinen Hunger stillt er dann mit einem frisch getöteten Schaf.

Welches Ausmaß der Schaden annehmen kann, den wildlebende Beutegreifer unter ungeschützten Schafen anrichten, merkten Kleinbauern in den schweizerischen Jura-Kantonen von Baselland und Solothurn. In wenigen Wochen Anfang Mai 1990 trugen sie insgesamt 34 tote Tiere zusammen. Am 15. Mai erlegten zwei Jäger dann den Übeltäter: einen etwa zehnjährigen und 41 Kilogramm schweren männlichen Wolf, der aus einem Gehege ausgebrochen war.

Luchs und übrigens auch Wolf sind im Hinblick auf wildlebende Huftiere weniger erfolgreiche Wildbeuter, als man ihnen nachsagt. »In der Anfangsphase der Wiederbesiedlung eines Gebietes ist der Tisch reichlich gedeckt. Der Luchs hat auf relativ kleinem Raum genügend Nahrung zur Verfügung, da die beiden überall vorhandenen Hauptbeutetiere Reh und Gemse ihren Feind vorerst kaum kennen. Unter Umständen kann sich der Luchs sogar an Rehfütterungsstellen bedienen«, meinen Urs Breitenmoser und Heinrich Haller, die wiederangesiedelte Luchse während vieler Jahre genauestens beobachtet haben.

Doch nach und nach lernen die Beutetiere die Jagdweise der Raubkatze mit den Pinselohren kennen, sei es, weil sie einen Angriff auf einen Artgenossen miterlebt haben, sei es, weil sie im letzten Augenblick noch knapp fliehen konnten. Auf jeden Fall werden sie so vorsichtig, daß sich die Jagd für den Luchs nicht mehr lohnt. Logischerweise zieht er weiter in eine Zone, wo er noch »Dumme« findet, Unvorsichtige, die ihn als Feind nicht kennen oder schon wieder vergessen haben. »Da der Überraschungseffekt das A und O der Jagdstrategie darstellt, braucht der Luchs in der Folge einen größeren Lebensraum, um vor Rehen und Gemsen möglichst unverhofft auftreten zu können«, fanden die beiden Schweizer Luchsforscher heraus.

Ein Luchsweibchen, das Breitenmoser und Haller im Frühjahr 1985, als sich die Luchse im Oberwallis ansiedelten, dort fangen und mit einem Peilsender markieren konnten, bewohnte im Sommerhalbjahr eine Fläche von knapp 20 Quadratkilometern. Im Berner Oberland, wo sich die Luchse bereits etabliert hatten, genügten wegen der Vorsicht des inzwischen gewitzten Wildes derart kleine Reviere längst nicht mehr. Erwachsene

Luchsweibchen leben hier in fünf- bis siebenmal größeren Jagdgebieten, und Männchen pirschen in Revieren von 280 bis 450 Quadratkilometern.

Meist jagen Weibchen und Männchen in verschiedenen Gebieten. Bei der Ranz, der Paarungszeit, im Frühjahr treten sie zuerst mit Lauten und vor allem mit Duftmarken in Verbindung, starkriechenden Harnspritzern, die sie ähnlich wie Hunde an besonders auffälligen Stellen, Baumstümpfen, Felsblöcken oder Holzstapeln, abgeben. Schließlich treffen sich die beiden Partner zur Paarung. Doch bereits nach wenigen Tagen trennen sie sich wieder. Die Aufzucht der Jungen ist ausschließlich Sache der Mutter. Offenbar würde die Anwesenheit des Vaters das scheue Wild noch mehr vergraulen.

Die Scheuheit des Jagdwildes zwingt die große Wildkatze zum Einzelgängertum in einem ausgedehnten waldreichen Jagdgebiet und folglich auch zur Ausbreitung des Bestandes. Diese verläuft um so schneller, je mehr von den bis zu vier Jungen aufwachsen und sich als Einjährige von der Mutter absetzen.

Die Schweizer Luchse eroberten schnell die Berglandschaft. Bis heute haben Luchse das Mittelland jedoch nicht erschlossen. Das liegt in erster Linie daran, daß hier große geschlossene Wälder fehlen. Auf freiem Feld macht Pinselohr keine Beute. Die dagegen gäbe es mehr als genug. Rehe sind hier viel zahlreicher als in den Alpen oder im Jura. Doch so viel Beute, wie ihm ewig gestrige Jäger und Kleinviehhalter andichten, braucht der Luchs gar nicht. Dazu folgende Rechnung, die auf den vorsichtigen Schätzungen von Urs Breitenmoser und Heinrich Haller beruht: Sie wiesen nach, daß ein Luchs pro Woche ein Reh oder eine Gemse jagt. Er kehrt dann regelmäßig zu seinem Riß zurück, stillt seinen Hunger und hinterläßt schließlich nur Fell und Knochen.

Da nun aber Luchse riesige Reviere bewohnen, ist ihre Siedlungsdichte entsprechend gering, nämlich 10 bis 14 auf 1000 Quadratkilometern. Angenommen, Luchse verschmähten Hasen, Wildhühner, Mäuse und andere Kleintiere, an die sie sich auch halten, und jagten ausschließlich Rehe, so kämen pro Jahr in einem Gebiet von 1000 Quadratkilometern 520 bis 728 der kleinen Hirsche um. Das entspricht nicht einmal einem pro Quadratkilometer. Jäger schießen alljährlich im Alpenraum das Siebenfache und in tiefergelegenen Zonen bis zum 25fachen, ohne den Wildbestand zu gefährden. So gesehen, entbehrt der Luchs-Haß, den heute noch viele Jäger hegen, jeglicher Vernunft.

Geht man dagegen, wie Forstprofessor Kurt Eiberle von der Eidgenössischen TH in Zürich, den Legenden über die »reißende, blutgierige Bestie« nach, verfolgt die Ausrottungsgeschichte des Luchses, dann begreift man, wieso er bei der Landbevölkerung einen üblen Ruf genoß und bereits im 17. Jahrhundert im Mittelland und bis 1850 im Jura und den Voralpen ausgerottet wurde:

Damals fanden Hunderttausende von Schafen und Ziegen in den Wäldern ihre Nahrung. Rehe und andere natürliche Beutetiere waren selten oder gar verschwunden. Der Luchs hielt sich so zwangsläufig an die ziemlich unvorsichtigen Haustiere und wurde deshalb rücksichtslos verfolgt. Selbstverständlich lud man ihm bald die Verantwortung auf für alle Verluste in den Herden. Es geisterten sogar Legenden durchs Land, wonach die Bestie in ihrem Blutrausch ganze Schafherden über Felswände in den sicheren Tod getrieben hatte.

Tatsächlich neigen Haustiere zu panikartigen Fluchten, wie Schafhirten, Bauern und Pferdehalter wissen. Doch dazu ist kein Luchs nötig. Irgendein ungewohntes Ereignis genügt, ein lauter Knall oder ein Erdrutsch zum Beispiel. Jedenfalls rannte noch 1969 eine 150köpfige Schafherde in der Nähe des Mauvoisin-Stausees im Wallis über eine 400 Meter hohe Felswand in den Tod. Und das immerhin genau sechzig Jahre nachdem man am Simplon den letzten Schweizer Luchs gesehen hatte.

Trotzdem: Schauermärchen haben ein langes Leben und werden auch dann noch ausgeschmückt, wenn ihre Urheber längst verschwunden sind. Das trifft ganz besonders auf die großen fleischfressenden Tiere zu, die einst den Lebensraum mit dem Menschen teilten. Dementsprechend schwierig gestalten sich Schutzmaßnahmen oder Wiedereinbürgerungen:

Der *Steinadler* – in der Schweiz vor fünfzig Jahren nahezu

ausgerottet, heute schon fast wieder Wahrzeichen der Alpen – konnte nur gegen heftige Widerstände der damaligen Jägerschaft in die Liste der geschützten Arten aufgenommen werden.

Bei der geplanten Wiederansiedlung des *Bartgeiers* im Münstertal sieht der Zernezer Wildbiologe Chasper Buchli die größte Schwierigkeit nicht etwa in der Beschaffung der ohnehin selten in Gefangenschaft gezüchteten Jungtiere, sondern in der Motivation der Bevölkerung. Der hauptsächlich von Knochen lebende »Lämmergeier« gilt der Legende nach als übler Räuber junger Schafe, weil er sich wohl gelegentlich an die Nachgeburten von Lämmern hielt, die unter freiem Himmel auf den Alpmatten geboren wurden. Sogar Kindsraub wird ihm angedichtet. In Wirklichkeit ist der prächtige Vogel rein kräftemäßig dazu gar nicht in der Lage.

An eine Wiederansiedlung des *Braunbären*, des größten Raubtieres, das je bei uns lebte, glaubt heute niemand. Es fehlt nicht nur an ausreichender Beeren-, Nuß- und Pilznahrung für den Allesfresser. Der Petz hat zudem einen gar schrecklichen Ruf bei der Landbevölkerung. Allerdings nur dort, wo es ihn nicht mehr gibt. Im Trentino dagegen, wo die letzten 15 Alpenbären noch überleben, ist »die Einstellung der Bevölkerung zum Bären erstaunlich positiv«, weiß der Berner Bärenforscher Hans U. Roth zu berichten. Seit vielen Jahren verfolgt er hier das Schicksal der Petzen und notiert minutiös die Meinung der ansässigen Menschen:

»Als unmöglich und gefährlich würde man im Trentino dagegen die Anwesenheit von wilden Wölfen empfinden«, berichtet er. »Interessanterweise reagieren Einheimische in den Apenninen, wo der Wolf noch vorkommt, nicht aber der Bär, genau umgekehrt. Es scheint«, so sein Fazit, »daß sich der Mensch ein abstruses Feindbild von Großraubtieren aufbaut, sobald diese seit längerer Zeit aus seiner Umgebung verschwunden sind.«

Ein solches Feindbild verblendet jetzt Jäger und Kleinviehhalter in manchen Gegenden Westeuropas. Sie wollen die Schafherden nicht wie einst die Urgroßväter mit entsprechenden Hirtenhunden schützen. Sie wollen nicht wahrhaben, daß ein natürlicher Beutegreifer wie der Luchs wegen seiner geringen Bestandsdichten und seiner auf Überraschung angelegten Jagdstrategie mit erstaunlich wenig Schalenwild auskommt. Das ist nicht nur in den Schweizer Alpen so, sondern auch in Jugoslawien, in der Hohen Tatra oder den Karpaten, wo auf 100 Quadratkilometern zwei bis sechs Luchse leben und jährlich auf einem Quadratkilometer ein, höchstens zwei Rehe oder Gemsen töten. Gleiches gilt auch für den Wolf: Seine natürlichen Bestandsdichten sind so gering, daß im europäischen Teil der UdSSR einer auf eine Waldfläche von 250 bis 5000 Quadratkilometern kommt.

Wolf und Luchs, so kann man füglich behaupten, würden den Rehbestand allenfalls bei ganz geringer Wilddichte von drei bis fünf pro Quadratkilometer Waldfläche regulieren. Derartige Verhältnisse herrschten tatsächlich, bevor Menschen dem Wald Kulturland abrangen. Damals hatte das Reh aber auch noch natürliche Konkurrenten wie zum Beispiel Elch, Rotwild, Wisent und Ur.

Gegen Blei sind Rehe ziemlich resistent

Die Luchse können das Rehwild-Problem nicht lösen. Lösen sollten es Jäger durch vermehrten Abschuß, sagen besorgte Förster und Naturschützer. Jedoch: Das Reh erweist sich als sehr resistent gegenüber solchen »Bleikuren«. Dazu einige Beispiele: Bis 1970 wurde der zahlenmäßig gleichbleibende Rehbestand im Fürstlich Quadtischen Forstamt von Isny im Allgäu weitgehend geschont, um die erheblichen Winterverluste auszugleichen. Dann erhöhte der Berufsjäger Bruno Hespeler die jährliche Jagdstrecke um das Sechsfache. »Die hohe Quote des Winterfallwildes (jene Rehe, die im Winter an Hunger, durch Krankheit oder Straßenverkehr sterben) brach zusammen«, schreibt er. »Zwillingskitze wurden die Regel, Drillinge kamen regelmäßig vor.« Der geschätzte Bestand blieb gleich hoch.

Auch im Revier Kestenholz am Südhang des Schweizer Jura

versetzte vermehrte Jagd den Bestand aus einer stabilen Erhaltungsphase in eine Wachstumsphase: Als lediglich sieben Rehe auf 100 Hektar Waldfläche fielen, wurden verhältnismäßig wenig Kitze geboren und aufgezogen, vor allem aber mehr Böcke als Geißen. Bei dreifacher Jagdstrecke lag die Fortpflanzungsrate höher, und Kitzgeißen überwogen. Innerhalb kurzer Zeit glich der Bestand so den Verlust aus. Von Jahr zu Jahr blieb die Zahl der geschätzten Rehe gleich.

»Bestandszahlen sind mit gebührender Vorsicht aufzunehmen«, warnt der eidgenössische Jagdinspektor Hans-Jörg Blankenhorn. »Da über Jahre hinweg jedoch etwa die gleichen Fehler gemacht werden, lassen sich die generellen Tendenzen recht gut erkennen.« Die Tendenzen sprechen im Schweizer Mittelland für stabile Verhältnisse von rund 20 geschätzten Rehen auf 100 Hektar Waldfläche – unabhängig davon, wie hoch die Jagdstrecken auch angesetzt werden: Im Kanton Thurgau zum Beispiel griffen die Jäger 1975 wegen hoher Wildschäden erstmals massiv ein und erlegten 3002 Rehe. Weitere 1031 starben an Krankheit, Alter oder Unfall. Der Verlust betrug rund 21 Tiere auf 100 Hektar Waldfläche. Gleich viele hatten die Wildhüter und Jäger zuvor geschätzt. Trotzdem starben die Rehe nicht aus, obwohl hier in mehr als zwanzig Jahren inzwischen jährlich 18 bis 21 auf 100 Hektar den Tod fanden. Der geschätzte Bestand blieb immer mehr oder weniger gleich hoch. Gleich hoch blieb er in den letzten zwanzig Jahren aber auch in den Kantonen Aargau und Basel-Land, obwohl hier nur die Hälfte beziehungsweise nur ein Viertel der geschätzten Zahl umkam.

Ein Rehbestand, so das Fazit aus diesen und vielen ähnlichen Beispielen, reguliert sich selbst. Er verhält sich bei Störungen wie der Rosenbusch: Je mehr er beschnitten wird, um so kräftiger blüht er. Durch die Jagd sterben, wie bereits erwähnt, Rehe, die für die Erhaltung des Bestandes unwichtig sind oder ihren Beitrag dazu bereits geleistet haben: vor allem alte Geißen und junge Böcke. Mit dem Tod der Leitgeißen lockert sich der soziale Streß auf die jüngeren Geißen, folglich ziehen diese mehr Junge auf. Die Überlebenden sind die wichtigsten Tiere für kommende Generationen. Sie finden dank dem jagdlichen Aderlaß bessere Bedingungen im äsungsknappen Winter. Sind die Abschüsse massiv genug, so bleiben die wirtschaftlich wichtigen Jungbäume mehr verschont, der Wildschaden wird geringer. So geschehen im Kanton Thurgau.

Der Zustand des Waldes dort spricht für sich: Naturverjüngungsflächen wachsen wieder auf. Schutzzäune werden nur noch in kleinräumigen extensiv bewirtschafteten Privatwäldern gebaut. Ihre äsungsarmen Bestände zwingen das Reh an Nutzhölzer. Hier müssen teure, einschneidende Schutzmaßnahmen so lange dauern, bis sich ein nachhaltiger Durchforstungs- und Verjüngungsrhythmus eingestellt hat, der dann auch den Lebensraum für das Reh verbessern wird.

Bis heute ist das Thurgauer Experiment mit Kosten verbunden: Die Ausgaben für Wildschadenvergütungen und Verhütungsmaßnahmen stiegen zwischen 1968 und 1975 von 448 auf 931 Franken pro 100 Hektar Wald rapide an und blieben dann bis heute einigermaßen konstant, nachdem sie zwischen 1979 und 1985 sogar zurückgegangen waren. Auch die meisten anderen Kantone bezahlten in diesen Jahren weniger Wildschadensgelder. Offenbar verbissen Rehe in diesem Zeitraum vorübergehend weniger Nutzhölzer – ein Phänomen, das sich nicht mit vermehrter Jagd, höchstwahrscheinlich aber mit dem Waldsterben erklären läßt. Damals begannen die Baumkronen sich zu lichten, der Unterwuchs schoß demzufolge üppig ins Kraut. Mehr Äsung gab es möglicherweise auch infolge durch Wind und Regen abgedrifteten Kunstdüngers aus landwirtschaftlichen Gebieten, wie es Hermann Ellenberg für Schleswig-Holstein nachwies. Ein paar Jahre später hatten die Rehe auch diesen Nahrungssegen bewältigt und hielten sich in Notzeiten zwangsläufig wiederum vermehrt an die Nutzhölzer. Von Ausnahmen, wie der im Thurgau, abgesehen, steigen die Ausgaben für Wildschadenvergütungen und Verhütungsmaßnahmen seither laufend an, obwohl der Rehbestand seit rund zwei Jahrzehnten gleichgeblieben ist. Dafür gibt es mehrere Erklärungen. Eine bezieht sich auf zunehmende Störungen durch den Menschen.

Waldgebiete ziehen tagtäglich Abertausende von Erholungsuchenden und Naturhungrigen an. Oft sind es tagsüber mehr Menschen als Rehe, die den Wald bevölkern. Zusehends schwillt der Besucherstrom an: In einem Revier des Hessischen Berglandes tauchte im Sommer 1970 tagsüber alle fünf Stunden ein Mensch auf – sechs Jahre später jede halbe Stunde, wie der Wildbiologe Franz Müller herausfand. Im Naturschutzgebiet »Rotes Meer« in der Hochrhön zählte er im Winter 1973 im Mittel fünf Wanderer oder Langläufer pro Stunde, 1981 waren es dreißig.

Doch so harmlos die Absichten der meisten Waldbesucher auch sind, ihre Feindbedeutung haben sie für Wildtiere nicht verloren. Wie könnten sie auch? Jäger, von denen heute ständig mehr Abschüsse verlangt werden, prägen dem Reh unvermeidlich immer deutlicher das Feindbild »Mensch« ein.

Mehr noch: Unerwartetes Auftauchen einer sich rasch nähernden Gestalt mit der Geschwindigkeit, die der natürlicher Feinde entspricht, wirkt sich besonders gravierend aus, so der Zürcher Wildbiologe Peter Meile. Zu Schreckreaktionen kommt es besonders bei Alternativskilauf und ganz besonders beim Orientierungslauf. Verstärkt werden sie noch durch die auffallende Kleidung der Sportler, ungewohnte Laute mit besonderer Feindbedeutung – etwa lautes Atmen, Stimmen, Knistern der Äste – und durch sich verhältnismäßig langsam verflüchtigende Geruchskombinationen aus Schweiß, Creme, Gesichtswasser, Haarlack oder Parfüm.

So erstaunt die Feststellung des St. Galler Jägers Giacomo Maggio nicht, wonach heute sechsmal mehr Zeit zur Erlegung eines Rehes aufgewendet wird als noch vor zehn Jahren. In der Steiermark sitzt, laut Friedrich Reimoser, ein Jäger heute 23 Stunden auf der Kanzel beziehungsweise pirscht 19 Stunden durch den Wald, bis er endlich erfolgreich zum Schuß kommt. Kurz: Trotz hoher Bestandszahlen wird Rehjagd immer schwieriger; denn Rehe sind vorsichtiger geworden und fast ständig auf der Flucht.

Fluchtverhalten kostet aber ungemein viel Energie. Der Gießener Wildforscher Reinhard R. Hofmann schätzt 400 Prozent mehr im Vergleich zum Verbrauch beim Gehen oder Äsen.

Soviel »Treibstoff« kann der Wald ebensowenig liefern, wie der sensible Rehorganismus ihn innerhalb nützlicher Frist verdauen könnte: »Durch unsere eigenen Untersuchungen in Bayern und Hessen und durch die langjährigen Arbeiten Albrecht v. Bayerns in der Steiermark«, so Hofmann, »hat sich gezeigt, daß bei weitgehender Ausschaltung des ›Störfaktors Mensch‹ selbst bei hohen Wilddichten das Rehwild sich ohne negativen Einfluß auf Forstpflanzen artgerecht ernährt ...«

Das kann es vielerorts nicht mehr: Just die Lichtungen und Waldränder, wo die meiste Äsung wächst, ziehen die Erholungsuchenden magisch an. Hier werden die Trimm-dich-Pfade gebaut, die Rastplätze und Feuerstellen. Entlang von Waldrändern verlaufen die beliebten Wege. Und wenn sich am Abend die Spaziergänger endlich verzogen haben, stellt sich der Großbauer ein, um im Scheinwerferlicht seiner Maschine zu mähen, zu pflügen oder zu säen.

So darbt das scheu gemachte Reh, das täglich seinen kleinen Pansen sieben- bis zwölfmal mit Leichtverdaulichem füllen muß, häufig neben vollen Futtertöpfen und verbeißt zwangsläufig Jungbäume, die fernab der Störungszentren wachsen. Schäden an Nutzhölzern sind ebenso die Folge wie Schwächung des Wildes.

Dieses Wald-Wild-Problem läßt sich nicht allein durch vermehrte Jagd lösen. Denn es entstand nicht, weil die Jäger schliefen, als die Rehbestände um die Jahrhundertmitte förmlich explodierten, oder weil die letzten mitteleuropäischen Luchse kurz vorher ausgerottet worden waren. Es ist vielmehr die Folge von Störung und Zerstörung der Landschaft durch den Menschen. Sie gilt es auszuschalten. Die Chancen dafür stehen gar nicht schlecht. Sie müßten von Naturschützern, Förstern und Jägern nur entsprechend wahrgenommen werden.

Was den Artenschutz anbelangt, wurden Wälder längst zu Reservaten. Großflächig betrachtet, sind es die artenreichsten Lebensräume Europas geblieben, allen forstwirtschaftlichen Eingriffen zum Trotz. In keinem einzigen Reservat der Welt bewegt sich aber der Besucherstrom ungelenkt, schon gar nicht während äsungsknapper Perioden oder Setz- und Aufzuchtzeiten. Für Einschränkungen des Waldbetretungsrechtes wären, so eine EMNID-Umfrage in der alten BRD, immerhin 71 Prozent der Bevölkerung.

Wälder erfüllen ihre vielen Funktionen am besten durch größtmögliche Vielfalt an Arten und Strukturen. Diese erhalten sie nur durch entsprechende forstwirtschaftliche Maßnahmen. Im Zuge der durch das Waldsterben notwendig gewordenen Zwangsfällungen und Neuaufforstungen bietet sich dies geradezu an.

Hecken und Feldgehölze verkleinern im Kulturland zwar die Anbaufläche, erhöhen aber die Bodenfruchtbarkeit. Solche und ähnliche Brachflächen können heute leicht wieder entstehen, weil vor allem in Deutschland und in Österreich ernsthaft über Flächenstillegungen diskutiert wird mit dem Ziel, Agrarüberschüsse abzubauen.

Gewinnen Wald und Ackerland ihre Vielfalt zurück, finden Rehe auch in kargen Wintern genug Äsung. Vielfalt an Arten und Strukturen bedingt auch Territorialverhalten, Weibchensippen oder Einmanngruppen, also jene sozialen Organisationsformen, die Ausbreitung und natürliche Regulation und somit niedrigen Bestand erzwingen.

Was ist »natürlich« für den Hirsch?

Dreißig Gymnasiallehrer vom Verband Deutscher Biologen, die im Herbst 1990 im bayerischen Aichach an einem Kurs über das Reh in seiner Umwelt teilnahmen, wollten mir nicht so recht glauben, als ich in der Diskussion am Abend das Wildschadenproblem ansprach und fand, es seien nicht lediglich die Jäger daran schuld, sondern eben auch gutmeinende Erholungsuchende, die das Wild beunruhigen und zur vermehrten Nahrungsaufnahme zwingen; und übrigens könne man in den Wäldern hier kaum von Wildschäden sprechen. Was Rehe mit Vorliebe naschen, gehört ohnehin »jungen«, schnellebigen Pflanzengesellschaften an, denen natürlicherweise der reife

Hochwald folgt. Er trotzt dann Jahrzehnte und Jahrhunderte lang Sturm und Schnee. Irgendwann einmal wird er sich aber wieder lichten. Auf den Lichtungen verjüngt er sich. Und wenn Rehe hier äsen und dabei Pionierpflanzen schädigen, beschleunigen sie damit höchstens die naturgewollte Abfolge von Pflanzengesellschaften.

Derartiges klang zu theoretisch. Im Nu wechselte das Gespräch vom Reh auf den Hirsch, von den Fichtenforsten und Laubwäldern des Hügellandes auf die geplagten Alpen. Dann wurden die hinlänglich bekannten Sachverhalte aufgetischt, die Geschichten von Jägern, die Hirsche künstlich füttern, um möglichst große Trophäen zu ernten und einen möglichst großen Bestand heranzuhegen, der sich dann an Bäumen schadlos hält. Bei Überbestand können Jägern in Zeitnot eher geweihstarke Hirsche vor die Büchsen getrieben werden als bei geringer Dichte. Zweifellos hat derartige »Bonzenjagd« dem Wald erbärmlich geschadet; nicht nur in den Alpen.

Als die Mauer fiel, fiel auch der Zaun um die Schorfheide, eines der großen zusammenhängenden Waldgebiete Europas. Bis vor gar nicht langer Zeit haben hier oberste DDR-Herren auf gemästetes Wild mit entsprechend luxurierenden Trophäen geballert. Vor ihnen waren es der einstige oberste Jagdherr Hermann Göring und seine Schergen. Und vor ihm die deutschen Kaiser. Was an Trophäenträgern auf der Schorfheide fehlte, wurde künstlich herbeigeschafft, Mufflons von Mittelmeerinseln, besonders starke Hirsche aus den Karpaten, Elche aus Rußland und angeblich sogar Wisente aus polnischen Gattern. Der Wald litt logischerweise unter derart zynischer Nutzung und braucht jetzt Jahrzehnte, möglicherweise Jahrhunderte, um sich zu erholen.

Auch der Wald im Schweizer Nationalpark am Ofenpaß leidet unter Wildverbiß. Im 169 Quadratkilometer umfassenden Reservat im Unterengadin verbringt, von Touristen kaum behelligt, der größte Teil von 4000 bis 5000 Hirschen, die im Raume Zernez und Münstertal leben, den Sommer. Das haben die Gründerväter 1914 nicht erwartet, der Hirsch galt damals als ausgerottet. Aber immerhin sollte ein Braunbär, der noch in der Umgebung gespürt wurde, ein sicheres Refugium finden. Es kam alles anders: Ein Zernezer Jäger erlegte den Bären, und somit lebte niemals seit seiner Gründung Großraubwild im Schweizer Nationalpark. Doch der Hirsch kehrte bereits 1915 zurück. In den dreißiger Jahren war der Bestand bereits auf 300 bis 400 Exemplare angewachsen und verursachte im Schutzgebiet derartige Schäden, daß er es fortan jeweils im Winterhalbjahr verlassen und in tiefergelegene Täler abwandern mußte.

In den fünfziger Jahren verzeichneten die Förster nachhaltige Schäden an den Bäumen des anfälligen Bergwaldes. Junge Lärchen und Arven hatten kaum noch eine Chance, zu großen Bäumen heranzuwachsen. Im Spätherbst 1956, der Hirschbestand wurde jetzt auf rund 1000 Tiere geschätzt, ordnete der Kanton Graubünden eine Extrajagd auf das Rotwild an. Innerhalb von zwei Tagen starben 114 Hirsche, als sie, vom herannahenden Winter gedrängt, das Schutzgebiet verließen. Blutspuren im Neuschnee lösten bei Tierfreunden so heftige Proteste aus, daß auf weitere Zusatzabschüsse verzichtet wurde. Spätestens 1965 waren die Gräser, Kräuter und Zwergsträucher auf den waldlosen Südhängen dermaßen rasenkurz abgefressen, daß der Zürcher Botaniker B. Stüssi von einer wahren Äsungskatastrophe sprach. Die Verarmung der Pflanzendecke hatte auch Folgen für das anspruchsvolle Reh: Der einst 300köpfige Bestand war auf 20 Tiere zusammengeschrumpft.

Selbstverursachte Äsungsknappheit schwächte auch das Rotwild. Im harten Bergwinter 1969/70 starben 678 Hirsche an Erschöpfung und Unterkühlung. Ähnliches wiederholte sich acht Jahre später, obwohl seit 1972 wieder Zusatzabschüsse durchgeführt wurden. In welch desolatem Zustand die Hirsche mit den ersten Schneefällen im Herbst aus dem Schweizer Nationalpark ins Inn- und Münstertal wandern, wies der Zernezer Wildbiologe Chasper Buchli nach: 1005 bei Zusatzabschüssen zwischen 1972 und 1974 erlegte Hirsche wiesen kaum Fettdepots auf. Die Kälber waren besonders schwächlich und damit hilflos bei hoher Schneedecke und anfällig bei extremer Winterkälte. Wintersterben ist auch weiterhin zu erwarten.

An eine weitere Erhöhung der Abschußquoten ist kaum zu

denken. Inzwischen haben nämlich die Nationalparkhirsche längst herausgefunden, wo und wann die Unterengadiner Jäger auf sie schießen, wenn sie das Schutzgebiet verlassen. Rasches Lernen in Gefahrensituationen ist, wie gesagt, eine wirksame lebenserhaltende Strategie. Gelingt es tatsächlich, ein Tier aus einem Rudel zu schießen, weiß der Rest Bescheid, meidet fortan für längere Zeit die Stelle und hält sich an Plätze, an denen er sich vor Verfolgung sicher fühlt, frißt also Baumrinde und dergleichen. So wird der Nationalpark, in dem nicht gejagt werden darf, zum äsungsarmen Schutzraum.

Notzeiten kannten die wandernden Hirsche immer, doch nicht in dem Maße wie heute. Einst zogen sie von ihren an der klimatischen Waldgrenze gelegenen Sommerweiden im Spätherbst in die Auen mit reicher Weichholzäsung. Doch an Inn, Aare, Rhein und Rhône sind natürliche Auwälder ebenso rar geworden wie an Iller, Lech und Isar. Autobahnen und Siedlungen versperren die alten Wildwechsel, die einst kleinen Seitentälern folgten. Selbst wenn die Rudel den Weg zu fruchtbaren Talböden finden, warten hier nur abgeerntete Felder auf sie. Da im deckungsarmen Gelände die permanente Störung durch Verkehrslärm besonders wirkt, kommt es zum Rückzug an die Bergflanken, und hier tobt der Wintertourismus.

Dermaßen verscheuchtes Wild verzieht sich schließlich dorthin, wo es nicht mehr gestört wird. In die steilsten Schutzwälder. Hier faßt kein Jäger sicheren Tritt. In Schutzwäldern, die menschliches Tun im Tal überhaupt erst ermöglichen, wirkt Wildverbiß besonders tiefgreifend, denn an den Steilhängen ist der Bergwald hochgradig Wind, Wetter und saurem Nebel ausgeliefert. So vernichtet gestörtes Wild allmählich natürliche Bollwerke gegen Lawinen und Erdrutsche.

Künstliche Fütterungen haben das Hirschproblem in den Alpen nicht gelöst. An Totalabschuß denkt niemand im Ernst. Zu erreichen wäre er übrigens nur mit tierquälerischen Methoden, die jeder Jagdethik widersprechen. So haben sich Förster und Wildbiologen Neues ausgedacht: Wintergatter – hirschsicher eingezäunte Flächen von wenigstens 15 Hektar. Geplant sind im Alpenraum aber auch solche von einem halben Quadratkilometer Fläche. Im Gatter sollen höchstens vier Hirsche auf einem Hektar überwintern. Hunger wird die Hirsche zielsicher in die Schutzhaft lenken. Hier werden sie künstlich gefüttert, vor Touristenrummel geschützt und im Frühling daran gehindert, zu früh die Rückwanderung in die Bergwälder anzutreten, die mit vermehrten Verbißschäden verbunden ist.

In derartigem »Wildlife-Management« sind die Russen führend. Bereits im letzten Jahrhundert entstanden im Altai-Gebirge und im europäischen Teil der UdSSR Farmen für den Maral- oder Kaukasushirsch, eine Unterart des Rotwildes. Die Basthaut und das heranwachsende Geweih liefern Rohstoffe für eine alte asiatische Volksmedizin, das Pantocrin. Müde Männer macht es angeblich wieder munter. Rechtzeitig im Spätherbst werden die Marale von berittenen Hirten aus den 30 Quadratkilometer großen Gehegen in kleinere Pferche und schließlich durch enge Zwangswechsel, die nur je ein Tier passieren lassen, getrieben. So können die Geweihe geerntet, die Hirsche gewogen und, falls nötig, ausgemerzt werden.

Es bedarf wohl keiner besonderen Phantasie, damit zu rechnen, daß in absehbarer Zeit auf ähnliche Art und Weise Tierarzt und Wildbiologe bestimmen werden, welche der Alpenhirsche ihr Wintergatter im Frühjahr lebend verlassen werden. Menschliches Ermessen ersetzt dann natürliche Auslesefaktoren, und es wird endlich in die Tat umgesetzt, wovon Grünröcke immer geträumt haben: Hege mit der Kugel. Auf freier Wildbahn gelang derartiges nie. Es ist allen Richtlinien zum Trotz immer die Beute selbst, die durch ihre feindvermeidenden Verhaltensweisen bestimmt, wer im Kugelhagel umzukommen hat und wer nicht: in erster Linie überflüssige junge Männchen und alte Weibchen, wie wir gesehen haben. So betrachtet, wirkten Jäger bis heute nicht viel anders als natürliche Beutegreifer. Das habe ich am Beispiel des Rehs dargestellt.

Jäger entrüsten sich ob solcher technokratischen Visionen über Wintergatter. Tierfreunde und Naturschützer halten sie für unnatürlich und moderne Wildlife-Manager für logisch. Deshalb die naheliegende Frage: Was ist eigentlich »natürlich« und »logisch«?

»Natürlich« ist zweifellos jene Umwelt, in der eine Tier- oder Pflanzenart in Tausenden von Generationen entstanden ist. Sie wählt Individuen aus. Die Erfolglosen sterben oder haben zumindest wenig Nachkommen. Die Angepaßten pflanzen sich erfolgreich fort. So werden die umwelttauglichen Eigenschaften in Genen und – bei höheren Tieren – durch Traditionen fortgeschrieben.

Jahreszeitliche Wanderung ist eine umwelttaugliche Eigenschaft des Rotwildes in den Alpen. Im Winter erntet es den Überfluß der Au, Weiden und andere schnellwüchsige Büsche. Bevor die Frühjahr-Hochwasser die weiche Au überschwemmen und Mückenplagen einsetzen, zieht es mit der Schneeschmelze bergwärts. Die alpine Wiese des Sommerquartiers ist starker Beweidung bis zu einem gewissen Maße angepaßt. Ihre Gräser und Kräuter vermehren sich nicht nur durch Samen, sondern vor allem durch Wurzelsprosse. Und kurz muß sie ohnehin bleiben. Was im nächsten Bergwinter über die schützende Schneedecke ragt, wird Opfer von Wind und Kälte. Huftierkot düngt zudem den Boden besser als trockene Halme und Blätter.

Die naturgewollte Hirschwanderung formte auch Anpassungen im Sozialverhalten. Hirschkälber lernen spätestens im zweiten Lebensjahr die Wandertraditionen von der Mutter und nutzen fortan gleiche Winter- und Sommereinstände wie sie. Das wies Robert Schloeth, der frühere Verwalter des Schweizer Nationalparks, eindrücklich nach.

Große Beutegreifer gehören auch zur natürlichen Umwelt des Rotwildes. Die »modernen« Hirsche »entstanden« zur gleichen Zeit wie Wolf, Luchs, der heutige Mensch. Beutegreifer inklusive Mensch haben sie immer begleitet und ihnen wache Sinne, angemessenes Fluchtverhalten, scharfe Hufkanten und Warnrufe »angezüchtet«. Ebenso formten die Hirsche ihre Widersacher; nur die mit scharfen Krallen und Zähnen, die Schnellen und Schlauen überlebten. Kein anderes Tier hat die Kultur der ersten nacheiszeitlichen Jäger Eurasiens dermaßen beeinflußt wie das Rotwild.

Davon zeugen unzählige Felszeichnungen, so etwa im Veltlin,

im österreichischen Hallein, in Salvan im Wallis oder in der Haute-Maurienne in den französischen Alpen. Im norditalienischen Val Camonica, wo bis heute mehr als eine Million in Felsen geritzte Bilder entdeckt wurden, »ist der Hirsch eines der in verschiedenen Formen und Dimensionen meistdargestellten Tiere«, sagt Prähistoriker Ausilio Priuli. »Er war das begehrteste Jagdwild der vorgeschichtlichen Jäger. Sicher war er auch Gegenstand eines Kultes.« Das blieb er auch noch bei den ersten Bauernvölkern. Die Druiden der Kelten opferten Cernunnos, dem Gott der Hirsche. Mit geordnetem Jagdwesen bewirtschafteten diese vorbildlichen Ackerbauern und Handwerker das Rotwild geradezu, den vorzüglichen Lieferanten von Fleisch, Fell, Geweih, Knochen und Sehnen.

Die Vorfahren der heutigen Hirsche waren einem beachtlichen Jagddruck durch menschliche Jäger, Wölfe und Luchse ausgesetzt. Ihm sind sie, wie gesagt, angepaßt, und folglich ist es unnatürlich, Hirsche in einem großen Reservat wie dem Schweizer Nationalpark auf Kosten der Vegetation feindfrei zu hegen. Wenn das Gebiet schon rein flächenmäßig zu klein ist für Wölfe und Luchse, müßte meiner Meinung nach hier eben der Mensch, einer der natürlichen Widersacher des Rotwildes, jagen. Das heißt, das längst vergreiste Nationalpark-Gesetz, das außer Tourismus keine andere menschliche Nutzung zuläßt, muß der bedrohten Bergwelt zuliebe schleunigst geändert werden.

Unnatürlich ist es auch, daß Hirsche nicht mehr wandern können. Logischerweise würden sie gegebenenfalls Schäden am Bergwald verursachen, dessen Bäume, als sie entstanden, nie starkem Wildverbiß ausgesetzt waren und sich folglich auch nicht schützen können. Logisch ist aber auch der Vorschlag, den zum Schädling gewordenen Hirsch im Winter im Gatter zu halten, wenn er sich, von Touristen hysterisiert, nicht mehr richtig bejagen läßt. So wird er zum Gefangenen, zu einem vom Menschen immer stärker beeinflußten Wildtier. Die Grenzen zwischen freier Wildbahn und zoologischem Garten sind fließend geworden.

Das Gesagte gilt auch für die anderen Großtiere, von denen ich in diesem Buch berichten werde, vom Tiger ebenso wie vom Asiatischen Elefanten, dem Nashorn oder dem Orang-Utan. Wo es sie überhaupt noch gibt, sollen sie jetzt »gemanagt«, will heißen, an- und umgesiedelt, ausgetauscht, künstlich gefüttert und besamt werden.

Milliarden von Menschen lösten den rasenden Artenschwund aus, bedrohen populäre Großtiere, entflechten natürliche Ökosysteme und zerstören weiträumige Lebensgemeinschaften. Nur wenige wollen schützen und erhalten, können sich den Luxus Arten- und Naturschutz überhaupt leisten. Und da sie nicht recht wissen, wie das zu geschehen hat in einer Welt, die nicht in der Lage ist, Aberhunderte von Millionen hungriger Menschen zu ernähren, wird geforscht.

Wildschäden am Wirtschaftswald haben Forschungstätigkeiten ausgelöst, deren Resultatflut heute, für den einzelnen unüberschaubar, zentnerweise in Bibliotheken ruht. Das Problem blieb. Der rasend schnelle Artenschwund, die Bedrohung populärer Großtiere, die Zerstörung natürlicher Umwelt haben Forscher beflügelt. Noch nie haben Menschen über so viele zeitgenössische wissenschaftliche Daten von Tieren, Pflanzen und natürlichen Lebensgemeinschaften verfügt wie heute. Und noch nie haben sie so wenig mit ihrem Wissen anfangen können. Forschen ist einfacher als wirkungsvoll schützen!

Allzu häufig werden die Feldbiologen zu »nützlichen Idioten«. Solange sie Daten sammeln und Gutachten schreiben, kann alles beim alten bleiben. Es wird weiterhin gewildert und gerodet. Erscheint dann endlich ein Schlußbericht, kann er in einem wiederum zeitaufwendigen Gegengutachten angefochten werden. So gewinnen uneinsichtige Politiker Zeit. Und wird dann endlich, fünf Sekunden vor zwölf, grünes Licht für die notwendigsten Schutzmaßnahmen gegeben, kann es sein, daß sich die Verhältnisse drastisch geändert haben. Die durch die Forschung erbrachten Daten sind dann überholt.

Der Zerfall natürlicher Ökosysteme, das Seltenwerden von Tieren und Pflanzen oder gar ihr Aussterben und selbst Naturschutzmaßnahmen haben auch den Verlust umweltbezogener

Traditionen des Menschen zur Folge. Wenn Luchs und Wolf fehlen, stirbt das Wissen um die Zucht und Führung von Schutzhunden aus. Wenn ein Restwald irgendwo auf der Welt (vor den Menschen) geschützt wird, verschwinden unverzüglich die Kenntnisse über Nutzung seiner Pflanzen, über die Jagd auf seine Tiere. So verliert er an Bedeutung für die Bevölkerung. Die Talente einstiger Jäger-und-Sammler-Völker sind aber zweifellos notwendig in der praktischen Naturschutzarbeit.

Und dann noch etwas: Die Gärtner von Eden irren, wenn sie glauben, die Massen würden mit ihnen den naturschützerischen Erfolg, was ohnehin die Ausnahme von der Regel ist, teilen. Menschliche Interessen haben in dichtbesiedelten Gebieten, so fragwürdig sie für Ökologen auch sein mögen, immer Vorrang. Dazu ein erstes Beispiel: die Ansiedlung des Bibers.

Bibbern um Biber

Zwischen 1956 und 1977 setzten Naturschützer im Schweizer Mittelland und im Wallis wenigstens 141 Biber aus. Der Aufwand war groß, das Resultat bescheiden. »Von dreißig Orten sind nur gerade zehn erfolgreich besiedelt worden«, sagt der Basler Biberforscher Gerold Stocker. »Die Tiere sind zum Teil spurlos verschwunden. In sieben Fällen fanden wandernde Biber allerdings selbst die ihnen zusagenden Biotope.« Heute leben um die hundert Biber in einigermaßen naturnah gebliebenen eidgenössischen Gewässern, so schätzen Naturschützer und Jagdaufseher, mehr als die Hälfte davon an lediglich zwei Stellen: an den thurgauischen Hasen-, Hüttwiler- und Nußbaumerseen sowie an der Versoix.

An dem kleinen Grenzfluß zwischen Schweiz und Frankreich im westlichsten Zipfel der Schweiz setzten zwei Genfer Künstler, der Bildhauer Maurice Blachet und der Maler Robert Hainard, 1957 und 1958 acht Biber aus. Zwanzig Jahre später schätzte Gerold Stocker einen Bestand von rund fünfzig und errechnete eine beachtliche Fortpflanzungsrate: Trotz Störungen verdoppelte sich die Kolonie an der Versoix alle fünfeinhalb Jahre, derartiges Bevölkerungswachstum ist nur bekannt von wildlebenden Bibern in Rußland und Finnland oder von den in Bayern angesiedelten Artgenossen.

Der Ausnahmefall Versoix bestätigt eine traurige Regel: Die Zuzügler aus Frankreich, Norwegen und Rußland pflanzen sich in der neuen Heimat kaum fort, viele starben, bevor sie Familien bilden konnten. Mehr als ein Drittel wurde bereits im ersten Jahr nach der Auswilderung tot aufgefunden. Und was dabei besonders traurig stimmt: Jeder dritte Biber starb durch Menschen, verfing sich in Reusen und Netzen, wurde überfahren, erschlagen oder erschossen. Offenbar »herrscht die Ansicht vor, daß unbekanntes Getier zuerst einmal schädlich sein könnte und sofort vernichtet werden muß«, kommentiert Biberexperte Stocker.

Die Biberhatz hat eine tausendjährige Geschichte: »Sic benedicta fibri caro, piscis voce salubri« (»Gesegnet sei des fischähnlichen Bibers Fleisch«), brachte der gelehrte Mönch Eckehard IV. im Kloster St. Gallen im 10. Jahrhundert zu Pergament; somit konnte jederzeit der scharfe Geruch eines Biberbratens die Klöster durchziehen. Und den haarlosen Kellenschwanz, in Essig und Wasser weichgekocht, mit Butter und Semmelbröseln abgebräunt, durfte jeder strenggläubige Landesherr auch an jenen Tagen verspeisen, an denen sonst kein Wildbret erlaubt war. Wegen seiner aquatischen Lebensweise hielt man den Biber wohl wider besseres Wissen heuchlerisch für einen Kaltblüter und somit für eine Fastenspeise.

So verschwand das große Nagetier bereits im 12. Jahrhundert in England, im 15. Jahrhundert in Norditalien und bis zur Mitte des 18. Jahrhunderts war es in den Flußsystemen Mitteleuropas entweder ausgerottet oder zumindest äußerst selten geworden, nicht zuletzt »dank« Aberglauben: Tote Biber lieferten Heilmittel, allen voran das »Bibergeil«, das Sekret einer Drüse, das von Männchen und Weibchen zur Markierung ihrer Wohnräume gebraucht wird. Dieses »Castoreum« galt noch im

17. Jahrhundert als Allerweltsmittel gegen viele der damals bekannten Krankheiten. Die gelbroten Schneidezähne hängten abergläubische Eltern ihren Kleinkindern als Amulette um den Hals, sie sollten das Zahnen erleichtern. Hüte aus Biberwolle, so meinte man noch im 17. und 18. Jahrhundert, würden vor Krankheiten schützen und das Gedächtnis stärken.

Das Biberfell mit bis zu 23000 Haaren je Quadratzentimeter gilt seit je als bewährter Kälteschutz und Zierde der Reichen. In der Neuzeit war die Nachfrage nach den wertvollen Pelzen dermaßen groß, daß sie aus Skandinavien und Rußland nach Mitteleuropa eingeführt werden mußten. Folglich verschwanden die Biber um 1850 aus Schweden, Finnland, den baltischen Ländern und den anderen europäischen Teilen der Sowjetunion. Dann eröffnete sich eine unerschöpfliche Quelle in der Neuen Welt. Bis 1800 wurden von der Hudson Bay Company jährlich an die 50000 Felle nach London geschickt, 1859, nach dem Zerfall der europäischen Bestände, gut das Doppelte, 1875 waren es sogar 270000 Felle, zwanzig Jahre später jedoch nur noch 60000.

Um 1900 begann der Biber auch in den Vereinigten Staaten und in Kanada zu verschwinden, unzählige Ortsnamen wie »Beaver« oder »Beaver Creek« zeugen noch vom einst fast allgegenwärtigen Nager. Für Rußland und das deutschsprachige Europa gilt gleiches: »Bobrowiza«, »Bobrowniki« oder »Bobrik«, »Biberach«, »Biberstein« oder »Biberist«; allein in der Schweiz sind 22 solcher Orts- und Flußnamen bekannt.

»Kleiner Bruder« nannten die Indianer einst liebevoll den Biber. In der Tat: Der Wassernager wirkt menschenähnlich. Seine Vorderpfoten tasten, greifen und formen ähnlich wie unsere Hände. Auch sein verhältnismäßig hochentwickeltes Gehirn und sein ausgesprochener Familiensinn rechtfertigen den Vergleich. Biber können aufrecht gehen, dabei Junge oder Holzstücke in den Pfoten tragen. Und sie schaffen es, ähnlich wie Menschen, ihre Umwelt gründlich zu verändern. Zum Beispiel fällen sie Bäume – auch solche von einem Meter Durchmesser. Die ein bis zwei Klafter Eschen-, Pappel- oder Weidenholz (selten werden auch härtere Nadel- oder Laubbäume gefällt), die ein Biber jährlich benötigt, liefern Rinden-, Knospen- und Blattnahrung, aber auch Baumaterial.

In stundenlanger Nachtarbeit fräsen die Tiere die Hölzer zu gut armlangen Stücken und flößen sie dann durch See und Fluß oder in selbstgegrabenen Kanälen zu den Baustellen von Burgen und Dämmen. Die Dämme halten den Wasserspiegel des Wohngewässers immer genau so hoch, daß die Eingänge zu den Bauten unter Wasser liegen. Die unermüdliche Bautätigkeit kann ganze Täler verändern. Das merkten zuerst die Amerikaner: Der westliche Zufluß des Stasop-Flusses im Bundesstaat Washington zum Beispiel ist gefürchtet wegen seines Hochwassers, der östliche Zufluß, in dessen Bett viele Biber ihre Dämme bauen und pflegen, schwillt dagegen nie gefährlich an, seine Wasserfrachten werden dank der Biber ideal reguliert. Und so einmalig war die Situation im Einzugsgebiet des Stasop nicht, bald kannte man gleiches in vielen Gebieten der USA, Kanadas und Rußlands.

Es waren in erster Linie Wasserbauingenieure, die hier den fast ausgerotteten Biber zurückwünschten. Strenge Schutzbestimmungen verhinderten bald die Jagd und förderten rasche Vermehrung; in den vierziger und fünfziger Jahren siedelten Wildhüter in 22 Staaten der USA und in sieben kanadischen Provinzen 50000 Biber um. In unwegsamen Gebieten wurden sie sogar mit Fallschirmen abgesetzt, in Transportkisten, die sicher auf Gewässeroberflächen zuschwebten und sich beim Aufprall sofort öffneten. So wuchs der Biberbestand in der Neuen Welt wiederum auf mehr als zwei Millionen an.

Nach ersten Versuchen, die 1934 begannen, siedelten die Russen zwischen 1950 und 1965 im einstigen Verbreitungsgebiet 10000 Biber wieder an. Die Koloniegründer stammten aus Schutzgebieten, später lieferten die aufblühenden Neubestände weitere Umsiedler. Auch in skandinavischen Flußsystemen breitet sich der Biber seit 1922 mit Hilfe des Menschen wieder aus.

In Rußland und der Neuen Welt explodierten die meisten Biberkolonien geradezu: im Staate Illinois zwischen 1929 und 1949 um das 57fache, in Weißrußland um das 43fache. Derartig etablierte, dichte Bestände erlauben durchaus eine vernünftige Bejagung. Deren Wirkung kompensiert lediglich andere, das Wachstum hoher Bestandsdichte einschränkende Mechanismen wie etwa Abwanderung, sozial bedingte Unfruchtbarkeit oder Seuchentod. Schon 1934 war der Bestand in Pennsylvania auf 15000 Tiere angewachsen, 6500 wurden zur Jagd freigegeben, der Erlös für die Jäger betrug 100000 Dollar. Heute werden in den Vereinigten Staaten, Kanada und der Sowjetunion jährlich zwischen einer halben und einer Million Biber auf der Jagd erlegt.

Die Wiederansiedlung des bis zu dreißig Kilogramm schweren Nagetiers hatte in den großen Auwaldgebieten Rußlands und der Neuen Welt dreifachen Erfolg: Erstens fand eine bedrohte Tierart neuen Lebensraum, in dem sie sich zahlenmäßig stark vermehrte; zweitens übernahm sie wiederum ihre ökologisch bedeutende Funktion als Regulator des Wasserbestandes; drittens hat sie als Jagdbeute für die Landbevölkerung eine nicht zu unterschätzende ökonomische Bedeutung. Keinen dieser Punkte konnten die in der Schweiz ausgesetzten Biber erfüllen. Die Eidgenossenschaft ist zu dicht besiedelt, die Auwälder kommen höchstens noch als winzige Reste vor, und die Gewässer sind längst künstlich korrigiert.

In Bayern hatte das Biberexperiment dagegen Erfolg, zuviel für viele. 1967 begann es: Hubert Weinzierl, der jetzige Präsident des Bundes Naturschutz in Bayern e.V. (BN), und Bernhard Grzimek von der Zoologischen Gesellschaft Frankfurt setzten 1967 am ehemaligen Kiesweiher »Köglhaufen« am Unterlauf der Ilm ein Biberpärchen aus. Der Bund für Naturschutz führte das Projekt dann fort und holte zwischen 1967 und 1982 knapp 120 Biber vornehmlich aus dem mittelschwedischen Värmland in den Freistaat, vor allem an den unteren Inn und die mittlere Donau. Wie viele es heute sind, weiß niemand. »Rund zweihundert«, sagen die einen, »mehr als tausend«, meinen andere. Sicher ist dagegen: Allein im Amtsbereich des Wasserwirtschaftsamtes Ingolstadt sind von 484 Kilometern Gewässerläufen 235 Kilometer, also rund die Hälfte, von Bibern besiedelt; nicht ohne Folgen.

Biber holen sich auf ufernahen Feldern Zuckerrüben und Maiskolben. Der »Mundraub« wird ihnen weitgehend verziehen, das Fällen von Bäumen, das Bauen von Dämmen und unterirdischen Röhren dagegen nicht. Landwirte fürchten Ernte- und Verdienstausfälle, wenn Biber Gewässer stauen und damit möglicherweise Äcker unter Wasser setzen. Deshalb greifen sie zunehmend zur Selbsthilfe, zerstören Dämme, schießen die geschützten Biber ab oder vergiften sie. Unterirdische Gänge und Bauten, die kaum zu erkennen sind, gefährden Standsicherheit der Stauhaltedämme und Hochwasserdeiche. Dies sei besonders in den Bereichen der Fall, wo diese Dämme und Deiche nahe an die Gewässer reichen, vor allem wenn die Abstände nicht mehr als zwanzig Meter betrügen, sagt Peter Maier, der Leiter des Wasserwirtschaftsamtes von Ingolstadt, und nennt acht besonders gefährdete Bereiche.

Im November 1989 brach ein Damm an der Paar bei Manching, 100 000 Mark wurden für die Regulierung des Schadens, der allerdings nicht mit Sicherheit dem Biber zugeschrieben werden kann, angesetzt. Der Vorsitzende des Wasser- und Bodenverbandes Katzau an der Ilm, Josef Sangl, fordert über eine Münchner Anwaltskanzlei 270 000 Mark für die Sanierung von Biberschäden. Doch von wem eigentlich, von einzelnen Gemeinden, auf deren Gebieten wieder Biber siedeln, vom Bayerischen Bund für Naturschutz, der die großen Nager wiedereinbürgerte, oder vom Freistaat Bayern, der das Experiment bewilligte? Wer für die Schäden aufkommt, etwa die 2500 Mark Reparaturkosten für jenen Traktor bezahlt, der bei Hartacker an der Ilm in einen unterirdischen Biberbau einbrach, weiß bis heute niemand. »Die Auskunft hinsichtlich der Haftung ist nichts anderes als das Werfen von Nebelgranaten«, schimpft der Pfaffenhofener CSU-Landtagsabgeordnete Rudi Engelhard.

Nicht nur Rechtsunsicherheit herrscht in höchstem Maße an der mittleren Donau, dem unteren Inn, an Ilm und Paar. Seit 1987 der Biberkrieg eskalierte, sind auch korrigierende Eingriffe in Bestand und Lebensraum umstritten. Sollen die Biber bejagt werden oder nicht? Sollen die Schäden – sie betragen im Bereich des Ingolstädter Wasserwirtschaftsamtes jetzt jährlich

150 Millionen Mark – gemildert werden durch Uferausbau mit teuren Wasserbausteinen, einem ökologisch folgenschweren Eingriff? Ende 1991 weiß man vielleicht mehr, wenn ein 314000 Mark teures Gutachten, das die Wildbiologische Gesellschaft München im Auftrag des Umweltministeriums zur Zeit erstellt, vorliegt.

Studiendirektor Hermann Kaplan, Vorsitzender der BN-Kreisgruppe Pfaffenhofen, sieht jetzt schon klar: Die Wiedereinbürgerung des Bibers sei zwar »ein Lehrbuchbeispiel dafür, wie eine derartige Maßnahme in biologischer Hinsicht ein beeindruckender Erfolg sein kann«, meint er. »Sozial und politisch wird sie aber weithin ein einziger Reinfall.« So ist es: Was immer die Gärtner von Eden unternehmen, wird von der Gesellschaft geduldet, politisch und finanziell unterstützt, solange es, wie gesagt, erfolglos und damit für sie konfliktlos verläuft. Erfolgreicher Naturschutz, die »gute« Nachricht, ist für die Entscheidungsträger immer eine »schlechte« Nachricht. Das gilt weltweit. Es gilt für Schutzprojekte für den Elefanten ebenso wie für den Tiger, von dem ich im nächsten Abschnitt berichte.

Tiger: problematische Rückkehr

Menschenfresser

Om Prakasch und die anderen Männer hatten kaum geschlafen. Nicht nur wegen der Mücken, die unermüdlich die dicht gedrängt um die rauchigen Feuer Liegenden peinigten, und wegen der drückenden Schulden. Um wenigstens die Wucherzinsen der Geldverleiher tilgen zu können, waren die landlosen Bauern und Tagelöhner ja während der kurzen Trockenzeit in die Wälder an den großen Strömen gekommen, als Waldarbeiter, Holzsammler oder als Honigsucher, wie Om Prakasch. Sie alle kannten jetzt nur eine Sorge: Sher, den Tiger. Nachts suchten sie hier im Lager Zuflucht vor ihm.

»Stundenlang hat er mich gestern verfolgt«, berichtete einer, als Om, eingehüllt in seine dünne Decke, Schlaf suchte. »Er schwimmt wie das Krokodil und holt sogar die Fischer von ihren Booten«, begann ein anderer seine Geschichte. Jeder kannte Sher, ob aus eigener Erfahrung oder vom Hörensagen, spielte keine Rolle. »Er hat sich mit der Schwarzen Frau verbündet«, fuhr es Om durch den Kopf, als er am Morgen dem Forstgehilfen Name und Herkunft angab. Dabei dachte er an den Tempel zu Hause, an das Steinbild von Kali, der vierarmigen Todesgöttin mit dem Halsband aus Schädeln. Sie reitet auf einem Tiger.

Eilig erwarb Om die Lizenz als Honigsammler und trug sich mit dem Abdruck seines rechten Daumens in eine Liste ein. Ja, er würde sich vor Einbruch der Dämmerung wieder im Camp einfinden, versprach er. Dann reihte er sich in die lange

Schlange von Männern ein, die vor einem schäbigen Häuschen aus Bambus und Palmwedeln warteten. Es waren Hindus und Moslems. Hier am Schrein von Takschin Ray, dem Tigergott, spielten derartige Unterschiede keine Rolle mehr. Mutig schnitt sich Om Prakasch mit seinem kleinen Messer ins Handgelenk, als er an der Reihe war, träufelte sein Blut über den kleinen Opferstein und drückte dann dem wohlgenährten, ungerührt dahockenden Priester einige Rupien in die Hand. Dafür strich ihm der Meister zweimal mit heiliger Knochenasche über die Stirn.

Rasch haben Schweiß und mannshoher Unterwuchs die hellen Striche der Asche weggewischt. Om sucht stundenlang nach den Bienennestern an den turmhohen Bäumen. Er watet durch brackiges Altwasser der Flüsse, kämpft sich durch die breiten Riegel der Mangrovenwurzeln und Lianen. Hie und da hastet sein Blick über den Boden, um nicht vom schmalen Pfad der Hirsche abzukommen, meist kleben seine Augen aber an den Ästen über ihm, wo er die wilden Bienen vermutet.

Er wird sie nie mehr finden: der Tiger ist schneller. Geräuschlos hat er sich angeschlichen und sein Opfer angesprungen. Zwei mächtige Klauen drehen den Kopf des kleinen Mannes, der schwere Leib der Katze drückt seinen Körper zu Boden. Das Genick bricht wie dürres Holz. Kali ist gnädig gewesen.

Am Abend ruft der Forstgehilfe zweimal Oms Namen. Als sich niemand meldet, verspricht er, in den nächsten Tagen nach dem Vermißten suchen zu lassen – ein wenig erfolgreiches Unternehmen. Denn hier in den Sundarbans, dem Mündungsgebiet von Brahmaputra und Ganges, wird höchstens eines von vier Tigeropfern gefunden. Zweimal täglich überschwemmt die Flut aus dem Golf von Bengalen teilweise den Urwald im Mündungsgebiet von Ganges und Brahmaputra. Dann breiten sich die Krokodile und Haie aus und fressen unverzüglich, was die Wildschweine von der Tigerbeute übriggelassen haben.

»So wie Om Prakasch sterben in den Sundarbans an den Grenzen zwischen Indien und Bangladesch jährlich fünfzig bis sechzig Menschen«, schätzte 1986 Vinod Rishi, Exdirektor des fast 3000 Quadratkilometer großen Tigerreservates der Sundarbans. Die schaurigen Zwischenfälle haben Tradition. Bereits vor 300 Jahren notierte der französische Reisende François Bernier, die Tiger der Sundarbans würden selbst zu Fischerbooten schwimmen und die hilflosen Fischer erbeuten. Das tun sie auch heute noch.

Die Tiger der Sundarbans erinnern an die klassischen Maneaters, die »Menschenfresser«, unter den großen Raubtieren. Solche gab es nicht nur bei Tigern.

In Frankreich soll die »Bestie von Gevaudan«, ein angeblich riesengroßer Wolf, zwischen 1764 und 1767 in den Provinzen Auvergne und Langedoc über hundert Menschen – vor allem Frauen und Kinder – getötet haben.

Während des Baus der Uganda-Bahn töteten zu Beginn unseres Jahrhunderts die »Man-eaters von Tsavo«, zwei Löwenmännchen, weit über hundert Arbeiter und holten sogar einen Ingenieur aus einem Schlafwagen.

Zwei menschenfressende Leoparden in Kumaon/Nordindien forderten 525 Opfer. Zu Man-eaters wurden sie nach einer Choleraepidemie um 1918: Bevor sie sich aktiv auf Menschenjagd begaben, lebten sie von den eilig in offene Gruben geworfenen Leichen und lernten so Menschenfleisch als Nahrung kennen.

Einige Jahre später brachte es, ebenfalls in Nordindien, eine Tigerin als »Man-eater von Champawat« zu trauriger Berühmtheit. Sie tötete 436 Menschen. »Ihre beiden rechten Reißzähne waren vor Jahren abgebrochen«, berichtet Jim Corbett, der damals in Indien »Menschenfresser« jagte, 1944 in seinen Memoiren: »Sie war nicht mehr in der Lage, Beutetiere zu erlegen, und wurde deshalb zum Man-eater.«

Notorische Menschenfresser sind unter den Tigern der Sundarbans selten. Etwa ein Prozent von ihnen macht gezielt Jagd auf Menschen, schätzte 1971 der deutsche Biologe Hubert Hendrichs nach einer umfangreichen Studie für den WWF. Jeder dritte Tiger greift aber bei Gelegenheit Menschen an. Diese Opportunisten leben in Gebieten, die regelmäßig von der Flut des Golfes von Bengalen überschwemmt werden. Hendrichs äußert die Meinung, salzhaltiges Wasser mache die Tiger angriffslustig. Deshalb grub man künstliche Trinkplätze, in denen sich Regenwasser sammeln konnte. Obwohl Tiger wie auch andere Tiere diese Wasserlöcher bald besuchten, änderten sie ihr Verhalten nicht. Eine andere, noch spekulativere Theorie war bald gefunden: »Hoher Flutwasserstand verwischt regelmäßig die geruchlichen und optischen Marken, mit denen Tiger, besonders revierbesitzende erwachsene Männchen, ihre Eigenbezirke kennzeichnen. Dadurch werden sie angriffslustiger.« Immerhin waren 10 von 13 notorischen Menschenfressern Männchen, und sie waren für 86 Prozent der Todesfälle verantwortlich.

Bis heute kann niemand sagen, warum, gemessen an anderen Tigergebieten Südasiens, in den Mangrovenwäldern der Sundarbans Menschenfresser häufig sind. Es fehlt nicht an natürlicher Beute. Zwar sind im Laufe eines Jahrhunderts am Unterlauf des Brahmaputra Gaur (das indische Wildrind) und Arnibüffel, Barasingha (indischer Sumpfhirsch) und Schweinshirsch, Asiatischer Elefant und Sumatra-Nashorn verschwunden. Aber Wildschweine (sie machen 40 Prozent der Beute aus), Axishirsche (35 Prozent), Bindenwarane, Krabben, Schildkröten und Fische (17,5 Prozent) sind häufig. Das Problem beruht sicher auch darauf, daß Abertausende von Menschen dieses wilde Gebiet als Fischer, Holz-, Früchte- und Honigsammler nutzen.

Inzwischen gibt es erfolgreiche Lösungsvorschläge. Besonders gefährliche Zonen wurden mit Elektrozäunen abgeriegelt. Puppen, die alte Kleider von Waldarbeitern und Fischern trugen, sogar ihre Köpfe bewegten, lockten menschenfressende Tiger an und versetzten ihnen fürchterliche Stromschläge. Die bisher erfolgreichste Methode entdeckte Arun Ram, ein Mitglied des Wissenschaftsklubs im Howrath-Distrikt von Kalkutta. Ram ging davon aus, daß Menschenfresser ihre Opfer von hinten anspringen, also offenbar nicht von »Angesicht zu Angesicht«. So empfahl er ein »zweites Gesicht«, eine billige Maske aus Gummi und Plastik, die in groben Zügen menschliche Augen, Nase und Mund wiedergibt und am Hinterkopf getragen wird. »2500 von 8000 Arbeitern trugen 1987 diese

Masken«, faßt Vinod Rishi zusammen, »keiner wurde getötet. Dreißig, die keine Masken anhatten, dagegen schon.« 1990 ist das »zweite Gesicht« bei den rund 8000 Fischern und Sammlern der Sundarbans logischerweise so populär, daß es keiner mehr missen will. »In den letzten drei Jahren starben lediglich drei Arbeiter, die Masken trugen«, erzählt Peter Jackson, Chef der Katzenspezialistengruppe von der Internationalen Naturschutzunion (IUCN). »Der eine wurde von der Seite angenommen. Die beiden andern hatten offensichtlich die Maske gerade nicht auf.« Über das Ausmaß von Unfällen in den Sundarbans von Bangladesch, wo keine derartigen Masken benutzt werden, sind zur Zeit keine Daten erhältlich.

Menschenfressende Tiger trugen sicher im letzten und in der ersten Hälfte dieses Jahrhunderts auch wesentlich dazu bei, daß die große Katze entweder ausgerottet oder bis auf wenige Individuen dezimiert wurde. Auf die Frage, warum es soweit kam, ja kommen mußte, will ich kurz eingehen. Die Antwort bestimmte nämlich wesentlich die Strategien der Operation Tiger, des weltweit erfolgreichsten Artenschutzprojektes. Allein in Indien bekamen dadurch 18 Tigerbestände eigene Reservate. Doch davon später.

So wurde der Tiger zur Bestie

Will man dem amerikanischen Experten Richard Perry glauben, so haben Tiger in Asien während der letzten vier Jahrhunderte mehr als eine Million Menschen getötet, im Schnitt jedes Jahr wenigstens 2500. Meist waren die Menschenfresser jung oder sehr alt, häufig verletzt oder von ihren Artgenossen ausgestoßen. Keinesfalls waren sie blutrünstige Bestien, sondern Kreaturen, die aus Not die Angst vor dem Menschen überwunden hatten. Die Voraussetzungen dazu schufen die Menschen in dem Maße, wie sie über Jahrhunderte die Lebensbedingungen der Tiger verbessert hatten.

»Es mag paradox erscheinen«, sagt Hemendra S. Panwar,

ehemaliger Direktor der Operation Tiger in Indien, »aber die Durchdringung der Wälder mit menschlichen Siedlungen erhöhte das Nahrungsangebot für Hirsche und Antilopen und somit auch das des Tigers. Dies ganz einfach deswegen, weil die Bauern um ihre Dörfer große Weiden für ihr Vieh und gleichzeitig lichte Wälder als Brennholzlieferanten unterhielten.« Aber auch die regelmäßigen Brandrodungen vergrößerten Vielfalt von Nahrung und Deckung für das Großwild. Durch sie gewannen die Bauern neues Ackerland, während altes von Zweitwuchs, Tigern und ihrer Beute zurückerobert wurde. So trug die Landbevölkerung Indiens bis zum Beginn des letzten Jahrhunderts wesentlich zur Erhaltung des Tigers und zur Ausbreitung seines Lebensraumes bei. Menschenfresser gab es kaum. Tigerjagden waren selten und den indischen Prinzen und später den Mogulherrschern und ihren Offizieren vorbehalten.

Als die Herrschaft der Moguln am Ende des 15. und zu Beginn des 16. Jahrhunderts ihren Höhepunkt erreicht hatte, lebten 100 bis 140 Millionen Menschen auf dem Subkontinent. Ihre Bevölkerung war seit der Herrschaft Aschokas (273–232 v. Chr.) gleichgeblieben. Und gleich war sie auch noch zu Beginn des 19. Jahrhunderts (geschätzt 125 Millionen), als bereits beachtliche Teile Indiens unter britische Herrschaft gelangt waren. Der Tiger und seine Beutetiere lebten mit und eben auch dank den Menschen.

Das sollte sich bald ändern: Die englischen Herren fanden Mittel und Wege, um Seuchen und Hungersnöte zu mildern. Die Bevölkerung wuchs. Um 1875 hatte sie sich auf 255 Millionen verdoppelt. Mitte des 20. Jahrhunderts betrug sie 600 Millionen und heute über 800 Millionen. Selbstverständlich veränderte sich die indische Landschaft, die nun immer mehr Menschen zu ernähren hatte. Weiden kamen unter den Pflug; und wenn die heißen Winde der Trockenzeiten und die Monsunregen die ungeschützte Humusschicht von den immer größer werdenden Äckern trugen, wurden Wälder geschlagen. In wenigen Jahrzehnten war aus dem Waldland Indien eine schier unendliche Kultursteppe geworden, die heute vielleicht noch zehn Prozent der natürlichen Pflanzendecke trägt.

Mit ihr verschwanden Wildschwein, Axis- und Sambarhirsch. Die konservativ in ihren Jagdrevieren hausenden Tiger aber blieben, verloren hungernd die Scheu, hielten sich zwangsläufig an Haustiere und schließlich auch an Menschen. Das Auftreten der »Cattle-lifters« und »Man-eaters«, der Viehdiebe und Menschenfresser, markiert Orte und Zeitpunkte in der Kolonialgeschichte, als eine geradezu explosionsartig wachsende menschliche Bevölkerung begann, an die Grenzen der Bodenfruchtbarkeit vorzustoßen.

Zuerst tauchten sie um die großen Hafenstädte auf, von wo aus die Handelskompanien Indien geschickt unter die britische Krone brachten: Im Jahre 1822 wurden im Khandesh-Distrikt bei Bombay nicht weniger als 500 Menschen und 20000 Haustiere durch wilde Tiere, vor allem Tiger, getötet. In Bengalen, das bald unter dem Einfluß der in Kalkutta regierenden Briten stand, starben Mitte des 19. Jahrhunderts jährlich 300 bis 500 Menschen durch Tiger.

Fast zur gleichen Zeit wie in Bengalen tauchten die menschenfressenden Tiger in Zentralindien auf. Wo immer hier das breite Tal des Narpada durch Rodungen, Straßen und Eisenbahnlinien rasch erschlossen und die natürliche Beute des Tigers verdrängt wurde, kam es zu schweren Unfällen. Einer einzigen Tigerin sollen 700 Menschen zum Opfer gefallen sein. Allein im Mandla-Distrikt, wo noch zu Beginn des Jahrhunderts ein staatlicher Tigerjäger Menschenfresser aufzuspüren und zu erlegen hatte, waren jährlich 200 bis 300 Tote zu beklagen. Die Menschenfresser waren vor allem Weibchen.

Im Terai, dem fruchtbaren Himalajavorland, begannen die schrecklichen Zwischenfälle später. Auch hier begleiteten sie weiträumige Erschließungen. Auf einem Höhenzug von 3000 Metern bei Dhera Dun, wo bis dahin Tiger fehlten, tauchte 1876 die Tigerin von Mandala auf. Zuerst ernährte sie sich von Schafen und Ziegen. Als sie 1880 drei Junge mit zu versorgen hatte, vergriff sie sich auch an Hirten und holte ihre Opfer kühn aus den einfachen Behausungen. Kurz danach erschien eine menschenfressende Tigerin im Garhawal-Distrikt. Um die Jahrhundertwende machte die bereits erwähnte Champawat-

Tigerin von sich reden. Von nun an gab es in den Vorhügeln des Himalajas bis zum Ende des Zweiten Weltkrieges regelmäßig Man-eaters. Am zahlreichsten waren sie in den zwanziger und dreißiger Jahren. Damals töteten die Tigerinnen von Talla Des und Lohaghat je 150 Menschen; zehn der 16 notorischsten Man-eaters waren Weibchen. In der Regel waren es Tiere von schlechter Kondition. Häufig hatten sie Schußwunden oder Mundverletzungen, die ihnen Stachelschweine beigebracht hatten. Daß sie versuchten, die wehrhaften Nagetiere zu erbeuten, deutet darauf hin, daß diese Menschenfresser bedauernswerte Hungerleider waren, die versuchten, außerhalb ihres angestammten Lebensraumes durchzukommen. Es waren Überzählige aus einem sich rasch vermehrenden Tigerbestand in einem noch nicht gerodeten Dschungelstreifen am Rande der Tiefebene. Von hier aus konnten selbständig werdende Jungtiere nur noch in die besonders im Winter wetterlaunischen Hügelgebiete ziehen. Dabei folgten sie im Frühjahr den Schaf- und Ziegenherden, etablierten im Sommer ihre Jagdreviere und mußten sich in der kalten Jahreszeit an ein spärliches Beuteangebot, nicht selten Menschen, halten.

Überall in Südasien merzten Bauernvölker, Straßen- und Eisenbahnbauer die natürliche Beute des Tigers aus und zwangen ihm die Rolle des Viehdiebs und Menschenfressers auf. Der venezianische Weltreisende Marco Polo meldete im 13. Jahrhundert aus der heutigen Provinz Fukien, im Süden Chinas, Löwen, wie er die Tiger nannte, seien von großer Kraft und Wildheit und eine Gefahr für die Reisenden, und die Nähe der Stadt Fu-chau sei geradezu von ihnen verseucht. Mit Beginn des 20. Jahrhunderts waren die Wälder von Fukien bis auf winzige Reste abgeholzt. Tiger griffen Vieh und Menschen, vor allem Kinder, an. Während weniger Wochen im Jahre 1922 starben in einem einzigen Dorf sechzig Menschen durch Tiger, die sich ihre Beute oft aus den Häusern holten.

Sogar jene 540 Quadratkilometer große Insel an der Südspitze Malayas, die heute der Stadtstaat von Singapur ist, litt seinerzeit arg unter menschenfressenden Tigern. Als der britische Beamte T. S. Raffles 1819 den Ort erstmals besuchte, fand er nichts als Regenwald und Sümpfe neben einem winzigen Malaienkaff mit rund hundert Hütten. Das unbedeutende Dorf Singapur wuchs rasch. Es wurde wegen seiner strategisch einmaligen Lage am Südeingang der Straße von Malakka zu einer wichtigen Hafenstadt ausgebaut, Plantagen entstanden. So war der Konflikt zwischen Menschen und Tigern unausweichlich. In den vierziger Jahren des letzten Jahrhunderts starben 200 bis 300 Bewohner des aufblühenden Handelszentrums. Noch um 1929 gab es 15 Tote. Dann lösten die Scharfschützen des »Tiger-Clubs« ein für allemal das Problem.

An der Grenze zwischen Korea und der Mandschurei mußte in den neunziger Jahren des letzten Jahrhunderts ein Regiment von Kosaken Siedler und Bahnarbeiter vor menschenfressenden Tigern schützen, als die Wälder gerodet und die ostchinesische Eisenbahn gebaut wurde. Das Problem dauerte an bis in die erste Hälfte des 20. Jahrhunderts und endete wohl mit dem Tod der letzten Tiger in Korea.

Menschenfressende Tiger folgten auch den Kriegen: In Birma, wo Man-eaters sehr selten waren, traten sie plötzlich während des Zweiten Weltkrieges auf und holten sich ihre Opfer unter den britischen wie japanischen Verbänden. Gleiches wiederholte sich dann auch während des Vietnamkrieges. Tiger lebten zuerst von den Toten auf den Schlachtfeldern, folgten bald hungrig dem Kanonendonner und überfielen zuletzt unverletzte Soldaten.

Auf Sumatra waren diese gefährlichen Exemplare verhältnismäßig selten. Kam es zu einem Unfall, genügte meist der Dienst eines »Pawang Harimau«, eines auf Tiger spezialisierten Jägers und Zauberers. Er hatte vorerst festzustellen, ob im betroffenen Dorf jemand die Gesetze verletzt hatte und damit Opfer einer Ahnenseele geworden war, die nun in einem Tiger weiterlebte. Durch Opfergaben besänftigte der Pawang den Tiger. Half dies alles nicht, so fing er ihn ein. Solcher und ähnlicher animistischer Glaube überlebte die Bekehrung zum Islam vor rund 500 Jahren, ja fand sogar Eingang in den neuen Glauben. Tiger, so heißt es besonders in der Gegend von Bengkulu an der Südwestküste, seien von Allah ausersehen worden, Sünder zu bestrafen. Als hier allein 1951 hundert Menschen durch Tiger den Tod fanden, sah man dies in erster Linie als Gottesgericht an und nicht als erste Anzeichen für die rasch fortschreitende Zerstörung der natürlichen Umwelt. Heute kommt es immer häufiger zu Zwischenfällen, vor allem in jenen Provinzen Sumatras, die rasch erschlossen werden, um Neuland für Umsiedler von den übervölkerten Inseln Java und Madura zu gewinnen. Bereits 1979 starben in Riau (Zentralsumatra) bereits mehr Menschen durch Tiger als durch Mörderhand.

Die schaurige Liste ließe sich beliebig fortsetzen. Und es bleibt dabei, wo immer Tiger Menschen töteten, hat der Mensch seinen Alleinanspruch angemeldet und damit den mächtigen, bis dahin ungefährlichen Beutegreifer zu einem gefährlichen »Verzweiflungstäter« gemacht. Menschenopfer oder auch nur die Berichte darüber entfesselten die Hatz auf jeden Tiger. Pardon kannten die Jäger nicht und vergaßen, daß angeschossene Tiere häufig wegen ihrer Verletzungen zu Menschenfressern werden mußten. Der schreckliche Teufelskreis hatte bald Folgen, vielerorts verschwanden die gestreiften Raubkatzen praktisch über Nacht.

Spätestens mit dem Ende des Zweiten Weltkrieges verschwand der Balitiger (*Panthera tigris balica*), 1959 wird der letzte Kaspi- oder Turantiger (*P. t. virgata*) erlegt. In den siebziger Jahren werden noch einmal Spuren, aber trotz intensiver Suche keine Tiger mehr gefunden. Seit Beginn des 20. Jahrhunderts schmolz der natürliche Lebensraum des Javatigers (*P. t. sondaica*) wie Eis in der Sonne. 1979 werden im südostjavanischen Reservat von Meru-Betiri zum letztenmal die Spuren von wahrscheinlich drei Tigern vermessen. Seither gilt auch diese Unterart als verschollen. Mit knapper Not entkommt der Amur- oder Sibirische Tiger (*P. t. altaica*) gleichem Schicksal. In den dreißiger Jahren betrug sein Bestand am Amur, dem fernöstlichen Grenzfluß zwischen Rußland und China, nur noch zwanzig bis dreißig Tiere. Gerettet wurde er dann durch strenge Schutzgesetze.

Als die russische Regierung durch striktes Jagdverbot und

eine Reihe von neuentstandenen Reservaten längst begonnen hatte, ihre letzten Tiger erfolgreich zu schützen, gingen die Tigerjagden in Indien immer noch weiter. Für englische Offiziere und Beamte galt die Jagd auf die vermeintlich so blutrünstigen Bestien bis in die zweite Hälfte des Jahrhunderts weiter. Auf einem dieser herrschaftlichen Vergnügen ereignete sich Außergewöhnliches. Ein weißer Tiger wurde aufgespürt, nicht, wie sonst üblich, erlegt, sondern eingefangen. Und das war der erste Schritt auf einem langen Weg zum vollständigen Schutz der großen Katze in Indien und auf der ganzen Welt.

Tigerjagd mit Folgen

Es war die letzte Woche im Mai des Jahres 1951. Wie immer zu dieser Jahreszeit hatten die Bauern ihre Felder abgeerntet. Die Bäume der ausgedehnten Wälder reckten ihre laublosen Äste der erbarmungslosen Sonne im bleiernen Himmel entgegen. Ihre Strahlen erhitzten die Luft tagsüber auf 45 Grad und dörrten den Boden aus. Zu leben schien der Dschungel jetzt nur noch entlang der Nalas, der langsam austrocknenden Wasserrinnen, an denen die immergrünen Bäume und Büsche wachsen und sich das Wild bis zum nächsten Regen zwangsläufig dicht zusammendrängt.

Zwischen Ernte und Monsun lag die Zeit der großen Jagden der Maharadschas von Rewa, einem kleinen Feudalstaat im heutigen zentralindischen Unionsstaat Madhya Pradesh. Hunderte von Bauern und Landarbeitern der Dschungeldörfer waren dann arbeitslos und mußten die Beute vor herrschaftliche Flinten treiben. Die Tigerjagden der Maharadschas von Rewa waren gesellschaftliche Ereignisse des Raj, wie die Zeit der britischen Herrschaft über den indischen Subkontinent hieß. Befreundete indische Prinzen, wenige Jahre zuvor gelegentlich sogar der Vizekönig aus Delhi oder ein Generalgouverneur, feierten im 150-Zimmer-Palast von Govindgarh rauschende Feste, bevor sie zur Jagd ausrückten. So war es auch diesmal.

Die Shikari, die Jäger, seiner Hoheit Shri Martand Singh hatten in Deva, einem fernen Ort im Vindhyan-Distrikt, Büffelkälber als leichte Beute für die Tiger an Bäumen festgebunden. So ließen sich die großen Katzen leicht anlocken und später, wenn sie vollgefressen und träge waren, ohne viele Umstände vor die Büchsenläufe und in den sicheren Tod treiben.

Nun waren die Hilfskräfte damit beschäftigt, in einer Waldlichtung des ausgewählten Nalas zwei Machans, zwei Hochsitze, zu bauen. In der Zwischenzeit fieberten Martand Singh und seine Gäste, unter ihnen Ajit Singh, der Maharadscha von Jodhpur am Rande der indischen Wüste, dem bis ins letzte Detail vorbereiteten Nervenkitzel entgegen und vertrieben sich vermutlich die Zeit mit Tigergeschichten. Dabei ging es vor allem um Rekorde. Ganz im Sportsinne der einstigen britischen Chefbeamten und Offiziere: Wer im Jahr oder während seines Lebens am meisten und wer die größten Exemplare zur Strecke brachte, zählte. Sein Name wurde immer wieder genannt und glorifiziert. So etwa derjenige von George Udney Yule, einem Chefbeamten, der nach 25 Jahren Dienst in Bengalen 400 Tiger erbeutet hatte, dann zwar weiterjagte, aber das Zählen aufgab. Oder Colonel Rice: Während fünf Sommerferien zwischen 1850 und 1854 erlegte und verwundete er 93 Tiger. Ein junger Kavallerieoffizier brachte es in zwei Sommerurlauben immerhin auf 42 und ein Colonel Nightingale auf 300.

Nicht ohne Stolz versicherte Martand Singh von Rewa in diesen Tagen Ende Mai 1951 seinem Jagdgast aus dem fernen Jodhpur, wo es längst keine Tiger mehr gab, daß man es in Rewa den Engländern gleichzutun pflege und in drei Jahren zwischen 1924 und 1926 immerhin 163 Tiger ins Jenseits befördert habe. Auch was den Lebensstil fernab von Stadt und Palast anbetraf, hielt sich der Herrscher von Rewa an das englische Vorbild. Diener wieselten dienstbeflissen durchs Lager, trugen eisgekühlten Champagner und Kaviar auf und fächelten frische Luft unter die prächtig verzierten Vorzelte. Tigerjagden galten seit jeher als königliche Unternehmen und seit einem Jahrhundert auch unter der britischen Herrschaft. Genaugenommen seit 1857, als der spätere Edward VII. beim Besuch der indischen Kolonien in der Provinz Bihar einen Tiger streckte. Seither heißt die indische Unterart der gestreiften Großkatze auch nicht einfach mehr Bengaltiger, sondern Königstiger (»Royal Bengal Tiger«). Sein Großsohn, der Prinz von Wales und spätere Herzog von Windsor, erlegte in vier Tagen im Februar 1922 in Gwalior vier Tiger. Zwei Monate früher, zwischen dem 14. und 21. Dezember, schossen er und seine Begleiter in Nepal immerhin deren 17. Dabei sei die Jagd nicht einmal besonders gut vorbereitet gewesen, versicherte Martand Singh seinen Gästen im luxuriösen Lager von Deva, als sie gespannt auf die Meldungen der Shikari warteten.

Was die Vorbereitungen für erfolgreiche Tigerjagden betraf, wußte Martand Singh, wie viele andere indische Prinzen auch, auf was es ankam: auf sichere Spurensucher, genügend Locktiere, Hunderte von willigen Treibern, sichere Hochsitze und Geduld. So imitierten die indischen Vasallen ihre englischen Herrscher und übertrafen sie bald: Maharadscha Ganga Singh erlegte im Süden Nepals alles in allem 107 Tiger, allein 17 in zehn Tagen im März 1920. Ein ehemaliger Premier des Himalajareiches übertraf ihn bei weitem mit 295, die er hier in den sieben Jahren zwischen 1933 und 1939 tötete. Auf 100 oder mehr tote Tiger brachten es auch die Hoheiten von Udaipur, Kotah, Tonk, Jaipur und Vijanagaram. Der Raja von Cooch Behar streckte über ein Dutzend Rekordtiger, das sind solche, die von Schnauzenspitze bis zum Schwanzende mehr als zehn Fuß messen. Gleiches erreichte sein Nachbar, der Raja von Gauripur; ja, unter den 500 Tigern, die in 56 Jahren im Feuer seiner Büchse zusammenbrachen, war sogar einer von elf Fuß. Dieser Herrscher tötete zwar den größten, nicht aber die meisten Tiger. Der Maharadscha Scindia von Gwalior etwa erbeutete selbst mehr als 700 Tiger und seine Gäste weitere 200. »Weltbester« war und bleibt der ehemalige Maharadscha von Surguja. Bis zu seinem Tod 1958 hatte er unermüdlich Tiger gejagt und es auf 1707 Trophäen gebracht.

Ungefähr gleich viele überlebten im ganzen indischen Subkontinent zu Beginn der siebziger Jahre, als die Regierung endlich begann, mit allen Mitteln die letzten indischen Tiger zu schützen, und die Operation Tiger anlief. Doch soweit war es im Mai 1951, als Martand Singh zusammen mit Ajit Singh aus Jodhpur und anderen hohen Gästen in Deva kampierte, noch lange nicht. Zwar lebten, wie Hochrechnungen viele Jahre später ergaben, damals in ganz Indien höchstens nur noch 5000 Tiger. Die gestreifte Großkatze mußte also bereits 1950 als vom Aussterben bedroht betrachtet werden, wenn man die geschätzte Bestandszahl mit der Größe des Subkontinents von 3,3 Millionen Quadratkilometern vergleicht und die hemmungslose Verfolgung der Tiger berücksichtigt. Doch an Tigerschutz dachte Martand Singh noch lange nicht. Wie sollte er auch? Wann immer er sich entschloß, auf die Jagd zu gehen, eilten ihm seine Berufsjäger voraus, fanden früher oder später Spuren und orteten einen oder mehrere Tiger, wie selten sie inzwischen auch geworden sein mochten. Für einen schußfreudigen Maharadscha hatte es somit den Anschein, daß es immer noch genügend Tiger gab.

Sicher wußte auch der Herrscher von Rewa, daß sich die Bevölkerung und ihre Haustierbestände in den letzten Jahrzehnten auf Kosten des Waldes und der wilden Tiere ausgebreitet hatten. Was jedoch die Tigerjagden anbelangte, mochte er sich nicht einschränken. Dazu war er zu sehr Traditionalist, zu fest geprägt von den Richtlinien der einstigen englischen Gouverneure. Schließlich hatten sie seinerzeit den Maharadscha von Alwar, der offenbar hegebewußt war und jährlich nur vier bis sechs Tiger zum Abschuß freigegeben hatte, kurzerhand zum Verrückten gestempelt (übrigens auch noch wegen anderer, ähnlich unzeitgemäßer Verhaltensweisen) und ersetzt.

Der Herrscher von Rewa und seine Gäste hatten bisher hemmungslos getötet und nicht einmal Jungtiere und ihre Mütter verschont. So war die feudale Jagdgesellschaft in Deva dann auch noch erfreut, als am Abend des 24. Mai der Shikar-Offizier meldete, eine Tigerin mit vier etwa neun Monate alten Jungen habe in der letzten Nacht einen der Köderbüffel getötet, sie hätten davon gefressen und würden nun schlafen.

Dies alles hatte einer der Spurenleser beobachtet, einer jener unauffälligen kleinen dürrbeinigen Männer ohne Alter, wie es sie heute noch in jedem Dschungeldorf gibt. Ihre Augen sind so scharf wie die des Brahmanenfalken und ihre Nasen und Ohren so fein wie die des wachsamen Sambars, und ihr vorsichtiger Mut gleicht dem des anschleichenden Tigers. Sie kennen den Dschungel so gut wie die Taschen ihrer bleichen, von Dornen zerfetzten Khakishorts.

Der kleine Unberührbare war schattengleich zwei Tage lang den Spuren der Tigermutter und ihrer vier Kinder gefolgt. Wo sich die Abdrücke ihrer Pfoten verloren, weil unbarmherzige Hitze den Boden ziegelhart gebacken hatte und Faullaub handtief jeden Krallenkratzer verbarg, wiesen umgeknickte Grashalme oder das eine oder andere verschobene tote Blatt zielsicher den Weg, und der mußte, wie der Spurenleser wußte, früher oder später zu einem der Köder führen. Denn die einsamen, abgemagerten Büffelkälber verrieten sich, sie blökten nach Mutter, Wasser und Futter.

Am Abend des zweiten Tages hörte der Spurenleser schließlich die verzweifelten Angstrufe des Köders, ahnte den unausweichlichen tödlichen Sprung der hungrigen Tigerin, deren Vorderläufe den Hals des wehrlosen Opfers umarmten und nach oben drehten und die gleichzeitig mit ihrem schweren Leib die Beute genickbrechend zu Boden zwang. In der kurzen Dämmerung wagte er sich dann so nahe an den toten Köder heran, daß er die Tiger sehen konnte. Er glaubte seinen Augen kaum: Einer der Halbwüchsigen trug nicht das gelb-schwarz geflammte Fell – er war weiß.

Mohan – Tiger mit eigener Suite

Das Gerücht, unter den fünf inzwischen von Treiberketten in sicherem Abstand umstellten Tigern befände sich ein »Whitey«, erreichte bald die hohe Gesellschaft und heizte deren Jagdfieber noch an. Seit 1820 ein weißer Tiger im Londoner Exeter Change ausgestellt war (ob lebendig oder präpariert, ist heute unbekannt), wurden immer wieder »Weißlinge« erlegt, vorerst in Birma und Meghalaya, um die Jahrhundertwende in Poona, Ober-Assam, Orissa, Pilaspur und Cooch Behar. In den zwanziger und dreißigerJahren fielen allein 15 in Bihar. Zwischen 1890 und 1950 insgesamt 32, acht davon in den Wäldern von Rewa. Ein weiterer wurde als Zweijähriger vom Vater Martand Singhs, Maharadscha Gulab Singh, bei Sonapur gefangen und überlebte fünf Jahre im Palast von Govindgarh. Sein ausgestopftes Fell erhielt dann König George V. als Zeichen loyaler Untertänigkeit. Über die genauen genetischen Eigenschaften der Weißlinge war damals wenig bekannt. Sicher war nur, daß es sich nicht um Albinos handelte, um jene bedauernswerten Kreaturen, denen, wie etwa den allbekannten weißen Mäusen und Ratten, jegliches Pigment fehlt und deren Augen folglich rot leuchten.

Daß weiße Tiger braun und dunkelgrau gestreift sind, schrieb der französische Naturwissenschaftler Baron Georges de Cuvillier schon 1817 in seinem vierbändigen »Tierreich«. Und daß die außergewöhnliche Fellfarbe die Überlebensfähigkeit offenbar nicht verringerte, machten die Jagdergebnisse deutlich. Die meisten der Weißlinge wurden als Erwachsene erlegt. Da Tiger sich ihre Beute meist in der Dämmerung oder nachts suchen, wenn bekanntlich alle Katzen grau sind, ist der Jagderfolg, und damit die Überlebenschance, der weißen Exemplare nicht beeinträchtigt.

Am frühen Morgen des 25. Mai 1951 kletterten der Maharadscha und seine Jagdgäste auf die beiden Hochsitze. Ein Trompeter signalisierte den Beginn des Treibens. Hunderte von Bauern und Landarbeitern, welche die Nacht im Dschungel um kleine Feuer schlafend verbracht hatten, schlugen auf Trommeln und Blechbüchsen, schrien aus vollen Kehlen. Die Shikaris, die in regelmäßigen Abständen in der Treiberkette standen, feuerten blind in die Luft.

Es soll nur wenige Minuten gedauert haben, bis die Tigermutter sich der Machan des Maharadschas von Rewa genähert hatte. Swarap Singh, einer der Gäste, tötete sie mit einem Schuß. Kurz danach drängte die nachrückende, lärmende Kette die vier neunmonatigen Tigerkinder auf die Lichtung, an ihrer Spitze ein weißes Männchen. Ajit Singh, in dessen Reich es keine Tiger mehr gab, sah es zuerst und verschonte es. Er kannte wahrscheinlich jene uralte Weisheit der heiligen Männer, der Sadhus, wonach auf den Tod eines weißen Tigers unmittelbar der Tod seines Jägers folgte. Mit drei Schüssen erlegten er und der Shikar-Offizier dann aber zwei der naturfarbenen Geschwister. Kurz darauf blies der Trompeter das Signal zum Abbruch der Jagd.

Die Jäger stiegen von den sicheren Hochsitzen, beglückwünschten sich und ließen sich von den barfüßigen Bauern und Landarbeitern als Helden feiern. Gab es bei solchen durchorganisierten Jagdspektakeln überhaupt Helden, so waren es sicher nicht die bewaffneten Herrschaften auf den Hochsitzen (oder, wie in anderen Fällen, auf ihren Jagdelefanten), sondern die unbewaffneten Untertanen, die ihren Herren gefällig sein mußten; sie trieben ängstlich schreiend und trommelnd deren gefährliche Beute vor sich her, wissend, daß gewitzte Tiger ausbrechen konnten und sich dann todbringende Wege durch die Treiberkette bahnten.

Ganz zufrieden waren Martand Singh und seine Gäste nicht, als sie am Abend in ihr Zeltdorf zurückkehrten. Zwei Tigerjunge waren immerhin entkommen, zwei Ziele verfehlt. Denn es gehörte ja zum guten Ton, alle Tiger zu töten. Dann begann einer, wohl Ajit Singh von Jodhpur, laut zu überlegen, ob halbwüchsige Tigerkinder ohne Mutter überhaupt überlebensfähig seien. Er habe irgendwo gelesen, daß die Jungen die Jagd erst von ihrer Mutter lernen müßten. Selbständig seien sie erst am Ende des zweiten Lebensjahres.

Wie auch immer. Der Maharadscha von Rewa ließ sein Lager nicht, wie geplant, sofort abbrechen. Er wollte bleiben und alles versuchen, um des Weißlings habhaft zu werden. Der herbeigerufene Shikar-Offizier erhielt den entsprechenden Befehl und gab ihn sofort weiter an jenen unscheinbaren Dürrbeinigen mit den zerschlissenen Hosen, der als erster die Tigerfamilie ausgemacht und noch wenige Stunden zuvor sein wettergegerbtes Gesicht in den Staub gedrückt hatte, als Martand Singh, wie ein Schlachtensieger, die Reihen seiner Untertanen abschritt und huldvoll eine Handvoll Kupfermünzen unter sie werfen ließ. Unbemerkt verließ der Spurenleser die großen Feuer, an denen sich die Unberührbaren drängten und hungrig nach dem Reis, dem scharfgewürzten Ziegenfleisch und den Resten von der reichen Tafel der Herren griffen, die ihnen die Diener des Maharadschas in Tonschalen auf den Boden gestellt hatten. Als später die Krüge mit dem billigen Fusel kreisten, sich jeder betrank und dabei drückende Schulden, den Hungertod des einen oder anderen seiner Kinder und die Krankheit seiner Frau vergaß, war er längst wieder Teil des Dschungels geworden.

Er suchte nicht nach den Spuren des Waisen, zu viele Menschenfüße, zu viele der scharfen Hufe in Panik flüchtender Hirsche und Wildschweine hatten den Boden arg verletzt, und die geknickten Gräser hatten sich noch nicht wieder aufgerichtet. Hunger, so wußte der Spurenleser, würde ihm den Weißen zutreiben. So begab er sich an den Ort, wo noch immer die Überreste des toten Büffelkalbes lagen. Auf den Bäumen darüber hockten schon ein paar Bengalgeier. Am nächsten Morgen würden sie dann weitere anlocken und sich über den Kadaver hermachen, selbst Haut und Knochen schlucken. Deshalb löste der Spurenleser das Seil mit dem Köder vom Baum und schleifte ihn unter einige Büsche, wo sich die Geier für ihr lautes Mahl nicht hintrauen würden. Dann zog er sich zurück und wartete.

Seine Erfahrung hatte ihn nicht getäuscht. Am Abend des nächsten Tages schlich sich der Weiße zum Kadaver, begann hungrig zu fressen und drückte sich wieder unauffällig davon. Nun sollte es für ihn kein Entrinnen mehr geben. Der Spurenleser schlief ruhig, während sich die Schakale und eine Familie von Stachelschweinen auf die Reste des Büffelkalbes stürzten.

Bei den ersten bleichen Strahlen der Morgensonne prägte sich der Spurenleser die Fußabdrücke des weißen Tigers ein, die er im taufrischen Boden fand. Sollte sich dessen Fährte auch irgendwo verlieren, er würde sie früher oder später unverwechselbar wiederfinden. Der junge Tiger machte es ihm leicht. Nach wenigen hundert Schritten führte sein Weg zu einer Höhle unter hausgroßen Basaltblöcken. Mehr wollte der Dürre nicht wissen. Rasch kehrte er ins Lager zurück und informierte den Shikar-Offizier. Und der rückte mit seinen Jägern aus.

Ein schweres Netz, wie es die indischen Waldbewohner seit eh und je auf der Jagd benutzt hatten, wurde über den Höhleneingang geworfen. Ein aus dem nächsten Dorf herbeizitierter Schreiner hatte unverzüglich aus schwerem Teak eine starke Transportkiste zu zimmern. Dann, am Abend des 27. Mai 1951, begann das zweite Leben des weißen Tigers. Der Maharadscha Martand Singh von Rewa ließ in seinem Palast zu Govindgarh eine große Suite samt Innenhof räumen. Begum, ein naturfarbenes Weibchen, war rasch gefangen.

Mit ihm und beider Nachkommen lebte Mohan, wie der Weißling fortan hieß, umsorgt von eigener Dienerschaft und Arzt, 19 Jahre. 1970, als sein Fell den Glanz verlor und stumpf geworden war und sich die Beckenknochen am einfallenden Leib abzuzeichnen begannen, war Mohan, der berühmteste aller Tiger, vielfacher Vater, Groß- und Urgroßvater.

Weißer Tiger – Schwarzer Peter

Als Mohan vier Jahre alt war, wurde er zum erstenmal Vater. Von ihm erhielten die Nachkommen zwar alle das Gen für weißes Fell. Da aber das Gen für normale Fellfarbe, das sie von ihrer Mutter Begum erbten, dominant ist, trugen sie ausnahmslos wie diese ein ganz normales Streifenkleid.

Erst als der für weißes Fell reinerbige Mohan 1958 mit der mischerbigen Radha, einer seiner Töchter, verheiratet wurde, erfüllte sich der Wunsch des Maharadschas: Raja, Rani, Sukeshi und Mohini, die ersten vier Nachkommen von Vater und Tochter, waren alle weiß.

Radha gebar in späteren Jahren noch dreimal insgesamt zehn Junge, fünf weiße und ein »geflammtes« Männchen, sowie zwei weiße und zwei naturfarbene Weibchen. Damit war der Grundstock gelegt für die Zucht der weißen Tiger, und die großen

Zoos bemühten sich, die seltenen Weißlinge, die zu einem Preis von 16000 US-Dollar pro Paar angeboten wurden, für ihre Sammlungen zu erhalten. Daß die besondere Fellfarbe nur durch strenge Inzucht möglich war, durch Fortpflanzung zwischen Vater und Töchtern, Mutter und Söhnen oder zwischen Geschwistern, spielte keine Rolle.

Im Zoologischen Garten von Neu-Delhi zum Beispiel produzierte das Geschwisterpaar Raja und Rani aus Radhas erstem Wurf seit 1964 in sieben Würfen insgesamt zwanzig weiße Tiger. Alles in allem wurden hier zwischen 1963 und 1984 38 weiße Tiger geboren. Davon überlebten aber nur zehn, etwas mehr als ein Viertel. Auch der Zoo von Kalkutta erhielt 1963, nachdem Tierfreunde monatelang für den horrenden Kaufpreis gesammelt hatten, seine »Whities«. Es war der zweite Wurf von Radha: Neeladri und Himadri, zwei weiße Männchen, sowie ihre naturfarbene Schwester Malini. Auch hier wurde, um möglichst rasch möglichst viele Weißlinge zu haben, ingezüchtet. Und in Kalkutta war die Sterblichkeit der Weißen noch höher als in Delhi. Von 30 hier geborenen weißen Tigern überlebten nur vier, das sind 13 Prozent.

Der Zoo von Bristol in England erhielt die beiden Überlebenden der Vierlinge aus dem dritten Wurf von Vater Mohan und Tochter Radha. Die am 24. März 1962 geborenen Champak und Chameli hatten fünf Jahre später ihre ersten vier Junge. Alle starben. Im zweiten Wurf lief es etwas besser. Zwei Geschwister daraus zeugten immerhin zwei Nachkommen: einen totgeborenen und einen, der, weil lebensunfähig, getötet werden mußte. Die Zooleitung entschloß sich zur »Blutauffrischung«: Mit dem Zoo von Neu-Delhi tauschte Bristol ein Weibchen gegen ein ebenfalls von den Gründereltern stammendes weißes Männchen. Zwar wurden Junge geboren, aber auch sie überlebten meist nicht.

Das Fazit des ehrgeizigen Zuchtexperiments haben der Genetiker A. K. Roychoudury vom angesehenen Bose-Institut in Kalkutta und Kailash Sankala, der ehemalige Direktor des Zoologischen Gartens von Neu-Delhi, zusammengefaßt: Die Häufungen von Frühgeburten, die Senkung der Nachwuchsrate, die Anfälligkeit der Überlebenden für Lungenentzündungen und andere Krankheiten, Mißbildungen an Nieren, Lungen, Augen und Knochenapparat sowie Verhaltensstörungen, die oft Paarung oder Aufzucht der Kinder unmöglich machen, beruhen ebenso auf Inzucht wie das weiße Fell. Denn durch die strikte Zuchtwahl, bei der immer wieder Verwandte, nämlich lediglich die Nachkommen von Mohan und Begum, Junge haben mußten, erzwang auch die Reinerbigkeit von krankmachenden Genen, die unterdrückt (rezessiv) und damit wirkungslos im Erbgut aller Lebewesen vorkommen.

Gleiches wäre wohl auch mit den meisten weißen Tigern in den Vereinigten Staaten geschehen, nachdem 1960 Lohimi, aus dem ersten Wurf von Mohan und Radha, sowie Samson, der naturfarbene Bruder von Radha, vom Palast von Rewa in den Washingtoner Staatszoo gewechselt waren. Doch bald sorgte der Zufall für Blutauffrischung: Im Hawthorn Circus von Illinois, der heute mit 28 Tieren die größte Sammlung an weißen Tigern besitzt, gebar ein Tigerweibchen, das nicht aus der berühmten Rewa-Linie stammte, zweimal je ein weißes Junges, die Männchen Tony und Kesari. Ein naturfarbenes Weibchen aus Washington, das eines der »weißen« Gene trug, hatte 1976 im Zoo von Cincinnati/Ohio fünf Junge, ein naturfarbenes und vier weiße. Zwei von ihnen, Sumita und Bhim, setzten dann den Weltrekord: Sie produzierten in sechseinhalb Jahren in acht Würfen 25 Weißlinge, fünf davon fehlen die dunklen Streifen fast ganz.

Die weißen Tiger in den USA stammten, im Gegensatz zu den weißen aus Indien, nicht aus einer, der Rewa-Linie, sondern aus zwei unverwandten Linien und waren dementsprechend überlebensfähiger. Einen Schönheitsfehler haben sie trotzdem: Die meisten sind Mischlinge. Tony, der wichtigste Zuchtkater, war halb Bengal- und halb Amurtiger. Aber immerhin: Ein Vierteljahrhundert nachdem der erste weiße Tiger in die Neue Welt gelangte, ist einer von zehn gefangenen Tigern in den Staaten weiß.

Zwanzig Jahre nachdem Ted Reed, ehemaliger Direktor des Staatszoos in Washington, Lohimi als »Zauberhafte Schönheit –

Königin eines indischen Palastes« begrüßt hatte, wetterte William G. Conway, Präsident der hochangesehenen New Yorker Zoologischen Gesellschaft: »Es kann ja wohl nicht die Aufgabe zoologischer Gärten sein, zweiköpfige Kälber und weiße Tiger zu halten.« Für einen Fachmann wie Conway, der die nobelste Aufgabe der Tiergärten in Erhaltungszuchten bedrohter Arten und Unterarten sieht, sind die inzwischen bis zu 35000 Dollar teuren Weißlinge nichts anderes als genetische Monster, Platzverschwender und unnötige Kostenmacher.

Derartiges konnte Edward J. Maruska vom Cincinnati-Zoo, in dem bis 1986 weiße Tiger geboren und immerhin 36 davon erfolgreich aufgezogen wurden, nicht unwidersprochen lassen: »Doppelköpfige Kälber sind bekanntlich nicht überlebensfähig. Weiße Tiger überleben dagegen sogar in freier Wildbahn«, konterte er anläßlich eines Treffens von 54 führenden Tigerspezialisten aus Asien, Amerika und Europa, das im April 1986 in Minneapolis stattfand. Er vergaß dabei aber Wesentliches: Wildlebende Weißlinge sind äußerst seltene Wesen und werden durch natürliche Selektion weder gefördert noch ausgemerzt (sonst wären ja, wie gesagt, nicht wiederholt Erwachsene beobachtet und erlegt worden).

Wildlebende Weißlinge sind gewissermaßen Zufallsprodukte, die zur Welt kommen, wenn sich zwei Eltern mit je einem der rezessiven »weißen« Gene gepaart haben. Da nun aber freilebende Tiger, wie andere Wildtiere auch, durch entsprechende Mechanismen ihres Sozialverhaltens Fortpflanzung zwischen nahen Verwandten vermeiden, sind die Nachkommen eines Weißlings, der sich höchstwahrscheinlich mit einem der viel häufiger vorkommenden reinerbig naturfarbenen Partner fortpflanzt, ebenfalls naturfarben, obwohl sie eines der »weißen« Gene tragen. Und dann wiederum können Jahrzehnte vergehen, bis der Zufall es will, daß zwei Träger des »weißen« Gens miteinander Junge haben, von denen dann ein Viertel reinerbig weiß, ein Viertel reinerbig naturfarben und die Hälfte naturfarben, aber mischerbig sein werden.

In Gefangenschaft werden, so betrachtet, weiße Tiger absolut unnatürlich gezüchtet, nämlich, wie wir gesehen haben, so, daß in kürzestmöglicher Zeit möglichst viele Weißlinge zur Welt kommen. Aber immerhin: »Die außergewöhnlichen Katzen werben für den Zoo, bringen mehr Besucher und damit mehr Einnahmen, was wiederum bedrohten Arten und Unterarten zugute kommt«, meint Lee G. Simmons vom Henry Doorly Zoo in Omaha. »Und Inzucht«, so halten die Anhänger der attraktiven Weißlinge ihren Kritikern vor, »ist auch bei der Zucht seltener Unterarten des Tigers gang und gäbe.«

In der Tat: »Das Hauptproblem in der Zucht südchinesischer Tiger ist Inzucht«, weiß Tan Bangjie, Direktor des Pekinger Zoos; »denn die rund 40 Vertreter in 17 chinesischen Zoos stammen praktisch von einem einzigen Weibchen aus Fujian und wenigen Männchen aus Guizhou ab.« Gleiches gilt, wenn auch nicht dermaßen extrem, für die 160 Sumatratiger, die in fünfzig Zoos leben. Sie stammen lediglich von 18 Wildfängen ab. Infolge unvermeidlicher Inzucht sind auch bei ihnen die Wurfgrößen klein, die Sterblichkeit der Neugeborenen hoch und die Nachwuchsraten gering.

Beim Amurtiger sieht es auf den ersten Blick besser aus: Die rund 570 reinrassigen Tiger aus dem russisch-chinesischen Grenzgebiet, die heute in Zoos leben, gehen auf zwölf Tiere zurück, die vor 1955 schon in Menschenobhut lebten, und auf 88 seitdem gefangene. Diese Wildfänge gelangten aber vor allem in Tiergärten der Sowjetunion (48) und Europas (21). In Nordamerika dagegen entwickelte sich der heute fast 200köpfige Bestand fast ausschließlich aus 13 Tieren, davon sieben Wildfänge, die ab 1955 in Gefangenschaft kamen.

Das seit Jahren von Siegfried Seiffert und Peter Müller vom Zoologischen Garten in Leipzig geführte Stammbuch aller reinrassigen Tiger, die in Menschenobhut leben, liefert einen genauen Überblick über die Zoobestände sowie deren Stammbäume und damit Grundlagen für Zuchtprogramme mit den geeignetsten Partnern, also möglichst nichtverwandten. Ein Tier soll sich nicht mehr als zweimal fortpflanzen, und Zoofachleute dürfen keine bestimmten Phänotypen, das sind Erscheinungsformen wie etwa Weißlinge, in der Zucht bevorzugen. So ist die Gewähr gegeben, daß ein großer Anteil der genetischen

Informationen auch in einem auf wenige Gründereltern zurückgehenden Bestand erhalten bleibt.

Teure und riskante Transporte etwa eines wertvollen Zuchttigers von seinem Heimatzoo in einen fremden, wo er sich mit einer bisher unbekannten Artgenossin fortpflanzen soll, die er möglicherweise nicht einmal mag, könnten bald unnötig werden. Denn im Sommer 1990 stellten Wissenschaftler im National Zoo von Washington, D. C., Mary Alice, den ersten Tiger aus der Retorte vor. Im Reagenzglas wurde das Ei eines geeigneten Amurtiger-Weibchens mit dem Samen eines passenden Männchens befruchtet und von einer Leihmutter ausgetragen. Zwei Millionen US-Dollar haben die siebenjährigen Vorarbeiten zu diesem Experiment gekostet, das wohl bald Schule machen wird, erlaubt es doch den Austausch von genetischen Informationen zwischen gefangenen und wildlebenden Beständen oder zwischen denen einzelner Reservate.

Identische Geparde

Viele Zooleute und andere Praktiker halten von derartigen Überlegungen und Eingriffen wenig. Denn nicht immer gehorchen inzüchtende Wildtierbestände der Regel Michael Soulés von der Universität von Kalifornien und sterben innerhalb von drei bis 25 Generationen aus. Es kann tatsächlich vorkommen, daß infolge erzwungener Reinerbigkeit krank machende und frühen Tod verursachende Gene mit ihren Trägern verschwinden, bevor sie alle Populationsmitglieder erreicht haben. So werden zwar viele, aber nicht alle umkommen. Ein durch diesen sogenannten »Inzuchtflaschenhals« geläuterter Bestand kann sich dann ebenso erfolgreich vermehren wie einer aus nichtverwandten Mitgliedern. Sonst gäbe es weder Steinböcke in den Alpen, Spatzen in den Vereinigten Staaten noch Rotwild aus Europa und Tahre (Gemsverwandte) aus Indien in Neuseeland. Sie alle und viele andere vom Menschen wieder angesiedelte oder standortfremd ausgewilderte Arten gehen auf ganz wenige Gründereltern zurück und sind daher nahe miteinander verwandt.

Nahe miteinander verwandt sind sicher auch rund 15000 Nördliche See-Elefanten (*Mirounga angustirostris*) von Guadeloupe. Denn um 1890 schossen hier Robbenschlächter bis auf etwa zwanzig Tiere alle dieser bis zu viereinhalb Meter langen und dreieinhalb Tonnen schweren Meeressäuger. Von diesen wenigen Überlebenden, die später vollständigen Schutz genossen, stammen die heute wiederum riesigen Herden ab. Allerdings ist die Vielfalt des Erbgutes beim Nördlichen See-Elefanten wesentlich geringer als beim Südlichen (*Mirounga leonina*), der nie der Massenschlächterei ausgesetzt war. Das machten genaue Untersuchungen mit Stärkegel-Elektrophorese deutlich. Was darunter zu verstehen ist, will ich kurz erklären:

Jedes Tier trägt einen doppelten Chromosomensatz, das eine Set stammt von der Mutter, das andere, analoge, vom Vater. So hat jedes Gen auf irgendeinem Chromosom einen »Partner«, ein Allel, auf dem entsprechenden zweiten Chromosom (allerdings nicht bei ungleichen Geschlechtschromosomen, doch diesen Fall können wir hier weglassen). Jedes der beiden Gene hat gleiche Funktionen, beispielsweise organisiert es die Synthese eines bestimmten Eiweißes. Gelegentlich sind die beiden Allele auf einem bestimmten Genort (Locus) gleich, also reinerbig (homzygot), manchmal ungleich, also mischerbig (heterozygot), vorhanden. Ein Individuum, das heterozygote Allele für ein bestimmtes Protein besitzt, produziert zwei verschiedene, chemisch nicht ganz identische Versionen dieses Proteins. Im Fall von Reinerbigkeit entsteht nur eine Version.

Wissenschaftler können nun aus Blut- oder Gewebeproben von einem Tier einzelne Proteine isolieren und sie in einem bestimmten Medium, eben dem Stärkegel (beispielsweise einer Mischung aus Gelatine und Wasser), einem elektrischen Feld aussetzen. Da nun Eiweißmoleküle in Abhängigkeit von ihren Aminosäuresequenzen bestimmte elektrische Ladungen haben, wandern sie im elektrischen Feld mehr oder weniger weit, was später durch entsprechende Färbung des Präparates sichtbar wird. Völlig identische Proteinversionen, wie sie bei Reinerbigkeit entstehen, wandern genau gleich weit, verschiedene, wie sie bei Mischerbigkeit entstehen, ungleich weit. So läßt sich gewissermaßen nachmessen, ob das untersuchte Tier an einem bestimmten Genort rein- oder mischerbig ist.

Genau das haben Genetiker in den letzten zwanzig Jahren bei mehr als 250 Tierarten getan. 10 bis 60 Prozent aller untersuchten Gene sind polymorph, will heißen: Sie haben mehr als eine elektrophoretische Form. Und 1 bis 36 Prozent aller untersuchten Genorte sind mischerbig. Solche Resultate werden sicher mitbestimmt von der Zahl der untersuchten Tiere wie auch von der Zahl und Art der geprüften Eiweiße. Sie zeigen aber bei allen Arten eine mehr oder weniger stark ausgeprägte genetische Vielfalt.

Keine Regel ohne Ausnahme: Stephen J. O'Brien, David E. Wildt und Mitchell Bush entnahmen 50 südafrikanischen Geparden (*Acinonyx jubatus*) Blutproben und prüften 52 Eiweiße. Sie fanden keine einzige Variation. Jeder Gepard ist nach ihren Untersuchungen genetisch identisch mit dem anderen. Ja, sie sind einander so gleich, daß Hautproben erfolgreich von einem auf ein zweites Tier transplantiert werden können. Gleiches findet sich sonst nur bei planmäßig über viele Generationen ingezüchteten Labortieren, etwa weißen Mäusen. Doch die untersuchten Geparden waren Wildfänge wie die meisten in den zoologischen Gärten. Gefangenschaftszuchten sind bei dieser Katzenart eine große Seltenheit.

Das wußte schon Mogulkaiser Akbar der Große. Er hielt sich tausend Geparde als Statussymbole und Jagdgehilfen für die Hatz auf Gazellen. Obwohl er alles versuchte, Geparde zu züchten, setzte nur ein einziges Weibchen einmal Junge. Was dem indischen Herrscher im 16. Jahrhundert erstmals gelang, wiederholte der Zoo von Philadelphia 1956, also zu einer Zeit, als andere Großkatzen wie Löwen, Tiger oder Leoparden sich in Gefangenschaft längst regelmäßig fortpflanzten. Inzwischen gibt es eine Handvoll Zuchtprogramme, doch nur jeder zehnte Gepard pflanzt sich im Zoo fort, und jedes dritte Junge stirbt, bevor es ein halbes Jahr alt ist.

Die geringe Fortpflanzungsleistung einer für Zoos so attraktiven Katze rief selbstverständlich Spezialisten auf den Plan, so die genannten Tierärzte vom Washingtoner Zoo Wildt und Bush und den Zellbiologen O'Brien vom Nationalen Krebsforschungszentrum. Als erstes beobachteten sie 40 Samenproben von 18 Gepardmännchen und fanden Sonderbares: Die Spermienkonzentration in den Ejakulaten war zehnmal geringer als bei Hauskatern, und drei von vier Spermien waren verformt. Sie hatten zu große oder zu kleine Köpfe und verbogene »Schwänze«, sprich, Flagellen, die das Spermium vorwärtspropellern. Von anderen Säugetieren ist bekannt, daß Abnormitäten der Spermien Folgen von Inzucht sind.

Es gibt weitere Merkmale, die auf eine, wenn überhaupt vorhanden, geringe genetische Vielfalt beim Gepard hinweisen. Wie konnte es soweit kommen? Immerhin lebten Geparde noch um die Jahrhundertwende mit Ausnahme von extremen Wüsten und Regenwäldern in ganz Afrika und Vorderasien bis hin nach Turkmenien, Turkestan und zur indischen Halbinsel, wo 1952 der letzte in dieser Region beobachtet wurde. Heute überleben die insgesamt letzten 2000 bis 25000 Geparde auf kleinen Verbreitungsinseln in Zentral- und Südafrika, sieht man von einem Restbestand im Iran ab.

Geringe genetische Vielfalt wies der Gepard schon auf, bevor er aus weiten Teilen seines einstigen Areals verschwand. Das machen Untersuchungen an alten Schädeln aus Museen deutlich. Auch Beobachtungen über sein Sozialverhalten geben keine Hinweise auf »Inzest«. So bleiben Spekulationen. Eine davon besagt: Die Vorfahren des Jagdleoparden waren einst dermaßen vom Aussterben bedroht, daß nur ganz wenige überlebten und Inzucht unausweichlich wurde. Denkbar wäre, daß dies am Ende des Pleistozäns, vor 10000 bis 12000 Jahren, geschah, als in gewissen Teilen der Welt aus bisher unbekannten Gründen bis zu dreiviertel aller großen Säugetierarten verschwanden, unter ihnen auch nahe Verwandte des heutigen Gepards. Doch, so mag man sich fragen, warum haben dann seither nicht Mutationen, sprunghafte Veränderungen des Erbgutes, die genetische Vielfalt erhöht?

Eine zweite Theorie über die weitgehende Erbgleichheit aller

Geparde bezieht sich auf Körperbau und -leistung der außergewöhnlichen Katze: Der Jagdleopard ist der schnellste Bodenbewohner. Nachdem er seine Beute angeschlichen hat, explodiert er zum Spurt von 120 Stundenkilometern. Seine Atemfrequenz erhöht sich in einem Sekundenbruchteil von 60 auf 150, preßt Luft durch stark verbreiterte Atemwege in die erweiterte Lunge. Herz, Blutgefäße und Nebennieren sind vergleichsweise groß, der Kopf dagegen ist klein und leicht, die Beine, wie es sich für einen Sprinter gehört, sind lang und schlank wie beim Windhund. Keine andere große Katze jagt auch nur annähernd so erfolgreich wie der Gepard.

Derartiges Spezialistentum birgt aber auch Nachteile. Der rasante Spurt auf die Beute endet jäh nach 300 oder 400 Metern, wenn der Sprinter völlig erschöpft zusammenbricht und sich eine halbe Stunde lang erholen muß. Etwa die Hälfte seiner Beute verliert er dann an hungrige Löwen, Leoparden oder Hyänen. Fachleute wie O'Brien, Wildt und Bush sehen noch weitere, eben genetische, Nachteile in der extremen Spezialisation dieser »Rennmaschine«, diesem »Modell für Aerodynamiker«, wie sie den Gepard nennen. Es ist denkbar, daß ein auf extreme Höchstleistung getrimmtes System, wie es dieses auf Höchstgeschwindigkeit getrimmte Tier darstellt, einfach keine noch so geringe Abweichung von der Norm, sprich, genetische Vielfalt, erträgt. Paul Leyhausen, der deutsche Katzenforscher, sagt es in der Sprache der Techniker: »Die Toleranzen müssen so gering wie möglich gehalten werden, wenn die äußerste erreichbare Leistung des Systems nicht nachlassen soll. Wenn diese Deutung zutreffen sollte«, so fährt er fort, »wäre der Gepard ›von Natur aus ein riskiertes Wesen, mit der konstitutionellen Chance behaftet zu verunglücken‹, um einen Ausdruck zu gebrauchen, den der Philosoph A. Gehlen auf den Menschen anwandte.«

In der Tat »verunglücken« Geparde häufiger als andere vergleichbare Großkatzen: Sie erkranken leichter und schwerer an Seuchenkrankheiten als Löwen oder Tiger, sie sind beispielsweise äußerst anfällig für infektiöse Bauchfellentzündung. Nur eine von zehn Hauskatzen stirbt daran, die anderen neun überleben, weil ihr Körper die Erbanlagen trägt, um das Virus erfolgreich auszuschalten. Gepardbestände sind wegen des nahezu einheitlichen Erbmaterials all ihrer Mitglieder gegen Krankheiten so wenig gefeit, daß in einigen südafrikanischen Reservaten bis zu 70 Prozent ihrer Nachkommen nicht aufwachsen. Und ihre Anfälligkeit gegen Umweltveränderungen zeigt auch ihr plötzliches Verschwinden in Indien zu dem Zeitpunkt, als sich Menschen und Haustiere auf Kosten naturnaher Lebensräume ausbreiteten. Der Indische Löwe, der Tiger und der Leopard wurden dagegen lediglich dezimiert.

Wer schlüpft durch den genetischen Flaschenhals?

Gleichheit des Erbmaterials könnte neben den Geparden auch anderen Wildtierbeständen beschieden sein, etwa den Tigern. Hier wäre die Ursache dann leicht auszumachen: Inzucht infolge kleiner und kleinster Gründerbestände. Letzteres mag Naturfreunde, die indische Schutzgebiete besuchen, erstaunen, sind diese mit Hunderten von Quadratkilometern doch bedeutend größer als europäische Reservate. Dennoch lebten, als 1972 die Operation Tiger begann, beispielsweise in Manas (2840 km^2) lediglich 31 Tiger, in Palamau (928 km^2) 22 und in Ranthambhor (825 km^2) nur 14.

Man kann sich mit Recht fragen, ob diese Gründer genügend genetische Informationen in sich tragen, um bei tiefgreifenden Veränderungen ihrer Umwelt wenigstens einige überlebensfähige Nachkommen zu haben, oder ob sich die Bestände infolge Inzucht schließlich auflösen werden. Denn: Bis heute weiß man nicht, wie viele Eltern zur Erhaltung eines geschlossenen Bestandes, der von außen keine »Blutauffrischung« erhält, eigentlich nötig sind.

Eine aus der Haustierzucht gewonnene Regel besagt, daß bei fünfzig Elterntieren pro Generation nur ein Prozent der Vielfalt an Erbinformationen verlorengeht. Doch unbegrenzte Erhaltung genetischer Vielfalt, so der amerikanische Genetiker Ian

Robert Franklin, ist lediglich dann gewährleistet, wenn jeder Generation wenigstens 500 verschiedene Eltern zur Verfügung stehen. Jedoch: Wie erkennt der Wildbiologe Eltern? Er kann bei großräumigen Bestandsschätzungen, die im Falle des Tigers mittels Spurenanalysen erfolgen, nicht zwischen einem revierbesitzenden Tigerkater, der sich fortpflanzt, und einem erwachsenen »Streuner«, der kein Weibchen findet, unterscheiden. Und der Tiger ist nicht die einzige Großwildart, bei der sich nur ein Teil der Erwachsenen an der Arterhaltung beteiligt. Das trifft auch auf Elefanten und Hirsche, Menschenaffen und Wildhunde, etwa den Hyänenhund, zu.

Der Serengeti-Nationalpark in Tansania, der mit seinen 12950 Quadratkilometern rund hundertmal so groß ist wie der Nationalpark Bayerischer Wald, beherbergt in fünf Rudeln ungefähr dreißig erwachsene Hyänenhunde. In jedem dieser Rudel pflanzt sich lediglich das ranghöchste Paar fort, was auch bei anderen Wildhunden üblich ist. So werden in der gesamten riesigen Serengeti also jedes Jahr nur zehn Hyänenhunde Eltern. Um die 500-Zuchttier-Regel von Franklin zu erfüllen, müßte folglich ein fünfzigmal größeres Gebiet als die Serengeti unter Schutz gestellt werden, eine Fläche rund zweimal so groß wie die Bundesrepublik. Reservate dieser Größe sind nicht zu realisieren.

Von etwa zweieinhalb Dutzend Tigerreservaten in Asien enthält lediglich eines, die Sundarbans von Westbengalen und Bangladesch, 500 erwachsene Tiger. Vier Vorkommensgebiete des Asiatischen Elefanten beherbergen heute noch 500 erwachsene Tiere. Drei der Gebiete sind schwer bedroht. Kurz: Tiger und Elefanten sind ebenso wie Hyänenhunde und viele andere Arten selbst in riesigen ökologischen Systemen äußerst seltene Mitglieder. Müssen sie nun in kleinen Schutzgebieten überleben, dann können solche vom Menschen definierten Naturinseln zu genetischen Fallen werden.

Im supermodernen Kuhstall findet Gleiches statt: Hier wie dort können nur wenige bestangepaßte Hochleistungstiere bestehen. Doch Kühe haben es vergleichsweise gut, ihr Lebensraum wird vom Menschen künstlich erhalten. Ökologische

Turbulenzen sind nicht zu erwarten, solange niemand am Thermostaten dreht, das gedämpfte Licht ausschaltet und solange Wasser und Kunstfutter samt Medikamenten auf Knopfdruck erscheinen.

Schutzgebiete, die, so umfangreich sie auch erscheinen mögen, nicht mehr als winzige Ausschnitte des einstigen natürlichen Areals einer Großtierart sind, können nicht künstlich im Status quo erhalten werden. Sie sind störungsanfällig: Das Klima kann sich infolge weiträumiger Landschaftsveränderungen in ihrer Umgebung auch hier schlagartig wandeln, Wasserquellen können versiegen und Futterpflanzen oder Beutetiere aussterben. Denkbar ist auch das Auftreten eines bisher unbekannten Krankheitserregers.

Kurz: Was über Jahrzehnte und Jahrhunderte über Sein oder Nichtsein der Erbmerkmale einer seltenen Art entschied, kann morgen schon von anderen Umweltmerkmalen abgelöst sein. Ihnen vermag vielleicht kein einziges Individuum zu widerstehen, weil die genetische Vielfalt eines kleinen Verbandes viel zu arm ist. Der genetische Flaschenhals infolge Inzucht wird dann zur Schlinge. Das lokale Aussterben ist ohne entsprechende Eingriffe unausweichlich. Zu diesen gehören genaue Beobachtungen an (radio-)markierten Tieren, regelmäßige Untersuchungen an Blut-Proteinen und schließlich Umsiedlung von fortpflanzungsfähigen Tieren aus fremden Beständen.

Doch derartige Forschungen wollten die Verantwortlichen der bereits mehrmals erwähnten Operation Tiger in Indien vorerst nicht. »Der WWF ist bestrebt, Experten nach Indien zu senden, seine versprochenen Geldmittel für den Kauf von allerlei Gerätschaften einzusetzen, um schließlich dem indischen Tiger den Panda aufzukleben«, wetterte Kailash Sankhala, damals Direktor des Delhi-Zoos, Stipendiat der Jawahar-Lal-Nehru-Stiftung, hochangesehener Tigerspezialist und designierter Direktor des zu der Zeit geplanten Unternehmens. »Ausländische Fachleute waren äußerst unglücklich, als ich dagegen war, daß John Seidensticker von der Smithsonian Institution of Washington sein Drogengewehr an Tigern ausprobieren wollte«, erinnert er sich, »und Dillon Ripley, damals

Chef dieses angesehenen halbstaatlichen amerikanischen Institutes, bezweifelte unsere Kompetenz, weil wir gegen den Einsatz ihrer hochentwickelten Technologie waren.«

»Zuerst schützen und dann forschen«, lautete die Devise, als am 1. April 1973 im Corbett-Nationalpark der Beginn der Operation Tiger gefeiert wurde, ein Projekt, das von Premierministerin Indira Gandhi und ihrer Regierung mit jeder denkbaren Hilfe unterstützt wurde, ein Projekt, das inzwischen weltweit als das bedeutendste im Artenschutz gilt. Im Januar 1990 wurde im Norden des Bihar-Staates das Valmiki-Tigerreservat eröffnet, das 18. Indiens. Die Zahl der Tigerschutzgebiete wurde somit in 17 Jahren verdoppelt. Mehr als verdoppelt hat sich der geschätzte Tigerbestand, er wuchs von 1827 im Jahr 1972 auf 4334 1989. Das alles haben indische Behörden und Naturschutzorganisationen nahezu im Alleingang und mit vergleichsweise geringer ausländischer Hilfe erreicht.

Von einer solchen »flankierenden« Maßnahme will ich im folgenden berichten. Es geht um den Kanha-Nationalpark, wo Zürcher Biologen, vor allem Claude Martin (heute Programmdirektor beim WWF International), in den siebziger Jahren ökologische Studien machten.

Wie Kanha natürliche Vielfalt zurückgewann

Die Brücke über den Narpada, den ich bisher nur als schmales Rinnsal in breitem ausgedörrtem Bett kannte, war bereits handbreit überschwemmt, als der Bus aus Nagpur sie passierte. Breite Wolkenwände trugen immer neuen Regen heran, der klare Bäche in reißende braune Wildwasser verwandelte und die Straße aufweichte. Im Morast scheiterte die Weiterfahrt bald. Wohl oder übel mußten vierzig Studenten und Assistenten des Zoologischen Instituts der Universität Zürich und zwei junge Ärzte die letzten dreißig Kilometer bis zu den vier Steinhäusern am Rande der Kanha-Wiesen zu Fuß hinter sich bringen. Ein Jeep fuhr gepäckbeladen mehrmals hin und zurück und brachte schließlich die erschöpftesten der Tropenungewohnten schnell zu heißem Tee vor Kaminfeuern.

So begann am 25. August 1972 ein dreieinhalbwöchiges Forschungslager im zentralindischen Kanha-Nationalpark. Es waren ganz unterschiedliche Talente, die am Abenteuer teilnahmen und selber dafür bezahlten, Fachleute, die sich bereits auf die Systematik von Fruchtfliegen, Kleinsäugern und Vögeln festgelegt hatten, Studenten höherer Semester, die in eigenen Projekten der Verhaltensforschung arbeiteten, und blutige Anfänger. Jeder von ihnen wollte in den Sommerferien, wenn das Reservat wegen heftiger Monsunregen für Touristen geschlossen ist, das Seine zum Verständnis ökologischer Zusammenhänge und damit zu besserem Schutz von Kanha beitragen.

Kanha war bekannt geworden durch die Studien des Amerikaners George Schaller, der hier 1965 einige Monate lang Tiger, Gaur und Hirsche beobachtet hatte und darauf hinwies, daß vom Südbarasingha (*Cervus duvauceli branderi*) lediglich noch rund fünfzig Individuen überlebten. 200 Jahre früher wanderten noch Zehntausende dieser »Sumpfhirsche« mit gelegentlich zwölfendigen Geweihen durch die breiten Täler wilder Flüsse. Dann wuchs die menschliche Bevölkerung, zähmte die Flüsse, rodete und pflügte die schweren Böden. Wo einst schier undurchdringlicher Dschungel aus übermannshohen Gräsern wogte, ergrünte Reis. Der Barasingha zog sich endgültig dorthin zurück, wo er früher nur lebte, wenn der über seine Ufer tretende Narapada und andere Flüsse die Grasländer vorübergehend unbewohnbar machten: in die Hochländer. Im Gebiet des heutigen Kanha-Nationalparks zählten britische Förster 1939 noch 3000 Barasinghas, ein Vierteljahrhundert später waren es gerade noch die erwähnten fünfzig.

Vermutungen über die Ursachen des raschen Schwundes gab es genug: Die einen sprachen von Bang (Brucellosis), einer Huftierseuche, die zu Fehlgeburten führt. Andere gaben dem Tiger die Schuld. Wilderei war auch nicht auszuschließen. Immerhin gilt das Fleisch des Barasinghas neben dem des kleinen Muntjaks (Bellhirsch) als schmackhaftestes Wildbret, und die mächtigen Geweihe alter Stiere werden heute noch zu allerlei Volksmedizin pulverisiert. Am wahrscheinlichsten aber war, daß tiefgreifende Umweltveränderungen dem seltenen Sumpfhirsch zusetzten. Seit Beginn des Jahrhunderts brannten Forstbeamte die künstlichen Grasländer des Schutzgebietes, die einst Stämme der Gond und Baigas den Wäldern abgerungen hatten, ab. Diese Tradition hatten sie von Wanderhirten übernommen. Das frische Grün auf verheilenden Brandnarben sollte zahlreiche Beute anlocken.

Für Artenschützer war die Lösung des Barasingha-Problems in Kanha von höchster Dringlichkeit. Und so reiste Claude Martin, damals Doktorand an der Abteilung für Ethologie und Wildforschung des Zoologischen Instituts der Universität Zürich, 1972 für zwei Jahre nach Kanha, um Hemendra Panwar, den Parkdirektor, durch Grundlagenforschung zu unterstützen. Panwar war es bereits gelungen, Kanha um einen ganz wesentlichen Teil zu vergrößern, um Sonph, ein Grasland, wo die Barasinghas ihre Kälber setzen. Er ließ, entgegen der alten Gewohnheit, das Gras hier nicht abbrennen. Die wertvollen Jungtiere sollten in sichereren Kinderstuben aufwachsen.

Mehrjährige Gräser sind auch die Hauptnahrung der Barasinghas, meldete Claude Martin einige Monate nach Beginn seiner Studien. Doch die waren wegen der alljährlichen Brände selten, wuchsen vor allem entlang der Nalas, der Regenwasserrinnen, und an anderen einigermaßen feuersicheren Stellen. Die Brände hatten noch andere Folgen, wie unsere 42 Helfer von der Universität Zürich, die im August 1972 nach Kanha gekommen waren, mit ihren Beobachtungen nachwiesen:

Auf regelmäßig abgebrannten Savannen wachsen nur Jahresgräser mit geringem Nährwert. Ihre zarten Triebe locken zu Beginn des Monsuns Hunderte von hungrigen Axishirschen an. Die Flächen sind rasch überweidet, was den anpassungsfähigen Hirschen mit dem gefleckten hellbraunen Fell nichts ausmacht. Sie ziehen sich, wenn das Gras spärlich wird, in die Wälder zurück, äsen Laub und Knospen von Büschen oder folgen den Trupps der Hanumanlanguren. Diese wählerischen Affen lassen den größten Teil ihres auf den Bäumen abgebrochenen Grünfutters zu Boden fallen, wo es die Hirsche gierig fressen.

Auf den abgebrannten und stark beweideten Savannen treten die Hufe der Axishirsche den Boden steinhart. Überweidung schafft bleibende Löcher im Teppich der ohnehin widerstandslosen Pflanzen, die wegen ihrer geringen Größe den Boden weder vor der sengenden Sonne noch vor den peitschenden Monsunregen schützen können. Hier fing Cäsar Claude, unser Kleintierspezialist, in seinen vielen Dutzend mit Schweinefett und Mehl geköderten Fallen keine einzige Maus oder Spitzmaus. »Das bedeutet, daß Kleinsäuger in diesen kurzgrasigen Wiesen zumindest sehr selten sind«, meinte er. »Analysen von Schakallosung bestätigen diesen Befund.« Die kleinen Wildhunde hielten sich hier an Beutereste von Tiger und Rothund (s. S. 98).

Auch typische wiesenbewohnende Singvögel wie Cistensänger, Goldaugentimalie, Rahmbrust- und Aschfarbprinie sind auf abgebrannten und überweideten Wiesen selten. Lediglich acht Einzeltiere zählten der Ornithologe Marcel Günthert und seine Mitarbeiter während einer Woche auf ihren 400 Meter langen Teststrecken. 28 waren es aber in gleich großen Gebieten von Sonph, wo das Gras mannshoch wuchs. Hier fingen sich in den Fallen von Cäsar Claude in zwei Tagen sogar 39 kleine Säugetiere. Auch andere Erhebungen ergaben: Im dichten Pflanzenfilz ungestörter Grasländer quillt vielfältiges Leben. Er ist reich an Gras- und Kräuterarten, von deren Blättern, Blüten, Samen und Früchten viele Vögel leben und in deren Schatten Mäuse, Ratten und Insekten Höhlen in den Boden graben, die wiederum als Sickerlöcher für Regenwasser dienen und so vor Erosion schützen.

Häufiges Abbrennen des Grases, so lautet das Fazit der damaligen Forschungsreise mit den Zürcher Biologen, entflicht das Netz ökologischer Wechselwirkungen, die Artenreichtum und Bodenfruchtbarkeit während regenreicher Hochsommertage ebenso garantieren wie während bitterkalter Nächte der trockenen Wintermonate.

Hemendra Panwar strich den bisher üblichen Grasbrand im Dezember oder Januar vom Programm und schulte seine Helfer aus den Dschungeldörfern um. Fortan mähten sie lediglich entlang den Straßen rasenkurze Streifen, Barrieren gegen achtlos entfachte Feuer durch weggeworfene Zigarettenstummel oder Streichhölzer. Hemendra dachte weiter: Er ließ einige der Nalas, die Wolkenbrüche metertief in den gebackenen Boden gefressen hatten, mit kleinen Dämmen aufstauen; fortan hielten sie einen Teil der Monsunregen zurück. So konnte sich der Boden verjüngen. Rasch schloß sich um die künstlichen Teiche ein Kranz hoher Gräser, die bald die Savannen zurückeroberten. Auf dem regenerierten Boden wurde die Vegetation üppiger und artenreicher. Huftierbestände fanden bald reichlich Nahrung und Deckung und vermehrten sich entsprechend. Auch der einst auf wenige Individuen zusammengebrochene Bestand des Südbarasinghas erholte sich und zählt heute mehr als 600 Exemplare. So begann die Erfolgsgeschichte des Kanha-Nationalparks, der mit seinen 946 Quadratkilometern heute eines der großen indischen Tigerreservate ist.

1972, zur Zeit unseres Aufenthalts, ließen sich hier jedoch kaum Tiger sehen. Daß sie da waren, merkten wir an Spuren, an Trittsiegeln und Kothaufen. Kurt Müller und seine Helfer sammelten 126 dieser unverkennbaren »Visitenkarten«. Da Tiger ihre Beute im Wortsinn mit Haut und Haar verschlingen, die Haare aber nicht verdauen können, und da jede Beutetierart ihr spezifisches Fellkleid trägt, fanden sich im Kot genaue Hinweise auf die Speisekarte der gestreiften Katze. Danach ernährten sich Tiger in Kanha damals zu 77 Prozent von Axishirschen, je fünf Prozent ihrer Beute waren Sambarhirsche und Wildschweine, der Rest verteilte sich auf Barasinghas, Hausbüffel und Languren. Einmal fanden wir sogar Haare eines Lippenbärs.

Welchen Einfluß der Tiger auf seine Beute hat, ob er die eine oder andere Art ernsthaft reduziert oder gar gefährdet (was ja im Falle des Barasinghas als Mitursache des Bestandsrückganges vermutet wurde), konnten wir damals nicht sagen. Dazu sind Vergleiche über mehrere Jahre nötig. Zu dieser wichtigen Frage der Beziehung zwischen Räuber und Beute gab es trotzdem bald genügend Diskussionsstoff.

Am 30. August fand eine Gruppe der freiwilligen Helfer aus

Zürich gegen Mittag einen frisch getöteten Axishirsch. Vom Kadaver fraßen Rothunde (*Cuon alpinus*), kleine, etwa pudelgroße Wildhunde mit rehbraunem Fell und schwarzer Schwanzspitze. Sie jagen rudelweise, gelten, ähnlich wie Hyänenhunde der afrikanischen Steppen, als erfolgreiche Jäger. Das versichern jedenfalls Berichte in älteren britischen Jagdzeitungen. Will man ihnen glauben, fallen die kleinen Rothunde selbst Gaure und Tiger an. Wie dem auch sei, jedenfalls waren diese schwer zu beobachtenden Beutegreifer plötzlich auf den offenen Kanha-Wiesen erschienen, wo Aberhunderte von Axishirschen kurzes Gras weideten und kaum ein Baum die Sicht verdeckte.

Fünfmal, das ergaben später die Aufzeichnungen von Robert Keller, mußte sich das zwölfköpfige Rudel zur Treiberkette formieren, bis es einen einzigen Hirsch aus dem wachsamen Verband seiner Artgenossen hetzen und überwältigen konnte. So gab es nur jeden zweiten Tag Frischfleisch, das die Rothunde aber brüderlich untereinander teilten, jeder kam so zu rund fünf Kilogramm. Eine Tagesration von fünf Pfund ist mehr als genug für einen pudelgroßen Beutegreifer, wie jeder Hundebesitzer weiß. Auch wenn die Rothunde ein Jahr lang alle zwei Tage einen der rund 2000 damals auf den Kanha-Wiesen und an den angrenzenden Waldrändern lebenden Axishirsche gerissen hätten, etwa 180, wäre der Bestand nicht gefährdet, höchstens in seinem Wachstum eingeschränkt worden. Die Zuwachsrate der Axishirsche auf den Kanha-Wiesen betrug damals 18 Prozent und damit das Doppelte von dem, was Rothunde in einem Jahr erbeuten könnten. Für sie, so die Rechnung, war der Tisch dort jahrein, jahraus gedeckt.

An derartig standorttreue Lebensweise dachte das Rudel der wilden Hunde aber nicht. So, wie sie plötzlich erschienen waren, verschwanden sie nach drei Wochen wieder, die Beute sollte sich nicht zu sehr an sie gewöhnen. Irgendwann, wenn die gefleckten Hirsche die unerbittlichen Hetzer vergessen hätten, würden diese zurückkehren und Unvorsichtige, vor allem Männchen, überraschen, zur panischen Flucht veranlassen und in den Tod hetzen.

Auch dem Tiger hilft der Überraschungseffekt. Sein geflammtes Fell läßt ihn mit der Umgebung verschmelzen, jedenfalls solange er im dichten Unterwuchs auf Beute lauert. Liegt er jedoch vollgefressen im Verdauungsschlaf, ist das schneeweiße Bauchfell sichtbar. Es läßt sich von vorsichtigen Augen leicht ausmachen, und das hat seinen Vorteil: Die Beutetiere lernen so weniger gut seinen tarnenden »Jagdrock« kennen.

Die mächtige vier Zentner schwere Katze ist im Vergleich zum Rudel unscheinbarer Rothunde nicht besonders erfolgreich auf der Jagd. Bis zu vierzehn Versuche braucht sie, um ein Beutetier zu erlegen. So erstaunt es nicht, daß Axishirsche in Kanha weiterhin zunahmen, als die Tiger völlig geschützt waren und sich ungehindert vermehrten und ausbreiteten. Zwischen 1972 und 1976 verdoppelte sich der Axisbestand im gesamten Schutzgebiet von 6500 auf 13000 Stück. Die Tigerzahl erhöhte sich lediglich um 30 Prozent, von 37 auf 49.

Wie können aber Tiger genau gezählt werden? Tiere, die sich kaum sehen lassen, die, auch wo sie »häufig« sind, hundert- bis dreihundertmal seltener vorkommen als die auffälligen Axishirsche? Wieso kann R. L. Singh, derzeitiger Direktor der Tigerprojekte in Indien, behaupten, es gebe auf dem Subkontinent zur Zeit 4334 Tiger? Könnten es nicht auch 3992 oder 4857 sein? Haben seine 50000 Angestellten der Forst-Departments und ebenso viele freiwillige Helfer, Studenten und Mitglieder von Naturschutzorganisationen, die 1989 eine Woche lang durch Indiens letzte Waldinseln zogen, alle Tiger erfaßt, oder haben sie den Bestand überschätzt? Mir kommen Zweifel über Sinn und Zweck solch 100000facher Erbsenzählerei.

Lotterie bei Tigerzensus

»Es ist möglich, aufgrund der Fährten auf Geschlecht, Alter und Gesundheit eines Tigers zu schließen«, schrieb 71jährig der bereits erwähnte Jim Corbett, einer der bekanntesten und erfahrensten Tigerjäger Britisch-Indiens, 1944 in »Man-eaters von Kumaon«. Ein Vierteljahrhundert später behaupteten indische Fachleute gar: »Jeder Tiger kann eindeutig auf Grund seiner Fährte identifiziert werden.« Stimmt diese Annahme, so wäre der wildlebende Bestand durch Fährtenanalysen zu ermitteln. Dazu werden saubere Pfotenabdrücke gesucht und mittels einer darüber gelegten Glasplatte säuberlich auf ein dünnes Papier kopiert. Ein höherer Forstbeamter ordnet die Umrisse dann ganz bestimmten Individuen zu, die er in den meisten Fällen zwar nie sah, aber aufgrund der Abdrücke zu kennen glaubt. So einfach ist das. Und so werden, seit die Operation Tiger läuft, Indiens Tiger »gezählt«.

Wenn's nur so einfach wäre. Das Problem machten kritische Untersuchungen von Kurt Müller und seinen Helfern anläßlich der Studienreise von 1972 deutlich: Sie berücksichtigten Größe der Abdrücke, beschrieben deren Einsinktiefe und die jeweilige Bodenbeschaffenheit, notierten Abnormitäten, zeichneten genau die Formen der Abdrücke, verglichen spiegelsymmetrisch die beiden Vorder- und die beiden Hinterfußabdrücke miteinander und vermaßen Abstände zwischen einzelnen Abdrücken. »Die von uns vermessenen Tigerspuren und Trittsiegel konnten nicht immer bestimmten Tieren zugeordnet werden«, schrieb Müller im Schlußbericht. Aber immerhin, es ließen sich erwachsene Männchen, Weibchen und Jungtiere ausmachen. Jim Corbett hat also nicht übertrieben.

Zehn Jahre später stellten sich sechs Forest Officers mit vier- bis zwölfjähriger Erfahrung in der »Tigerzählung« einem Test, den K. Ullas Karanth, einer der führenden Tigerforscher Indiens, ausgearbeitet hatte. Jeder von ihnen erhielt 33 Skizzen von Fußabdrücken, die in verschiedenen Böden mit der herkömmlichen Methode vom Original kopiert wurden. In den meisten Fällen unterschieden die Beamten richtig zwischen Abdrücken von Hinter- und Vorderfüßen, rechten und linken und solchen von Männchen und Weibchen. Auf die Frage, von wie vielen Tigern die 33 Skizzen stammen würden, mochte einzig der erfahrenste und vorsichtigste der Tigerexperten keine Antwort geben. Die fünf anderen nannten einen Bestand von sechs, sieben, 13, 23 und 24. In Wirklichkeit waren die 33

Zeichnungen Kopien der Fußabdrücke von lediglich vier Tigern aus dem Mysore-Zoo.

»Mehrfachzählungen ein und desselben Tigers haben verschiedene Ursachen«, faßt Karanth zusammen: »Bodenunterschiede und Marschgeschwindigkeit beispielsweise. Schließlich können Tiger innerhalb von 24 Stunden ganz beachtliche Distanzen zurücklegen, so daß solche ›Streuner‹ zwei- oder dreimal erfaßt werden.« Kurz: Die Resultate der »Tigerzählungen« stimmen nicht, es sind krasse Überschätzungen.

Für diese Meinung sprechen auch langjährige Feldstudien von Melvin E. Sunquist im Chitwan-Nationalpark von Nepal. Obwohl die Beutetiere wesentlich zunahmen, blieb die Zahl der sich fortpflanzenden Weibchen zwischen 1974 und 1979 gleich groß. Charles W. McDougal, der in Chitwan mehr als ein Jahrzehnt lang Tiger beobachtete, notierte ebenfalls die »beeindruckende Stabilität« des Bestands. Die Zahl fortpflanzungsfähiger Tiger stieg zwischen 1975 und 1985 lediglich von neun auf 14. Das gleiche war bereits aus dem Kanha-Nationalpark bekannt: Auch wenn die Umweltbedingungen sich infolge entsprechender Eingriffe zugunsten des Tigers verändern, auch wenn er in kurzer Zeit mehr Beute und mehr Deckung findet, vergrößert er seinen Bestand, wenn überhaupt, nur langsam. Das erstaunt, denn Tiger sind bekannt für eine hohe Nachwuchsrate.

Tigerinnen setzen nach einer Tragzeit von 102 bis 112 Tagen bis zu sieben Junge, von denen aber im besten Fall drei aufwachsen. Für die Männchen unter ihnen gibt es am Ende des zweiten oder Anfang des dritten Lebensjahres, wenn sie selbständig sind, bestenfalls ein paar unbesetzte Lücken in den beutereichsten Jagdgründen, und so streunen sie meistens, wie auch die Altersschwachen, in den wenig erträglichen Randregionen der Schutzgebiete. Meist werden sie von einem revierbesitzenden Artgenossen getötet, bevor sie selbst einen Eigenbezirk erkämpfen können, oder sterben an Giften wie Endrin oder Folidol, wenn sie zu einem Rind, einer Ziege oder einem Schaf zurückkehren, das sie vortags getötet, aber nicht vollständig gefressen haben. Hirten und Viehbesitzer besorgen sich unverzüglich die beiden in Indien leicht erhältlichen Pestizide problemlos auf dem nächsten Markt und schütten sie literweise in den »Kill«, wenn sich der »Cattle lifter« vorübergehend zum Verdauungsschlaf zurückgezogen hat. Hungrig kehrt er dann anderntags zurück, frißt und stirbt elendiglich. Sein Fell, seine Zähne, selbst sein getrocknetes Blut finden reißenden Absatz.

Junge Weibchen bleiben häufig in der Nähe ihrer Mütter, setzen im Alter von drei bis vier Jahren die ersten Jungen noch innerhalb des Reviers der Mutter. Dann etablieren sie ein eigenes, verteidigen und markieren die Grenzen mit Urin, Kot und Kratzspuren an bestimmten Bäumen. Sunquist und McDougal verfolgten in zehnjährigen Studien im Chitwan-Nationalpark 14 Weibchen, die jeweils ein Territorium etablieren konnten. 13 von ihnen hatten Junge, eines wurde als Maneater erlegt, bevor es setzte. Weibchen, denen es aber nicht gelang, einen Eigenbezirk von zehn bis 51 Quadratkilometern (Mittel: 21 km^2) zu etablieren, pflanzten sich nie fort.

Das gilt auch für Männchen. Ihre Reviere sind dreimal größer, umfassen je nach Beuteangebot 19 bis 151 Quadratkilometer (Mittel: 54 km^2) und enthalten ein bis drei Reviere von erwachsenen Weibchen. Da nun junge Weibchen neben ihren Müttern siedeln, ist es wahrscheinlich, daß sie vom eigenen Vater begattet werden, hoher Inzuchtgrad ist demnach unausweichlich. Als in Chitwan ein Revierinhaber starb, dauerte es drei Jahre, bis sich einer unter mehreren erwachsenen Anwärtern durchgesetzt hatte. In dieser Zeit töteten die Bewerber zwei von drei neugeborenen Tigern, die Nachkommen vom früheren Revierbesitzer. Durch solchen Infantizid, »Kindstötung«, so erklären Soziobiologen, erhöht das neue Männchen seinen eigenen Fortpflanzungserfolg, weil kinderlose Weibchen früher wieder brünftig werden.

In Revierkämpfe verwickelte Männchen sind auch für Menschen gefährlich. Das beweisen die Aufzeichnungen von Charles McDougal ebenfalls. Im Chitwan-Nationalpark töteten sie zwischen Oktober 1980 und Mai 1988 16 Holzsammler oder Grasschneider. Etwa Männchen Nummer 127: Im Oktober 1980 drängte sein Nachbar ins Revier. Bis zum April 1981 hatte es fünf Menschen getötet, drei zusammen mit einem »seiner« Weibchen (das erlegt wurde). Dann eroberte der Menschenfresser ein neues Gebiet mit zwei Weibchen und tötete keine Menschen mehr.

Ein zweiter Revierbesitzer, Bange Bhale, besetzte zwischen Mitte 1981 und Anfang 1984 ein Revier mit zwei Weibchen. Dann bedrängte ihn sein größerer Nachbar, übernahm die Weibchen und vertrieb ihn von seiner Jagdbeute. Im folgenden Kampf wurde Bange Bhale verletzt. Im Mai 1984 tötete er einen Grasschneider. Zwei weitere Opfer holte er sich am Rande des Schutzgebietes, wohin er vertrieben wurde. Er versuchte noch einmal einen Mahut zu töten, wurde dann aber gefangen und in den Zoologischen Garten von Katmandu gebracht. Kanchha Bhale, ein dritter Tiger, der seinerzeit Nummer 127 verdrängt hatte, tötete im Januar 1986 einen Grasschneider. Ende 1985 verlor er Revier und drei Weibchen an einen Stärkeren. Im letzten Kampf mit diesem wurde er verletzt, zog sich in die Nähe eines Dorfes am Rande des Reservats zurück, riß neun Rinder und Büffel, später drei Menschen. Im März 1986 starb er durch die Kugel.

Seit Tiger und ihre Beutetiere besser geschützt sind, nehmen Konflikte am Rande der Schutzgebiete zu, weil sich der Bestand auszubreiten versucht. Ein Beispiel: der Dudhwa-Nationalpark von Uttar Pradesh am Südhang des Himalajas. Heute ist das 613 Quadratkilometer umfassende Gebiet eine kleine Naturinsel inmitten von Zuckerrohrpflanzungen. Tiger und Beutetiere, die von ihren Artgenossen aus dem Reservat gedrängt werden, finden im dichten Filz des Kulturgrases Nahrung und Ruhe, denn Zuckerrohr braucht lange Wuchszeit und kaum Pflege bis zur Reife. Tiger, die hier Reviere etablieren, möglicherweise, um Junge aufzuziehen, töteten zwischen 1978 und 1984 128 Landarbeiter bei der Zuckerrohrernte.

»Je mehr natürliche Lebensräume des Tigers, die außerhalb von Schutzgebieten liegen, zerstört und verkleinert werden«, faßt Charles McDougal zusammen, »desto wahrscheinlicher werden tödliche Auseinandersetzungen zwischen dem Menschen und der gestreiften Raubkatze.« So scheint der Tiger in

Indien, wo er seit zwei Jahrzehnten mit allen Mitteln geschützt wird, noch lange nicht »über den Berg« zu sein. Denn drei von vier Tigern leben hier außerhalb von Reservaten. Überleben werden im 21. Jahrtausend wahrscheinlich nur noch Bestände in Reservaten, die so klein sind, daß man durch entsprechendes Management eingreifen wird, um Gefahren der Inzucht zu vermeiden. Spielen wir eine solche Operation einmal durch!

Gelehrtenstreit um das Wohl der letzten Tiger

Stellen wir uns ein paar Tigerreservate vor, in denen einige wenige erwachsene Männchen für Nachwuchs sorgen mit dem Erfolg, daß der Verwandtschaftsgrad der Weibchen bei 50 Prozent liegt! (In Chitwan beträgt er gegenwärtig etwa 40 Prozent.) Jetzt treffen sich die Experten und fassen den Entschluß, für »Blutauffrischung« zu sorgen. Das geschieht am besten, so stimmen sie überein, wenn Männchen ausgetauscht werden. Populationsgenetiker stellen sich das zu einfach vor, finden die Feldbiologen. Sie wissen, daß ein einziger erwachsener Zuzügler ein Chaos unter den Ansässigen auslösen kann oder, was wahrscheinlicher ist, sofort getötet wird. (Derartiges hat sich in Westbengalen tatsächlich ereignet, als einzelne Männchen zwischen Reservaten verschoben wurden). Nach langem Hin und Her findet man einen Kompromiß: Man wird Nachbarn »rotieren«. Drei benachbarte Revierbesitzer aus dem einen Reservat werden eingefangen und in einem anderen Reservat ausgewildert, wo drei entsprechende eingefangen wurden, um in ein drittes Schutzgebiet umgesiedelt zu werden.

Die Presse will das Experiment begleiten. So fließen auch genügend Mittel, die Bürokratie des Forest Department reagiert rasch und problemlos (auch das ist nur eine Annahme). So können also je drei Männchen eingefangen und, mit Radiosendern versehen, ausgewildert werden. Stellen wir uns vor, was jetzt geschehen kann: Die erste Version heißt »Totalerfolg«. Die Neulinge lassen sich nieder, paaren sich mit den ansässigen

Weibchen. Nach fünf Jahren rechnen die Populationsgenetiker mit einem Verwandtschaftskoeffizienten zwischen den erwachsenen Weibchen von weniger als 0,20. Die Technik »Rotierende Männchen« macht Schule. Daß das Experiment auch nur einmal gelingen könnte, bezweifeln Hemanta R. Mishra von der nepalesischen Nationalparkverwaltung, Christen Wemmer vom Naturschutz- und Forschungszentrum am Nationalzoo in Washington und James L. D. Smith, Tigerspezialist vom U.S. Fisheries and Wildlife Department. Wahrscheinlicher halten sie ein Resultat mit »diskutablem Erfolg«. Das könnte so aussehen: Die Hälfte der umgesetzten Männchen verschwindet. Territorien werden, nach drei Jahren voller Unsicherheit und Kämpfe, von unbekannten Streunern besetzt. Fünf Jahre nach der Umsetzung kommen wiederum Junge zur Welt, ihre Stammbäume sind nicht bekannt. In einem zweiten Reservat werden die ausgewilderten Männchen sofort von ansässigen getötet. Im dritten etabliert zwar ein Umgesiedelter ein Revier, findet aber kein Weibchen. Dieses teilen sich zwei starke Brüder. Trotz teurer Umsetzaktionen pflanzen sich hauptsächlich ansässige Tiger fort, von Blutauffrischung kann kaum die Rede sein. Populationsgenetiker werden sich dann beschweren, die Feldbiologen würden ihre Anliegen nicht ernst genug nehmen.

Mishra, Wemmer und Smith rechnen aber auch mit »traurigen Resultaten« für den Fall, daß solche Umsetzexperimente tatsächlich durchgeführt werden. Und sie könnten etwa wie folgt entstehen: In einem Reservat sterben zwei Männchen schon während der Fangaktionen. Im zweiten Schutzgebiet vergehen anderthalb Jahre, bis man drei Männchen eingefangen hat. Ein aus dem dritten Reservat umgesetzter Tiger stirbt an einer Infektion durch einen Holzspan aus der Transportkiste. Im vierten Schutzgebiet sterben drei Tigerweibchen am Gift, das Siedler in ihre »Kills« geschüttet haben. Sie haben innerhalb von wenigen Wochen Kinder und Verwandte durch angriffslustige Männchen verloren, die versuchten, Reviere zu etablieren. In allen Reservaten, in denen die Experimente laufen, fällt die Nachwuchsrate zusammen. In einem beginnt sie dann plötzlich zu steigen: Ein riesiger Tiger, dessen Spuren selbst von Anfängern leicht auszumachen sind, weil er links vorn eine sechste Zehe trägt, erobert alle Weibchen und pflanzt sich mit ihnen fort. Das ist überhaupt nicht im Sinn der Populationsgenetiker. Sie halten die Feldbiologen für völlig inkompetent und werden von diesen als Theoretiker und Eierköpfe beschimpft. Das Experiment wird dann wohl von Tierfreunden abgebrochen. – Auch Fachleute wie Mishra, Wemmer und Smith können bis heute nicht voraussagen, wie Umsetzungen verlaufen werden. Trotz zehnjähriger Studien in Nepal fehlen Kenntnisse für annähernd zuverlässige Prognosen. »Kommt aber die Zeit, daß wir auf diese Weise genetische Manipulationen vornehmen müssen«, sagen sie, »könnte sich die Übung als teure Schocktherapie für alle Beteiligten erweisen.«

Ich glaube, daß es viel einfachere Möglichkeiten gibt, um Tiger umzutauschen. Ich denke dabei an Neugeborene, die einer wilden Mutter kurz nach der Geburt zwischen ihren eigenen Nachwuchs geschmuggelt werden. Aber lassen wir das. Jedenfalls zeigen die oben skizzierten Aussichten Grenzen des Machbaren auf, verunsichern traditionelle Gärtner Edens ebenso wie fortschrittsgläubige und werden wohl bald Zwist säen zwischen beiden, zwischen praktizierenden Generalisten und theoretisierenden Spezialisten. Augenmaß müssen jetzt beide bewahren, wenn sie den ersten großen Erfolg der Operation Tiger bewerten. Dank ihr gibt es heute nämlich nicht nur mehr Tiger, sondern auch mehr geschützte Restwälder. Der Tiger warb bei Spendefreudigen weltweit und in Indien bei Politikern der Zentralregierung in Delhi wirksam für die Erhaltung seiner Art und damit für die Erhaltung seines Lebensraumes. Zweifellos ist ein unglaublicher Erfolg, daß in einem übervölkerten und weiträumig ausgelaugten Land wie Indien letzte Waldinseln unter Schutz gestellt werden konnten. Das nützt nicht nur letzten Tigerbeständen, es hilft vor allem der Landbevölkerung. Wälder wirken bekanntlich wie riesige Badeschwämme: Sie saugen Wasser auf und geben es bei Trockenheit wieder ab. Im kultivierten Umland des Kanha-Nationalparks beispielsweise stiegen die Ernteerträge, nachdem sich seine natürliche Pflanzendecke erholt hatte. Hier liegt nach meiner Meinung der zweite, weit wichtigere Erfolg der Operation Tiger: Direkt vom Naturschutz betroffene einfache Menschen hatten etwas von den Bestrebungen der Gärtner von Eden, von Enthusiasten und Profis, die sich, weil sie fernen Wohlstandsgesellschaften angehören, Arten- und Naturschutz leisten können. Hier gilt es jetzt anzuknüpfen. Wollen die Naturschützer wirklich eine bessere Welt – nicht nur für den Tiger, sondern auch für den Menschen –, dann müssen sie über die eigene Nasenspitze hinaus vordenken. »Warum erhalten die am Rande der letzten wilden Wälder lebenden Bauern nicht leistungsfähigere Haustiere?« frage ich mich. Wenige gesunde Büffel geben bedeutend mehr Milch als viele kranke und fressen logischerweise weniger; die entsprechenden Rassen werden in Indien längst gezüchtet. Ich frage weiter: »Warum besitzen die armen Bauern am Rande der Reservate nicht einfache Biogasanlagen, in denen der Dung ihrer Rinder und Büffel unter Sonnenwärme Methan zum Kochen abgibt?« Die entsprechenden Anlagen haben deutsche Fachleute und Institute zusammen mit indischen Fachstellen längst entwickelt: Bereits 1978 produzierten 50000 kleine Biogaseinheiten in Nordindien 100 Millionen Kubikmeter Gas, die etwa soviel Energie liefern wie 62 Millionen Liter Kerosin. Viehdung, eine wahrhaft billige Energiequelle, katapultiert Bauernfamilien und ganze Dörfer, die sich Biogasanlagen anschaffen, in ungeahnten Reichtum.

Und schließlich: Warum haben die Stammesangehörigen, wenn ein Reservat geschaffen wird und sie die Waldgebiete verlassen müssen, nicht wenigstens Anteil am Einkommen durch den Tourismus? Als Mitte der siebziger Jahre erste Touristengruppen aus Europa nach Kanha kamen, wurden sie ausschließlich von Einheimischen betreut. Allein von den Zinsen der Gewinne ließ sich eine bescheidene Schule finanzieren. Heute boomt Kanha, zwei supermoderne Lodges und ein Massenlager beherbergen die Gäste. Die Angestellten sind Städter, die ansässigen Gond und Baiga Bettler.

Naturschutz hat nur dann Erfolg, wenn er das Leben der direkt betroffenen Menschen verbessert. Das wird beim Asiatischen Elefanten noch deutlicher.

Asiatischer Elefant: viel guter Wille und kein Platz

Neela ist der Größte

Seit einem Vierteljahrhundert überragt Neela alle anderen Arbeitselefanten auf Sri Lanka. Mit angehobenem Kopf, nach rechts abgedrehtem Rüssel und zügigem Schritt eilt der Riese am Abend des 6. August 1990 durch das Verkehrsgewirr auf der Ward Street in Kandy. Er trägt seine abendliche Futterration mit sich: zwei drei Meter lange Stämme der Kitulpalme und ein Dutzend Kokospalmenwedel. Mit einer Kette ist das Ganze zum Paket verschnürt. Ihr loses Ende mündet in einem dicken Bündel von Palmfasern, das der Bulle zwischen den ziegelsteingroßen Backenzähnen festklemmt, bevor er die Last hochhebt.

Ratnayaka, der Mahut, geht neben Neela und lenkt den Riesen mit einem kleinem Eisenhaken auf langem Stock. Zwergengleich thront Jayasuriya, sein Gehilfe, auf Neelas Schulter und treibt den Aliya, den stoßzahnlosen Bullen, zur großen Mauer vor dem Tempel des Zahnes, dem Dalada Maligawa. Hier werden sie den Körper Neelas dann mit prächtigen Schabracken bedecken, Kopf- und Rüsselstücke mit Girlanden aus bunten Lämpchen schmücken und schließlich an die Batterie, die der Koloß auf seinem Nacken trägt, anschließen. Neela soll am letzten Abend der Maha Nuwara Esala Dalada Perahera teilnehmen, dem Festzug (Perahera) in der großen Stadt (Maha Nuwara) im Mond-Monat Esala, die zu Ehren der Zahnreliquie Buddhas (Dalada) abgehalten wird.

Die Festlichkeiten beginnen, wenn der Neumond Ende Juli oder Anfang August den Monat Esala einleitet, und enden mit dem Vollmond. Priester bestimmen auf die Minute genau, wann sich der schier endlose Zug der Peitschenknaller und Fackelträger, der Trommler und Tänzer, der weltlichen Würdenträger der Tempel und der reichgeschmückten Elefanten allnächtlich in Bewegung zu setzen hat. Beim Abendessen erfahre ich, daß Hibanda, der frühere Mahut Neelas, längst gestorben ist. Neela hat nicht nur seinen einstigen Führer, der ununterbrochen Betel kaute und Arrak trank, als sei es Brunnenwasser, überlebt, sondern auch seinen Besitzer, H. B. Udurawana, den vorletzten Diyawadana Nilame. So heißt der weltliche Hüter der heiligen Zahnreliquie und Verwalter des umfangreichen Tempelvermögens. Und da der Diyawadana Nilame auch die Esala-Prozession zu organisieren hat, meldete ich mich bei meinem früheren Besuch, Ende Juli 1967, in seinem Hauptquartier im Tempel.

Im Auftrag der Smithsonian Institution of Washington und des WWF International war ich nach Sri Lanka, das damals noch Ceylon hieß, gekommen und sollte zwei Jahre zusammen mit einheimischen Kollegen Ökologie und Sozialverhalten wilder Elefanten im Yala-Nationalpark an der Südküste der Insel studieren. Ohne möglichst genaue Altersschätzung an vielen Einzeltieren lassen sich derartige Untersuchungen nicht durchführen. So suchte ich nach Altersmerkmalen wie Schulterhöhe, Ausmaß der weißen Flecken an Rüssel, Schläfe und Brust, Form der Schwanzquasten und der Ohrränder. Und was lag näher, als sich an den achtzig oder neunzig Arbeitselefanten zu orientieren, die damals an der Esala Perahera teilnahmen? Schließlich kommen sie auf Sri Lanka als Jungtiere, deren Alter auf wenige Jahre genau zu schätzen ist, in Gefangenschaft. Überleben sie das Einbrechen, das gewaltsame Gefügigmachen, erreichen sie ein hohes Elefantenalter von sechzig und mehr Jahren. Mein Team konnte dann vor und während der Esala Perahera rund siebzig Arbeitselefanten vermessen, fotografieren und auf der Brückenwaage im Güterbahnhof von Kandy wiegen. Jeder Mahut erhielt zehn Rupien, damals ein kleines Vermögen, und durfte sich ungehindert des Arraks bedienen, des hochprozentigen Schnapses aus dem Saft der Tody-Palme, von dem wir Dutzende von Flaschen gekauft hatten. Die Mahuts der größten Bullen waren die härtesten Trinker, spielend schütteten sie einen oder zwei Liter des hochprozentigen Stoffs hinunter.

In wenigen Tagen sammelten wir Daten, die auch nach mehr als zwanzig Jahren noch wichtige Grundlagen für die Erforschung des Asiatischen Elefanten sind. Mit der »Kandy-Methode« läßt sich sogar das Gewicht eines wilden Elefanten bestimmen, den man ja weder ausmessen noch auf eine Waage stellen kann. Dazu braucht man ihn nicht einmal zu sehen, saubere Fußspuren reichen völlig aus. Die der Vorderfüße sind fast rund und leicht von den kleineren, ovalen der Hinterfüße zu unterscheiden. Der doppelte Vorderfußumfang entspricht mit weniger als fünf Prozent Genauigkeit der Schulterhöhe. Und da die Körpermasse von der Größe mitbestimmt wird, läßt sich von genauer Spurenmessung mit Hilfe unserer Tabellen direkt auf das Gewicht schließen. Weil Elefanten fast zeitlebens wachsen, ist auf Grund der Fußabdrücke im Boden auch einigermaßen das Alter zu bestimmen. Allerdings gibt es – ähnlich wie beim Menschen – auch bei den Asiatischen Elefanten Athleten, kleine Dicke oder große Schlanke. So ein Leptosomer ist Neela, der Stolz der Familie Udurawana.

Im Sommer 1967 mußten wir allerdings lange auf ihn warten. Er fehlte bei der Esala Perahera. Erst am 20. September schickte ihn sein Besitzer zum Veterinärinstitut an der Universität von Perandenyia. Wir staunten nicht schlecht, als Nettasinghe, mein Assistent, die Schulterhöhe bestimmte und 2,89 Meter vom Meßband ablas. Ohne Zweifel war Neela schon damals der größte je vermessene Asiatische Elefant. Will man der Tageszeitung »The Island« vom 6. August 1990 glauben, so mißt Neela, der heute knapp sechzig ist, vom Boden bis zur Schulter jetzt 3,20 Meter. Dabei heißt es in einschlägiger Literatur, auch die größten Bullen würden nie eine Höhe von drei Metern erreichen.

»Erstmals nach 25 Jahren ist er wieder bei der Esala Perahera dabei«, versichert stolz der jetzige Besitzer Palitha Udurawana. Just im August 1964, als sein Vater das Amt des Diyawadana Nilame übernahm und erstmals im prächtigen antiken

Hofgewand als höchster weltlicher Würdenträger hinter einer Hundertschaft von Trommlern und Tänzern dem stoßzähnetragenden Tempel-Bullen folgte, der das Gefäß der Zahnreliquie trägt (die Reliquie selbst bleibt auch während der Perahera im Tempel), drehte Neela durch, zerriß die Ketten, die seine Füße kreuzweise verbanden, und türmte. Unter den abertausend Menschen, die den Weg der Prozession säumten, brach Panik aus, obwohl Neela niemanden verletzte oder tötete.

Neela war damals in »Musth«, dem Zustand erhöhter Angriffslust. Äußeres Kennzeichen sind geschwollene Schläfendrüsen zwischen Auge und Ohröffnung, aus deren schlitzförmiger Öffnung dunkles Sekret in breitem Band oft bis zu den Mundwinkeln fließt. Auch in den folgenden Jahren erreichte Neelas Musthperiode immer zur Zeit der Esala Perahera ihren Höhepunkt. Die Udurawanas mußten ihr Prachtstück wohl oder übel zu Hause lassen. »Doch jetzt war die gefährliche Phase früh beendet«, sagt Palitha Udurawana im August 1990, »und so kann er zu unserem Stolz endlich wieder an der Esala Perahera teilnehmen.«

Über die Ursachen der Musth gaben die Untersuchungen, die das Smithsonian-Team vor 23 Jahren an den Arbeitselefanten von Kandy durchführte, erste wichtige Hinweise. Denn nachdem wir Elefantenbesitzer und Mahuts besser kennengelernt hatten, erlaubten sie meinen Mitarbeitern, den Veterinären Jainudeen und Jayasinghe, von den Tierriesen Blutproben zu entnehmen. Das ging eigentlich recht einfach vor sich. Die beiden besuchten die Elefanten an den Badeplätzen, wo sie täglich zweimal mit den Schalen grüner Kokosnüsse geschrubbt und gewaschen werden. Dabei liegen sie, und so konnte das Blut aus der fingerdicken Ohrvene mit einer feinen Nadel abgesaugt werden. Den Einstich schienen die Elefanten kaum zu spüren. Zuerst wiesen die beiden Veterinäre eine Reihe von Krankheitserregern nach, etwa die der Malaria oder die der Elefantiasis, dann maßen sie den Spiegel des männlichen Geschlechtshormons Testosteron. Nachdem sie das Blut vieler Bullen wiederholt abgezapft und untersucht hatten, stand schließlich fest: Die Männchen haben während der Musthperiode einen bis um das Sechzigfache höheren Testosteronwert als gewöhnlich. Und es ist dieser massive Schub an männlichem Geschlechtshormon, der ihre Schläfendrüsen aktiviert, ihr Sozialverhalten verändert und aus willigen Arbeitstieren tobsüchtige Berserker macht. Ähnliches geschieht auch bei anderen Huftieren. Ein Rehbock zum Beispiel verfegt sein Geweih erst, wenn sich im Frühjahr in seinem Körper ein bestimmter Testosteronspiegel eingestellt hat. Erst jetzt verteidigt er ein Revier, sucht den Kampf mit Rivalen und die Nähe paarungswilliger Ricken. Im Winter dagegen, wenn der Spiegel des männlichen Geschlechtshormons stark abgefallen ist, verhält er sich friedlich, er könnte sich nicht einmal erfolgreich fortpflanzen, weil in seinen Hoden keine Spermien gebildet werden.

Ganz so eindeutig verhält sich die Sache mit der Musth bei Elefantenbullen nicht. Denn auch solche, die nicht in Musth, ja jünger als 15 Jahre sind, wenn sich Musth erstmals bemerkbar macht, können sich erfolgreich fortpflanzen – jedenfalls in Zoos. Bei wildlebenden Elefanten sind es aber fast ausschließlich Musth-Bullen, die sich innerhalb der Weibchen-Jungtier-Verbände aufhalten und an den seltenen Paarungen teilnehmen. Das habe ich seinerzeit im Yala-Nationalpark an der Südküste Sri Lankas nachgewiesen.

Musth und Medizin

Im Yala-Nationalpark dauert die Musthperiode einzelner Bullen von einem Tag bis zu 34 Tagen. (Bei Arbeitselefanten dauert sie oft länger.) Zwischen April 1968 und Februar 1969 kamen in meinem Forschungsgebiet 13 erwachsene Bullen ein- bis dreimal in Musth. Damit hatten sie Gelegenheit, ihre Rivalen vorübergehend zu dominieren, falls nicht gleichzeitig auch noch ein anderer Bulle in Musth war. Trafen solche seltenen Ereignisse ein, kam es zum Kampf. Die Rivalen rammten sich mit dem Schädel, stießen sich mit der Ansatzstelle ihres hochgestellten Rüssels und versuchten, dem Gegner schmerzhaft in die

Unterlippe zu beißen. Unterlegene suchten sich schließlich einen anderen Weibchenclan oder verloren fast schlagartig die Musth-Symptome.

Zu gleichen Ergebnissen kam auch mein Kollege Ajay A. Desai von der Bombay Natural History Society, der seit 1988 im südindischen Mudumalai-Reservat wilde Elefanten beobachtet. Auch hier sondern sich die erwachsenen Bullen meist von der Herde ab und verbringen fast den ganzen Tag mit Fressen. Kommen sie in Musth, gesellen sie sich zur Herde. »Das Ende der Musth kann durch zwei Ereignisse eintreten«, berichtet Ajay, »entweder verliert der Musth-Bulle Kondition, weil er nachweislich viel weniger frißt, solange er fast andauernd Weibchen kontrolliert, oder es ist ein psychischer Schock.« Der kann durch einen Kampf mit einem anderen überlegenen Musth-Bullen auftreten oder durch ein anderes schmerzhaftes Ereignis. Ajay zeigte mir schreckliche Bilder von einem mächtigen Bullen in Mudumalai, dessen Stoßzahnspitzen sich kreuzten. Dieser Crossed-tusker war in Musth, als ihm ein Wilderer mit einem uralten Vorderlader in die Stirn schoß, ihn aber nicht tötete. Der verletzte Bulle verlor sofort seine Musth-Symptome und verließ das Wohngebiet der Weibchen-Jungtier-Gruppen. Als nach einem halben Jahr die Wunde verheilt war, kehrte der Bulle gestärkt und vollgefressen zurück – er war erneut in Musth.

Der Fortpflanzungserfolg eines wilden Elefantenbullen wird bestimmt durch seine Fähigkeit, vorübergehend andere Bullen aus dem Bereich von Weibchen-Gruppen herauszuhalten. Dazu muß er möglichst alt und somit möglichst groß, schwer und kampferfahren sein und über die nötigen Reserven verfügen. Der Testosteronschub wirkt dann geradezu berauschend, erhöht, wie gesagt, den Kampftrieb und setzt die Schläfendrüsen in Aktion. Deren stark riechendes Sekret verschmiert der Musth-Bulle nach dem Baden über Kopf und Rüsselbasis und reibt es an bestimmte Bäume, so teilt er anderen Elefanten seinen Zustand mit.

Um sich die nötigen Reserven anzufressen, wagen erwachsene Elefantenbullen Futterstellen aufzusuchen, die von Weibchen und Jungtieren ängstlich gemieden werden. Sie ziehen etwa in trügerische Sumpfgebiete, wo nahrhaftes wildes Zuckerrohr wächst, oder wagen sich dreist in Reis- und Zuckerrohrfelder. »Hohes Risiko – hoher Erfolg« lautet die Devise. Mehr noch: Erwachsene Bullen versuchen offenbar, nicht gleichzeitig in Musth zu kommen. Auf diese Weise vermeiden sie geschickt Konkurrenz und energieverzehrende Kämpfe.

Zwischen den Arbeitselefanten von Kandy gibt es keine Konkurrenz. Hier kommen alle Bullen, die älter sind als etwa 18 Jahre, während der Zeit des besten Nahrungsangebots in Musth. Das ist zwischen Juni und September, wenn die warmen Sommerregen besonders zarte Kokoswedel und nahrhafte Kitulstämme wachsen lassen. Da in diese Zeit die Esala Perahera fällt, riecht es vor der großen Tempelmauer, an der die Mahuts mit ihren Gehilfen die Elefanten für die Prozession vorbereiten, gelegentlich süßlich nach dem Moschus im Drüsensekret junger Musth-Bullen. Die Mahuts befestigen eine besonders starke Kette an einem der Vorderfüße der Tiere und schlingen sie mehrmals so um deren Hals, daß sie das Bein nicht ganz strecken können. Die Hinterbeine sind so eng zusammengekettet, daß sie nur trippeln können.

Setzt sich die Perahera in Bewegung, haben diese gefährlichen Bullen die Rüsselspitze in den Mund zu stecken, und die Mahuts gehen mit ihren langen Stöcken so neben ihnen, daß die Eisenhaken dauernd drohend auf ein Auge, eine der empfindlichsten Stellen, gerichtet sind. Für solcherart gefesselte Elefanten muß jeder Schritt schmerzhaft sein, und so kann allein diese Demütigung ausreichen, um die Musthperiode abzukürzen oder gar zu stoppen. Zudem stechen die Mahuts die Bullen jetzt häufig mit ihren Haken in die sogenannte Guda Marge, die äußerst empfindliche Stelle zwischen Schwanzansatz und Anus. All dem zum Trotz sprengen Musth-Bullen aber gelegentlich die Ketten und brechen aus, wie einst Neela. Aus diesem Grund lassen die Elefantenbesitzer ältere Bullen, wenn sie in Musth sind, eben nicht an der Prozession teilnehmen, zum Beispiel Kadira.

In der ersten Augustwoche 1990 steht der gut 55jährige Bulle auf einer breiten Plattform aus Futterresten vor dem Haus der Ratwattes außerhalb von Kandy. Simon Naide, der Mahut, der Kadira seit 25 Jahren führt, hat ihm hier vor drei Monaten beide Hinterbeine an kräftigen Kokospalmenstämmen festgebunden, als er unruhig wurde und Befehle verweigerte. Das sind die ersten Zeichen beginnender Musth. Seither hat Simon Ferien. »Wenn er in Musth ist, haßt er mich«, erklärt er und zeigt seinen verdickten rechten Unterarm. »Als er vor zwei Jahren in Musth war, warf er mit einem Aststück nach mir und brach mir so einen Knochen.« Zwei Gehilfen kümmern sich jetzt um Kadira, werfen ihm aus sicherer Entfernung Palmwedel zu, schaufeln vorsichtig die brotlaibgroßen Kotballen zwischen seinen Hinterfüßen weg und schieben mehrmals täglich einen großen Bottich vor den Bullen. Mit ausgestrecktem Rüssel kann er daraus Wasser trinken.

»Wann wirst du wieder arbeiten?« frage ich Simon. – »Vielleicht nächste Woche, nächsten Monat? Wer weiß schon, wie lange die Musth dieses Jahr dauert.« Er lacht. – »Warum ist eigentlich Raja, der Tempelbulle, der die Reliquie trägt, während der Esala Perahera nie in Musth und muß nicht durch einen kleineren Bullen abgelöst werden?« will ich wissen. – »Die vom Tempel lassen rechtzeitig den Sirivedamadeva kommen«, meint Simon. – »Wen?« – »Den Elefantendoktor.« – »Du meinst einen Veterinär von der Universität in Perandenyia?« – »Was denkst du. Die holen den Besten, eben den Sirivedamadeva.«

Am Nachmittag bringt uns Intiquab, mein Fahrer, nach Aranyake. Brotfrucht- und Durianbäume, Kokos- und Kitulpalmen säumen die enge Straße dorthin. Hier scheinen Ananas, Mangos, Bananen und Papayas, Areka- und Ketschanüsse ohne menschliches Dazutun zu reifen. Hie und da lichtet sich der fruchtbare Wald, um zartgrünen Reisfeldern Platz zu machen. Wer mag bei dem Anblick glauben, daß vierzig von hundert Bewohnern Sri Lankas wegen des schrecklichen Bürgerkrieges im Norden und Osten unter dem Existenzminimum leben müssen? Hier in den Hügeln am Rande des zentralen Hochlandes verwöhnt die Natur den Menschen.

Simon, der Mahut, führt uns in dem kleinen Dorf dann zur Apotheke von P. W. Waidiya, dem Elefantendoktor. Es ist eine saubere Bretterhütte, eingeklemmt zwischen einer Schneiderei und der Bude eines Händlers, der Gewürze und stinkenden Rohgummi verkauft. Vor Regalen mit Dutzenden von Gläsern und Büchsen voller getrockneter Wurzeln und Kräuter empfängt uns ein kleiner weißhaariger Herr, sein Hemd und Sarong sind makellos weiß. »Ich habe viel von dir gehört und suche deinen Rat«, schmeichle ich ihm. »Es geht um Elefanten«, füge ich sofort hinzu, als Intiquab flüstert, Waidiya sei auch ein äußerst potenter Naturheiler für menschliche Gebrechen. Wie viele Elefanten ich denn besitze, will der gepflegte Herr in Weiß wissen. »Selbst keine. Aber mein Freund hat ein halbes Dutzend«, dabei denke ich an Ruedi Tanner, den Chef vom Elefantenhaus im Zürcher Zoo, »und nun ist sein Bulle in Musth. Gibt es dagegen eine Medizin?« – »Aber sicher«, lacht Waidiya. – »Dann möchte ich sie kaufen.« – »So einfach geht das nicht«, erfahre ich. Er müsse sich entsprechend vorbereiten und dann für drei Wochen in ferne Länder reisen, um entsprechende Kräuter und Wurzeln zu sammeln.

»Du fährst sicher in den Sinharaja Forest, euren letzten Regenwald?« will ich wissen. Waidiya zuckt nur mit den Schultern und lächelt freundlich. »Oder in die Dolukanda-Hügel in der Trockenzone?« – »Jetzt irrst du«, korrigiert der Naturheiler: »Sicher war Dolukanda einst reich an heilenden Pflanzen. Heute gilt das Gebiet zwar als geschützt, trotzdem verschwanden neun von zehn Heilkräutern. Zu viele meinten, sie könnten sich hier hemmungslos bedienen. Aber, soviel will ich dir sagen, einige unserer weisesten Buddhistenmönche kennen heute noch Gebiete, wo viele Medizinalpflanzen wachsen.«

Derweil drängt die Traube der Schaulustigen vor Waidiyas Apotheke in den kleinen Verkaufsraum. Seit Menschengedenken, sagt einer, habe kein Ausländer das abgeschiedene Dorf besucht. Es sind Kinder, Männer und sogar Frauen, schöne Menschen mit freundlichen Gesichtern und lachenden Augen, keiner bettelt. Jeder will uns, die Andersgläubigen, zum Essen einladen. Der Gedanke, daß in ähnlichen Dörfern im Osten, kaum hundert Kilometer von hier, gestern Tamil Tigers Muslime beim Gebet in der Moschee mit Maschinenpistolen kaltblütig gemeuchelt haben, scheint mir absurd.

Waidiya will nicht, daß auch nur ein winziges Fetzchen seines Wissens in falsche Ohren gelangt. So führen wir im Nebenraum zwischen fantastisch verkrümmten Wurzeln unser Gespräch fort. »Mischst du auch Ganscha (Marihuana) in die Musth-Medizin?« will ich wissen. – »Sicher, aber es gibt noch wirksamere Mittel«, weicht der Elefantendoktor aus. Ich muß an G. H. Evans denken, Direktor des Civil Veterinary Department im einstigen Britisch-Birma. 1910 empfahl er unter anderem, Musth-Bullen mit täglichen Gaben von vier bis sechs Drachmen (16 bis 25 Gramm) Opium zu beruhigen. Ob Waidiya auch derart harte Drogen in die schwarzen, pingpongballgroßen Elefantentabletten mischt, ist nicht zu erfahren. Wissen bedeutet Macht und sichert Einkommen. Vom Vater hat er es geerbt, und wenn die Zeit gekommen ist, wird er es an seinen ältesten Sohn weitergeben.

Mantrams und Charms

Ausgereiftes Wissen über Heilpflanzen besaßen singhalesische Ärzte schon vor 2500 Jahren, als die ersten Hochkulturen im Norden der Insel entstanden. Bis heute ging es nicht verloren, im Gegenteil: Seit der Unabhängigkeit des Landes im Jahre 1948 wurde diese Ayurveda durch die Regierung gefördert. Dem Ministerium für Ayurveda-Medizin unterstehen heute nahezu 70 Spitäler und mehr als 250 Kliniken, in denen Patienten erfolgreich ausschließlich mit pflanzlichen Stoffen behandelt wurden. Und seit 1989 unterstützt der WWF International mit rund 100000 Schweizer Franken die Bestrebungen Sri Lankas, die wichtigsten Vorkommensgebiete der Heilpflanzen zu schützen und mehr als fünfzig der wichtigsten Arten in botanischen Gärten zu kultivieren.

Auch das Wissen über Elefanten ist auf uralten Palmblattmanuskripten festgehalten. Paul Deraniyagala, der einstige Direktor des Nationalmuseums in Colombo, ließ 13 Texte aus dem Sanskrit, das heute lediglich noch einige Mönche lesen können, in modernes Singhalesisch übersetzen. Doch auch damit kam man dem Wissen von Spezialisten wie Waidiya, dem Naturheiler von Aranyake, nicht auf die Spur. »Gerade was die Zusammensetzung der lokalen Medikamente anbelangt, sind die Manuskripte unklar«, schreibt Deraniyagala: »Vage und zweideutige Angaben sind wahrscheinlich absichtlich. So wurde vermieden, daß sich das Wissen weiterverbreiten konnte, und dafür gesorgt, daß es in jenen Familien bleibt, deren Männer sich einst mit dem Fang und dem Führen von Elefanten beschäftigten.«

Auch wenn ich nicht weiß, was Waidiya in seinen Pillen, Salben und Tinkturen zusammenbraut, glaube ich doch, daß seine Medikamente Musth-Bullen besänftigen und Elefanten von Durchfall, Augenentzündungen oder Hautkrankheiten befreien. Den Beweis dafür liefern Dutzende von Elefanten, die an der Esala Perahera teilnehmen. Sie sind gesund, kräftig und scheinen besser ernährt zu sein als ihre wildlebenden Artgenossen. Höchst selten auch verletzten Bullen ihre Pfleger oder töten sie gar. Ganz im Gegenteil zu den Zoos im Westen, wo erwachsene Bullen, die in engem Kontakt mit dem Menschen gehalten werden, früher oder später ihre Pfleger lebensgefährlich angreifen. Das ist auch der Grund, warum in Zoo und Zirkus kaum Bullen gehalten werden, und einer der Gründe, warum sich hier selten Nachwuchs einstellt.

Doch an die Wirksamkeit einer ganz bestimmten Medizin, die Waidiya herstellt, kann ich nicht glauben. Und just weil das so ist, nützt sie mir nichts. Ich meine die Mantrams, die Charms und die Amulette. Was darunter zu verstehen ist, geht aus dem folgenden Gespräch hervor:

»Du behandelst praktisch alle Elefanten, auch die gefährlichen Musth-Bullen. Hast du noch nie Angst gehabt?« frage ich den Sirivedamadeva. Nein, vor Elefanten würde er sich nicht fürchten, sagt er überzeugend und verweist stolz auf vier silberne und ein goldenes Röhrchen, die kunstvoll aufgereiht an einer schwarzen Schnur an seinem Hals baumeln. Sie enthalten, sicher verschlossen, zauberkräftige Pflanzenteile, möglicherweise Papierchen mit Zauberformeln.

»Wenn du willst, stelle ich dir auch ein solches ganz persönliches Amulett her. Es schützt dich vor jedem Elefanten und ist ebenso wirksam wie das von Simon, dem Mahut.« Intiquab, der Fahrer, schaut mich frech an und lacht. Wenn er nur schweigt. Ich weiß, jetzt denkt er dasselbe wie ich: Simon hat nämlich Angst vor Kadira, seinem Bullen, wenn er in Musth ist. Dann sagt Kadira seinem Mahut, wo's langgeht, vorübergehend ist die Rangordnung umgekrempelt. Simon hat den Glauben an sein Amulett verloren, sich mit Arrak Mut angetrunken, was ebensowenig half wie die Charms, die ihm Waidiya einmal zugeflüstert hatte, diese Zauberformeln, deren einzelne Worte oft unverständlich sind. Im Moment einer Gefahr werden sie laut gerufen, ansonsten dürfen sie nicht ausgesprochen werden. Sie würden ihre Wirkung sofort verlieren.

Ich besitze seit Jahren Amulette und werde auch dasjenige, das mir Waidiya verspricht, zur Sammlung legen. Einige gelten sogar als sehr wertvoll, enthalten sie doch kleine Hölzchen, die vom mächtigen, uralten Bo-Baum aus der Ruinenstadt Anuradhapura stammen, einem Nachkommen jenes Baumes, unter dem einst Buddha meditierte. Ich kenne auch einige Charms. Gebraucht habe ich sie nie, wenn wilde Bullen uns in Yala angriffen, sondern rechtzeitig das Weite gesucht. Der alte Piydase, mein Führer, dagegen blieb jeweils stehen, brüllte den anstürmenden Riesen seine Charms entgegen und warf eine Handvoll Sand hoch in die Luft. Ähnliches tun auch drohende Elefanten, wenn sie mit aufgerichtetem Rüssel schrill trompetend Sand blasen und so ihr Erscheinungsbild vergrößern, was Artgenossen verunsichert. Auch vor Piydase stoppten die angreifenden Bullen stets und drehten ab. Geflohen sind sie nicht vor der Zauberkraft des geheimnisvollen Amulettinhalts oder weil Piydase Skanda, den mächtigen Kriegsgott, angerufen hatte. Beides gab dem kleinen Spurenleser lediglich den Mut, stehenzubleiben und den Bullen mit lauter Stimme und einer beeindruckenden Sandwolke zu verjagen.

Meine Meinung kam einmal einem Zeitungsmann aus Colombo zu Ohren, der sie veröffentlichte und Dutzende von aufgebrachten Leserbriefen erhielt. Denn nach wie vor gelten bei den meisten Menschen im ländlichen Sri Lanka Amulette und Zauberformeln als so mächtig, daß sie in jedem Fall Unheil abwenden. Wieso sollte ich also die Gastfreundschaft des freundlichen Waidiya durch westliche Besserwisserei auf die Probe stellen? Ich wechsele das Thema und frage ihn, wieso Arbeitselefanten auf Sri Lanka im Gegensatz zu denjenigen in Südindien, Assam, Thailand oder Birma keine Jungen haben.

»Ja, das ist so eine Sache«, meint er. »Elefanten sind wie Menschen. Sie wollen für ihr Privatleben Zurückgezogenheit. Und das haben sie in Gefangenschaft nicht.« Mir fallen sofort einige Elefantenpersönlichkeiten aus Zoo und Zirkus im Westen ein, etwa Tunga im Washington Park Zoo von Portland. Von ihm berichtete Michael J. Schmidt am 20. Januar 1988 anläßlich eines Treffens der Elefantenexperten der internationalen Naturschutzorganisation IUCN in Changmai, Thailand: »Er ist scheu, paart sich nur nachts, wenn er sich von Menschen unbeobachtet fühlt.« Der Grund: Tunga ist ein ehemaliger Zirkuselefant, der von seinem Trainer immer bestraft wurde, wenn er seinen Penis ausschachtete oder anderweitiges Sexualverhalten zeigte.

So, wie es einst Tunga erging, ergeht es auf Sri Lanka wohl allen erwachsenen Bullen. »Um sich Respekt zu verschaffen«, empfiehlt die Maha Gaja Laksana Sangrahava, eine der alten Schriften über das Führen von Elefanten, »steche man ihn mit dem Ankus, dem Elefantenhaken, in die Spitze seiner Penisscheide.« Hier befindet sich eines von mehr als 120 Nila, »Nervenzentren«, wie singhalesische Elefantendoktoren sagen. An diesen Körperstellen wird der eiserne Haken angesetzt oder eingestochen. Jene, die zur Ruhigstellung des Tieres berührt werden, befinden sich entweder neben den Augen, zwischen den Nägeln, wo die Fußhaut besonders empfindlich ist, oder an den Geschlechtsteilen.

Erwachsene Bullen, die nur gefügig bleiben, weil sie auf solche Weise gezüchtigt werden, hüten sich selbstverständlich davor, intime Kontakte mit brünftigen Weibchen zu knüpfen. Auch nachts ist dies nicht möglich. Wenn die gefangenen Elefanten von Sri Lanka nicht mit ihrem Mahut und seinem Gehilfen unterwegs sind, arbeiten oder zweimal täglich beim Baden geschrubbt werden, stehen sie einzeln, an je einem Vorder- und Hinterbein gefesselt, und die Mahuts achten darauf, daß sich angekettete Tiere nicht einmal mit der Rüsselspitze berühren können.

»Sie züchten nie gefangene Elefanten untereinander«, hielt schon Robert Knox 1681 in seinen Memoiren fest. Der englische Seemann wurde 1620 nach einem Schiffbruch vor Sri Lankas Küste von Rajasingha II., dem König von Kandy, gefangen und für nahezu zwanzig Jahre im Innern der Insel festgehalten, wo er detaillierten Einblick in die Sitten des Landes erhielt. Über die Staatselefanten am Hofe Rajasinghas bemerkte er unter anderem: »Die Singhalesen binden aber den Weibchen die Vorderfüße zusammen, stellen sie in den Wald, wo sie beschlagen werden. Später führen sie dann ein Jungtier.« In Birma, Thailand, Assam und Südindien zeugen auch heute noch meist wildlebende Väter die Jungen von gefangenen Elefantenkühen.

Von drei oder vier Gefangenschaftsgeburten berichten im April 1787 14 Mahuts aus dem Süden der Insel dem holländischen Machthaber in Matara, der auf Weisung seines Gouverneurs, J. V. van Angelbeek, alles Wissenswerte über den Ceylon-Elefanten in Erfahrung bringen mußte. Doch von solchen seltenen Ausnahmen abgesehen, waren alle Arbeitselefanten auf Sri Lanka Wildfänge (was sich bis heute nicht geändert hat).

Offenbar war es in den 4000 Jahren, seit Asiatische Elefanten für den Menschen fronen, immer billiger, Halbwüchsige einzufangen und abzurichten, als schwangere Muttertiere im zweiten Trächtigkeitsjahr und während der ein- bis zweijährigen Säugezeit von der Arbeit freizustellen. Auch Jungtiere verursachen bis ins arbeitsfähige Alter von etwa neun Jahren vorerst nur Kosten. Wilde Elefanten gab es ja jederzeit genug, selbst in unmittelbarer Nähe der jeweiligen Zentren der singhalesischen

Hochkulturen von Anuradhapura und Polonnaruva fanden sich freilebende Herden. Bei Kandy, der letzten Königsstadt, hielten sie sich bis vor einem Jahrhundert. Von alters her dienten den Herrscherhäusern Volksgruppen, die mit Fang, Zähmung und Führung von Elefanten vertraut waren. Sie fingen Elefanten mit Schlingen, lockten Bullen mit zahmen Weibchen in Fallen und benutzten, so Robert Knox, Opium, um wilde Elefanten zu betäuben.

Mit der alten Tradition wollen das Department of Wildlife Conservation und der Zoologische Garten von Dehiwala jetzt brechen. In Pinnawala in der Nähe von Kandy gründeten sie eine Zuchtstation, wo in den letzten fünf Jahren drei Geburten erfolgten. Dort standen aber im August 1990 drei Dutzend Kälber zwischen einem und vier Jahren, Frischfänge und Jungtiere, die den Kontakt zur Herde verloren hatten. Sie stammen aus der Trockenzone, vor allem aus dem Norden und Osten der Insel, wo sich seit Jahrzehnten der Konflikt zwischen wilden Elefanten und Menschen verschärft, wo seit 1983 der Bürgerkrieg schwelt. Eine Region, in der gigantische Ruinen von der Architekturkunst der alten Singhalesen zeugen, den Beherrschern von Wasser und Elefanten.

Gottkönige schufen das Paradies

Im 6. vorchristlichen Jahrhundert erreichten Indoarier aus Nordindien Sri Lanka und siedelten in den Einzugsgebieten großer Flüsse im Norden und Osten, auf jenen drei Vierteln der Insel, die von Natur aus lebensfeindlich sind. Das zentrale Hochland verwehrt den laubwerfenden Wäldern zwischen April und September den Regen des Südwestmonsuns und entläßt die Stürme als trocken-heißen Kachan-Wind, unter dessen Regime Flußbetten und Wälder verdorren. Lebensnotwendiges Naß bringt dann zwischen November und Januar der Nordostmonsun aus dem Golf von Bengalen, wenn er nicht ausfällt, was häufig genug der Fall ist.

Die Vorfahren der Singhalesen waren Reisbauern. Schon in ihrer früheren Heimat am Indus hatten sie gelernt, die fruchtbaren Fluten unbändiger Flüsse zu zähmen, hinter Erdwällen zu stauen und während niederschlagsloser Jahreszeiten auf ihre Felder zu leiten. Mit vorerst kleinen Dämmen besiegten sie so lang anhaltende Trockenzeit und gelegentlich schreckliche Überschwemmungen. Allein im heutigen Distrikt von Anuradhapura und der Nordprovinz kartierte das Vermessungsdepartement 11000 kleiner Stauseen von rund einem Hektar Oberfläche.

Derartig kleine Stauseen bewässerten aber nur kleine Felder. Als die Bevölkerung anwuchs, konnten zwar entsprechend mehr von ihnen angelegt werden, brach aber einer der Erdwälle infolge eines Platzregens, so gefährdeten Flutwellen die Staumauern der flußabwärts liegenden Tanks. Mehr noch: Etwa die Hälfte des aufgestauten Wassers verdunstet während der neunmonatigen Trockenzeit aus diesen kleinen, rund zwei Metern tiefen Reservoirs.

Das erkannte bereits 300 Jahre vor der Zeitwende König Pandukabhaya. Anuradhapura, damals Hauptstadt, erhielt zwei große künstliche Seen, sie ermöglichten das Wirtschaftswunder. Anuradhapura wurde Kulturzentrum. 246 vor Christus brachte Mahinda, Sohn des großen Aschoka von Nordindien, den Buddhismus auf die Insel. Und noch heute grünt in Anuradhapura der heilige Bo-Baum, der vor 2200 Jahren gepflanzt wurde. Damals wuchs auch die Mirisavati Dagobe 120 Ellen hoch in den blauen Himmel. Zu Beginn des ersten Jahrhunderts nach Christus verhinderten eindringende Cholas aus Südindien vorübergehend den Bau des dritten Stadtreservoirs von Anuradhapura.

Geniale Wasserbauingenieure veränderten bald auch außerhalb des alten Kulturzentrums das Bild der Landschaft. Im dritten Jahrhundert ließ König Mahasena südlich von Anuradhapura mit 15 Metern hohen Erdwällen vier künstliche Seen aufstauen: Kaudulla, Hurula Wewa, Mahagalla Wewa und den berühmten Minneriya-Tank, der bis in unsere Zeit überdauert hat. Es waren Gewässer mit sechs und mehr Quadratkilometern Oberfläche, die anderthalbmal so große Gebiete auch dann noch bewässern konnten, wenn der Nordostmonsun einmal ausfiel.

Da Anuradhapura immer wieder in die Hände der Chola-Invasoren fiel, erhielten die neuerschlossenen Gebiete im siebten Jahrhundert zunehmend strategische Bedeutung, besonders Kandavuranuvara, die »Camp-Stadt«. Als Polonnaruva wurde sie 1070 zum Zentrum, nachdem das 1200 Jahre alte Anuradhapura zerstört worden war. Wiederum erblühten Kultur und Handel, wiederum entstanden Staudämme und Bewässerungsanlagen von immensen Ausmaßen. Nur ein Beispiel: das Parakrama Samudra, das »Meer« des Königs Parakrama I. des Großen.

Der Brahmane von vorwiegend tamilischer Abstammung einigte das zerstrittene Land, ließ alte Bewässerungsanlagen und Reservoirs wieder instand setzen und vor allem fünf kleinere Stauseen mit einem wahrhaftig gigantischen Erdwall von etwa 15 Kilometern Länge und bis zu 17 Metern Höhe so einfassen, daß sie das Wasser der Winterregen in einem See von 20 bis 25 Quadratkilometern Oberfläche, neun Kilometer lang, vier breit, gelegentlich 16 Meter tief und mit einem Fassungsvermögen von rund 120 Millionen Kubikmetern stauten. »Das ist eine doppelt so große Wassermenge wie hinter den Wellenbrechern im Hafen von Colombo«, schreibt R. L. Brohier. Der Geograph und Vermessungsingenieur, Autor unvergeßlicher Bücher über die alten Wasserbauer in der Trockenzone, berechnete das Volumen der Staumauer auf 3,6 Millionen Kubikmeter. Allein um diese Struktur in zwölf Jahren zu erbauen, mußten wenigstens 2000 Arbeiter von morgens bis abends schuften. Es waren freigestellte Soldaten, denen der Herrscher Arbeit, Einkommen und Nahrung gab und so Aufruhr in den eigenen Reihen entgegentrat. Mitte des zwölften Jahrhunderts blinkten überall in Parakramas Reich große und kleine Stauseen, die jährlich zwei Reisernten ermöglichten. Derartiger Wohlstand brachte Künstler und Händler, Mönche und Gelehrte ins Land. Sri Lanka erlebte in der so unwirtlichen Trockenzone seinen zweiten kulturellen Höhepunkt.

Nach dem Tode Parakramas I. lösten sich in 28 Jahren 15 Könige ab. Keiner mehr konnte die Millionen Bauern und Landarbeiter, das Heer indischer Söldner vereinigen, keiner war den ehrgeizigen Prinzen, den ränkeschmiedenden Priestern und Beamten gewachsen. In fortwährenden Bürgerkriegen wurden Staudämme, Schleusen und Kanäle vernachlässigt. Schließlich brach der Erdwall, der die Fluten des Parakrama Samudra zurückhielt. Lange Trockenzeiten, gelegentliche Überschwemmungen und vor allem Hungersnöte geißelten die Menschen, Pest und Malaria brachen aus. 1213 gaben die Überlebenden Polonnaruva endgültig auf.

Die meisten zogen sich ins feuchtwarme Hochland zurück, rangen dem dichten Regenwald Felder, sogenannte Chenas, ab und gaben so den Boden dem Monsunregen preis. Die Flüsse trugen immer mehr fruchtbaren Boden von steilen Bergflanken in die künstlichen Staubecken in den Tiefländern der Trockenzone und beschleunigten die Verlandung. Hinter vielen Erdwällen der alten Ingenieure wuchs bald dichtes, doppelt mannshohes Gras auf feuchtem, fruchtbarem Boden. Wo einst Reis reifte, kehrte der Wald zurück. Der Dschungel legte seinen grünen Mantel über Pagoden und Tempelanlagen, Lustgärten und Residenzen der Könige und ihrer Chefbeamten.

So staunte Leutnant Fagan nicht schlecht, als er 1820 mit einem Zug von Infanteristen aus Seiner Majestät Zweitem Ceylon-Regiment auf dem Marsch von Batticaloa nach Minneriya in der Nähe der kleinen Siedlung Topary einige mächtige Steinsäulen sah. Er ließ anhalten, wollte mehr sehen. »Gegen Abend befand ich mich unter einer riesigen menschlichen Figur von wenigstens 25 Fuß Höhe«, notierte er. »Es ist das Bild Buddhas. Links davon finde ich eines in liegender Position.« Ein drittes, sitzendes Abbild Buddhas sah er ebenfalls im dichten wilden Wald. Daß M. H. Fagan die alte Königsstadt Polonnaruva wiederentdeckt hatte, kümmerte damals nur einige spleenige Historiker.

Der Osten Sri Lankas galt für die Engländer, die 1791 die Holländer von der Insel verdrängt und 1815 Ceylon ihrem Weltreich einverleibt hatten, vorerst einmal als riesiges wildreiches Jagdgebiet. 1851 etwa zog Sir Samuel Baker, der spätere Erforscher der Nilquellen und Entdecker des Albertsees, mit drei Gleichgesinnten bei Polonnaruva drei Wochen lang auf die Jagd. Fünfzig Elefanten, fünf Hirsche und zwei Büffel waren die Beute. Liest man Bakers Aufzeichnungen aufmerksam, so starben wenigstens hundert Elefanten mehr an den todbringenden Schüssen aus den 18 Vorderladern der vier blutrünstigen Kolonialherren.

Nicht nur bei Polonnaruva ermöglichten die verlassenen Stauseen und Reisfelder dichte Elefantenbestände, gleiches geschah bei Anuradhapura. Das Gebiet an der Südostküste, wo heute der Yala-Nationalpark liegt – eine der wildreichsten Zonen Südasiens –, beschrieb der spanische Kartograph Cypriano Sanschez 1560 als »Königreich von Yala, verlassen und unbewohnt seit 300 Jahren, da ungesund«. Zeitgenossen vermerkten auf seiner Karte: »Yala ist der Ort, wo sie Elefanten fangen.« Lahugala im Norden von Yala, wo sich seit Jahrhunderten im Sommer fünfzig- bis hundertköpfige Elefantenherden versammeln, verdankt seinen Wildreichtum zwei uralten verlandenden Stauseen.

Daß Elefanten eine verlassene Kulturlandschaft so rasch und vollständig zurückerobern konnten, beruht wohl auf der Tatsache, daß sie dort nie ganz verschwunden waren. Das mag erstaunen, denn Elefanten sind wasserabhängige Grasfresser, gefährliche und unersättliche Konkurrenten für seßhafte Bauern. Reis, aber auch Zuckerrohr und Hirse sind bevorzugte Futterpflanzen. Konkurrenten waren die Tierriesen schon für die ersten indoarischen Bauern am Indus, Ganges oder eben an einem der vielen kleinen Flüsse von Sri Lanka. Ja, Elefanten zerstörten ganze Reiche, so das von Anga, als Romapada König war, wie der Weise Palakapya im fünften oder sechsten Jahrhundert vor Christus in seiner Gajasastra, einem zeitgenössischen Werk über Fang, Zähmung und Haltung von Elefanten, berichtet.

Die Reisbauern im alten Sri Lanka schützten ihre Felder, so gut es ging, vor Elefanten, die mit dem Nordostmonsun aus den Wäldern in die breiten Täler zogen. Sie bauten Zäune und

Wachthäuser. Alle dreißig Schritte brannten nachts die Feuer. Näherten sich Einzelbullen oder Herden Haus und Hof, so dröhnten die Trommeln. Das Nächstliegende, nämlich das Töten der gefährlichen Tierriesen, war dagegen verboten.

Der heilige Schädling

Das Tabu entstand im ersten, möglicherweise schon im zweiten vorchristlichen Jahrtausend unter den arischen Reisbauern am Indus und Ganges und erreichte mit ihnen auch Sri Lanka. Nach ihrem Glauben verkörpert der Götterelefant Airavata Gewitterwolken und Blitze, das Grollen des Donners und den Regen, die der auf ihm reitende Göttervater Indra heraufbeschwört, um eine neue Fruchtfolge einzuleiten. Auch der Buddhismus verehrt den Tierriesen: Der zukünftige Buddha trat in Gestalt eines weißen Elefanten in den Schoß seiner Mutter ein. Und dann wäre noch Ganescha zu erwähnen, der Elefantenköpfige, Gott des Neubeginns und des guten Gelingens. Der Dickbäuchige trägt Getreide und ein Mutterschaf im Arm, thront von Schätzen umgeben, und Reis klebt an seinem einzigen Stoßzahn. Für einen gläubigen Hindu oder Buddhisten war und ist auch heute noch das Töten eines Elefanten eine gotteslästerliche Tat, die Trockenheit, Armut und Hungersnot über das Land bringt.

Elefanten versinnbildlichten aber auch die weltliche Macht der Könige. Sie waren gewissermaßen das Hochwild der Herrscher in allen Hochkulturen Süd- und Südostasiens. Allerdings mußte die Beute lebend gefangen werden, zum Beispiel in Fallgruben oder mit Schlingen. Derartige Techniken waren der Stammesbevölkerung längst bekannt, als arische Völker den indischen Subkontinent eroberten. Die genialen Staatenbildner entwickelten auch eine eigene Methode, die Khedda, mächtige Kralanlagen, in die ganze Herden getrieben werden konnten.

Im elften vorchristlichen Jahrhundert erwähnt das indische Heldenepos Mahabharata den Einsatz von Kriegselefanten.

Cyrus der Große von Persien starb 530 v. Chr. in der Schlacht gegen die Derbiken, deren Armee auch Kriegselefanten besaß. 326 v. Chr. schlug das Heer Alexander des Großen am Jhelum den Puntjab-König Porus, der mit zahlreichen Kampfelefanten angetreten war. Chandragupta, Herrscher des Maurya-Reiches, bezwang später Alexanders Nachfolger Sellucus Nikator mit 9000 Kriegselefanten.

Die Elefantenkorps galten vom sechsten Jahrhundert v. Chr. an als wichtigster Teil indischer Armeen, sie waren bedeutender als Kavallerie, Kampfwagenabteilung oder Infanterie. Eingesetzt wurden die mit Büffelleder geschützten Tierriesen wie Panzer im modernen Krieg, sie durchbrachen die Linien des Feindes, zertrümmerten Palisaden und Stadttore. In sumpfigem Gelände rückten sie rasch vor, bildeten lebendige Brücken über seichte Flüsse und trugen mit zwei oder drei Bogenschützen auf dem Rücken und einer Handvoll Fußvolk im Gefolge unerwartete Attacken vor. Gelegentlich ließ sich der Feind aber nicht von der Phalanx gepanzerter Elefanten beeindrucken, verunsicherte die Tiere mit Feuer und in späteren Jahrhunderten mit Geschützdonner, bis sie in Panik davonstürmten, häufig genug durch die eigenen Reihen.

Als die Cholas aus dem Norden Parakramas Heer bei Polonnaruva angriffen, bedauerte der König, daß er zuwenig sichere Führer für seine Elefanten hatte; dafür ließ er besondere Pfeile für seine Bogenschützen schmieden und besiegte so die Kriegselefanten des Feindes.

Im Mittelalter überrannten Reiterheere aus dem Norden immer wieder indische Armeen. Hundertköpfige Elefantenschwadronen des Königs von Ajmer unterlagen den berittenen Bogenschützen des Invasionsheeres von Muhammad von Ghor ebenso wie das Elefantenkorps des Königs von Ava (Birma) den Reiterhorden Kubilai Khans. Warum, so mag man sich aber fragen, bauten solche Invasoren – obwohl sie von der Schwäche der Tierriesen in den Schlachten wußten –, kaum hatten sie in einem der eroberten südasiatischen Reiche Fuß gefaßt, selbst große Elefantenställe auf? Kubilai Khan, so berichtet Marco Polo (1254–1324), nannte 5000 Kriegselefanten sein eigen.

Zwischen 1463 und 1482 standen am Hofe des Sultans von Dehli 3000 Elefanten. Anfang des 17. Jahrhunderts sollen der Mogulkaiser Jahangir 14000 und seine Adligen weitere 40000 Elefanten besessen haben. Und 1588 demonstrierte der König von Kandy den Portugiesen vor Colombo seine Macht, indem er 2200 Kriegselefanten aufmarschieren ließ. Dennoch ließen sich die portugiesischen Besetzer erst durch die übermächtige Feuerkraft der Holländer vertreiben.

Zahme Elefanten, so unsicher sie im Kriegseinsatz auch sein mochten, waren in erster Linie Symbole der Macht, demonstrierten etwa die Verfügbarkeit praktisch unbegrenzter Geldmittel. Kapitän Hawkins und John Jourdain, die sich zwischen 1605 und 1621 am Hofe des Mogulkaisers Jahangir aufhielten, stritten sich darüber, ob dessen Elefanten täglich 50000 oder 70000 Rupien kosteten und ob dies mehr war oder weniger als die Summe, die der Herrscher für seine Frauen und Konkubinen ausgab.

Herrschaft über eine Armee von zahmen Elefanten bedeutete auch Herrschaft über die wilden. Vom Rücken folgsamer Jagdelefanten aus ließen sich wildlebende Tiere leichter mit Schlingen fangen oder in Kralanlagen treiben. Zum Fesseln und Zähmen der Frischfänge waren bestimmte Arbeitselefanten, sogenannte Monitoren oder Koomkies, unerläßlich.

Der Umgang mit Elefanten gehörte seit vorchristlicher Zeit zur Ausbildung der jungen Prinzen, so steht es in der Mahavamsa, der großen Geschichtschronik von Sri Lanka, zu lesen. Als erstes lernten die künftigen Herrscher und Chefbeamten an beweglichen Bronzemodellen die »Nervenzentren« kennen, wo sie den Ankus anzusetzen hatten, damit der Tierriese gehorchte. In frühester Zeit hatte ein Prinz den Status des Äth Arcaria oder Äth Panthiya, des Meisters über die Elefantenställe des Königs. Später übernahm der Chefbeamte des königlichen Haushaltes diese Rolle, der Gaja Nayaka Nilame. Er kontrollierte die Pannikiyas, die mit Hilfe von Hirschsehnen wilde Elefanten fingen oder sie in Krale trieben, die Kuruve, die für die gefangenen Elefanten verantwortlich waren, und die Pannayas, die während der Fangaktionen die nötigen Futtermengen zu beschaffen hatten. Dem Gaja Nayaka Nilame unterstanden Elefantenführer, -doktoren und jene Spezialisten, die wichtige Heilpflanzen kannten.

Das Königshaus verschaffte auf diese Weise zum einen Tausenden von Stammesangehörigen Arbeit und Einkommen, schuf sich beim einfachen Volk Ansehen, weil jedes seiner männlichen Mitglieder fähig war, die Riesentiere zu führen, und es konnte zum andern seine Macht mit Hilfe der wilden Elefantenherden, je nach Wohlverhalten seiner Untertanen, demonstrieren, das heißt etwa Elefanten, die Reisfelder und Gärten plünderten, fangen. Auch das Gegenteil war möglich. Die Könige verfügten über genügend Hilfskräfte, um wilde Elefanten an jeden gewünschten Ort zu manövrieren und sie dort hinter einer Treiberlinie für zwei oder drei Jahre festzuhalten. »Die ganze Zeit sind immer große Männer und Soldaten dabei«, schreibt Robert Knox, der Gefangene am Hofe Rajasinghas II. »Diese Elefanten«, fährt er fort, »machen große Schäden, sie fressen und zertrampeln den Reis, werfen Kokospalmen um und zerstören Häuser. So bestraft der König jene, die in Ungnade gefallen sind.«

Am Hofe Rajasinghas wirkten zahme Elefanten als Scharfrichter, die dem bedauernswerten Opfer die Glieder vom Leibe rissen, bevor sie es mit den Stoßzähnen aufspießten oder ihm den Schädel eintraten. Wehrte sich ein verzweifelter Reisbauer und tötete, das Tabu verletzend, einen wilden Elefanten, ließ das Herrscherhaus sein Hab und Gut konfiszieren. Der Wilderer wurde zum Tode verurteilt oder zumindest des Landes verwiesen.

Es gab aber auch subtilere Mittel, um mit Hilfe der Tierriesen Mißliebige zu bestrafen. Ein Herrscher konnte seinem aufmüpfigen Vasallen einen »weißen« Elefanten schenken, ein besonders hellhäutiges Tier, das sich durch bestimmte seltene Körpermerkmale auszeichnete und beim gläubigen Volk besondere Verehrung genoß. Solche heiligen Elefanten erhielten teure Ställe, zahlreiches Personal und besonderes Futter. Das außergewöhnliche Präsent fraß so allmählich den Reichtum des Beschenkten auf.

Die großen arischen Herrscher, Erbauer mächtiger Stauseen und Bewässerungsanlagen, gebrauchten just den schrecklichsten Schädling für die lebenswichtigen Kulturen als politisches Mittel, um das Volk zu disziplinieren, Millionen von Menschen, ohne deren koordinierten Einsatz das von anspruchsvollen Wasserbauanlagen abhängige Staatswesen unweigerlich zerfallen wäre. Eine starke Kaste hinduistischer und buddhistischer Priester, die dem unersättlichen Riesentier im Götterhimmel Platz verschaffte und unter anderem von simplen Bauern lebte, weil sie ihnen Amulette und Charms gegen lebensgefährliche Elefanten verkaufte, festigte den alleinigen Anspruch der Herrscherhäuser auf die Elefanten.

»Ein König, der die Elefanten immer wie seine Söhne hegt«, schrieb der indische Philosoph Kautiliya, »ist immerdar siegreich und genießt auch nach dem Tode die Freuden der Himmelswelt.« Der Verfasser der Arthasastra (300 v. Chr. bis 300 n. Chr.), einem Handbuch der Staatskunst, lieferte auch einen ersten, heute geradezu modern klingenden »Managementplan« für die Hege wilder Elefantenbestände. Kautiliya empfahl nämlich, daß die Tierriesen aus besiedelten Talböden zu vertreiben, aber in besonderen Reservaten am Rande der Reiche von Wächtern zu schützen seien. Wilderern drohte er mit der Todesstrafe. Mehr noch: Kälber, trächtige und stillende Kühe, junge Bullen und solche ohne Stoßzähne seien zu schützen, zu fangen dagegen vor allem alte Stoßzähne tragende Männchen. Sri Lankas Herrscher, so scheint es heute, folgten durchaus seinem Rat; Stoßzähne tragende Bullen, sogenannte Äthas, sind seit Jahrhunderten selten auf der Insel. Neun von zehn Bullen sind Aliyas oder Maknas, die keine verlängerten oberen Schneidezähne haben. Möglicherweise erzwang selektive Jagd auf Äthas die erstaunliche Verteilung.

Kaum hatten aber Invasoren die alten buddhistischen und hinduistischen Reiche übernommen, verschwanden vielerorts die Elefanten, so etwa in Zentralindien. Die Mogulherrscher ließen hier so lange Elefanten fangen, bis es keine mehr gab. Auf Sri Lanka übernahmen allmählich europäische Seemächte das Monopol für Elefantenfang und -handel von den Herrscherfamilien. 1612 ging es im Reich von Kotte an die Portugiesen, die jährlich 37 Elefanten nach Indien verkauften. 1638 gründeten die Holländer die erste Handelsniederlassung, verdrängten die Portugiesen und verlangten bald nach mehr Elefanten, zwischen 14 und 240 fingen sie jeweils in ihren Krals. Noch größer waren die Fangquoten der Briten, die 1796 die holländische Herrschaft beendeten. In ihren Kralen fingen sie bis zu 400 der Tierriesen in einer einzigen Aktion. So wurden die wilden Elefanten vor allem im Westen der Insel dezimiert.

Als aber die britischen Kolonialherren zwischen 1870 und 1880 große Wälder im zentralen Hochland rodeten, um vorerst Kaffee und später den bald weltberühmten Tee anzubauen, setzte eine unglaubliche Vernichtungswelle ein. Die Tierriesen, die in den wertvollen Pflanzungen schwere Schäden anrichten, wurden rücksichtslos bejagt. Sir Samuel Baker (1821–1893) habe während seines kurzen Aufenthalts auf der Insel mehr Elefanten erlegt, als es heute noch gebe, notierte 1966 ein Verleger in der neuesten Auflage seines Jagdbestsellers »Eight Years in Ceylon«. Da waren aber auch zahlreiche schießwütige Nimrode aus der britischen Armee: Ein Major Rogers soll über 1400 Elefanten erlegt haben, auf das Konto eines Captain Gellway und eines Major Skinner gehen je etwa 700. In wenigen Jahrzehnten starben so bis zum Beginn des 20. Jahrhunderts zwei von drei wilden Elefanten.

Dann wendete sich das Schicksal zugunsten des Ceylon-Elefanten: 1938 entstanden an der Nordwestküste der Wilpattu-Nationalpark (1316 km^2) und an der Südostküste der Yala- oder Ruhunu-Nationalpark (1449 km^2). 1954 erklärte die Regierung das Einzugsgebiet des Senayaka Sumadra im Osten zum Gal-Oya-Nationalpark (629 km^2). Seit 1960 gilt der Ceylon-Elefant als bedrohte Unterart des Asiatischen Elefanten.

Bedroht sind viele der letzten 3000 bis 5000 Tierriesen Sri Lankas durch die Erschließungsarbeiten in der Trockenzone. Sie begannen Ende des 19. Jahrhunderts, als die Engländer anfingen, die alten Stauseen zu restaurieren und Bauern anzusiedeln. Seit der Unabhängigkeit 1948 versucht Sri Lanka mit großen Staudammprojekten im Osten die Selbstversorgung zu erreichen. Das ehrgeizigste Projekt, die Aufstauung des größten Flusses, des Mahaweli, nahm 1979 seinen Anfang. Damit sind Konflikte zwischen wilden Elefanten, da sie die Reisfelder und andere Kulturen zerstören, und Siedlern programmiert.

Krieg zerstört das Paradies

Das »Accelerated Mahaweli Development Program« ist ein Projekt der Superlative. 1986, sieben Jahre nach Beginn, waren vier große und zwei kleinere Stauseen bereits gebaut, 120 Quadratkilometer Wald- und ehemaliges Ackerland überschwemmt. Ein Netz von Tunnels und Kanälen verbindet die Staubecken und verteilt die Wassermengen für Kraftwerke und Bewässerung auf einer Agrarfläche, die einmal 3600 Quadratkilometer umfassen und wenigstens 200000 Familien ernähren soll. Dafür müssen je nach Lesart 1250 bis 2600 Quadratkilometer wilde Wald- und Sumpfgebiete weichen.

Aber immerhin: Sri Lankas Naturschützer schliefen nicht und rangen den Planern in harten Verhandlungen ein beachtliches System von Reservaten ab, so etwa den Somawathiya-Nationalpark (210 km^2), den Wasgamuwa- (338 km^2), den Maduru-Oya-Nationalpark (515 km^2), die Naturreservate von Trikomadura (250 km^2) und Minneriya-Giritale (420 km^2), gedacht als Heimstatt für eine einmalige Fauna und Flora und als Schutz für Einzugsgebiete. Der Floodplain-Nationalpark (210 km^2) folgt dem Mahaweli durch die Tiefebene und schließt den Lebensraum der sagenhaften großwüchsigen »Sumpfelefanten« ein. Zudem sollten, so die naturfreundlichen Planer, bestimmte Waldstreifen nicht angetastet werden, etwa der Nilgala Jungle Corridor (280 km^2), damit Wildtiere, ganz besonders Elefanten, zwischen einzelnen Schutzgebieten hin und her wechseln können.

Zweifellos wird es für schätzungsweise 800 Elefanten im Mahaweli-Becken enger. Die Bestandsdichte von ungefähr einem Elefanten pro fünf Quadratkilometer, so die Vorstellung, sollte sich verdoppeln, vorausgesetzt, die Elefanten hielten sich an die Grenzen der ihnen zugestandenen Schutzflächen. Dazu plante das Department of Wildlife and Nature Conservation teure elektrische Schutzzäune und Umsetzaktionen. Doch es kam alles ganz anders.

Seit 1983 herrscht offener Bürgerkrieg zwischen Singhalesen und Tamilen. Ethnische Minderheiten, extremistische Terrorbanden und rachsüchtige Todesschwadronen von Polizei und Armee verfolgen einander mit gnadenloser Härte. Eine über 100000köpfige »Indian Peace Keeping Force«, die der ehemalige Präsident Junius Jayawardene im Juni 1987 ins Land bat, wollte den Vielfrontenkrieg in 48 Stunden schlichten. Die viertgrößte Armee der Welt, die Anfang der siebziger Jahre das hochgerüstete Pakistan zertrümmerte, bombte mit überlegener Feuerkraft ihrer Artillerie, mit Panzern und Flugzeugen die Tamilen aus ihrer Hochburg in Jaffna und besetzte Städte und Straßen im tamilischen Stammgebiet von der Jaffnahalbinsel im Norden über Trincomalee bis zur Lagunenstadt Batticaloa im Osten. Trotzdem gelang kein Sieg über einige tausend Rebellen. Die Kämpfer der »Liberation Tigers of Tamil Eelam« (LTTE) zogen sich zurück und führten fortan von unzugänglichen Dschungelgebieten aus einen erbitterten Kleinkrieg, dem allein 1989 30000 Menschen zum Opfer fielen.

Als die Inder Ende März 1990, nach zweieinhalbjährigem Einsatz, der täglich über sechs Millionen Mark gekostet hatte, die Insel verließen, waren nach offiziellen Angaben 1155 ihrer Soldaten gefallen und 2984 verwundet. In Wirklichkeit seien die Verluste dreimal höher, kommentierte der »Spiegel«. Auf Sri Lanka tobt der Bürgerkrieg weiter: Im Juli und August 1990 überfielen Tamilrebellen Moscheen und töteten Gläubige während des Gebetes, meuchelten Frauen und Kinder, die auf den Feldern arbeiteten, und verbrannten später ihre Leichen.

Sri Lanka, die Perle im Indischen Ozean, die einstige Musterdemokratie Südasiens, ist zum zweiten Libanon geworden. Im Norden reiben sich tamilische Rebellen, viele von ihnen Halbwüchsige und Kinder, und die reguläre srilankische Armee gegenseitig auf. Gibt Präsident Ranasinghe Premadase, der angetreten war, »Böses mit Gutem« zu überwinden, der Forderung nach einem unabhängigen Tamil Eelam nach, so werden im Süden singhalesiche Rechtsextremisten der »Volksbefreiungsfront« (Janata Vimukthi Peramuma, JVP) wiederum Politiker, Polizisten und Armeeoffiziere meucheln. Dann wird sich der singhalesische Mob aus arbeitslosen Jugendlichen und rechtsextremen Studenten mit linksextremer Revolutionsrhetorik wohl mit Polizei und Armee verbünden und die Lobby von 15000 Buddhistenmönchen auf seiner Seite wissen. So geschah es bereits 1983: Bei den bislang gewalttätigsten Ausschreitungen starben 2000 Tamilen, 93000 verloren allein in der Hauptstadt Hab und Gut.

Der Bürgerkrieg ruinierte die Wirtschaft. Sri Lanka ist mit fünf Milliarden Dollar verschuldet. Im Sommer 1990 reichten die Devisen gerade noch für die Importe der nächsten Wochen. Sieben von 17 Bewohnern vegetieren unterhalb der Armutsgrenze, und das in einem der fruchtbarsten Länder Asiens! Die vor dem Bürgerkrieg an den palmenbestandenen Traumstränden erbauten Hotels stehen praktisch leer, Bürgerkrieg paßt nicht ins westliche Urlaubsglück.

Der unsinnige Vielfrontenkrieg machte auch viele Pläne der Naturschützer zunichte: Im Mai 1985 töteten Rebellen die Wildhüter im Wilpattu-Nationalpark. Die Armee bulldozte darauf eine 120 Meter breite Schneise als Nachschublinie quer durch das Schutzgebiet im Südwesten der umkämpften Stadt Jaffna und öffnete es damit noch besser für nachrückende Tamil Tigers. Um diese inzwischen dschungelgewohnten Feinde besser bekämpfen zu können, baute die Armee entsprechende Ausbildungslager, so etwa im neuentstandenen Madura-Oya-Nationalpark.

Selbst im ehrwürdigen Yala-Nationalpark wird inzwischen gewildert. Über die Zahl der von Armee, Aufständischen und Siedlern erschossenen Elefanten sind keine genauen Daten zu erhalten. A. B. Fernando, der zweite Direktor des Department of Wildlife Conservation weiß nur, »daß sich die Situation seit dem Bürgerkrieg wesentlich verschlimmert hat«. Will man seinen Schätzungen glauben, so starb in den letzten fünf

Jahren auf Sri Lanka einer von sechs wildlebenden Elefanten. Als im Sommer 1990 Tamil Tigers Muslime in der Nähe von Matara ermordeten, fielen innerhalb weniger Tage in Lahugala wenigstens 15, in der weiteren Umgebung 45 Elefanten Wilderern zum Opfer.

Ein dermaßen gebeuteltes Land, dessen Präsident in Tageszeitungen um Spenden für den National Defence Fund betteln muß, damit wenigstens kriegsgeschädigte Angehörige der Streitkräfte und ihre Familien geringe Entschädigungen erhalten, denkt nicht an Naturschutz. Im Gegenteil: Allein im Wilpattu-Nationalpark wurden Dutzende von Hektar für die staatliche Antihungerkampagne gerodet. Im Flood-Plains-Nationalpark erlaubte die Regierung 200 Konzessionären, auf je 1,2 Hektar Tabak anzupflanzen; in Wirklichkeit waren es bald 430 auf 600 Hektar. Das Unterfangen wird weit größere Folgen haben als bescheidenes Einkommen für Kleinbauern. Dies errechnete 1987 das Mahaweli-Umweltprojekt: Auf Tabakpflanzungen erodieren durch Regen und Überschwemmung jährlich 500 bis 800 Tonnen Humus pro Hektar. Verlust der Bodenfruchtbarkeit und rasche Verlandung neuerbauter Stauseen sind unmittelbare Folgen.

Selbst das Department of Wildlife Conservation beugte sich der prekären Wirtschaftslage des Landes und erlaubte im Somawathiya-Nationalpark den Bau von Ziegeleien. Damit wird der ohnehin äußerst hohe Brennholzbedarf der Bevölkerung noch erhöht. Auf Sri Lanka kochen heute noch 94 von 100 Familien mit schätzungsweise je zwei Tonnen Holz pro Jahr, der größte Teil davon stammt aus weitgehend geschützten Dschungelgebieten.

Der Bürgerkrieg machte aus dem einst so einflußreichen Department of Wildlife Conservation einen zahnlosen Papiertiger. Das geht aus einer Rede hervor, die Ranjen Fernando, der Präsident der Wildlife and Nature Protection Society, 1987 hielt, wie auch aus dem 1990 veröffentlichten Aktionsplan der IUCN zur Erhaltung des Asiatischen Elefanten: In jedem der vielen Reservate Sri Lankas wird gerodet, alles in allem sind es nach öffentlichen Angaben jährlich zwanzig Quadratkilometer, in Wirklichkeit jedoch bedeutend mehr. In den Reservaten erhofft sich eine zusehends verarmende Landbevölkerung Lebensraum, aber hier wird sie auch von Glücksrittern und Gangstern mißbraucht. Zu Hunderten buddeln arme Menschen in den einst nahezu hermetisch abgeschlossenen Schutzregionen nach Edelsteinen, ganz besonders in Yala. Allein schon der Name des Menik Ganga, des Edelsteinflusses, verspricht in einem der ältesten Schutzgebiete der Welt reiche Beute. Vielerorts, wo noch vor zehn Jahren Axis- und Sambarhirscheästen, wachsen heute Marihuana und andere Drogenpflanzen. Und vor Elfenbeinjägern sind die auf Sri Lanka ohnehin seltenen Stoßzähne tragenden Elefantenbullen nirgendwo mehr sicher.

Der langen Rede kurzer Sinn: Die traditionell naturfreundliche Staatsgewalt Sri Lankas wich zwangsläufig überall dem Einfluß kurzsichtiger, stimmenhungriger Lokalpolitiker, die verzweifelten Menschen mehr versprechen, als der karge Boden des arg gebeutelten Waldes in der Trockenzone langfristig geben kann, oder erpresserischer Rebellen, die sich am Geschäft mit Drogen, Elfenbein und blauen Saphiren schadlos halten. Der Traum weiser Planer, die Ende der siebziger Jahre den Frieden zwischen urwüchsiger Natur und moderner Kulturlandschaft suchten, ist ausgeträumt – wenn nicht ein Wunder geschieht.

Allein politische Unruhen haben in den Grenzstaaten im Nordosten Indiens, in Nagaland, Mizoram, Manipur und Tripura, jahrzehntelang praktisch alle Naturschutzbestrebungen zunichte gemacht. Und was das für bedrohte Arten und Lebensräume bedeutet, machte der Vietnamkrieg zwischen 1960 und 1970 deutlich: Die Amerikaner bombardierten gezielt Elefanten, um zu verhindern, daß der Vietcong sie als Transporttiere einsetzte oder als Nahrungsmittel zur Verfügung hatte. Wenigstens 30000 Quadratkilometer wilder Wald wurden rückhaltlos mit Bomben, Herbiziden und Entlaubungsmitteln vergiftet.

Zur Zeit gefährden nicht nur in der Trockenzone Sri Lankas Kriegshandlungen die ohnehin fragilen Bestrebungen der Naturschützer, wenigstens einen Teil ursprünglicher Lebensgemeinschaften zu erhalten, wie ich am 6. August 1990 auf dem Flug von Colombo nach Madras lesen kann. Hier lediglich einige Beispiele, sie betreffen nur Reservate, von denen in diesem Buch die Rede ist.

»Asian Week« vom 3. August 1990 berichtet: In Ajeh, der nördlichsten Provinz Sumatras, kämpfen Guerillas für einen unabhängigen islamischen Staat. In Ajeh liegt das Leuser-Reservat, eines der größten Regenwaldschutzgebiete der Alten Welt, das wichtigste Rückzugsgebiet für Orang-Utan und Sumatra-Nashorn.

»India Today« veröffentlicht zur gleichen Zeit eine Karte mit den Unruhegebieten in Kaschmir, wo seit Monaten ein gefährlicher Unabhängigkeitskrieg schwelt. Zu ihnen gehört auch der Dachigam-Nationalpark, das letzte Rückzugsgebiet für den Kaschmirhirsch und viele andere bedrohte Arten. Dachigam ist zudem das einzige Trinkwasser-Einzugsgebiet der Hauptstadt Srinagar.

In »Cats Paper« vom Juli 1990, dem Magazin der Katzenspezialisten der IUCN, berichtet Herausgeber Peter Jackson über den Kanha-Nationalpark, wo das Projekt Tiger erste große Erfolge verzeichnete und der Barasingha, der indische Sumpfhirsch, erfolgreich vor dem Artentod gerettet werden konnte. Eindringende marxistische Extremisten, die Naxaliten, setzten hier die sensiblen Grasländer in Brand, verprügelten die Wildhüter und vergifteten die Salzlecken. Sie gewinnen unter den kastenlosen unterpriviligierten Stammesangehörigen an Popularität. Unverzüglich machten sich mehrere Hundertschaften von Polizisten auf Naxalitenjagd. »Vom Umweltstandpunkt aus gesehen«, kommentierte »Sunday«, eines der indischen Nachrichtenmagazine, »wird wahrscheinlich die enorme Polizeikraft in Kanha noch mehr Schaden anrichten als die Feuer.« Die Regierung von Madhya Pradesh konnte aber nicht anders reagieren, weil sie befürchtet, die militanten Marxisten würden im Kanha-Nationalpark (er liegt im Zentrum eines der letzten großen Gebiete der Stämme der Gond und Baiga) ihre Kräfte konzentrieren. In den wilden Wäldern entzögen sich die Rebellen jeglicher Kontrolle. Sie würden auf den Savannen sofort, wie einst ihre Vorfahren, Felder anlegen.

Ähnliches geschah bereits im Februar 1989 im Manas-Tiger-Reservat im Nordosten Indiens an der Grenze zwischen Assam und Bhutan, wo Extremisten des Bodo-Stammes die Wildhüter erschossen, Gebäude und Geräte verbrannten, zu roden begannen und Wilderern das Reservat öffneten. Mit 2600 Quadratkilometer ist Manas eines der größten südasiatischen Schutzgebiete und, weltweit gesehen, was die Artenvielfalt anbelangt, ein »heißer Punkt«. In Manas leben allein 21 zum Teil hochbedrohte Säugetierarten wie Panzernashorn, Asiatischer Elefant, Zwergschwein, Borstenkaninchen, Goldlangur, Tiger, Nebelparder und Leopard. Inzwischen bauten die Behörden das Hauptquartier wieder auf, doch Manas liegt weiter in den Händen der Aufständischen. Als die Unruhen in Assam begannen, haben Wildererbanden im Nu hundert Panzernashörner im ehrwürdigen Kaziranga-Nationalpark getötet und ihre Hörner zu Höchstpreisen verschachert.

Sobald Wildhüter und Forscher verjagt oder getötet sind, kann die rasch verarmende Landbevölkerung, die an den Rand der Reservate verbannt war, aufatmen. Jetzt kann sie überall ungestört Brennholz sammeln, Holz schlagen, Honig suchen und wildern. Wo Extremisten hausen, sind Schußwaffen allgegenwärtig, und ein Markt für Tigerfell, Elfenbein und Nashornhorn findet sich schnell.

Wie unpopulär Naturschutzgebiete sind, wissen auch Politiker. Während der letzten Wahlen in Indien, die von der Janata-Partei gewonnen wurden, versprachen viele der heutigen Mandatsträger, Reservate kurzerhand abzuschaffen. Das ist für sie heute die einfachste Methode, um in kurzer Zeit viele Stimmen auf sich zu vereinigen: Eine unterprivilegierte Stammesbevölkerung, die sich an den letzten Schutzgebieten schadlos hält, so überlegen viele Politiker, verlangt weniger vehement nach sozialer Gerechtigkeit und provoziert nicht, wie im Sommer und Herbst 1990 geschehen, den Mob des städtischen Mittelstandes zu blutigen Ausschreitungen.

Zur Zeit erwägt die Zentralregierung in Dehli, den Wildlife Protection Act Indira Gandhis von 1972 zu lockern. In Zukunft soll der Abschuß von Elefanten oder Nashörnern, Tigern oder Kragenbären jedem erlaubt sein, der durch die bis heute geschützten Wildtiere sein Hab und Gut bedroht sieht. So vernünftig der Beschluß auf den ersten Blick erscheinen mag, in Indien wird, sobald er in Kraft tritt, staatlich sanktionierte Wilderei um sich greifen.

Das geschieht wahrscheinlich schon jetzt, so etwa in Karnataka, dem früheren Mysore-Staat im Süden. Hier erinnert sich B. Basavalingappa, der neue Forstminister, im Sommer 1990 offenbar an seine Wahlversprechen und verbietet kurzerhand sämtliche Forschungsprojekte im noch jungen Nagarhole-Nationalpark. Den Vorwand liefern fünf tote Tiger, die kurz nacheinander gefunden wurden, einer trägt einen Peilsender. Die Erklärung: In Nagarhole untersuchen Ullas Karanth, der Sohn eines führenden Oppositionspolitikers, und der Amerikaner Melvyn Sunquist Beziehungen zwischen Beute und Widersachern. Dafür haben sie drei Leoparden und vier Tiger mit Hilfe des Drogengewehrs gefangen und mit kleinen Peilsendern markiert.

Als sie dem Tiger seinerzeit den Peilsender am Hals befestigten, notierten sie, er sei sehr alt und werde bald sterben; was dann eintrat. Auch die vier anderen starben an natürlichen Ursachen. Im von Tigern sehr dicht besiedelten Nationalpark wurden sie von revierbesitzenden Männchen umgebracht. Forstminister Basavalingappa sieht es anders, trotz heftiger Proteste führender Wildbiologen, denen sich auch Meneka Gandhi, Delhis Ministerin für Forest and Wildlife, anschließt. Frech behauptet er, jegliche Forschungen störten das Naturgeschehen, und radiomarkierte Tiger pflanzten sich nicht mehr fort. In Wirklichkeit störten Wissenschaftler aber Wilderer, weil sie sich nicht korrumpieren lassen wie gelegentlich ortsansässige unterbezahlte Wildhüter.

»Gewildert wird überall in Südindien, vor allem Elefantenbullen«, bestätigen mir einmal mehr meine Kollegen von der Bombay Nature History Society und dem Indian Institute of Science in Bangalore in ihren Forschungsstationen im Mudumalai-Reservat an der Nordseite der Nilgiris, der »Blauen Berge«. Einer von ihnen, R. Sukumar, der Anfang der achtziger Jahre mit Beobachtungen an wilden Elefanten begann, beweist anhand ausführlicher Tabellen: »In Tamil Nadu und Karnataka starb zwischen 1975 und 1987 von 465 männlichen Elefanten, deren Kadaver gefunden und untersucht wurden, lediglich jeder dritte eines natürlichen Todes. Die Hälfte erlag Wilderern, der Rest tödlichen ›Fehlschüssen‹ der Elfenbeinjäger oder Bauern, die ihre Ernten verteidigten. Besser sieht es für die Weibchen aus, die ja keine elfenbeinernen Stoßzähne tragen: Eines von fünf stirbt durch aufgebrachte Bauern, der Rest eines natürlichen Todes. Das ergaben Analysen an 198 Kadavern.«

Kontakte zwischen Menschen und Elefanten werden häufiger. Siedlungen und Felder rücken den schrumpfenden Restwäldern näher. In den Kulturen finden Elefanten, was ihnen auch sonst entspricht: Gräser, Palmen und Schmetterlingsblütler, mehr noch: Die Nutzpflanzen sind leichter verdaulich und nährstoffreicher. Wildwachsende Themedea- und Cymbopogon-Gräser schützen sich bis zu einem gewissen Grad durch harte Fasern und Silikatkristalle vor dem Verbiß. Wachsende Hirse aber ist vergleichsweise zart und Zuckerrohr viel süßer, und chemische Abwehrstoffe, vor allem Terpene, sind den Nutzpflanzen längst planmäßig weggezüchtet worden. Zudem ist der Rohproteingehalt von Hirse und Reis zwei- bis viermal höher als der von wildwachsenden Gräsern. Gleiches gilt für den Anteil an Natrium und Kalzium.

Von Sumatra bis Assam, von Sri Lanka bis Malaysia nehmen die Schäden an Kulturen durch Elefanten laufend zu, herkömmliche Methoden versagen immer häufiger. Hungrige Elefanten lassen sich kaum noch durch Schreie, Trommelgetöse und Feuerkracher vertreiben. 800 wilde Elefanten auf der Malaiischen Halbinsel haben bis 1980 Ölpalmen im Wert von 100 Millionen US-Dollar zerstört, teure Gräben (die Meile kostete 2250 Dollar) nützten kaum. Jetzt versucht man es mit Stachel- und Elektrodraht für 9000 Dollar die Meile. Im vierten Fünfjahresplan (1981 bis 1985) reichten fünf Millionen Dollar dem Wildlife Department nicht, um das Elefantenproblem zu kontrollieren; der fünfte Fünfjahresplan sieht eine fast dreimal so hohe Summe vor.

Verarmte Bauern in Südindien können sich keine teuren Elektrozäune leisten und verteidigen die Ernte mit alten Vorderladern. Dabei verletzen sie die Tiere meistens nur. Und da vor allem einzelgängerische Männchen Felder plündern, schaffen sie neue Probleme. Verletzte Männchen werden zu »Rogues«, zu bösartigen Killern. »Ein alter Bulle tötete am Stadtrand von Gudalur im Süden des Mudumalai-Reservates zwischen Dezember 1981 und Januar 1982 fünf Menschen«, berichtet Sukumar: »Von einem Dutzend nach Alter und Geschlecht bekannten Elefanten, die Menschen töteten, waren 51 Männchen. In Südindien sterben jedes Jahr dreißig bis fünfzig Menschen durch Elefanten.«

In ganz Indien sind es wenigstens 150 bis 200 jährlich: Holzsammler und Hirten, gelegentlich Tierfotografen und Betrunkene, vor allem aber Bauern, die mit Lärm und Licht die Tierriesen von den Feldern jagen wollen und so den tödlichen Angriff provozieren. Auch Hunde, die nachts auf den Feldern fressende Elefanten verbellen, lösen Angriffe aus. Die von aufgebrachten Tieren verfolgten Kläffer suchen dann flink Zuflucht bei den Menschen und bringen so die tödliche Gefahr mitten in die Siedlungen. »Besonders in Westbengalen finden immer mehr Menschen in ihren Häusern, die durch Elefanten zerstört werden, den Tod«, erzählt Adjai Desai von der Bombay Natural History Society und zeigt schreckliche Bilder: »1970 waren es zehn, 1986 dreißig bis vierzig.«

Die Landbevölkerung haßt vor allem die gefährlichen Bullen. Den Wilderern liefern sie das begehrte Elfenbein, so kommt es begreiflicherweise zur Allianz zwischen aufgebrachten Bauern und Elfenbeinhändlern. »100 bis 150 Bullen sterben pro Jahr in Südindien durch Wilderer«, faßt Sukumar zusammen. »Ein unglaublicher Boom auf einheimisches Elfenbein begann in den siebziger Jahren, als der Preis für Rohelfenbein in Indien von 14 auf über 50 US-Dollar hochschnellte.« Das hatte mit dem schlechten Wechselkurs der Rupie und mit hohen Einfuhrzöllen zu tun, denn rund 7600 indische Elfenbeinschnitzer, die Hälfte davon ist in Südindien ansässig, bezogen, nicht anders als vor zweieinhalb Jahrtausenden, den elastisch-harten Werkstoff aus Afrika. Afrikanisches Elfenbein ist elastischer als asiatisches und läßt sich leichter bearbeiten.

Unbezahlbare Elfenbeinpreise auf dem internationalen Markt verschärften die Situation für den Indischen Elefanten: Im Periyar-Tiger-Reservat von Kerala waren bald 200köpfige Gangs hinter jedem männlichen Elefanten her, mit beachtlichem Erfolg, wie die Zählungen von 1979 ergaben: In dem 777 Quadratkilometer umfassenden Schutzgebiet lebten unter 600 Elefanten, einem Zehntel des südindischen Bestands, lediglich noch zwölf erwachsene Bullen. In den Reservaten der Anamalai-Hügel (3800 km^2) waren es damals noch 30 auf 100 Weibchen, und im Norden der Nilgiris, wo die Reservate von Nagarholle, Bandipur und Mudumalai immerhin eine Fläche von rund 10000 Quadratkilometern umfassen, 55 auf 100 Weibchen. »Das hat sich längst verschlimmert«, sagt Krishnamurthi, der Leiter des Elefantenforschungsteams in Südindien im August 1990, als wir ihn besuchen. Was er damit meint, merken meine Frau Renate und ich auf der Heimfahrt von der Forschungsstation nach Masinagudi, wo wir für zwei Wochen wohnen. An der Straße steht eine Herde wilder Elefanten fast so nahe neben zwei Touristenfahrzeugen wie weidende Kühe. Auch Krishna fährt dicht heran. »Hast du keine Angst?« frage ich. »Nein – es gibt ja kaum noch Bullen«, antwortet er.

Ein gestörtes Ökosystem vernichtet sich selbst

Vor 22 Jahren, als ich erstmals an der Nordseite der Nilgiris weilte, lebten in Masinagudi einige Bauern und Händler. In den offenen Parkwäldern tummelten sich Tausende von Axishirschen. Hier sah ich damals eine achtzigköpfige Elefantenherde, jetzt ist vieles anders: Wenigstens 1500 Arbeiterfamilien finden nun ihr Auskommen in Masinagudi. Die Wasserkraft des Moyar-Flusses, der unterhalb der Siedlung gestaut ist, soll mit zusätzlichen Turbinen besser genutzt werden. Lange ansässige und zugezogene Menschen kochen auf Holzfeuern, Brennstoff liefert das nahe Mudumalai-Reservat. Findet sich kein Totholz mehr, fallen Bäume. Derartigen Gesetzesübertretungen wirkt keiner der Politiker entgegen. Für sie zählt jede Stimme, so, wie für die armen Taglöhner, die sich Brennholz nicht kaufen können, jede Rupie zählt.

Für den Dung eines Rindes erhalten sie monatlich acht Rupien, umgerechnet nicht ganz eine Mark. Zehn Rinder, so versichert mir einer, tragen wesentlich zum dünnen Einkommen bei, zudem geben sie etwas Milch. Also hält sich in Masinagudi jeder möglichst viele Rinder. Jeden Morgen sammeln Frauen und Kinder karrenweise Mist, fahren ihn zu Sammelplätzen und schaufeln ihn auf Lastwagen. In den Nilgiris düngt man damit Kartoffelfelder. Und so schwindet allmählich die Bodenfruchtbarkeit um Masinagudi.

Abertausende von Rindern weiden vor allem während der Trockenzeiten im Mudumalai-Reservat, mit verheerenden Folgen für die natürliche Lebensgemeinschaft: 1969 starb ein großer Teil des Gaurbestandes an Rinderpest. Der Gaur, der mächtigste indische Paarhufer, ist ein naher Verwandter des Hausrindes und demnach anfällig für dessen Krankheiten. Inzwischen werden die Haustiere regelmäßig geimpft – eine zusätzliche Ursache für die Rinderschwemme, die sich längst in tiefgreifenden Veränderungen der natürlichen Vegetation bemerkbar macht:

1972 bis 1974 blühte *Bambusa arundinacea,* eine haushoch wachsende Bambusart, an der Nordseite der Nilgiris zum letztenmal. Gekeimt waren die Riesengräser zwischen 1927 und 1928 aus Samen, die kurz vor dem gleichzeitigen Absterben Abertausender verholzter Vorfahren reiften. Das ist die natürliche, 45 bis 50 Jahre dauernde Generationenfolge von *Bambusa arundinacea,* einer wichtigen Nahrungspflanze für Elefant, Gaur und Hirsch und einem bedeutenden Rohstoff für Indiens Papierindustrie.

Wahrscheinlich wird in Mudumalai und Bandipur in Zukunft kaum noch Bambus blühen, auf großen Flächen wurde er längst abgeholzt. Den dichten zartgrünen Rasen sprießender Schößlinge haben hungrige Rinder ratzekahl weggefressen. Wo ich bei meinem ersten Besuch vor einem knappen Vierteljahrhundert den Himmel nicht sehen konnte, weil Bambus jeden Weg und sogar den South Indian Highway tunnelartig umschloß, ist es heute immer noch grün – giftgrün für Ökologen. Hier wuchert jetzt *Lantana camara,* das Wunderblümchen. Einst brachten Missionare den Strauch von Südamerika in die Tropen der Alten Welt. Doch die orange, weißen, roten oder dunkelblauen Blumen blühten bald nicht mehr nur in gepflegten Gärten der gläubigen Wohltäter, Lantana brach aus und verbrachte wahre Wunder, allerdings auf Kosten einheimischer Pflanzen. Wo Lantana wächst, haben weder Bambus noch Baumschößlinge eine Chance. Das dichte Wurzelnetz des Fremdlings entzieht ihnen die Nährstoffe, und die übel nach Mottenkugeln riechenden Blätter, die nicht einmal von hungrigen Rindern gefressen werden, schatten den Boden aus.

Als ich 1979 in Mudumalai weilte, streckte Lantana seine Fühler vor allem entlang den Straßen ins Mudumalai-Reservat. Hier überweidete das Vieh die natürliche Vegetation und schuf damit Lantanaschößlingen den Vorteil. Jetzt, zwölf Jahre später, ist der Fremdling häufig flächendeckend. Den Erfolg verdankt das Unkraut nicht nur seinem ungenießbaren Laub, sondern auch vielen bunten Tagfaltern, die den Nektar aus seinen Blüten trinken und sie dabei bestäuben. Bülbüls, das sind bunte Singvögel, und Lippenbären fressen die im Januar und Februar reifenden Lantanafrüchte, die unverdaubaren Samen säen sie mit ihrem Kot aus.

»Das Bambussterben hat den Elefanten wenig oder nichts ausgemacht, dem Wald aber schon«, faßt N. Sivaganean zusammen: »Die Tierriesen halten sich jetzt vermehrt an Bäume. Je nach Art nehmen sie Laub, Rinde Wurzeln oder Früchte. Einige treten sie um, etwa Ziziphus. Von diesem Baum fressen sie nur die Rinde.« Der Biologe von der Bombay Natural History Society studierte vier Jahre lang in Mudumalai Nahrungsangebot und Nachfrage, seine Ergebnisse ernüchtern. Der Dschungel lichtet sich zusehends. Viele der von Elefanten bevorzugten Baumarten verjüngen sich nicht mehr, weil Vieh und Hirsche ihre Schosse wegfressen. Früher war der Druck auf Bäume wohl nur in den Jahren sehr hoch, als der Bambus starb und seine nächste Generation erst nachwuchs. Die von Vieh, Menschen und eingeschleppten Unkräutern gestörte Lebensgemeinschaft vernichtet sich nun allmählich selbst.

Trotz allem: Die zusammenhängenden Schutzgebiete von Mudumalai, Bandipur und Nagarholle beherbergen auf ihren 10000 Quadratkilometern rund 4000 Elefanten, die heute noch wie seit urdenklichen Zeiten vom Regenwald im Westen durch laubwerfende Monsunwälder und Dornbusch im Osten ziehen können. Der englische Kolonialbeamte G. P. Sanderson, der im 19. Jahrhundert hier jagte und mit der Khedda-Methode Dutzende Elefanten auf einmal in Stockaden fing, beschrieb die Wanderungen in den Hügeln von Biligiriranga, einem Teil des riesigen Schutzgebietes 1878: »In den trockenen Monaten, von Januar bis April, wenn kein Regen fällt, suchen die Herden die Nähe der größeren Flüsse und den schattigen Wald auf. Ungefähr im Juni, nach den ersten Niederschlägen, kommen sie aus den Wäldern hervor und fressen junges Gras. Im Juli oder August wird dieses Gras in den Hügeln lang und hart, die Elefanten kommen nun in den tiefer gelegenen Dschungel, wo das Gras nicht so weit gereift ist. Die Herden ziehen dann im Oktober aus dem dichten Dschungel in offenere, trockenere Gebiete. Ungefähr im Dezember, wenn Futter und Wasser hier selten werden, verlassen alle Herden das Tiefland, und man sieht sie selten außerhalb der Hügel und der dichten Wälder bis zum nächsten Regen.«

»Die Beobachtungen von Sanderson stimmen exakt mit dem Verschiebungsmuster von Clan 1 überein«, sagt dazu Sukumar. »Ganz offensichtlich haben sich die Bewegungen der Elefanten in diesem Gebiet seit mehr als einem Jahrhundert nicht grundsätzlich verändert. Bei diesen langlebenden Säugetieren verfügen die erwachsenen Weibchen über traditionelles Wissen, einschließlich der Wanderrouten. Dies könnte wesentlich zur konservativen Nutzung des Lebensraumes beitragen.«

Clans umfassen 80 bis 200 Mitglieder, die zu einzelnen Familiengruppen mit Mutter, Töchtern und ihren Nachkommen gehören. Jeder Clan wird von einer Reihe erwachsener Bullen begleitet. Während der Trockenzeit rücken seine Mitglieder zusammen. Wenn der Regen die Wasserstellen und Dschungelbäche füllt und überall frische Nahrung wächst, zerfällt er in Kleinfamilien und breitet sich aus. So kommt es vor, daß sich die Lebensräume benachbarter Clans überschneiden, ihre Mitglieder vermischen sich aber nicht. Das haben Sukumar, Desai und ich auf Sri Lanka und in Indien in jahrelangen Studien bestätigt. Erwachsene Bullen sind die Ausnahme von der Regel, Musth macht es möglich. Im Testosteronrausch kann ein Bulle, wie wir gesehen haben, Kontaktscheu und Abwehr der nichtverwandten Nachbarn brechen. So verhindern Elefanten offenbar Inzucht.

Fünfzig fortpflanzungsfähige Tiere, das leiten Haustiergenetiker von ihren Experimenten ab, genügen, um den geringen Inzuchtgrad von einem Prozent pro Generation nicht zu überschreiten. (Davon habe ich im Kapitel über Tiger ausführlich berichtet.) Im Bestand langlebender Tiere wie Elefanten ist aber nur jedes vierte oder fünfte Mitglied alt oder, im Fall der Bullen, auch erfahren genug für eine erfolgreiche Paarung. So gesehen, enthalten die großen 200köpfigen Clans genügend fortpflanzungsfähige Artgenossen, um einige Generationen schadlos zu überleben. »Theoretisch reicht es aus, wenn es alle hundert Jahre einem Bullen gelingt, seinen Clan zu wechseln und sich bei den Nachbarn erfolgreich fortzupflanzen und so verlorene Allele wieder einzubringen«, meint Adjai Desai und denkt dabei an seine Studienherde von 240 Tieren.

Doch Elefantenbestände von 200 und mehr Mitgliedern sind selten geworden. Auf Sumatra sind es bei 44 Beständen noch vier, 25 haben höchstens 100 Mitglieder. Gleiches ließe sich von Thailand, von Malaysia wie von weiten Teilen Indiens sagen. Fast überall leben die letzten wilden Asiatischen Elefanten in kleinen und kleinsten Populationen, auf winzigen Waldinseln im Meer einer für sie unwirtlichen Kultursteppe.

Populationsgenetiker sagen aber, daß nur in Beständen mit wenigstens 500 an der Fortpflanzung teilnehmenden Mitgliedern die durch Gendrift verlorengehenden Allele durch Mutationen wieder eingebracht werden (auch darüber steht mehr im Tiger-Kapitel). So könnten langfristig nur Populationen von wenigstens 2000 Artgenossen überleben. Zieht man weiter in Betracht, daß in den letzten Jahren viele Bullen wegen ihrer Stoßzähne gewildert wurden, müßte der Bestand noch wesentlich größer sein.

Um die Gebiete Südasiens aufzuzählen, in denen heute noch 2000 oder mehr wilde Asiatische Elefanten in zusammenhängenden Naturlandschaften leben, reichen die Finger einer Hand. Es sind: die für Elefanten verhältnismäßig sicheren Waldgebiete am Nordhang und im Norden der Nilgiris, der Annamiten-Bergrücken in Vietnam, Laos und Kambodscha, die Wälder von Megalaya in Nordostindien und der Dschungel, der sich durch das südöstliche Himalajavorland zieht von Bhutan über Arunachal Pradesh bis Nordassam. In diesen drei Gebieten wird gerodet, gewildert, zum Teil Krieg geführt. Es ist eine Frage weniger Jahre, bis auch hier der Dschungel und mit ihm die Elefantenbestände bis auf geringe Reste zerstört sein werden.

Auch kleine Elefantenbestände können sich allen Befürchtungen der Genetiker zum Trotz erholen und stark vergrößern: Im südafrikanischen Addo-Nationalpark, der eingezäunt ist, lebten um 1931 noch elf afrikanische Elefanten, fünfzig Jahre später waren es hundert. Auf den Andamanen, einer Inselgruppe im Golf von Bengalen, verwilderten in der Mitte des letzten Jahrhunderts einige Arbeitselefanten und pflanzten sich fort. Auf dreißig bis fünfzig Tiere wird der Bestand heute geschätzt.

In von Menschen neu erschlossenen Gebieten sieht es aber nicht so aus, daß sich zersplitterte Elefantenbestände zahlenmäßig erholen könnten. Im Gegenteil: Wie bereits beschrieben, werden sie, da sie laufend aus ihren dahinschmelzenden Waldinseln ausbrechen müssen, um sich an Kulturpflanzen schadlos zu halten, gezielt verfolgt; das wird erst enden, wenn alle tot sind. Was läge da näher, als solche Problemelefanten in Gebiete zu bringen, in denen ihre Artgenossen bisher noch ungestört leben. Wäre damit nicht auch der Forderung nach genetischer Vielfalt Genüge getan?

Elefanten lassen sich nicht herumschieben

Als auf Sri Lanka mit den Rodungen für das Mahaweli-Projekt begonnen wurde, verwüsteten Elefanten im Norden, im sogenannten System H, Reisfelder. Angeschossene Bullen bedrohten das Leben der Siedler, Schlingenfänger und Betäubungsgewehr-Einsätze konnten das Problem nicht lösen. Im System H lebten viel zu viele Elefanten, um jeden einzeln einfangen zu können. So entschloß man sich für eine wirksamere Lösung. Aus der Umgebung von Nochiyagama scheuchten 1979 Hunderte von lärmenden Treibern schätzungsweise 160 Elefanten auf und drückten sie über Reisfelder, Kanäle und die Hauptstraße, die Puttalam mit der früheren Königsstadt Anuradhapura verbindet, geschickt in den fünfzig Kilometer entfernten Wilpattu-Nationalpark. »Leider vergaß man, die nötigen Maßnahmen zu treffen, daß die umgesiedelten Elefanten ihren neuen Lebensraum nicht verlassen konnten«, erinnert sich Jayantha Jayewardene von der Wildlife and Nature Protection Society. »Die meisten kehrten in ihren alten Lebensraum zurück und gefährdeten weiterhin Ernte und Siedler.«

Zwei Jahre später wollte man es besser machen, diesmal sollten die Umgesiedelten im Wilpattu-Nationalpark günstigere Lebensbedingungen vorfinden. Bisher beherbergte das Reservat im Nordwesten nur wenige residente Elefanten, ein eindeutiges Zeichen, daß Nahrung und vor allem Wasser selten sind. So ließen die Verantwortlichen des Mahaweli-Projektes auf Wunsch der Elefantenschützer auf einer Fläche von nahezu einem Quadratkilometer sogenanntes Guineagras anpflanzen und Maha Andaragollewa und Mahawewa, zwei uralte Wasserreservoire, flicken. Einige Jahre später besuchte Thilo W. Hoffmann, der große Kenner der Reservate Sri Lankas, die beiden Tanks, die im Zusammenhang mit dem, wie er schreibt, »erfolglosen Elefanten-Drive« restauriert wurden. »Für einen Nationalpark sind die künstlichen Gewässer ökologische Desaster, die wohl kaum etwas zum Wohlergehen von Wildtieren beitragen«, kritisiert der streitbare Schweizer das Projekt. »Mahawewa zum Beispiel ist so von Wasserfarn und Zweitwuchs überwuchert, daß nicht einmal Elefanten trinken können.«

Nicht nur auf Sri Lanka entpuppten sich großangelegte »Elephant-drives« als Schläge ins Wasser. In Südsumatra verblieben 230 Elefanten nicht im Padang-Sugihan-Nationalpark, wohin man sie 1982 mit großem Aufwand getrieben hatte. Sie kehrten in ihren alten Lebensraum zurück, obwohl er weitgehend gerodet worden war. Lediglich die zwischen 1984 und 1985 aus der Umgebung planmäßig in das Way-Kambas-Game-Reservat gedrängten vierzig bis siebzig Sumatra-Elefanten scheinen sich bisher mit der neuen Umgebung abzufinden. Warum, weiß ich nicht.

In den letzten zehn Jahren versuchten Naturschutzbehörden aber nicht nur ganze Herden umzusiedeln, auch Einzeltiere sollten eine neue Heimat finden. In Malaysia, wo Wildhüter früher Problemelefanten kurzerhand erschossen, fangen sie sie heute mit Drogengewehren. In kurzer Zeit transportierten sie dann 120 Halbwüchsige in die wenigen großen Reservate der Halbinsel.

Ob sich einzelne Elefanten mit der neuen Umgebung abfinden können, bezweifeln selbst Charles Santiapillai und Peter Jackson, die Autoren des im Herbst 1990 erschienenen Aktionsplans zur Erhaltung des Asiatischen Elefanten: »Aus gewissen Beobachtungen ist zu schließen, daß umgesiedelte Elefanten abwandern. Deshalb sollten sie radiomarkiert und genau beobachtet werden. Nur so läßt sich klären, ob Translokationen überhaupt eine Lösung der Probleme sind.«

Genau das haben meine Freunde in Südindien gemacht. Dr. Krishnamurthy, wohl der beste Veterinär für Asiatische Elefanten, und Adjai Desai, der Verhaltensforscher von der

Natural History Society aus Bombay, fingen in Kerala drei junge Bullen, notorische Schädlinge in Reisfeldern. Den einen haben sie mit dem Lastwagen in ein 270 Kilometer entferntes Schutzgebiet gefahren und dort ausgewildert, nach kurzer Zeit war der Bulle in seinen früheren Lebensraum zurückgekehrt. Zwei andere Reisschädlinge transportierten sie gar über 440 Kilometer, keiner blieb. Sie kehrten zwar nicht zurück, fanden aber bald neue Reisfelder, wo der eine wilderte und der andere eingefangen wurde. Er lebt jetzt als Arbeitselefant in einem Camp.

Problemelefanten, sofern es sich nicht um erwachsene Bullen handelt, haben eine gute Chance, in Arbeitslagern zu überleben, wo sie sich zum Teil sogar erfolgreich fortpflanzen. Drei Dutzend gezähmte Weibchen haben in Tamil Nadu 1950 95 Junge geboren. So gesehen, tragen also auch gefangene Elefanten zur Erhaltung der Art bei. Allerdings muß ich einschränken: Nicht jeder gefangene Elefant lebt auch nur annähernd artgemäß. Die Haltung auf Sri Lanka, wo die Tierriesen fernab der natürlichen Umwelt schuften oder bei Touristen betteln müssen, wo der Mahut bestimmt, was der Elefant zu fressen hat, wo Schläge mit dem eisernen Haken und Kettenfesseln den Alltag beherrschen, gleicht der Haltung im europäischen Zirkus, wo Elefanten sich bekanntlich nur in seltenen Ausnahmen fortpflanzen. Anders ist es etwa in den südindischen Arbeitscamps: Wenn die Tierriesen überhaupt arbeiten müssen, tun sie das täglich während weniger Stunden. Zweimal schrubbt und massiert sie einer ihrer Pfleger im nächsten Gewässer. Sonst verfügen die Elefanten frei über ihren Alltag, den größten Teil des Futters finden sie im Dschungel.

Jedoch: Für Arbeitselefanten gibt es in Südindien wie auch in Assam oder Thailand kaum noch Arbeit, seit die letzten Waldgebiete offiziell geschützt und folglich nicht mehr genutzt werden dürfen. Das gezielte Fällen bestimmter alter Bäume hat aber die Vielfalt der Dschungel nie gefährdet. Und der Einsatz von Arbeitselefanten brachte der Stammesbevölkerung, die sich um sie kümmerte, ein regelmäßiges, wenn auch bescheidenes Einkommen.

Diese Zeiten gehen jetzt zu Ende. Er habe gehört, daß der Forstminister von Tamil Nadu laut darüber nachdenke, die nutzlos gewordenen Arbeitselefanten an Hindutempel zu verkaufen, sagt Krishnamurthy eines Abends. Daß solche Statussymbole ähnlich zu leben haben wie Zirkuselefanten bei uns, weiß jeder. Sie stehen den ganzen Tag angekettet, verblöden dabei (was jeder an den Schaukelbewegungen merkt), werden nur noch zum Baden gebracht oder gelegentlich bei einer Prozession mitgeführt.

Doch gerade Schutzgebiete für wilde Elefanten müßten einen Trupp zahmer Tierriesen zur Verfügung haben. Bestandszählungen, Grenzkontrollen oder Einfang von Wildelefanten gelingen am sichersten und effektivsten vom Rücken der Arbeitselefanten aus. Wenn diese neue Aufgaben erfüllen, kann auch die Stammesbevölkerung in ihrer Heimat bleiben.

Nashorn: die neue Legende vom Einhorn

Naturschutz auf verlorenem Posten

Plötzlich hält mich Samudins Hand zurück. Im schmalen Tunnel durch den dichten Unterwuchs drängt der kleine Mann wieselflink an mir vorbei nach vorn und durchschneidet mit seinem scharfen, langen Messer eine feine Rotanliane, die in Kniehöhe über den schmalen ausgetretenen Pfad gespannt ist. Unverzüglich saust ein mannshoher, etwa zwanzig Kilo schwerer Speer aus vier Meter Höhe herunter, seine Hartholzspitze bohrt sich tief in den weichen Dschungelboden. Samudin hat soeben mein Leben gerettet; er hat eine tödliche Nashornfalle entschärft. Ihren Auslöser, die unverdächtige Liane, habe ich ebensowenig beachtet, wie sie ein Nashorn oder ein anderes Tier wachsam machen würde.

Wochen früher lernte ich Samudin sowie Husin, Bangun und Poran in Kotajane, dem Hauptort des Alastals in Nordsumatra, kennen, als ich zusammen mit General Walman Sinaga, dem Chef der indonesischen Naturschutzbehörde, die Hilfskräfte für eine dreieinhalb Monate dauernde Expedition ins Leuser-Reservat von Nordsumatra suchte. Die internationale Naturschutzorganisation IUCN und der WWF hatten mich ausgesandt, nachdem die indonesische Delegation anläßlich der 10. Generalversammlung der IUCN im Dezember 1969 in Neu-Delhi einen Naturschutzexperten für das 4610 Quadratkilometer umfassende Reservat in der Provinz von Atjeh verlangt hatte. Meine Aufgabe bestand darin, möglichst viele Beobachtungen über seltene und seltenste Großtierarten wie Sumatra-

Nashorn, Sumatra-Tiger, Nebelparder, Sumatra-Elefant und Orang-Utan zu sammeln. Ferner sollte ich das Ausmaß von Wilderei, die Methoden der Wilderer und die Wege des illegalen Handels mit Orang-Utan-Babys und Nashornhörnern beschreiben. Schließlich hatte ich alles in einem Pflegeplan zusammenzufassen und Vorschläge auszuarbeiten, wie das Reservat und seine hochbedrohten Tierarten besser geschützt und endlich genauer erforscht werden könnten.

Ende April 1970 saßen dann Walman Sinaga, seine Mitarbeiter und ich im »Hotel« von Kotajane, damals ein schmuddliges Kaff am Ende der Buslinie, die das Alastal mit Kabanjahe im Süden und weiter mit den Städten Medan und Pematan Siantar verband. Mächtiger Regenwald überquoll die Berge der beiden Talseiten und fand seine Grenzen an den saftig grünen Reisfeldern in der Ebene. Bustami, der Förster, stellte uns Samudin, Poran, Husin und Bangun vor. Alle vier waren Pawangs, das sind Jäger und Zauberer und somit Überlebenskünstler im Meer turmhoher Baumgiganten, wo seßhafte Menschen, Bauern, Städter und Forscher ohne Führer unweigerlich verloren sind. Pawangs dagegen kennen jeden Weg und wissen eßbare, heilende und ungenießbare Kräuter zu unterscheiden. Sie fangen Fische, sei es mit betäubender Rinde und Samen bestimmter Bäume, sei es mit Reusen, die sie in kurzer Zeit kunstvoll aus feinem Rotan und gespaltenen Palmblattachsen flechten, sie bauen die fürchterlichen Speerfallen für die Nashörner, und sie opfern den Geistern des Dschungels weiße Hühner.

Für jeden Artenschützer mußten Samudin und seine Kollegen als ganz üble Wilderer gelten. Und gewildert wurde damals im Leuser-Reservat nach Strich und Faden. Das ergab allein schon ein Marktbesuch: Neben Reis, Gewürzen und Goldfischen wurde hier vor allem mit Produkten aus dem Regenwald gehandelt, mit Rotan, Früchten, mit Gallenblasen von Malayenbären, toten Fasanen, Wildtauben und anderem frisch erlegten Wild, das laut Gesetz geschützt war.

Bereits am zweiten Tag meines Aufenthalts in Kotajane bot mir jemand einen winzigen Orang-Utan-Säugling mit traurigen Kinderaugen und aufgeschwollenem Hungerbauch an. Der kleine Menschenverwandte mußte, wie schon viele vor ihm, von Pawangs, wie Samudin einer war, geschickt gefangen und seine Mutter dabei getötet worden sein. Und nun saßen Wildschützer und Wilderer friedlich zusammen an einem der schmierigen Tische im »Hotel«, tranken süßen Tee und sprachen über die Verpflegung, die für gemeinsame Fußmärsche in den Dschungel eingekauft werden mußte. Ob ich wollte oder nicht, die Pawangs waren der einzige Schlüssel, um überhaupt ins Innere des Regenwaldes zu kommen. Wer, wenn nicht sie, konnte ein Greenhorn wie mich gefahrlos an die Orte bringen, wo Orang-Utans, Sumatra-Nashörner, Tiger und Elefanten lebten? Und solange Pawangs von WWF-Geld bezahlt wurden, wilderten sie wenigstens nicht.

Am Morgen des 4. Mai verließen wir endlich die Absteige in Kotajane, jene einstöckige modrige Bretterbude mit ihren winzigen Zimmern, wo man über nur dreiviertelhohe Wände die Nachbarn schnarchen hörte, wo ein Dutzend Gäste ein einziges Klo benutzen, das kaum je geputzt wurde, wo nachts ganze Wolken von Mücken leichtes Spiel mit den löchrigen Moskitonetzen hatten und blutgierig über einen herfielen. Voller Erleichterung und Tatendrang bestieg ich mit meinen sieben Begleitern den robusten Bus nach Lau Pakam im Süden.

Zu Fuß schafften wir es bis nach Laujohar und dann noch zehn Kilometer weiter westwärts bis zu einem kürzlich geschlagenen Ladang, wie man hier die durch Brandrodung geschaffenen Felder nennt. Freudig empfingen uns die Siedler in ihrem Gästehaus, wo wir auf harten, mit Grasmatten überdeckten Bambusrosten unsere dünnen Schlafsäcke ausrollten. Fisch, Gemüse und Reis kamen dann auf den Tisch. Hauptgast war Walman Sinaga, da er, wie die Neusiedler, ein Bataker christlichen Glaubens aus dem Gebiet des Tobasees war.

Schließlich, nach langem Palaver, landete das Gespräch beim Sinn und Zweck unserer Reise, wie ich von Bustami, dem Förster, und von Poniran, dem Wildhüter, vernahm. »Ihr sucht also Nashörner?« fragte der Dorfälteste. Ja, die gäbe es hier. Er und seine Freunde hätten beschlossen, in den nächsten Tagen einige junge Männer auszuschicken. Sie sollten sie töten, den

Erlös aus dem Verkauf der Hörner könnten die Siedler sehr gut gebrauchen. Es war zum Verzweifeln, diese ahnungslosen Menschen gaben geplante Vergehen, die nach dem Gesetz mit monate- und jahrelanger Haft oder untragbaren Geldstrafen geahndet wurden, freimütig zu, weil sie nicht einmal wußten, daß Nashörner streng geschützt waren. Doch wer hätte sie aufklären sollen?

Walman Sinaga schaltete und waltete in seinem Büro in Bogor, kannte Indonesien, das Reich der abertausend Inseln, und seine einmalige Fauna und Flora, wie jeder biologisch Interessierte irgendwo auf der Welt, aus Büchern, vom Hörensagen und der großen Landkarte an der Wand. Seine Organisation verfügte über geringste Mittel. Walman konnte nie nach Komodo auf die Inseln der »Drachen«, der riesigen Warane, reisen oder nach Sulawesi (Celebes) mit seinen Anoabüffeln und dem Babirusa, dem Hirscheber. In Kalimantan (Indonesisch-Borneo) wie in West-Irian (Indonesisch-Neuguinea) oder auf der Halbinsel von Udjung Kulon im Westen Javas, wo die letzten Java-Nashörner leben, hatte er seine Mitarbeiter. Sie unterrichteten ihn über das Geschehen, wie Poniran, der damals für Nordsumatra zuständig war.

Doch auch der in Medan stationierte Poniran kannte bisher das Leuser-Reservat nur vom Hörensagen. Es fehlte an einem, für westliche Verhältnisse lächerlich kleinen, Kredit für eine Busreise von wenigen hundert Kilometern. So war auch Poniran auf Informationen angewiesen. Die lieferten der Förster Bustami und der Game Guard Maringan. Sie verfügten über Dienstfahrräder, doch was nützten die klapprigen Drahtesel, wenn es darum ging, Tausende von Quadratkilometern Dschungel vor Holzdieben, Wilderern und vor allem vor Tausenden von Batakern zu schützen, die auf der Suche nach fruchtbarem Land ins breite Tal des Alas drängten und ihre Felder in die Wälder an den Bergflanken des Leusermassivs schlugen?

Die Herren des Landes waren Armee und Polizei. Das machte schon jede Busfahrt durchs Landesinnere deutlich: Wenn sich das überladene Fahrzeug bremsend den Schranken näherte, die an der Weiterfahrt hinderten, kletterte der Beifahrer, der meist auf dem Dach saß, affengleich herunter, streckte die Hand durchs Fenster und empfing vom Fahrer ein Bündel Banknoten. Dann sprang er vom Trittbrett, raste zum kleinen Holzhaus neben der Barriere, übergab das Geld dem bereits wartenden Polizisten, jetzt hob sich der Schlagbaum, und die Fahrt ging weiter. »Was bezahlt er da?« fragte ich einmal den Fahrer. – »Die Polizei«, kam die Antwort. – »Warum?« – »Sonst kontrolliert sie Bremsen, Reifen und Mitfahrerzahl und verlangt ein Bußgeld. Auf diese Art zahlen wir im voraus.« – »Ja, aber wenn alles in Ordnung ist?« – »Spielt keine Rolle, die Buße gäbe es trotzdem.« – »Wieso?« – »Die Polizisten nehmen das Geld für sich.« – »Gibt ihnen der Staat denn nicht genug?« – »Nein, das ist auch nicht nötig. Sie verdienen ja genug mit dem Bußgeld.«

Derartige Raubrittermentalität war im Tal des Alas gang und gäbe. In dieser Gegend ganz besonders. Denn seit die christianisierten Batakstämme ins Tal der traditionellen Muslims von Atjeh drängten, entzündete sich häufig Streit. Polizei und Armee waren da, um zu schlichten – und zu verdienen. Zum Vergnügen gingen sie mit ihren Karabinern auf die Jagd. Beim Einschlafen fiel mir dann noch der Polizeimajor Ismail Daud in Kotajane ein. Als Walman und ich ihm einige Tage vorher unsere Aufwartung gemacht hatten, überreichte er mir wohlwollend einen Karabiner samt Munition, damit ich im Leuser-Reservat meinen ersten Tiger schießen könne. Auf das großzügige Geschenk habe ich selbstverständlich verzichtet. Von einer Unterstützung gegen Wilderer seitens der Polizei und Armee konnte damals keine Rede sein, im Gegenteil: Polizisten und Soldaten wilderten selbst und verdienten am Geschäft mit hochbedrohten Tierarten kräftig mit.

Am Morgen fanden wir die Fährten in einem sandigen Weg. »Ganz frisch«, klärte uns Samudin auf. Walman und ich wollten ihnen folgen, Bangun führte. Der Rest unserer kleinen Mannschaft wartete auf dem Weg. Gebückt schlichen wir bergwärts durch dornigen Zweitwuchs. Schossen Büsche und Gräser zu dicht in die Höhe, krochen wir auf allen vieren vorwärts. Dann hielt Bangun plötzlich inne, drehte sich zu uns um. Ja, wir rochen es auch, Walman und ich nickten zustimmend. Ein beißender »Pferdestallgeruch« stach in unsere Nasen. Wir mußten ganz nahe sein, jedenfalls so nahe, daß mein Forscherdrang schlagartig nachließ, da mir unangenehme Geschichten in Erinnerung kamen. Etwa die, die Basler Kollegen im Udjung-Kulon-Reservat erlebt hatten. Einer von ihnen, so hatten sie uns noch vorige Woche bei einem Treffen in Bogor erzählt, sei beim Versuch, eines der Java-Nashörner aus nächster Nähe zu fotografieren, angegriffen worden. Der Koloß habe dann mit einem seiner Eckzähne den Allerwertesten des mutigen Kameramanns ganz übel zugerichtet.

Ein lautes Rascheln löste alle Probleme, der Spuk war verschwunden. Schließlich gaben wir die mühsame Verfolgung auf und kehrten zu unseren Gefährten zurück. Sie saßen winkend im Schatten und berichteten uns strahlend von drei Nashörnern, die längere Zeit auf dem Weg gestanden hatten, während wir drei uns durch die Büsche drängten. An diesem zweiten Tag am Rande des Regenwaldes war ich noch fest davon überzeugt, Nashörner, die hier ja unmittelbar bei einem Dorf lebten, seien weder besonders selten noch schwer zu finden, und sehen würde ich sie ohnehin früher oder später. Es kam alles ganz anders. In all den Wochen in Nordsumatra habe ich nie eines der letzten Nashörner getroffen, und so nahe, wie hier bei Laujohar, waren wir später nie mehr an sie herangekommen.

Auch der holländische Biologe Nico van Strien, der später die Beobachtungen am Sumatra-Nashorn fortsetzte, sah nie eines der seltenen Tiere. Und der Schweizer Markus Borner, der Mitte der siebziger Jahre zuerst im Leuser-Reservat und später in anderen Teilen Sumatras nach der kleinsten der fünf Nashornarten suchte, sah in drei Jahren nur ein einziges, das eines Abends unerwartet durch sein Camp rannte. Wer immer damals wildlebende Sumatra-Nashörner studierte, mußte sich an ihre Lebenszeichen halten, an Fährten und Spuren. Nico van Strien konnte so wenigstens in einem Teil des Mamastals in der zentralen Region des Reservats Gipsabgüsse sammeln und schließlich einzelne Badaks (Nashörner) unterscheiden, obwohl er sie nie sah. Schließlich hatte er eine Sammlung von 750 Gipsmodellen, acht Kubikmeter einmaliges Dokumentationsmaterial von einer Tonne Gewicht.

Auf der ersten Expedition in den Süden des Leuser-Reservats mußte ich in kurzer Zeit ein möglichst großes Gebiet besuchen. Das Team war klein, aber 'beweglich. So konnten wir nur Fotoapparat, Meßband und Notizmaterial zur Beschreibung der Fußabdrücke mit uns tragen. Sie ähneln auf den ersten Blick Spuren von kleineren Elefanten. Während sich aber beim Tierriesen pro Fuß fünf Nägel oder Hufe im weichen Boden abbilden, sind es beim Nashorn nur drei, je einer auf jeder Seite und einer in der vorderen Mitte. Und da gehende Nashörner mit dem Hinterfuß meistens ziemlich genau an derselben Stelle auftreten, wo kurz zuvor der Vorderfuß stand, überlagern sich die Abdrücke. Folglich empfiehlt sich die Vermessung des Hinterfußabdrucks – aber nur bei Spuren, die auch den Vorderfußabdruck zeigen. 69 saubere Hinterfußabdrücke von insgesamt elf verschiedenen Fährten hatte ich nach dreieinhalb Monaten vermessen können.

Das trockene Zahlenmaterial entpuppte sich später, als ich in Bogor den Schlußbericht schrieb, als »heiß«. Denn einige meiner Maße paßten überhaupt nicht ins Bild. Sie waren zu groß, mit dreißig Zentimetern viel zu breit, um von Sumatra-Nashörnern zu stammen. Von denen gab es 1970 nur vergleichbare Spurmaße aus Malaysia, sie waren nie breiter als 23 Zentimeter. Lebten hier im Leusergebiet möglicherweise größere Sumatra-Nashörner als auf dem Festland? Wohl kaum, denn beide Typen gehören sogar der gleichen Unterart *Dicorhinus sumatrensis sumatrensis* an. Zudem ist der Boden im feuchten Tropenwald wohl überall in etwa gleich. »Wahrscheinlich haben Sie die Spuren von Java-Nashörnern vermessen«, klärte mich dann A. Hoogerwerf auf, der gerade eine 500seitige Monographie über das Reservat von Udjung Kulon fertiggestellt hatte. Der Holländer war 1934 als Präparator nach Bogor gekommen und hatte Indonesien 1957 als Chef der Naturschutzbehörde verlassen.

Tatsächlich stimmten die Breiten der größten Fußabdrücke, die ich damals vermaß, genau mit den Zahlen überein, die einst A. Hoogerwerf und später Rudolf Schenkel und seine Mitarbeiter auf der Halbinsel von Udjung Kulon vermessen hatten. Und die stammten eindeutig von Java-Nashörnern. Gab es 1970 nicht eine, sondern zwei Nashornarten im Leusergebiet? Hatten die älteren meiner Begleiter, die Pawangs Poran und Samudin recht, wenn sie von einem großen, haarlosen »weißen« Badak und einem kleineren, rötlichen langbehaarten sprachen, das sie Badak kerbau, »Büffelnashorn«, nannten? Und dann auch noch Hoogerwerf, einer der intimsten Kenner der Tierwelt Indonesiens, mit seiner trockenen Bemerkung, ich sei wahrscheinlich Java-Nashörnern auf der Spur gewesen. Und das auf Sumatra!

Ganz auszuschließen ist die Vermutung nicht. Denn die Namen »Java«- und »Sumatra«-Nashorn täuschen ein kleines, auf die jeweiligen Inseln beschränktes Vorkommen vor. In Wirklichkeit überzogen die einstigen Areale der beiden Arten weite Teile des südostasiatischen Festlandes. In Birma, Thailand, Laos, Kambodscha, Vietnam, Malaysia und auch auf Sumatra lebten sie nahe nebeneinander. Java und die im Tiger-Kapitel bereits erwähnten Sundarbans (das Mündungsgebiet von Ganges, Brahmaputra und Meghna am Golf von Bengalen) wurden ausschließlich vom einhörnigen Java- oder Schuppennashorn (*Rhinoceros sondaicus*) bewohnt, einem nahen Verwandten des etwas größeren Indischen Panzernashorns (*R. unicornis*). Wie bei diesem bildet seine unbehaarte Haut Panzerplatten. Borneo dagegen ist allein dem Sumatra-Nashorn vorbehalten. Diese mit knapp 1,4 Metern Schulterhöhe und höchstens 800 Kilogramm Körpergewicht kleinste Art ist behaart und trägt zwei Hörner.

Wo beide Arten, wie auf Sumatra, nebeneinander vorkamen, teilten sie ihren Lebensraum untereinander auf. Das kleinere Sumatra-Nashorn hielt sich an ungestörten Regenwald und gebirgige Zonen, das größere Java-Nashorn an Tiefländer, Zweitwuchs und sumpfiges Gelände. Leider konnte Markus Borner, der im Dezember 1972 mit seinen Studien im Leusergebiet begann und sofort in das flache Gebiet von Laujohar an der Südwestgrenze des Reservats reiste, dort überhaupt keine Lebenszeichen von Nashörnern mehr finden. Das Gebiet war bereits gerodet worden. Wann die letzten Java-Nashörner auf Sumatra, von wo übrigens die meisten Museumspräparate der Art stammen, ausstarben, kann deshalb nur vermutet werden: zwischen 1950 und 1970.

Pawangs fangen alles

Nach kurzem Marsch erreichten wir bei Koedeampuntuam den Alas-Fluß. Die Waldberge an seinen Ufern wuchsen steil in tiefhängende Regenwolken. Pünktlich zur Abenddämmerung trompeteten Abertausende von Zikaden in schrillem Chor zur frühen Nachtruhe, die gelegentlich von schrecklichen Gewittern unterbrochen wurde. Kurz nach Sonnenaufgang jauchzten Gibbons und Siamangs, wenn sie von ihren Schlafquartieren am Fluß, von Ast zu Ast schwingend, bergwärts zu ihren fruchtenden Futterbäumen zogen. Dampfende Kotballen verrieten einen Elefantenbullen, der im dichten Unterwuchs sein Futter gesucht hatte.

Nach dem Frühstück schritt Samudin würdevoll auf eine Sandbank. »Er will mit den Dschungelgeistern sprechen«, klärte uns Poniran auf. Erst als der alte Pawang, am Boden kniend und ganz eingehüllt in weißes Leinen, seine Zauberformeln gemurmelt, geheimnisvolle Hölzchen und getrocknete Kräuter verbrannt und schließlich ein mageres weißes Hühnchen freigelassen hatte, ließen wir uns in einem von Fischern gemieteten Einbaum flußabwärts treiben. Von jetzt an waren wir auf uns allein gestellt.

Am Muara Bengkung, wo der Bengkung in den Alas fließt, fanden wir unter einer leicht überhängenden Felswand den idealen Ort für unser Basislager. Im Nu hatten die Pawangs mannshohe Stämmchen gefällt, entlaubt und das Gerüst eines kleinen Hauses gebaut; breite Bananenblätter bildeten das Dach, Laub und Gras weiche Matratzen. Bustami hatte bereits mit seinem Kompaß die genaue Richtung nach Mekka vermessen und sie mit Strichen im weichen Boden markiert, so daß die Abend- und Morgengebete vorschriftsmäßig verrichtet werden konnten. Nun warf Bangun im nahen Wasser geschickt das Netz nach grau-orange Karpfenfischen aus. Samudin suchte eßbare Kräuter, Farntriebe, Blumen und Früchte, während die beiden Träger in zwei großen Töpfen Reis und Tee kochten.

Obwohl wir nur Reis, Zucker und Salz mitgebracht hatten, lebten wir am Muara Bengkung geradezu in Saus und Braus. Das Essen war vielfältig, und die Pawangs brannten geradezu danach, es noch zu bereichern. Jedenfalls gab es am nächsten Tag schon frische Schildkröteneier, die sie flink aus dem Ufersand eines der breiten Bäche gebuddelt hatten. Jetzt war es an Walman Sinaga, seines Amtes als oberster Artenschützer zu walten. Stundenlang redete er sanft und gutmütig auf die Jäger ein und versuchte klarzumachen, daß Schildkröten ebenso geschützt seien wie das andere Getier.

Was sie denn sonst noch alles essen würden, wollte ich wissen. Die Speisekarte war lang, reichte von Argusfasan über Tauben bis zum hasenkleinen Kantschil, dem Hirschferkel, vom Muntjak über den Kampin hutan (Serau, ein ziegengroßes Huftier) bis zum stattlichen Rusahirsch. »Nein, Babi hutan, Wildschwein, essen wir als gläubige Moslems nicht. Wir können sie aber fangen, wenn ihr wollt«, meinten sie. »Und auch Tiger und Nebelparder?« wollte ich wissen. – »Die fangen wir alle«, war die Antwort, die schon fast mitleidig klang. – »Wohl gar den Gajah, den Elefanten?« – »Wenn's sein muß!«

Mir, dem Anfänger, ging das alles zu weit, es stank nach Bluff. Sicher sahen wir auf den ersten Ausflügen vom Muara Bengkung entlang dem Lau Alas ins Einzugsgebiet von Ajer, Renun, Senkalam und Bengkung gelegentlich Tauben, die aus einer Wasserlache tranken und mit metallischem Flügelklatschen aufflogen, wenn wir uns nahten. Und hie und da scheuchten wir eine Rotte Wildschweine auf, eine Gruppe von Javaneraffen oder ringelschwänzigen Schweinsaffen oder einen einsamen Rusa. Und wenn wir Glück hatten, sahen wir in der ersten oder zweiten Etage der Baumkronen über uns, wie ein Orang-Utan, sich lässig von Ast zu Ast hangelnd, verschwand. Aber meine Notizbücher füllten sich vor allem mit Angaben über Trittsiegel, Kratzspuren und Kothaufen der Bodenbewohner oder Schlafnester der Orang-Utans, die wir in Astgabeln ausmachten. Ich lernte allmählich festzustellen, wo und was Elefanten, Nashörner, Rusahirsche oder Wildschweine gefressen hatten, wo sie ruhten, sich in feuchter Erde suhlten, und kartierte das verschlungene System ihrer Wechsel. Wir fanden zwar graubraune, mit blauen Augenmustern verzierte Schwungfedern der Argusfasane, hörten ihre Balzrufe, sahen sie aber nie.

Wie konnten die Pawangs also behaupten, sie jagten Tiere, die im dichten Pflanzenwuchs leicht Menschen hören und riechen, bevor sie selbst gesehen werden? Die Pawangs besaßen ja keine Schußwaffen. Sumpit, das Blasrohr, ist bei den alteingesessenen Stämmen Atjehs unbekannt, und das lange, machetenartige Messer, das jeder Pawang mit sich trägt, ist keine Jagdwaffe. Dagegen ein vielseitig zu gebrauchendes Werkzeug, mit dem sich armdicke Äste abschlagen, fingerdünne Rotanwurzeln zu feinen Fäden spalten und plumpe Holzklötze zu handlichen Geräten schnitzen lassen. Dank ihrer handwerklichen Fähigkeiten, ihrem tiefen Wissen über das Verhalten der Dschungeltiere, der Kenntnisse über die vielfältigen pflanzlichen Werkstoffe des Dschungels, ihrer Tradition und Erfindungsgabe bauen Pawangs unterschiedlichste Tierfallen, für winzige Vögel ebenso wie für schwere Orang-Utans. Wie sie im einzelnen aussehen, führten sie uns bald vor. Um das Camp am Muora Bengkung entstand allmählich eine Fallensammlung. Nur zu Demonstrationszwecken, versteht sich.

Viele Fallentypen folgen einem einfachen Lassoprinzip: Der Jäger hebt vorerst eine kleine Grube aus – für Fasane umfaßt sie etwa das Volumen eines Bierglases, für Hirsche entspricht sie dem eines Melkeimers –, die er mit gespaltenem Bambus zudeckt. Mit diesen Bambusstücken ist ein Auslösemechanismus verbunden, eine genau geschnitzte Kombination von zwei ineinander verhängten Holzhaken, die bei Berührung aufspringen. Nun biegen die Pawangs die Spitze eines jungen Baumes zu Boden, befestigen eine Rotanschnur daran und verbinden diese so mit dem Auslösemechanismus, daß der Baum nach unten gespannt bleibt. An die Baumspitze binden sie das lose Ende eines Lassos, die Lassoschlinge breiten sie auf den Bambusstücken über der winzigen Fallgrube aus. Zuletzt tarnen sie das Ganze vorsichtig mit Erde und Laub. Kleine Hindernisse, die trichterförmig zur Falle führen, erhöhen den Fangerfolg. Dann ziehen sich die Jäger zurück. Tritt nun ein Fasan oder ein Hirsch mit einem Fuß auf die getarnte Fallgrube, sinkt dieser ein. Der Auslösemechanismus wirkt sofort: Die nach unten gebogene Baumspitze federt nach oben und reißt die Fangschnur mit sich, die Schlinge wird dabei zugezogen. Unverzüglich hängt die Beute an einem Bein hoch über dem Boden. In solchen Fallen werden sogar Tiger gefangen. Nie würden sie nur eine dieser Lassofallen stellen, erzählten mir die Pawangs, sondern immer ganze Serien in dichter Folge hintereinander.

Eines Abends führte Bangun stolz seine Affenfalle vor. Er hat zwei etwa drei Meter lange Palmenstämme fest zusammengebunden und im vorderen Drittel auf ein einfaches Gestell aus zwei senkrecht eingerammten Stämmen und einer Querverbindung mannshoch aufgebockt. Über diese schmale Rampe gelangen Affen zu einem Köder; ergreifen sie ihn, fällt ein dritter Holzstamm nach unten. Die Beute wird durch eine feste Schlinge aus Rotan festgehalten. Javaner- und Schweinsaffen lassen sich so fangen, Orang-Utans aber sicher nicht. Zwar halten sich die schweren ausgewachsenen Männchen gelegentlich am Boden auf, doch die Weibchen mit ihrem Säugling im Arm verlassen die Bäume praktisch nie. Und auf sie hatten es die Pawangs ja abgesehen. Also die Frage an meine Freunde: »Wie fangt ihr dann die großen Menschenaffen?« Das sei sehr personalintensiv und brauche aufwendige Organisation, meinten sie. »Denn vorerst müssen Mutter und Kind auf einem einzelnen Baum isoliert werden. Das ist nur möglich, wenn rasch die umliegenden Bäume umgesägt werden.«

»Gut, nehmen wir also an, ihr habt das bewerkstelligt, und da, auf diesem Baum, säße nun eine Orang-Utan-Mutter samt Säugling«, sagte ich und deutete auf einen einzelnen Feigenbaum neben unserem Lager, »wie geht's dann weiter?« – »Wir zeigen es dir gleich, Tuan«, antwortete Samudin. Dann holten die Pawangs dicke Bambushalme, spalteten sie und flochten einen groben Rost von zwei mal zwei Metern, den sie in doppelter Mannshöhe um den Stamm des Feigenbaums befestigten. An einer Stelle neben dem Stamm ließen sie eine Öffnung frei, darunter hängten sie mit brüchigen Rindenschnürchen einen großen offenen Sack. Er konnte mit einem Lasso aus festem Rotan zugezogen werden, dessen freies Ende sie am Baumstamm festbanden. Wenn dies alles fertig sei, würden sie sich zurückziehen, erklärte Samudin. Früher oder später versuche dann die Orang-Mutter mit dem Säugling den Baum zu verlassen, also nach unten zu klettern. Der schwankende Rost aus gespaltenem Bambus sei unsicher, folglich müsse sie durch das Loch mit dem Sack absteigen. Sobald sie aber darin sei, würden die Rindenschnüre reißen, der Sack mit den Orang-Utans nach unten fallen und das Lasso das Paket fest zuschnüren. »Doch so fangen wir längst keine Orang-Utans mehr.« – »Wie dann?« – »Wir arbeiten mit einem Soldaten oder einem Polizisten zusammen. Er erschießt die Mutter, wir nehmen das Baby. Der Gewinn wird geteilt.« So weit zu den Demonstrationen am Muora Bengkung.

Die Praxis lernte ich auf langen Märschen durch viele Gebiete des Leuser-Reservats kennen. Dazu nur drei Beispiele: Am Lau Silukluk zeigte uns Husin seine Taubenfalle, sie hatte die Form eines Sechsmannzeltes. Durch ein feines Geflecht aus Rotan gewährten trichterförmige Röhren Einlaß zu einer kleinen Quelle, dem weit und breit einzigen Trinkplatz, verwehrten aber den Ausgang. Fünfzig Schritt daneben stand in einem dichten Teppich aus gerupften Federn der Grill; auf ihm briet Husin jeweils die gefangenen Vögel. Mehr als hundert pro

Woche seien es schon gewesen. »Das sind aber mehr, als du und deine Familie brauchen«, meinte ich. – »Die meisten verkaufte ich ja an die neuen Siedler«, sagte er und deutete vielsagend auf die japanische Uhr an seinem Handgelenk.

Die Einwanderer erweiterten Märkte und Bedürfnisse und brachten bisher unbekannte Hilfsmittel ins Alastal, so Pestizide wie Endrin, das hemmungslos zum Fischen gebraucht wurde. Das fanden wir an den Oberläufen von Silukluk und Kompas. Hier gab es weder Spuren von Ottern noch Javaneraffen, die unter anderem von Wassertieren leben, noch konnte Bangun einen einzigen Fisch fangen, normalerweise gingen ihm allabendlich vier bis fünf Kilo ins Netz. Wie später zu erfahren war, hatten Leute aus dem Alastal zehn Monate vor unserem Besuch beide Bäche mit Endrin leer gefischt und alles Leben vernichtet.

Bei solchen Übertritten hätte selbstverständlich die Polizei einschreiten müssen, doch sie tat genau das Gegenteil. General R. Mustafa Gandasubrata vom Hauptquartier in Medan, Autor verschiedener Beiträge zum indonesischen Naturschutzgesetz, lud uns am 16. Mai in seinem Ferienquartier in Aunan zum Nachtessen ein. Serviert wurde Rusa, den Hirsch hatte der Oberpolizist am Morgen selbst erlegt.

So ging es 1970 im Leuser-Reservat zu, bevor ausländisches Geld für Naturschutz nach Sumatra floß, bevor die Forschungsprojekte von holländischen und Schweizer Biologen begannen und zwei Orang-Utan-Stationen gebaut wurden. Haben die Beteuerungen der Regierung in Jakarta, sich zukünftig vermehrt für die Belange des Naturschutzes in Sumatra einzusetzen, etwas genützt? Dämmten wenigstens die Anwesenheit und die Berichte der zahlreichen internationalen Experten, die nach mir kamen, Wilderei und Waldraubbau ein? Wohl kaum:

Im Alastal wächst die Bevölkerung, vor allem durch Einwanderer, seit zwanzig Jahren jährlich um 15 Prozent. Wo einst zwei alteingesessene Stämme lebten, wetteifern heute 15, zum Teil grundverschiedene Volksgruppen um die letzten fruchtbaren Böden und dringen immer tiefer ins Reservat vor. Die turmhohen Baumgiganten, die noch 1970 trutzig über die Berghänge in das fruchtbare Tal hinunterdrängten, sind bis auf kümmerliche Reste abgehackt und verbrannt. Und so wie im einst abgeschiedenen Tal des Alas sieht es heute überall auf Sumatra aus. Der Dschungel wird immer mehr verstümmelt, ausgeraubt und bis auf wenige kleine Inseln gerodet. Hier sind selbst Tiger nicht mehr sicher vor dem totalen Ausverkauf. Bis zu 200 der gestreiften Katzen verfangen sich jährlich noch in einfachen Schlingenfallen und müssen so ihr teures Fell lassen. Abertausende von Dschungeltieren werden heute noch lebend oder tot außer Landes geschmuggelt. Und nach wie vor gilt Sumatra als Hauptlieferant für die Hörner der Rhinos, zu deren besserem Schutz die Leuser-Expedition 1970 hätte beitragen sollen.

Wandelnde Apotheke

Medizin aus Haut, Blut, Knochen, Zähnen, ja sogar aus Mageninhalt, Urin und Kot der Nashörner soll so ungefähr gegen alles wirken, was Menschen plagt: Fieber, Bauchweh, Blutarmut, Schlangengift, Kinderlosigkeit und, wie inzwischen jeder weiß, vor allem gegen Impotenz. Teuerster Rohstoff sind die Hörner, Bildungen der Haut ohne knöcherne Stützen. Chemisch sind sie vergleichbar mit Fingernägeln, Haaren und verhornter Haut. Sowenig wie Fingernägelkauen müde Männer wieder munter macht, erreicht dies der Genuß von Nashornpulver – sollte man meinen. Doch da ist der Glaube an die Wirkung, der Placebo- oder, um es salopper zu sagen, der »Hühnerbrühe-Effekt«. Er trägt häufig zur Heilung bei, besonders bei psychisch bedingten Problemen, wie es Potenzschwierigkeiten oft sind. Ist die Ursache aber organisch, etwa altersmäßig bedingt, so hilft die Prozedur sowenig, wie Haarwuchsmittel Glatzen verschwinden lassen.

Glatzköpfe, die auf Haaresfülle nicht verzichten mögen, tragen bekanntlich ein Toupet und schmücken sich so mit den »Federn« anderer. Das ist im übertragenen Sinn auch in der

Volksmedizin gang und gäbe: Eigenschaften, die einem fehlen, hofft man sich mit Medikamenten anzueignen, die von Wesen mit den entsprechenden Fähigkeiten stammen. Eine Vorstellung, die auch im aufgeklärten Westen, mit modernster Wissenschaft verbrämt, noch lange nicht ausgestorben ist, sonst hätten die Reichsten der Reichen zum Beispiel längst auf die sündhaft teuren, medizinisch aber, gelinde gesagt, umstrittenen Frischzellen-Therapien verzichtet. Und so wie ungeborene Schaflämmer, von deren Zellpräparaten sich die Menschen ewige Jugend versprechen, haben auch Nashörner durchaus besondere Eigenschaften.

Wo dermaßen der Rauch des Aberglaubens wabert, brennt zumindest ein Feuerchen der Wahrheit. Beim Nashorn lodert sogar ein mächtiger Brand, der die absurdesten Wunschträume zweibeiniger Machos bei weitem übertrifft: Der Bulle bleibt während der Paarung mit dem Weibchen anderthalb Stunden oder länger vereint und hat dabei alle drei Minuten einen Samenerguß. »Ihre Geschlechtsteile sind sehr groß, die männlichen höchst sonderbar gebildet«, wußte schon vor mehr als einem Jahrhundert der Tiervater Alfred Edmund Brehm und verschwieg dabei prüde die mächtigen Schwellkörper an der Eichel. Beim Sumatra-Nashorn etwa bilden sie handbreit hinter der Spitze des gut armlangen Penis zwei dicke, balkenartig aufgetriebene Anhängsel, die wahrscheinlich das lange intime Zusammensein überhaupt erst ermöglichen. Derartiges beflügelt selbstverständlich die Phantasie. Die Männer jagender Stämme auf Borneo schritten zur Tat und ließen sich durch schmerzhafte chirurgische Eingriffe ihrer Medizinmänner einen *palang*, die fehlenden, partnerverbindenden Anhängsel aus geschnitztem Bambus, Knochen oder Horn, an der entsprechenden Stelle einoperieren. Noch vor wenigen Jahren erhielt ein Arzt des amerikanischen Peace Corps in Sarawak die Anfrage eines um das eheliche Zusammensein besorgten jungen Mannes, ob es sich lohnen würde, einen *palang* zu implantieren. Der in Amerika ausgebildete Dr. Daniel Klok wies ihn ab.

Schon vor urdenklicher Zeit müssen, so stelle ich mir jedenfalls vor, Männer auf eine schmerzhafte Imitation des Nashornbullen verzichtet und ihr Glück damit versucht haben, sich einen Teil des sagenhaften Potenzprotzen einzuverleiben. Was lag da näher als eine Medizin aus seinem dauerhaften Horn.

Nashörner besitzen aber noch ganz andere Fähigkeiten. Sie leben in malariaverseuchten Sümpfen und undurchdringlichen Regenwäldern, Gebieten also, die der Mensch nicht leicht erobern konnte. Und wer möchte nicht so stark sein wie diese Tierriesen, die selbst Tiger in die Flucht jagen? Wer möchte nicht wie sie scheinbar völlig unempfindlich sein gegen die Gifte vieler Pflanzen, die sie zudem noch genüßlich fressen?

Die Menschen in Süd- und Südostasien meinen, daß das Gegengift aus den Hörnern stamme. Deshalb werden aus ihnen heute noch »Schlangensteine« gefertigt, die nach einem Schlangenbiß das Gift aus der Wunde saugen sollen. Der vermeintliche Erfolg beruht auf einem Irrtum: In der Regel werden in Asien alle Schlangen für giftig gehalten, in Wirklichkeit sind es aber nur verhältnismäßig wenige. So ist es nicht erstaunlich, daß das Nashorn-Mittel in den meisten Fällen »heilt«.

Aus den Rhinohörnern werden auch kostbare Becher geschnitzt, sie sollen ihre Besitzer vor Giftmord schützen. Denn, so der Aberglaube, das tödliche Gebräu würde im Rhinobecher sofort schäumen oder der Becher gar zerbrechen. Vom Altertum bis ins späte Mittelalter waren derartige Gefäße auch bei den Reichen und Mächtigen Europas im Schwange. Und sie wirkten offenbar genau so, wie sie heute noch in Südostasien wirken. Nämlich so lange, wie auch die Giftmischer dem Aberglauben verfallen und es deshalb gar nicht erst wagen, ihren tödlichen Trank an den Mann zu bringen. Der Aberglaube mußte nur entsprechend geschürt werden.

Die westliche Welt verfiel nicht nur den Legenden über die Wirkungen verschiedener Nashornmedizinen, ihre Wissenschaftler konstruierten aus dem asiatischen Wundertier ein Fabelwesen: das Einhorn.

Nachweislich erhielt Europa erstmals Kenntnis vom sagenhaften Einhorn durch Ktesias aus Knidos, dem griechischen Leibarzt am Hofe des Perserkönigs Artaxerxes (440 bis ca. 360 v.Chr.). Es sei größer als ein Pferd, habe ein spitzes Stirnhorn von anderthalb Fuß Länge. Nur als junges Tier ließe es sich mit Pfeil und Bogen töten. Das aus dem gemahlenen Horn erlangte Pulver, als Getränk verabreicht, wirke gegen tödliches Gift. Zudem sei der gegen Krämpfe, Epilepsie und Gifte gefeit, der aus einem aus diesem Horn gedrehten Becher trinke. Auch Megasthenes, der als Gesandter an den Hof des indischen Königs Chandragupta I. (320–298 v.Chr.) reiste, erzählte vom Einhorn. Es habe den Kopf eines Hirsches, die Füße seien denen des Elefanten ähnlich, der Schwanz dem eines Schweines, das schwarze und gewundene Horn erscheine zwischen den Augen. Das Tier sei außer in der Brunftzeit gegen seinesgleichen streitsüchtig und habe eine kräftige Stimme voller Mißklang. Nur zur Brunftzeit könne es getötet werden.

Zweifellos beziehen sich diese ersten Berichte auf asiatische Nashörner, höchstwahrscheinlich auf das Indische Panzernashorn, dessen Verbreitungsgebiet damals noch bis ins Indusbekken reichte. Selbst eine Verwechslung mit dem Sumatra-Nashorn, das damals noch am Fuße des Himalajas lebte, wäre zu erklären: Obwohl »zweihörnig«, erscheint es auf den ersten Blick als »Einhorn«, weil der zweite Aufsatz kaum ausgebildet ist.

Die Kunde vom Einhorn beflügelte bereits die Phantasie von Aristoteles (384–322 v.Chr.). Er dichtete dem sonderbaren »Esel« des Ktesias Einhufigkeit an. Weil er selbst nur Paarhufer mit zwei Hörnern oder Geweihen gesehen hatte, etwa Rinder und Hirsche, lag der Schluß nahe: »Zwei Hufe gleich zwei Stirnaufsätze – ein Stirnaufsatz gleich ein Huf pro Fuß.« Plinius der Ältere übernahm diese Meinung. Leider sah der römische Schriftsteller das von Kaiser Titus im Jahre 80 im soeben vollendeten Kolosseum zu Rom zur Schau gestellte Panzernashorn nicht mehr, ein Jahr zuvor hatte der 56jährige beim

Vesuvausbruch sein Leben gelassen. Auch ein früheres einhörniges Nashorn, das Pompejus 61 v.Chr. zu den Spielen nach Rom geholt hatte, kannte er nur vom Hörensagen. Im ersten Jahrhundert n.Chr. kamen, so der Dichter Marcus Valerius Martial (40–ca. 104 n.Chr.), neben einhörnigen Rhinos (»Wie gewaltig durchs Horn, welchem ein Ball war der Stier!«) auch zweihörnige aus Afrika (»Denn es erhebt mit doppeltem Horn den gewaltigen Bären«). Aber auch das Alte Testament erwähnt vielfach ein- und zweihörnige Nashörner: »Errette mich vor den Hörnern der Einhörner«, fleht zum Beispiel Hiob. Dazu meinte bereits Alfred Edmund Brehm 1864 in seinem »Tierleben«: »Für mich steht fest, daß es [das Nashorn] das Einhorn der Bibel ist.«

Mit dem Zerfall des Maurya-Reiches in Indien und des Römischen Reiches in Europa rissen die Handelsbeziehungen und stoppte der Austausch von Diplomaten. Als das Christentum sich auszubreiten begann, gab es längst keine neuen Informationen mehr über die sonderbaren Tiere Südasiens, aber immerhin: Bis ins zwölfte Jahrhundert bildeten die Künstler in den Kirchen das Einhorn zusammen mit Sirenen und Elefanten getreu der Überlieferung als ein massiges Tier ab. Sein bogenförmig nach hinten gerichtetes, dickes Horn war zwar auf die Stirn gerutscht (dorthin, wo die damals im Westen bekannten Hornträger ihre Waffe trugen). Tiere aus fernsten Zonen, wie das Einhorn, wurden von Denkern, welche die Künstler inspirierten, als Zeugen aufgerufen, denn sie vermochten weit mehr als das Alltägliche die Phantasie der Gläubigen anzuregen. »Mit der Entfaltung der Kunst im 13. Jahrhundert erscheint das Einhorn in neuem Licht«, faßt der Biologe Adolf Portmann zusammen. »Die Denker jener Zeit, die in den Naturgestalten das Wort Gottes zu entdecken suchten, fanden in den alten Berichten vom Einhorn eine bedeutsame Einzelheit: Es soll wild und unzähmbar gewesen sein, mußte sich aber nach der Legende einer reinen Jungfrau ergeben. Durch diesen besonderen Wesenszug erschien das seltsame Tier als eines jener Geschöpfe, deren Dasein von der Menschwerdung des Heilandes in einer Jungfrau Zeugnis ablegte. Die Wildheit, die Stärke des Tieres und seine Unnahbarkeit erschienen in dieser Deutung wie ein Gleichnis für die Gewalt des Gottessohnes.« Mit seiner Bedeutung hat sich aber auch das Bild des Einhorns verwandelt, es gleicht jetzt eher einem feingebauten Hirsch mit einem langen gedrehten Horn, das gerade nach oben oder nach vorn gerichtet ist. Künstlerische Phantasie hat die Wandlung vollzogen, die der tiefen Menschlichkeit des neuen Bildes besser entspricht als die alte Tradition des asiatischen Tierriesen.

Gegen Ende des 13. Jahrhunderts beschrieb allerdings noch einmal ein Europäer die echten »Einhörner«. Marco Polo, der venezianische Händlerssohn und Weltreisende, besuchte 1292 auf seiner Rückfahrt vom Hofe Kubilai Khans den Norden Sumatras. »Ihr Kopf entspricht dem eines Ebers, und sie tragen ihn tief am Boden«, diktierte er in der Gefangenschaft in Genua dem Pisaner Rusticiano: »Vorn am Kopf haben sie ein einziges Horn, aber diese Waffe benutzen sie nicht zur Verteidigung. Bei einem Angriff gebrauchen sie nur ihre Zunge, die mit langen scharfen Stacheln besetzt ist, und ihre Knie oder Füße.« Mit der stachelbewehrten Zunge meinte Marco Polo sicher die scharfen Hauer. Marco Polos Schilderung konnte das Bild, das sich das Mittelalter vom Einhorn machte, nicht mehr verändern. Allzu unglaublich klangen ja auch seine anderen Schilderungen über die asiatischen Reiche und Länder, über brennbare Steine etwa, Papiergeld oder Millionenstädte.

Zudem hatten die Gelehrten des 13. Jahrhunderts durchaus »Beweise« für die Existenz eines Einhorns mit langem, geradem, um die Längsachse gewundenem Stirnhorn, nämlich den linken stark verlängerten oberen Eckzahn des männlichen Narwales (*Monodon monoceros*), der bis 270 Zentimeter lang und 10 Kilogramm schwer wird und rechtsherum gedreht ist. Allerdings kannten vorerst weder Gelehrte noch Künstler den fischähnlichen Säuger aus den fernen arktischen Meeren. Narwalzähne erschienen in Mitteleuropa zwischen dem 11. und 14. Jahrhundert, als sich der baskische Walfang immer mehr nach Norden ausdehnte und die mutigen Seefahrer Kontakte mit jagenden Völkern der Arktis aufgenommen hatten. Narwalzähne, Beweise für die Existenz des sagenhaften Einhorns, galten bald als teure Medizin und wurden mit Gold aufgewogen. Karl V. (1519–1556) zum Beispiel löste eine für sein Kaiserhaus bedrohliche Schuld mit zwei Narwalzähnen ein.

Zu dieser Zeit war das Einhorn längst zum Haustier der Künstler geworden. Immer weiter entfernte sich das Bild des Sagentieres vom Bericht der Alten. So erscheint es gemeinsam mit heraldischen Löwen als Bannerträger auf den berühmten Teppichen im Musée de Cluny in Paris, die wohl um 1500 entstanden sind. Die Jungfrau ist hier allerdings ein Edelfräulein, in anderen zur gleichen Zeit geschaffenen Darstellungen wird sie zum zottig behaarten Wildfräulein. Mehr und mehr wandelt sich das Sagentier nun zur heraldischen Figur, wird Helmzier und Wappenträger. In anderthalb Jahrtausenden schufen Gelehrte und Künstler aus frühen Bildern von asiatischen Nashörnern und den Stoßzähnen des Narwals, den sie ebensowenig kannten, Tiergestalten, die allein ihrer Phantasie entsprangen.

Erst 1513 konnten sie sich wiederum ein Bild des Panzernashorns machen, und zwar in Lissabon. Zwei Jahre später verewigte es Albrecht Dürer in seiner unsterblichen Stiftzeichnung und einem Holzschnitt. Doch der Nürnberger Maler und Grafiker, der durch sein Streben nach klarer körperlicher Gestaltung bahnbrechend die Wendung zur Renaissance beeinflußte, sah das seltene Tier gar nie, er war auf Skizzen portugiesischer Kollegen angewiesen. Dabei passierte ihm ein amüsanter Fehler: Einen zufälligen Schnörkel in der Schultergegend interpretierte Dürer als weiteres Horn, und er malte es naturgetreu als Spitze eines Narwalzahnes. Das berühmte »Dürer-Hörnchen« war geboren und wurde getreulich kopiert, bis 1685, 1739 und 1741 weitere Panzernashörner lebend nach Europa kamen.

Einer der bekanntesten Kopierer des Dürer-Hörnchens war zweifellos Ambroise Paré, der Leibarzt der Katharina Medici in Paris. Auf einem Holzschnitt stellt er 1585 sogar Szenen dar, wo das spitze Schulterhorn im Kampf gegen Elefanten eingesetzt wird. Ambroise Paré tat sich in unserem Zusammenhang noch dadurch hervor, daß er dem »Einhorn-Medikament« aus gemahlenen Narwalzähnen jegliche Heilwirkung absprach und damit dem päpstlichen Arzt Andrea Bacci entschieden entgegentrat. Der Vatikan hielt konservativ am Einhorn fest und fand einen Ausweg in der Behauptung, es habe nur vor der Sintflut existiert und sich wegen seines wilden Charakters nicht in die Arche begeben. Die Ärzte Gregors XIII. (1502–1585) besannen sich sogar wieder auf die ursprüngliche »Einhorn-Medizin« und behandelten den todkranken Kalenderreformer mit Pulver aus dem Horn eines Panzernashorns, das heute noch im Zoologischen Museum von New York liegt.

Der Streit um die Existenz des Einhorns dauerte an, gipfelte 1628 in der Feststellung der dänischen Gelehrtenfamilie Bartholinus: »Das Einhorn gibt es zwar, jedoch nur als Narwalzahn und ist medizinisch ohne Belang.« Ein Ende fand der Zwist 1851, als der damalige Direktor des Zoos von Brüssel allen Ernstes über das Vorkommen des Einhorns in den Wäldern Afrikas referierte, über ein Tier, das es in Wirklichkeit nie gab. Die Wahrheit ist, daß es im Mittelalter für Gläubige eine Allegorie der Verkündigung war. Biologen erkennen in der Legendenbildung erstaunliche anatomische Veränderungen. Unbekannte oder vergessene Details wie Form von Horn, Huf oder Körpergröße wurden ersetzt durch Bekanntes oder Neuentdecktes (Paarhufigkeit, Narwalzahn), und man bediente sich dabei falscher Analogien.

Eine weitere Legende bildet sich zur Zeit: die vom »ökologischen Einhorn«. Heute leben nämlich die meisten Nashörner in Gefangenschaft oder zumindest in zooähnlichen, will heißen, kleinen umzäunten Reservaten, in denen sie ihre ökologische Rolle kaum oder überhaupt nicht mehr spielen können. Früher oder später wird man den wirklichen Charakter dieser Tierriesen wiederum verkennen und sich anmaßen, ihnen Fähigkeiten zu verpassen, die viel mit dem Glauben an die zeitgenössische Wissenschaft, aber wenig mit der Wirklichkeit zu tun haben werden. Besonders das Sumatra-Nashorn, über dessen wirkliche ökologische Rolle bis heute nur wenig bekannt wurde, läuft Gefahr, zum Fabeltier zu werden.

In den siebziger Jahren waren die Sumatra-Nashörner des Leuser-Reservats in einem hügeligen Teil, den wir »Mamas-Berge« nannten, immerhin so häufig, daß Spuren, die Nico van Strien, Markus Borner und ich notierten, sich zu einem groben Bild über ihre Lebensweise zusammenfügen ließen.

Verhältnismäßig häufig trifft man im Regenwald auf Suhlen, Schlammbäder, kleine ovale Wannen von zweieinhalb mal zwei Metern. Die Nashörner scharren und schlagen sie mit Vorderfüßen und Vorderhorn aus dem feuchten Boden, wälzen sich hier regelmäßig, schmieren sich mit feuchtem Lehm ein und scheuern sich anschließend an Bäumen. So wehren sie sich gegen lästige Parasiten, vor allem gegen Bremsen. Frisch benutzte Suhlen sind leicht auszumachen, da in weitem Umkreis die Pflanzen des Unterwuchses lehmverschmiert sind. Fraßspuren finden sich dagegen schwerer.

Immerhin wurden im Leuser-Reservat 71 Arten von Futterpflanzen bestimmt. 101 kennt man aus dem gesamten Verbreitungsgebiet, zehn Prozent davon sind Kräuter und Lianen, der Rest kleine Bäume und Schosse von einem bis sechs Zentimeter Durchmesser, die bis zu sechs Meter hoch wachsen. Nashörner fressen ihre Blätter und dünnen Zweige, erpicht sind sie auf Triebspitzen, ganz besonders auf die Kronen. Wie kommen nun aber die kleinen Nashörner an Blätter, die gelegentlich gut in drei Mannshöhen über dem Boden wachsen? Markus Borner rekonstruierte auf Grund von Spuren an Boden und Futterpflanzen verschiedene Strategien. Nashörner drücken demnach Bäumchen mit der Schulter um oder, ganz einfach, indem sie weit genug über sie hinweggehen, bis der Stamm zwischen ihren Beinen und die begehrte Krone vor ihrem Maul liegt. Sie verklemmen sie auch zwischen Vorder- und Hinterhorn und biegen sie zu Boden oder beißen sie mit ihren Backenzähnen ganz einfach ab. Dickere Stämme stoßen sie mit einem oder beiden Vorderfüßen um.

Sumatra-Nashörner halten sich bei Gelegenheit auch an Früchte, beispielsweise an Mangobirnen (*Mangifera indica*) und

Mangustos (*Garzinien*, *Garcinia mangostana*). Die beachtlichen Samen dieser Früchte scheiden sie mit ihrem Kot unversehrt aus, wo sie später kräftig keimen; so tragen die Tiere zur Ausbreitung dieser Bäume bei. Was nun aber das Laubfutter betrifft, so scheinen sie, jedenfalls auf den ersten Blick, nicht besonders wählerisch zu sein. Von den 71 Nahrungspflanzen, die Markus Borner im Leuser-Reservat identifizieren konnte, wurden 54 nur einmal, neun zwei- bis dreimal und acht vier- bis fünfmal gefressen. Während ihrer Nahrungssuche wechseln die Badaks also dauernd die Futterpflanzen, selbst dort, wo mehrere junge Bäume derselben Art nebeneinander wachsen, fressen sie meist nur von einem und gehen dann weiter.

Ganz anders verhalten sich die Elefanten. Sie bevorzugen eindeutig einkeimblättrige Gewächse wie Palmen, wilde Bananen, Bambus und andere Gräser. Wo immer ein einzelner Bulle oder eine Mutterfamilie Nahrung findet, lassen sie Kahlfraß zurück. Palmen und Gräser können sich gegen die Tierriesen kaum schützen. Sie »wehren« sich gegen Freßfeinde in erster Linie mechanisch, das heißt mit harten Dornen oder mit – im Wortsinn – granitharten Silikatkristallen, die in den Blattoberflächen eingelagert sind. Beides hindert den Elefanten nicht am Fressen, zwischen unterarmlangen Mahlzähnen brechen auch die härtesten Dornen.

Die Blätter, nach denen das Sumatra-Nashorn wählerisch mit der spitz auslaufenden Oberlippe »fingert«, wehren sich dagegen in erster Linie chemisch. Ungenießbare, möglicherweise giftige Stoffe verlieren für ein großes Tier wie das Rhino aber an Bedeutung, wenn sie nur in geringen Mengen aufgenommen werden. Und da nun jede Pflanzenart sich mit einer eigenen Mixtur zu schützen sucht, empfiehlt sich in ihrem Fall die Futtersuch-Strategie der naschhaften Ziege: »Nimm von vielem etwas, doch von keinem zuviel.«

Nashornnahrung wächst entlang schmalen Bächen oder auf kleinen Lichtungen, die durch den Tod eines mächtigen Baumes entstanden sind. Im Tieflanddschungel findet man sie auch an besonders hügeligen und steilen Stellen, weil hier das Dschungeldach nicht besonders dicht wächst, und man trifft sie vor allem in höher gelegenen Waldgebieten an, wo Stürme häufig und Bäume nicht besonders hoch sind. In diesen regelmäßig besuchten Futtergebieten verschieben sich die Nashörner nur langsam, sie legen pro Tag zwei oder drei Kilometer zurück. Warum sie diese »Speisekammern« aber plötzlich verlassen, kann nur vermutet werden. Möglicherweise haben sie dann alle genießbaren, nicht besonders giftigen Schosse abgefressen, möglicherweise »flüchten« sie vor Bremsen und anderen lästigen Blutsaugern. Jedenfalls brechen sie plötzlich auf, durchwandern nahrungsarme Hochwaldgebiete und große Lichtungen, wo Elefanten den Hauptteil ihrer Nahrung finden.

Gemeinsam ist Elefant und Nashorn, wie allen anderen Säugetieren auch, der Hunger nach Salz. Selbst ein ausgewachsener Elefantenbulle findet in den 150 bis 180 Kilogramm Grünfutter, die er in 24 Stunden verdrückt, nicht die täglich benötigten 15 Gramm. Natrium, Kalium und andere Mineralien sind im Regenwald Mangelware, zutage treten sie an wenigen Stellen in salzhaltigem Gestein oder Boden. Logischerweise ziehen diese äußerst wichtigen Orte Rusa- und Muntjakhirsche, hasenkleine Kantschile, Affen und ganz besonders Nashörner und Elefanten an. Durch ihre Seltenheit gewinnen Salzlecken noch an Attraktion, auf den siebzig Quadratkilometern der Mamas-Berge, wo in den siebziger Jahren verhältnismäßig viele Sumatra-Nashörner lebten, sind es lediglich vier.

Elefant und Rhino pflegen diese wichtigen Fixpunkte, sie kratzen sie von Fallaub oder Ästen frei, graben und schlagen nach besonders salzhaltigem Boden und Gestein und machen so auch schwächeren Mitgliedern der Lebensgemeinschaft das begehrte Salz zugänglich. Ein geradezu riesiges »Salzbergwerk« zeigten mir die Pawangs bei Nodi im Alastal, heute besuchen es vor allem halb wildlebende Wasserbüffel. Hier neben dem Renun-Fluß ist der Dschungel längst gerodet worden, fruchtbaren Boden haben sich die Menschen erhofft, gewachsen ist dann sperriges Alang-alang-Gras, ein Blang, wie es hier heißt, eine spärliche Büffelweide. Die natürliche Vielfalt wich der von Menschenhand geschaffenen Einfalt.

Die Salzlecke auf dem Blang von Nodi haben unzählbare

Generationen von Elefanten gebaut, was man jetzt noch an den Meißelspuren ihrer Stoßzähne sieht. Vor undenklicher Zeit schnitten die Tierriesen zwei flache Hügel von neun und 32 Metern Durchmesser in je zwei Hälften und hoben dabei vier Meter tiefe Kanäle aus, um an besonders salzhaltige Gesteinsadern zu kommen. Hier gruben sie waagerecht weiter und kratzten allmählich Rundungen aus den Wänden, die aussehen wie Futtertröge. Auch heute noch wagen sich – in besonders finsteren Nächten – die durch Wilderer verängstigten Elefanten an die Salzlecke auf dem Blang von Nodi. Was nicht erstaunt, da hier das weiche Gestein besonders salzreich ist; anderthalb Gramm Natrium bestimmte Markus Borner in einem Kilogramm.

Natrium, Kalium, Kalzium und Magnesium konnte er auch in Gesteinsproben aus den kleineren Salzlecken im Innern des Reservats nachweisen. Es sind steile Stellen in den Einzugsgebieten kleiner Bäche, wo nacktes salzhaltiges Gestein zutage tritt. Hier erscheinen die Sumatra-Nashörner in fast regelmäßigen Abständen von fünf bis zehn Tagen. Seit Urzeiten fanden sie sich hier ein und hinterließen untrügliche Lebensspuren: Nashornstraßen. An die anderthalb Meter tief können die bis sechzig Zentimeter breiten Wechsel in den weichen Boden eingetreten sein.

In besonders ergiebigen Futtergebieten teilt sich das Straßensystem in viele, mehr oder weniger parallel verlaufende Wege, an Salzlecken verdichtet es sich zu wenigen Hauptstraßen. Fernstraßen verbinden einzelne Täler, Salzlecken und Futtergebiete, zwar nicht auf dem kürzesten, wohl aber auf dem praktischsten Weg, sie verlaufen so, daß sie ihren Benützern möglichst wenig Energie abverlangen. Wie die Straßen der Elefanten, mit denen sie gelegentlich zusammenfallen, folgen sie vor allem Wasserläufen oder steilen Bergrücken, wo sie gelegentlich breite Terrassen bilden. Den Weg zwischen Talboden und Bergkamm überwinden sie entweder auf wenig steilen, vorgelagerten Buckeln oder als zickzackförmige Trampelpfade. In dem Mamas-Bergen gab es eine fast senkrechte Stelle, die von den Nashörnern nur überwunden werden konnte, wenn sie trittsicher eine aus dicken Wurzeln gebildete »Treppe« benutzten.

Spuren, wie sie Nico, Markus und ich auf dem Wechsel vermaßen, können Anhaltspunkte sein für den Zeitpunkt, zu dem hier ein Nashorn durchwechselte. Besonders große lassen auf einen Bullen schließen, kleinere auf ein Weibchen oder ein halbwüchsiges Tier, und kennt man, wie Nico van Strien, einzelne Tiere auf Grund ihrer Fußabdrücke, so läßt sich der Umfang des Lebensraumes abschätzen, was vielleicht auch gelingt, wenn man möglichst lange einer ganz bestimmten frischen Spur folgt.

Hier das trockene Ergebnis solch monatelanger Detektivarbeit: Sumatra-Nashörner leben als Einzelgänger, sieht man von Müttern ab, die ein Kalb führen, oder ein Paar, das sich zur Fortpflanzung vorübergehend vereinigt hat. Weibchen bewohnen kleinere Areale von zehn bis fünfzig, Männchen größere von fünfzig und mehr Quadratkilometern. Die solitäre Raumorganisation macht Sinn: Im Regenwald ist genießbarer Unterwuchs so selten, daß er sich nicht von vielen auf einmal nutzen läßt, wohl aber von Einzelgängern, die selten vorkommen, sich aber zur Fortpflanzung oder zur Bereinigung von Grenzkonflikten treffen müssen. Das heißt: Die Sumatra-Nashörner wissen offenbar, wann und wo sich wer von ihren Nachbarn aufhält. Nun können sie aber einander nicht rufen, wie beispielsweise Orang-Utans, die sich regelmäßig mit lauter Stimme melden. Daß Sumatra-Nashörner sich mit hohen Quietschlauten begrüßen, weiß man erst seit ein paar Jahren, seit man eine Gruppe von ihnen im Zoo von Malakka hält, doch diese Laute reichen nicht weit. Mit dem »Telefon« ist es also nichts, mit dem »Briefkasten« dagegen schon.

An besonders wichtigen Orten, in der Nähe von Suhlen und Salzlecken, entlang von »Hauptstraßen« oder bei Wechselkreuzungen, hinterlassen die Nashörner Mitteilungen für Artgenossen: Kotballen, die häufig an denselben Stellen abgegeben werden, oder Harnmarken. Mit fein zerstäubtem, nach hinten abgegebenem Urin »duschen« sie bestimmte Pflanzen und setzen so Marken mit arttypischen Geruchsstoffen. Aus ihnen

»lesen« die besonders feinen Rhinonasen dann wichtige Informationen über Alter und Geschlecht von Nachbarn und Mitbewohnern. Hier merken Bullen, wenn sich brunftbereite Weibchen in der Nähe aufhalten, diese wiederum orientieren sich, ob sich der Nahkontakt mit einem Männchen lohnt, ob er ranghoch ist oder nicht.

Ranghohe Bullen wählen Sträucher und Bäumchen als »Punchingbälle«, als Ersatzobjekte für ihre Kampfeslust; armdicke beschädigen sie mit Horn und Vorderhuf, dünnere drehen sie mehrfach so lange um die Längsachse, bis sie knicken und aussehen, als hätte jemand versucht, Knoten in sie zu flechten. Wo immer sich ein ranghoher Bulle länger aufhält, setzt er diese auffälligen Marken. Möglicherweise tragen sie mit dazu bei, daß rangtiefe Männchen rasch das Weite suchen. Jedenfalls bewohnt jeweils nur ein einziges fortpflanzungsfähiges Männchen ein »Kerngebiet«. In diesen verhältnismäßig futterreichen Zonen leben mehrere Weibchen mit ihren Säuglingen, deren Areale sich zum Teil überlappen. Diese Tiere benutzen alle dieselben Hauptwechsel, dieselben Suhlen und dieselben Salzlecken. Und das wissen auch die Wilderer.

Die Hatz geht weiter

All die tödlichen Nashorn-Speere, die je im Leuser-Reservat gefunden und entschärft wurden, hingen über Hauptwechseln in der Nähe von Salzlecken und Suhlen. Ihr Schaft ist ein zehn bis 15 Zentimeter dicker, zwei bis drei Meter langer Stamm. Seine scharfe, etwa einen Meter lange Spitze schnitzen die Pawangs aus Eisenholz. Acht bis gelegentlich zwölf Meter über dem Boden lauert die fürchterliche Waffe senkrecht an einem waagerecht zwischen zwei Bäumen festgebundenen Balken auf ihre Beute, gehalten von einer kräftigen, kurzen Rotanschnur, die durch einen unscheinbaren feingeflochtenen Rotanring führt. An ihrem losen Ende befestigen die Pawangs einen handlangen Holzstab, den sie, nachdem sie die Halteschnur über den Balken gezogen haben, in den frei beweglichen Ring stecken, Stab und Ring bilden so ein ganz einfaches Schloß. Geöffnet wird es durch eine feine, lange Leine, sie wird hüfthoch quer über den Nashorn-Wechsel unter dem Speer gezogen und führt dann zum Rotanring. Drückt nun ein kräftiges Tier gegen die harmlos wirkende Liane, so wird der Ring über den Holzstab gezogen. Der Speer saust unverzüglich zu Boden.

Die Pawangs bauen, wie schon berichtet, immer mehrere solcher Fallen nahe beieinander. Sind sie damit fertig, ziehen sie sich zurück, erst nach einigen Wochen kommen sie wieder, prüfen die Fallen und suchen die wertvollen Kadaver. Dies gelingt in weniger als der Hälfte der Fälle, erzählten sie mir, weil das verletzte Nashorn nicht sofort stirbt, sondern meist noch Hunderte von Metern mit dem tödlichen Speer in Schulter oder Rücken wegrennt. So töten die Jäger also wenigstens zwei Nashörner, um einmal erfolgreich Beute zu machen, mehr noch: Da sich die Jagd offenbar nur in Kerngebieten lohnt, also jenen von Nashörnern verhältnismäßig dicht besiedelten Zonen, wo mehrere Weibchen mit ihren Nachkommen leben, aber nur ein Bulle zu finden ist, töten die Speere vor allem Weibchen, die wichtigsten Mitglieder für die Erhaltung des Bestands. Das gleiche gilt auch für den Lebendfang in Fallgruben. Dazu einige Beispiele:

Der legendäre Basler Tierfänger Peter Rhyner fing zwischen 1958 und 1960 in Riau (Zentralsumatra) elf Weibchen, aber nur einen Bullen. Einige Meldungen über Rhyners Wirken sprechen von acht Weibchen und keinem Bullen.

Unter 13 Nashörnern, die zwischen 1965 und 1970 durch Pawangs im Leuser-Reservat gewildert wurden, waren zehn Weibchen, zwei Halbwüchsige und ein Männchen.

Pawang Husin erlegte während seiner Wildererkarriere sieben Weibchen, aber nur einen Bullen. Sein Kollege Bahir aus Kerinci brachte es auf zwei Weibchen und ein Männchen.

Zwischen 1986 und 1989 gelang es dem Department of Wildlife and National Parks (DWNP), auf dem malaiischen Festland neun Sumatra-Nashörner in gefährdeten Gebieten einzufangen, darunter acht Weibchen und ein Männchen.

Die Tatsache, daß eine Tierart allmählich ausstirbt, wenn vor allem Weibchen getötet werden, brauche ich nicht weiter auszuführen. Doch an das Aussterben des Sumatra-Nashorns dachte ich 1970 nicht, schließlich ließen sich auch die beiden anderen südasiatischen Nashornarten, die einst ebenfalls rücksichtslos verfolgt wurden, so wirkungsvoll schützen, daß sich die Bestände hielten und bald vermehrten. Vom Indischen Panzernashorn gab es um die Jahrhundertwende noch rund hundert Tiere, heute rechnen die indischen und nepalesischen Behörden mit 1400. Seit die letzten Java-Nashörner auf der winzigen Halbinsel Udjung Kulon an der Westspitze von Java unter strengem Schutz stehen, wuchs ihr Bestand von zehn oder zwanzig Tieren auf fünf Dutzend an.

Ebenso wie die Inder Kaziranga, so glaubte ich damals, könnten auch die Indonesier das Leuser-Reservat schützen, jedenfalls sein bergiges Inneres, wo die Sumatra-Nashörner leben. Es hat steile, unfruchtbare Böden, ganz im Gegensatz zu den fetten Schwemmebenen von Kaziranga am Brahmaputra, wo einst eine Handvoll assamesischer Naturschützer das Comeback der Panzernashörner ermöglicht hatten. Ich schlug 1970 in meinem Bericht an die indonesischen Naturschutzbehörden, WWF und IUCN, weiter vor, möglichst viele Sumatra-Nashörner in Zentralsumatra und anderen Gebieten, die großflächig gerodet werden sollten, einzufangen und in eine »Rehabilitationsstation« im Leuser-Reservat zu bringen. Doch es kam alles anders.

Von den 24 Orten des Leusergebietes, an denen wir 1970 noch Nashornspuren fanden, waren zwischen 1972 und 1975, als Markus Borner dort weilte, nur zwei bewohnt. Die überlebenden Rhinos hatten sich noch tiefer in die Restwälder verzogen, wo sie weiter gewildert wurden. Nach meinen Schätzungen gab es 1970 dreißig bis siebzig Sumatra-Nashörner im Schutzgebiet, Borner rechnete fünf Jahre später mit höchstens vierzig. Trotz der angelaufenen Schutzprojekte wilderten Pawangs und ihre Helfer weiter. Markus Borner und Nico van Strien, Poniran, der Naturschutzbeamte, und Husin, der einstige Pawang, der nun für die Naturschützer arbeitete, entdeckten und entschärften Fallen. Sie und ihre Helfer waren höchstens winzige Sandkörner im bestens eingespielten Getriebe von korrupten Beamten, willigen Pawangs und geschäftstüchtigen Chinesen. Wie fleißig sie auch sein mochten, die Wilderei konnten sie nicht eindämmen, sie kannten nicht einmal ihren wirklichen Umfang. Den belegte Esmond Bradley Martin.

Dieser außergewöhnliche amerikanische Wirtschaftswissenschaftler suchte ebenfalls nach Nashornspuren und Wilderern, und zwar in einem ganz besonderen »Dschungel«. Er forschte im unglaublichen Papierwald der Importbehörden von Macao, Hongkong, Taiwan, der Volksrepublik China und Südkorea und fand in geheimnisvollen Chinesenquartieren Apotheker und Doktoren, die nach wie vor auf die außergewöhnliche Heilwirkung des Rhinohorns schwören. So machte er sich ein Bild über die Nachfrage nach den begehrten Hörnern, fündig wurde er in allen Städten Südostasiens. Allein Südkorea importierte in den ersten fünf Monaten von 1979 122 Kilogramm Hörner, 20 Kilo davon stammten vom Panzernashorn aus Indien, der Großteil kam aber vom Sumatra-Nashorn. Aus Thailand waren es »offiziell«, das heißt amtlich registriert, 20 Kilogramm, aus Malaysia 10 und aus Indonesien 72.

Nimmt man nun an, daß von einem Sumatra-Nashorn ein Kilogramm der heißbegehrten Ware herrührt (was übrigens viel zu hochgegriffen ist, da vor allem Weibchen, deren Hörner sehr klein sind, getötet werden), dann starben allein für diese Lieferungen nach Südkorea 200 Sumatra-Nashörner (es wird nur jedes zweite getötete gefunden). Nach Meinung der Naturschützer aber gab es 1979 gar nicht mehr so viele. »Ich schätze, daß in ganz Südostasien noch ca. 100 bis 160 Sumatra-Nashörner überleben«, schrieb Markus Borner im selben Jahr, »davon etwa die Hälfte (40–75) in Sumatra.« Seine Daten stammten aus Berichten von Experten, die, von Geldmangel in Zeitnot getrieben, oft in einer einzigen Woche in Hunderten von Quadratkilometern Regenwald Spuren zählten und daraus zwangsläufig einen viel zu niedrigen Bestand hochrechneten. Die erfahrenen einheimischen Jäger wußten es besser, schwiegen und wilderten in bisher unbekanntem Maße. Denn steigende Nachfrage und sinkende Nashornbestände trieben die Preise für Rhinohörner in die Höhe. Kauften Händler 1965 in Medan das Kilogramm noch für 1200 US-Dollar, bezahlten sie fünf Jahre später bereits 7400 Dollar, 1988 war der Preis auf wenigstens 40000 Dollar gestiegen.

Rhinohorn ist damit dreimal teurer als Gold und die bessere Investition. »Gold wird immer wieder gefunden«, argumentieren Spekulanten von Taipeh bis Johannesburg, die kühl mit dem Aussterben aller fünf Nashornarten rechnen. Es sind unzählbare kleine Gauner, wie etwa John C. Lukman jr., der Ende Februar 1989 neben einem russischen AK-47-Maschinengewehr auch das Horn eines Nashorns nach Connecticut schmuggelte, dann erwischt wurde, als er das Horn ausgerechnet einem Zollfahnder anzudrehen versuchte. Es sind aber auch mit allen Wassern gewaschene Waffen- und Drogenhändler, die, so meldete der »Johannesburg Star« im November 1988, zwanzig Tonnen Elfenbein und eine Tonne Rhinohörner in Warenlagern von Hongkong vor jedem Zugriff sichergestellt haben.

Die Hatz nach dem begehrten Horn ergriff Anfang der siebziger Jahre auch die Bestände in Afrika. »Noch 1970 gab es über 65000 Spitzlippen-Nashörner«, meint Esmond Bradley Martin. »Heute sind es kaum mehr 4000. In einigen afrikanischen Ländern wurden ganze Populationen vernichtet.« Nicht besser steht es um das Breitlippen-Nashorn. »Von der nördlichen Rasse gab es vor wenigen Jahren noch mehrere tausend, heute sind es weniger als dreißig. Aber auch deren Zukunft ist so gut wie besiegelt.« Wie ernst es den Wilderern ist, konnte man dann Anfang November 1988 in der Zeitung lesen: »In dieser Woche drangen dreißig Wilddiebe in ein streng bewachtes Gebiet des Meru-Nationalparks in Kenia ein. Sie erlegten die letzten fünf der dort lebenden Breitlippen-Nashörner.«

Afrikanisches Rhinohorn wurde seit den siebziger Jahren auch in den Nordjemen geschmuggelt, hier schmücken die reichsten Männer von alters her ihre Jambia, ihren Krummdolch, mit einem Handgriff aus dem wertvollen Material. Und da nun der Ölboom in Saudi-Arabien und den Emiraten immer mehr jemenitischen Fremdarbeitern aus dem kargen Land die

Geldbeutel prall füllte, stieg die Nachfrage nach dem Statussymbol. Jährlich müßten 7000 Nashörner ihr Leben lassen, um sie zu decken.

Zockerei um letzte Sumatra-Nashörner

Auch in Taiwan stieg der Wohlstand, dank des beispielhaften Bienenfleißes der Flüchtlinge vom kommunistischen Festland mauserte sich das dichtbevölkerte Inselreich vor Rotchinas Küste japangleich zur ostasiatischen Handels- und Industriemacht. Das Prokopfeinkommen verfünfzehnfachte sich in den letzten zwanzig Jahren, der Taiwan-Dollar gewann allein zwischen 1986 und 1988, gemessen am US-Dollar, um vierzig Prozent an Wert. Damit wurde für Zehntausende von Taiwan-Chinesen erschwinglich, was früher nur wenige müde Reiche munter machte: Nashorn-Medizin.

In der Hafenstadt Kaohsiung verdoppelte sich der Preis für Rhinohorn in nur drei Monaten im Jahr 1988. Taipeh ist die Drehscheibe für den Handel, den ein bisher nicht ratifiziertes Gesetz aus dem Jahre 1985 untersagt. Taiwan steuert zur Zeit das unsinnige Geschäft – weltweit. Politische und weltanschauliche Grenzen spielen dabei keine Rolle. Da finanzierten etwa Angolas Rebellenführer Jonas Sawimbi und seine Unita ihren Aufstand mit Tausenden von gewilderten Stoßzähnen und Nashornhörnern, die dank hochrangiger Offiziere des Gegners sicher nach Südafrika geschmuggelt wurden. Da wird in Swaziland oder im Pilansberg-Nationalpark in Lagerräume eingebrochen, aus denen Massen von beschlagnahmten Rhinohörnern verschwanden.

Wo immer die Ware herkommt, sie verläßt früher oder später den Jan-Smuts-Flughafen von Johannesburg Richtung Taipeh. Unter 2000 Fremdarbeitern aus Taiwan findet sich der eine oder andere, der sie gegen entsprechende Bezahlung einigermaßen gefahrlos aus Südafrika schmuggelt.

Taiwan hat den Nordjemen, wo die Einfuhr inzwischen verboten ist, als Abnehmer afrikanischer Rhinohörner längst überflügelt, und geschickte Händler verschieben die Ware aus dem Schwarzen Kontinent dann weiter nach Rotchina oder bereits als verarbeitete Produkte zu den großen chinesischen Gemeinden in den Vereinigten Staaten. Die Taiwanesen bevorzugen nach wie vor Hörner der asiatischen Nashörner.

So reisen denn auch Taipehs Händler nach Hongkong, um Hörner vom Indischen Panzernashorn zu organisieren, nach Sabah auf Borneo, wo Iban-Jäger inzwischen monatelang einem einzigen Sumatra-Nashorn nachstellen, oder nach Kuala Lumpur. Hier im Zoo sägten Diebe unlängst die Hörner von der Nase eines afrikanischen Spitzlippen-Nashorns ab. Einbrecher stahlen nicht nur die Hörner ausgestopfter Rhinos im Museum von Bogor, sondern bereits zweimal deren Kopien aus Plastilin.

Taiwans Preise erfüllen erfolgreichen Dieben und Wilderern jeden Traum: ein nagelneues Auto, Geld bis ans Lebensende. So mag auch der eine oder andere der chronisch unterbezahlten Wildhüter in indonesischen Reservaten zum Komplizen werden. Etwa auf der Halbinsel Udjung Kulon, wo die letzten Java-Nashörner leben. Im 300 Quadratkilometer großen Nationalpark wird seit 1985 wieder gewildert.

Es tönt geradezu zynisch, wenn Widodo Ramono von der indonesischen Naturschutzbehörde und der WWF-Berater Charles Santiapillai im März 1989 beim WWF-Hauptquartier in Gland am Genfersee um 26000 Dollar bitten müssen. Die indonesische Regierung sieht sich nämlich nicht in der Lage, zwei Motorboote, vier Motorräder und vier Funkgeräte samt Generatoren für die Unterstützung ihrer 84 Mann starken Schutztruppe zu bezahlen. Doppelt soviel Geld erhält sie für ein einziges lebend gefangenes Sumatra-Nashorn, das einen europäischen oder nordamerikanischen Zoo erreicht, zugunsten ihres Indonesian Wildlife Fund.

Initiator dieser Idee ist John Aspinall, einstiger Betreiber von Spielkasinos, heute steinreicher Besitzer der Howletts- und Port-Lymphe-Zoos in England. Auch der schillernde Magnat wird zweifellos an der ökologischen Einhorn-Legende weiterspinnen. Denn inzwischen kümmern sich längst nicht nur Ökologen und Naturschützer um das Badak kerbau, sondern auch Polit- und Finanzgrößen. Während die einen immer noch beinharte Wilderer lenken und bluttriefende Hörner als gewinnbringende Investitionen sicher lagern, haben ein paar besonders Schlaue das Zeichen der Zeit richtig erkannt: Die letzten Lebenden bringen noch mehr Macht und Ansehen als die Nasenanhängsel ihrer toten Artgenossen. Diese Einsicht griff vor sechs Jahren um sich.

Im April 1984 sahen die Arbeiter auf einer Ölpalmenplantage in Westmalaysia ein gar sonderbares Tier: Es war kuhgroß, rostrot und lang behaart. Ein junges Sumatra-Nashornweibchen hatte sich mitten unter Menschen verirrt. Fangen ließ es sich leicht, Artenschützer hatten ihre Sensation, denn 1972 war in Kopenhagen das letzte Sumatra-Nashorn im Zoo gestorben. Wie dreißig andere vor ihm hatte es in Gefangenschaft keinen Nachwuchs. »Vielleicht ist dieses zufällig in Menschenhand geratene Jungtier der Anfang erfolgreicher Zoozucht«, mag der Direktor des Zoos von Malakka geträumt haben.

Malaysias König entschied anders und schenkte das wertvolle seltene Wesen seinem Nachbarn, dem König von Thailand. Aus königlicher Geste wurde bald ein Tragödie. Bhumibol brachte das Präsent im Dusit-Zoo von Bangkok neben seinen weißen Elefanten unter, in einem Stall, der für größere Spitzlippen-Nashörner aus Afrika vorgesehen war. Hier starb das Sumatra-Nashorn 1986 an Genickbruch, es hatte seinen Kopf zwischen Absperrstangen eingeklemmt. Und so ging vom Chitralda-Palast dann halt schlechte Nachricht in Londons Buckingham-Palast. Prinz Philip hatte sich vergeblich als Vermittler bemüht und bei seinen thailändischen Kollegen im Namen von WWF und IUCN um die außergewöhnliche Braut angehalten. Denn endlich wollten die großen Naturschutzorganisationen versuchen, die inzwischen fast ausgerotteten Sumatra-Nashörner planmäßig in Gefangenschaft zu züchten. Auch diese Geschichte begann 1984.

Im Oktober trafen sich in Singapur Naturschutzbeamte aus Indonesien, Westmalaysia und Sabah mit IUCN-Experten und

Zoofachleuten. Die letzten überlebenden Nashörner sollten nicht nur in Reservaten endlich eine faire Chance bekommen, sondern – fünf Sekunden vor zwölf – auch in Zoos und Zuchtstationen. Tiere dafür gab es in ungeschützten, zur Rodung freigegebenen Gebieten. Die angereisten Zootechniker aus dem Westen rühmten bereits modernste Methoden zur raschen Vermehrung: künstliche Besamung mit tiefgefrorenem Sperma, Embryotransfer und als Leihmütter Breitlippen-Nashornweibchen, die im Zoo verhältnismäßig häufig sind.

Niemand in der Artenschutzszene glaubt, ein Nashorn im Zoo sei ein vollwertiger Ersatz für ein wildlebendes. Gleiches gilt auch für andere seltene, im Zoo gehaltene Arten. Entsprechendes habe ich im Hinblick auf den Tiger bereits ausgeführt. Tatsache ist: Die Zukunft für die letzten wilden Nashörner ist pechschwarz, gefangene haben wenigstens eine Chance. Das war im Spätsommer 1984 auch deutlich geworden. Mindestens zwei Unterarten des Spitzlippen-Nashorns, die man im natürlichen Lebensraum zu erhalten versuchte, waren inzwischen ausgerottet worden. Nicht so das südliche Breitlippen-Nashorn, einige Jahre zuvor wurden die letzten Exemplare eingefangen und in Gefangenschaft gezüchtet. Ihre zahlreichen Nachkommen leben jetzt in bestens geschützten Reservaten.

Diese Strategie kam Kenton R. Miller, dem Generaldirektor der IUCN, entgegen: »Wenn immer durchführbar, sollte jede wichtige bedrohte Art an mehreren Orten in Gefangenschaft mit allen Hilfsmitteln moderner Fortpflanzungsbiologie und Genetik gezüchtet werden«, dozierte er damals in Singapur. »Das soll nicht heißen, eine schwer bedrohte Art wie das Sumatra-Nashorn hätte unter künstlichen Bedingungen die bessere Überlebenschance.« Aber immerhin: Vorsicht ist die Mutter der Porzellankiste. Miller bestand auf gefangenen Zuchtgruppen »als zusätzliche Sicherheit, während der Kampf für das Überleben der letzten Wildbestände weitergeht. Es wäre unverantwortlich, anders zu handeln.« Derartiges bedingt aber internationale Zusammenarbeit, und aus diesem Grund scherte ausgerechnet die Delegation von Sabah aus.

In diesem malaiischen Staat auf Borneo sind größte Dschungelgebiete gerodet. 1984 wurden mindestens drei, 1985 mindestens zwei der schätzungsweise dreißig letzten Nashörner gewildert. Trotzdem verdrehten Politiker und Beamte das höchst dringliche Naturschutzproblem in eine politische Cause célèbre. Man könne die Nashörner selber schützen, und gefangene könnten sich ebensogut in Kota Kinabalu fortpflanzen wie in Los Angeles. »Der Fang von Nashörnern, um sie in fernen Zoos zu züchten, ist ein großer Verlust unseres Nationalstolzes, während fremde Staaten alle Ehren für die Nachzucht bedrohter Tiere einheimsen und dann weitere bedrohte Arten gefährden«, gab ein Mitglied der Nature Society von Sabah zu Protokoll. Und noch mehr: »Die optimistischen Versprechen über erfolgreiche Nachzuchten in ausländischen Zoos untergraben gefährlich die langfristige Sicherheit des natürlichen Lebensraumes, weil früher oder später alle Nashörner aus bestimmten Gebieten gefangen werden, die dann eher noch gerodet, als daß sie zu Nationalparks werden. So sind schließlich alle Pflanzen- und Tierarten gefährdet.«

»Eine naturbelassene, geschützte Waldinsel ist ohne Nashörner kein Nationalpark«, aber auch: »Ein Nashorn ohne natürliche Umwelt ist kein Nashorn mehr«, lauteten die Devisen von Vertretern eines Staates, in dem der Umweltminister und seine Familie die größten Exporteure von Tropenholz sind. Und einer aus Sabah, wo Jäger vom Stamm der Iban jeder frischen Spur monatelang folgen, bis die Beute tot und das Horn abgesägt ist, fragte doch tatsächlich blauäugig nach der Würde eines Nashorns im Zoo: »Was bedeutet solches ›Überleben‹ anderes als Ausstellungsobjekt? Was bringt Artenschutz um des Artenschutzes willen mehr als eine kuriose Rarität für zukünftige Generationen und glotzende Schulkinder?«

Der neugewählte Staatschef Joseph Pairin Kitingan, Christ und vom Stamm der Kadazan, setzte noch eins drauf: Er versprach ein neues Reservat und Bares aus der Staatsschatulle im Gegenwert von anderthalb Millionen US-Dollar. Applaus war ihm sicher, bewies er doch die Unabhängigkeit Sabahs von Westmalaysia, wo Muslime das Sagen haben, und staatsmännische Taktik: Die erstarkende Gemeinde junger Umweltschützer konnte mit Versprechen leben, bis Tatsachen sie eines Besseren belehrten. Und den verhaßten Ausländern, die plötzlich allein für die Plünderung natürlicher Ressourcen Verantwortung trugen, erteilte er eine Abfuhr.

Inzwischen mußten wir immer mehr erfahren, daß Artenschützer viel weniger wissen als Wilderer. Für die Jahre 1989 und 1990 konnten aus den ohnehin beschränkten Mitteln des WWF International insgesamt 15000 Schweizer Franken nach Sabah überwiesen werden, einmal mehr begann man von vorn, mit einem Survey. Wahrscheinlich überleben noch zwei Bestände mit unsicherer Größe, vermeldete Junaidi Payne an die WWF-Zentrale in Gland bei Genf. Aber sie enthalten kaum noch Weibchen, ist zwischen den Zeilen zu lesen. Immerhin versucht man jetzt in dem kleinen Borneo-Staat Wildhüter auszubilden. Ein schwieriges Unterfangen. Denn Wilderer sind die potentiellen Wildhüter. Für sie mag der Anreiz zu gering sein in Anbetracht der Tatsache, daß Rhinohorn heute spielend mit dem doppelten oder dreifachen Goldpreis aufgewogen wird.

Indonesien machte es genau umgekehrt zu Sabah: 1985 schlossen das Department of Forest Protection and Nature Conservation und John Aspinall von den Howletts- und Port-Lymphe-Zoos ihren Deal. Danach erhielt der Indonesian Wildlife Fund 50000 US-Dollar, soviel, wie zu der Zeit die beiden Hörner eines gewilderten Tieres auf dem Markt einbrachten, eines Sumatra-Nashorns, das sich im Distrikt von Torgamba in Riau einfangen ließ. Aus dem ein Jahr zuvor in Singapur ausgefeilten Masterplan für die Rettung der letzten Sumatra-Nashörner und einem Teil ihres Lebensraumes war ein Geschäft geworden. Ob und wie die »Spenden« aus dem Tierhandel dem besseren Schutz wildlebender Rhinos zukommen, ist bis heute nicht geklärt.

Seit 1987 mischt auch die American Association of Zoological Parks and Aquaria (AAZA) mit im harten Geschäft um schätzungsweise zwanzig Rhinos im 300 Quadratkilometer großen Fanggebiet. Hier lassen Rodungen, Wilderer und Abertausende von Umsiedlern aus Java und Madurai den Badaks keine

Chance mehr. In die Fallgruben rutschten bisher sieben der seltenen Geschöpfe, drei von ihnen hatten eitrige Wunden von Fangschlingen. In der Auffangstation kam ein Weibchen um. Es habe sich vor Verzweiflung, in Gefangenschaft gekommen zu sein, selbst das Leben genommen, indem es stunden- und tagelang seinen Kopf gegen die Palisaden schlug, sagen die Pawangs. Ein weiteres starb in England, der Rest lebt in westlichen und südostasiatischen Zoos.

Im Zoo von Malakka sind zur Zeit neun Frischfänge aus verschiedenen Regionen Westmalaysias zu besichtigen, sie sollen im Sungai-Dunsun-Reservat eine Zuchtstation erhalten. Die Regierung unterstützt großzügig das Unternehmen, und so besteht zumindest eine Chance, daß in einer zukünftigen Welt, in der Wilderer keinen Platz mehr finden, das Badak kerbau wieder in seiner natürlichen Umwelt ausgewildert werden kann. Dazu ist aber Nachzucht in Gefangenschaft nötig, und die ist bis heute nicht gelungen.

Politiker und reiche Zoos rangeln um Schicksal und Besitz der letzten Sumatra-Nashörner, wie seinerzeit mittelalterliche Feudalherrscher über die Existenz des sagenhaften Einhorns und um den Besitz seines vermeintlichen Horns stritten. So stand das Nashorn nicht nur Pate, als menschliche Phantasie eine neue Tierlegende schuf, es wurde inzwischen selbst zu einer. Und sollten unsere Kindeskinder tatsächlich noch das eine oder andere lebendige Sumatra-Nashorn sehen, dann werden sie es wohl, falls sie sich überhaupt dafür interessieren, als Sinnbild des Aberglaubens und der sinnlosen Zerstörung des Regenwaldes in der angeblich so aufgeklärten Neuzeit betrachten.

Orang-Utan: vor lauter Riesen den Dschungel nicht sehen

Geraubte Säuglinge

Die letzte Ernte hat die kleinen Vorratshäuser auf den mäusesicheren Stelzenbeinen bis unter ihre regenfesten Hutdächer gefüllt. Auf den sauberen Feldern im Tal zeichnen sich die zartgrünen Reihen des heranwachsenden Reises ab. In wochenlanger Arbeit haben Frauen und Mädchen die Schößlinge, die unter sonnenwarmem Wasser in winzigen Keimbeeten am Rande der Felder heranwuchsen, ausgezupft, bündelweise umgesetzt und dabei ausgedünnt, damit die jungen Pflanzen kräftig gedeihen und reiche Frucht tragen.

Während die Rücken der Frauen und Töchter vor Schmerz brannten, haben die Männer die regenarme Zeit im Mai und Juni nach der Reisernte genutzt und die Grasdächer und Bambuswände der Häuser ausgebessert, im Fluß Fische gefangen, gesalzen und an der Sonne getrocknet. In den vergangenen Wochen haben sie Rotanlianen gesammelt, die sie mit anderen Gütern aus dem Dschungel zum Markt bringen. Das so erwirtschaftete Geld reicht für Kleider, Salz, Tabak und Tee, eine Legehenne oder einige fette Goldfische, die sie im überfluteten Reisfeld aussetzen. Bald werden sich die Fische tausendfach vermehrt haben und hungrig Unkraut, Mückenlarven und andere unerwünschte Gäste aus der Monokultur vertilgen. Die nächste Ernte verspricht dann wiederum Reis mit Fisch.

Jetzt ist die glücklichste Zeit der Bauern in den winzigen Weilern im Alastal in Nordsumatra, so auch in Pulau Piku. Tahir, Rustik und Bun diskutieren ausgelassen im Teehaus, überreichlicher Duriangenuß hat sie beschwipst. Tagsüber haben sie die ersten dieser kopfgroßen grünen Früchte mit der Stachelhaut von den Stämmen geschnitten, sie vorsichtig eingesammelt und zu schweren Bündeln zusammengebunden. In den nächsten Tagen werden sie sie auf den Markt bringen.

Durian schmeckt Menschen und Tieren gleichermaßen. Der ranzig-süßliche Geruch zieht Tiger, Nashörner, Affen und Wildschweine an. Und wenn das helle Fruchtfleisch zu gären beginnt und dabei die dicken Schalen platzen, labt und beschwipst sich so mancher Dschungelbewohner am köstlichen Durian. So auch die furchterregenden Elefantenbullen. Von einem erzählt Bun die alte Geschichte. Er sei am Dorfrand erschienen, habe mit dem Rüssel die Früchte von den Stämmen gestreift, unter seinen Füßen zertreten, dann mit seiner Rüsselhand zum Mund geführt und genüßlich geschlürft, bis seine Augen blutunterlaufen gewesen seien. Dann sei er durchgedreht, habe zwei oder drei Häuser umgerissen, sei mitten im Dorf umgefallen und sofort schnarchend eingeschlafen. Nein, Bun hat dies alles selbst nicht gesehen, nur gehört. Die vom betrunkenen Elefanten ist nur eine der Geschichten, die sich die Reisbauern beim berauschenden Durianschmaus erzählen.

Jetzt sprechen Bun, Rustik und Tahir von den Mawas, den Orang-Utans. In den Wochen während der Durianreife suchen ihre Augen auf Ästen und Astgabeln der turmhohen Urwaldbäume nach den Schlafnestern der Menschenaffen, nach den scheinbar ungeordneten Haufen aus Zweigen und Laub. »Als ich vor ein paar Tagen gegen Abend beladen mit Bambus aus dem Dschungel zurückgekehrt bin«, beginnt Tahir, »habe ich erstmals in diesem Jahr die dumpfen Rufe des ›Großen Alten‹ gehört.« Auf dem Dschungelpfad seien ihm dann die Frauen und Kinder entgegengerannt: »Er ist uns begegnet, hat seine ekligen gelben Zähne gezeigt und uns verfolgt.« Sie sollten nicht so dummes Zeug plappern, habe er sie zurechtgewiesen.

Tahir verschweigt, daß er selbst das Scheusal wiederholt aus nächster Nähe gesehen und dabei fürchterlich gezittert hat. Zuletzt ist es ihm erst gestern begegnet, als er den nahen Bach mit Bambushalmen und einigen Reusen versperrt hat, um einen außergewöhnlichen Fischfang vorzubereiten. Maringan, ein Polizist aus dem Dorf, werde kommen und Handgranaten mitbringen. Maringan hat Zugang zum Munitionsdepot und zu vielen anderen unerlaubten Dingen. Der eingewanderte Batak kann sich viel Verbotenes leisten, seinem vorgesetzten Offizier Simantujak, einem Vetter zweiten Grades, ist er in manchen Dingen gefällig, organisiert dessen Jagden im geschützten Dschungel, von Singapur und Kuala Lumpur nach Atjeh geschmuggelten Whisky und käufliche Mädchen von Medan. »Ja, Maringan kommt noch heute abend«, sagt Tahir leise zu seinen Freunden.

Der alte Orang-Utan ist wie jedes Jahr um diese Zeit an den Rand des Dschungels gekommen. Aus Erfahrung weiß er, wann der Durian reift. Wie üblich ist er zu früh eingetroffen, das gibt ihm Platzvorteil gegenüber den jüngeren Männchen. Tagelang hat er nur von Blättern und kleinen Früchten, vor allem von den Fettvorräten seines mächtigen Körpers gelebt. Jetzt sitzt er meist ruhig in einer breiten Astgabel, speckt ab und blickt den Nashornvögeln nach, die mit lautem Geschrei und zischenden Schwungfedern über dem Dach der Baumkronen einen fernen Feigenbaum ansteuern. Zu einer anderen Jahreszeit würde er ihnen folgen, jetzt aber bleibt er, die reifenden Durianfrüchte will er um keinen Preis einem Konkurrenten überlassen .

Täglich einmal hangelt er sich zu jedem der fruchtenden Durianbäume, prüft vorsichtig den Reifegrad der Kostbarkeiten, riecht, stochert mit abgebrochenen Aststücken, schnuppert und beißt in die stachligen Schalen, die seine ledrigen Handflächen vorsichtig umfassen. Wo niedriger Unterwuchs die Bäume trennt, schwingt er immer an den gleichen kräftigen Lianen, deren Reißfestigkeit er längst ausgiebig geprüft hat, über die kleinen Lichtungen und knüpft das freie Ende vorsichtig an einem Ast fest. So sichert er sich den Rückzug und sperrt den Durchgang für allfällige unerwünschte Mitläufer, die ihm unerkannt folgen und seine Durianbäume entdecken könnten.

Jeden Abend sucht er sich einen Schlafplatz, sammelt Äste und Laub für das Lager hoch über dem Boden. Bevor die Sonne sinkt, schickt er seine dumpfen Schreie, die der aufgeblasene Kehlsack verstärkt, in den großen wilden Wald. Sie halten das männliche Jungvolk auf Distanz, signalisieren anderen erwachsenen Orang-Utan-Männern seine Position. Seine beiden Nachbarn, die wie er aus den Tiefen des Dschungels an den Rand der Hügelkuppe über dem Tal gewandert sind, rufen ebenfalls. Mit ihnen hat er sich einst geprügelt und gebissen; einen Finger hat er dabei verloren. Doch seit Jahren respektiert jeder die einst umkämpften Grenzen. Die dumpfen Rufe des Alten erreichen auch die Weibchen. Sie leben allein oder in Begleitung von ein oder zwei Kindern. Er kennt jede seiner Frauen, weiß, wo sie jetzt ihre Nester bauen. Sie duldet er im Revier, fremde Weibchen und ihre Nachkommen aber wird er vertreiben, sollten sie es wagen, zu den Durianbäumen zu klettern. Vielleicht hofft der Alte, der jetzt, wenn die Zikaden lärmen, auf seinem Laubnest liegt, daß er beim bevorstehenden Durianschmaus eine Braut findet. Mit ihr würde er dann seine Einsamkeit teilen und möglicherweise bis zur nächsten Durianernte zusammenbleiben. Er zieht die abgebrochenen Zweige näher an sich heran, bedeckt seinen Kopf mit Laub und schlummert ein.

Bun, Tahir und Rustik denken nicht ans Schlafen. Sie erwarten Maringans Besuch. Die besten Durianfrüchte haben sie für ihn weggelegt. Es geht um viel, um mehr als die Fische. Jetzt spielt es auch keine Rolle, daß sie den Christen-Batak als Schweineesser ebenso verachten wie er sie, die armen Reisbauern, die weder Motorrad noch Sonnenbrille besitzen, nie in Kabanjahe, Medan oder Pematan Siantar waren und nicht einmal schreiben können. Aber bei ihren Geschäften sind sie aufeinander angewiesen: Es geht um Orang-Utan-Kinder.

Die Bauern haben seit Tagen die Orang-Utan-Mütter und ihre Säuglinge beobachtet, wie sie sich, angezogen von den Rufen des Alten, dem Rande des Dschungels näherten. Sie haben sich die Stellen gemerkt, wo die Menschenaffen am Abend ihre Nester bauen. Das alles werden sie jetzt dem Polizisten Maringan sagen. Wenn er nur bald käme. Sie werden am nächsten Morgen früh aufstehen müssen und zu den Schlafbäumen der Mawas gehen, wo Maringan dann die Mütter erschießen und sie die Jungen fangen würden.

Es ist längst stockfinstere Nacht, als Bun, Rustik und Tahir die Scheinwerfer eines Motorrads entdecken. Er habe die Dunkelheit abwarten müssen, damit niemand seinen Karabiner sehe, lügt der Polizist. In Wirklichkeit war er bei Verwandten, reichere Bauern, die gewilderte Orang-Utan-Babys erwerben und gleich weiterverkaufen. Damit versucht Maringan Spuren zu verwischen und mehrmals kräftig zu verdienen.

Am Morgen weisen leere Durianschalen den vier Wilderern den Weg. Sie finden bald ein Orang-Utan-Weibchen, das seinen Säugling im Arm trägt. Maringan lädt durch und schießt. Die getroffene Mutter schreit auf. Die erste Kugel hat den Oberarm durchschlagen, einarmig klettert sie höher. Erst der dritte Schuß verletzt sie so, daß sie sich nicht mehr halten kann und in die Tiefe fällt. Ihr langsamer Tod kümmert die vier Männer nicht. Sie reißen den Säugling aus dem langhaarigen Fell der Mutter und packen ihn in ein Tuch. Den wimmernden und zuckenden Leib der Alten verscharren sie, bevor die Augen gebrochen sind.

Zu Hause packen sie den Säugling in einen engen Bambuskorb, stopfen ihm einige Bananenstücke in den Mund, und Tahirs Frau versucht ihn mit Reisschleim zu füttern. Schon am anderen Morgen verkauft ihn Tahir an die von Maringan angegebene Familie im Nachbardorf für 1200 Rupiah, die verkauft ihn weiter für 2000 Rupiah an einen von Maringan bestimmten Bauern. Von ihm gelangt der verwaiste Säugling für 2500 Rupiah nach Kotajane.

Maringan hat immer die Hälfte des Gewinns kassiert. Sein Chef, der Polizeioffizier Simantunjak, machte dann den großen Reibach. Denn die Säuglinge sind von Kotajane nach Medan, Pematang Siantar oder Sinkil gebracht worden, wo Simantunjak die Käufer fand: Konsuln, Kaufleute und Kapitäne.

Die jungen Menschenaffen, deren Hungerbäuche längst angeschwollen sind, sterben bald. Die Überlebenden werden je nach Besitzer zu rauchenden und whiskytrinkenden Maskottchen mit traurigen Augen, zum angeketteten Statussymbol auf dem Gartenrasen, zum Geschenk für einen fernen Zoo oder, wenn es die Kleinen nicht schaffen, zum Präsent fürs Museum.

Rehabilitationsstationen

1970, so erzählten sie mir, fingen Bun, Tahir und Rustik zusammen fünf Orang-Utan-Kinder, ebenso viele Mütter hatte der Polizist erschossen. In den vergangenen vier Jahren kamen sie auf 21 Junge. Der Gewinn der Wilderei reichte für Fahrräder und ein billiges Radio aus Japan. Jährlich, so schätzten Walman Sinaga und ich, wurden am Rande des Leuser-Reservats wenigstens 120 Menschenaffenkinder gefangen und 120 Muttertiere getötet, vielleicht waren es aber auch doppelt so viele. Wir waren nicht sicher. Für einen einzigen Orang-Utan, der in Gefangenschaft erwachsen wurde, so schätzte die amerikanische Anthropologin Barbara Harrison, starben fünf andere. Es schien, als hätte die Hatz auf einen unserer nächsten Verwandten seinen Höhepunkt just zu dem Zeitpunkt erreicht, in dem Museen und große Zoos, die einst die Jagd angeheizt hatten, auf weitere Präparate und Schaustücke verzichteten.

Heute gilt der Zoobestand mit nahezu tausend Orang-Utans als gesichert. Er wird in zwei Linien gezüchtet, weil sich Borneo- und Sumatra-Orang-Utans ganz wesentlich unterscheiden, und vermehrt sich jährlich um vierzig Nachkommen. Inzuchtprobleme gibt es nicht, da der Bestand von vielen Gründereltern abstammt, trotzdem kauften europäische und amerikanische Tierhändler am Ende der sechziger Jahre noch rasch kräftig ein, als durchsickerte, die Regierungen von Indonesien und Malaysia würden demnächst Jagd und Handel verbieten: Schließlich belieferten sie auch Zirkusse, Menagerien und Schausteller, ohne lange zu fragen, welches traurige Schicksal die anfälligen Urwaldbewohner dort erwartete.

Jedenfalls hätten 1970, als Walman Sinaga und ich uns im Leuser-Reservat aufhielten, Wildhüter und Polizei die vielen

Orang-Utan-Babys beschlagnahmen müssen. Was aber wäre dann mit ihnen geschehen? In den großen indonesischen Zoos von Medan, Djakarta oder Surabaja gab es mehr als genug Menschenaffen, sie lebten hier unter miserablen Bedingungen, krank und falsch ernährt und meist sogar ohne die geringsten Klettermöglichkeiten. So lag die Idee nahe, konfiszierte Orang-Utan-Säuglinge wieder auszuwildern. Erste erfolgreiche Versuche hatten Barbara Harrison bei Bako in Sarawak (Borneo) und später der Wildwart G. de Silva in Sepilok, einem Schutzgebiet von Sabah, bereits durchgeführt. Walman Sinaga und ich forderten deshalb in unseren Vorschlägen an die international tätigen Naturschutzorganisationen auch für Sumatra und Indonesisch-Borneo (Kalimantan) solche Auswilderungsstationen. Kein anderer unserer Pläne wurde auch nur annähernd so rasch verwirklicht wie dieser. Zwischen 1971 und 1973 entstanden drei Stationen, eine im Tanjung-Puting-Reservat von Kalimantan, zwei, Bohorok und Ketambe, am Rande der Schutzgebiete Nordsumatras.

Die Vorteile von »Rehabilitationszentren«, wie sie bald offiziell hießen, lagen auf der Hand: Sie ermöglichten, gewilderte Orang-Utan-Babys sofort zu konfiszieren. Damit lohnte sich die Wilderei nicht mehr. Orang-Utan-Stationen boten aber auch die Möglichkeit, den Anfang der siebziger Jahre in seinem Freileben noch unerforschten Menschenaffen unter naturnahen Bedingungen zu studieren. Für die indonesische Regierung und ihre vielen Generäle, die damals offiziell und unter der Hand ihre schier unermeßlichen Regenwälder an ausländische Holzgesellschaften verscherbelten, bedeuteten die Stationen keine großen Opfer. Einfache Unterkünfte für eine Handvoll Betreuer und saubere Gehege für die Affenkinder am Rande eines bestehenden Reservats genügten. Und, last but not least: Die gewilderten Babys warben mit traurigen Kinderaugen im runden Gesicht, Wuschelfell und ihrer Hilflosigkeit selbst für den raschen Bau von Rehabilitationszentren, weil sie eben dem menschlichen angeborenen »Kindchenschema« entsprechen. Man mußte die spendenfreudigen Tierfreunde im Westen lediglich auf das Problem aufmerksam machen und konnte auf komplizierte und damit meist langweilige Erklärungen über die Bedeutung der Regenwälder und ihrer Bewohner für den Menschen verzichten, Tausende unterstützten die Vorhaben rein gefühlsmäßig und ohne lange zu überlegen.

Seit die Amerikanerin Birute M. F. Galdikas in Tanjung Puting, die Schweizerinnen Regina Frey und Monika Borner-Löwensberg in Bohorok und Ann und Hermann Rijksen aus Holland in Ketambe ihre Stationen bauten und mit der vorsichtigen Auswilderung begannen, haben Hunderte von Orang-Utan-Waisen den Weg in ihre Waldheimat und mehr oder weniger Anschluß bei ihren wildlebenden Artgenossen gefunden. Allein Bohorok wurde bald von 5000 indonesischen und 1000 ausländischen Touristen pro Jahr besucht. Die Station, »auf der in Gefangenschaft geborene Orang-Utans in ihrer natürlichen Umgebung leben«, wie die Werber der nationalen Fluglinie Garuda Indonesia keck logen, ist zweifellos eine Touristenattraktion auf Sumatra geworden.

So gesehen, waren die Auswilderungen überaus erfolgreich. Im Artenschutz schafft rascher Erfolg aber häufig Probleme, ein Paradoxon, auf das ich später noch näher eingehen werde. Bald meldeten sich kritische Kollegen mit berechtigten Einwänden, sie betrafen die unvermeidliche Vermenschlichung der Affenkinder, Seuchenkrankheiten und Folgen eines lokalen Überbestandes.

Orang-Utan-Junge, die von Natur aus ausgesprochen lange mit ihrer Mutter zusammenleben, werden in den ersten Lebensjahren auf das sie umsorgende Wesen geprägt, einzeln aufgezogene also unweigerlich auf Menschen. Später leiden sie dann unter Identitätsverlust. Das hat Folgen. Hier einer von vielen ähnlichen Fällen: »Ich hatte Sugito als Säugling aufgezogen«, berichtet Birute Galdikas, »ich fütterte ihn, trug ihn, wie es eine Orang-Utan-Mutter tut, Tag und Nacht an meinem Körper ... Als Sugito sieben Jahre zählte, erstaunlich neugierig und aktiv war, Werkzeuge gebrauchte, wurde er zum Killer, er ertränkte andere Neugeborene im Fluß und versuchte sogar einen Besucher der Station auf gleiche Weise umzubringen.« Der vermenschlichte Menschenaffe hatte eine seinen wilden Artgenossen fremde, durchaus menschliche Eigenschaft angenommen. Er war eifersüchtig geworden auf alle Affenkinder und auf fremde Menschen.

Eine andere, für junge Orang-Utan-Männchen typische, Eigenschaft behielt er dagegen, was sich sofort nach der Pubertät zeigte. Er versuchte Weibchen zu vergewaltigen. Allerdings nicht Artgenossen, sondern die Köchin von Birute Galdikas. Ähnliches widerfuhr Bo Derek bei den Dreharbeiten zur Dschungelschnulze »Tarzan, the Ape Man« (1981). »C. J., der eifersüchtige Affe, liebte die Idee nicht besonders, daß Tarzan und Jane sich ohne ihn vergnügten. In einer nicht im Drehbuch vorgesehenen Einlage riß er den 195 Pfund schweren O'Keeffe von Bo und unterbrach eine der heißesten Szenen des Films«, kommentierte der »Playboy« den Zwischenfall mit dem angeblich handzahmen Orang-Utan. »Wir rangen mit ihm anderthalb Stunden«, erinnert sich die Schauspielerin. »Orang-Utans sind mehrfach stärker als Menschen und grabschen vierhändig nach dir.« Ein ausgewilderter Orang-Utan, der fest davon überzeugt ist, er sei ein Mensch, wird sich aller Wahrscheinlichkeit nach nicht mit seinesgleichen fortpflanzen, also nichts zur Arterhaltung beitragen.

Ist »gut gemeint« das Gegenteil von »gut«?

Nicht nur psychologische, auch medizinische Probleme lassen die Auswilderung gefangener Orang-Utans immer fragwürdiger erscheinen. Wegen ihrer engen Verwandtschaft zum Menschen werden sie unter miesen Gefangenschaftsbedingungen leicht Opfer von Kinderlähmung, Ruhr und anderen Krankheiten. Das war von Anfang an bekannt, und die konfiszierten Orang-Utans hatten auf den Stationen vorerst in Quarantäne zu leben. Man untersuchte Blut und Kot auf Krankheitserreger, entwurmte die Neuzugänge und impfte sie gegen Tuberkulose und Kinderlähmung. Dann schreckte John MacKinnon, einer der führenden Orang-Utan-Forscher, die Artenschützer mit seinem Bericht im feinen britischen »New Scientist« gehörig auf. In Zentralkalimantan, so war da zu lesen, halten sich die Junggesellen des Dayak-Stamms in ihren Langhäusern gelegentlich weibliche Menschenaffen für denselben Zweck wie zum Beispiel einsame Matrosen aufblasbare Gummipuppen. Dermaßen mißbrauchte Orang-Utan-Weibchen können, nachdem sie konfisziert und ausgewildert wurden, zweifellos Geschlechtskrankheiten in Teilbestände der Menschenaffen einschleppen. Jahrelang dachte niemand auf den Stationen an entsprechende Checks und Impfungen.

John MacKinnon bemerkte zudem, daß nicht in erster Linie der Orang-Utan, sondern sein Lebensraum selten wird. Die Rehabilitationsstationen, auf die sich die Aufmerksamkeit der Artenschützer zwei Jahrzehnte lang vor allem richtete, unterbanden zwar die Wilderei fast gänzlich, wecken das Bewußtsein für die Erhaltung eines unserer nächsten Verwandten, unterhalten Touristen und geben ihnen die Gelegenheit, einen Dschungelbewohner auf den Film zu bannen, den man unter natürlichen Bedingungen sonst kaum zu sehen kriegt. Doch durch diese Einrichtungen wurde wohl kein Quadratkilometer Tieflandregenwald geschützt. Und selbst in Bohorok, der indonesischen Vorzeigestation, wird abgeholzt – allen Versprechungen von anreisenden Ministern und anderen Politgrößen zum Trotz.

Großflächige Rodungen machen Orang-Utans heimatlos. Heimatlose Orang-Utans aber werden zu schlechtgelaunten Nomaden, die Harmonie und Fortpflanzungserfolg ansässiger Bestände ernsthaft stören. Wird die Bevölkerungsdichte durch stete Zuwanderung zu dicht, so MacKinnons Ergebnisse, nimmt die Nachwuchsrate ab. Die Weibchen gebären nicht mehr alle vier, sondern nur noch alle sieben bis neun Jahre ein Junges. Zur Verdichtung des Bestandes tragen die Auswilderungsstationen bei. Das weiß auch Monika Borner-Löwensberg, die vor zwanzig Jahren zusammen mit Regina Frey nach den Vorschlägen von Walman Sinaga und mir die Station in Bohorok errichtete. »Man muß annehmen, daß mit den Wiederausgewilderten der Gesamtbestand der Orangs nicht zunimmt«, meint sie heute: »Um der Art Orang-Utan wirklich förderlich zu sein, müßte heute eine sinnvolle Auswilderungsstätte in einem geeigneten, gutgeschützten größeren Stück Urwald liegen, in dem keine wilden Orangs vorkommen.« – »Woher nehmen, wenn nicht stehlen?« kann man da nur fragen.

Im einstigen Areal des südasiatischen Menschenaffen schmilzt der Tieflanddschungel wie Schnee an der Sonne. Selbst im Leuser-Reservat, das verhältnismäßig gut geschützt ist, verschwand wenigstens ein Drittel des natürlichen Lebensraumes des großen Primaten seit meiner ersten Expedition 1970. Die scheinbar so erfolgreiche, auf Gefühle der Tierfreunde im Westen gestützte, reichlich Spenden fördernde Hilfsaktion für die Affenwaisen war wohl ein Schlag ins Wasser und, wie später John MacKinnon polemisch zusammenfaßt, so irrelevant für den Orang-Utan-Schutz wie Lebensmittellieferungen zur Lösung einer Hungersnot. »Wenn weite öffentliche Aufmerksamkeit wirklich der Erhaltung des Orang-Utans und seines Lebensraumes nützt«, so fährt er fort, »wäre es erfolgreicher, in Dokumentarfilmen im Fernsehen das kaltblütige Abschlachten von Orang-Utan-Waisen zu zeigen.«

Abgesehen davon, daß Wilderer zwar die Mütter töteten, die Orang-Utan-Kinder aber mit allen, wenn auch falschen, Mitteln am Leben zu erhalten versuchten, weil nur lebende verkauft werden konnten, hätte MacKinnons Vorschlag einer minutiösen Dokumentation des blutigen Geschäfts ebenfalls zur Schaffung von diesen heute so umstrittenen Rehabilitationsstationen geführt. Hätte man die Jungen einer bedrohten und offiziell hochgeschützten Art tatsächlich auch gleich noch umbringen lassen sollen, die Kinder einer uns sehr nahe verwandten Tierart? Da es für sie keinen Platz mehr in einem großen wissenschaftlich geführten Zoo gab und damit auch keine Ausfuhrbewilligung, mußten sie in ihren Heimatländern bleiben. Hier aber fehlten entsprechende Tiergärten – also schuf man die Stationen für die Waisen.

Angenommen, einer der wenigen Fachleute, die wie ich damals in Nordsumatra oder Borneo die Wilderei lediglich mit Zahlen über illegal gehaltene Orang-Utan-Babys und Interviews mit Wilderern dokumentierten, hätten zu diesen Wilderern engen Kontakt gehabt und bei einem ihrer Vergehen mit der Filmkamera dabeisein können. Was hätten wir wohl getan? Gefilmt, wie die Mutter, meist noch mit einer Reihe von Fehlschüssen, gemordet wird, oder die Jagd verhindert, damit wenigstens ein Muttertier und ein Junges der Verfolgung entgingen? Jeder hätte spontan die zweite Lösung gewählt. Mit gutem Gewissen, das von Mitgegangen, Mitgefangen, Mitgehangen weiß.

Mir ist bekannt: Eine solche Entscheidung gilt nicht als journalistisch. Gedreht und fotografiert wird von harten Medienprofis selbst dann, wenn durch Verzicht auf den blutigen Nervenkitzel und dadurch persönlichen Mut unnötiges Leid und Tod des Mitglieds einer bedrohten Art verhindert werden könnten. »Mir geht es schließlich nicht darum, die Welt zu retten, sondern festzuhalten, wie sie vom Menschen zerstört wird«, sagte mir einmal ein renommierter Fernsehschaffender. Er hätte zweifellos, wie von John MacKinnon gefordert, das »Abschlachten« von Orang-Utan-Waisen festgehalten. So weit kam es zwar nie. Der Erfolg eines solchen Streifens läßt sich aber an der Wirkung eines ähnlichen Unterfangens über verbotene Tigerjagden auf Sumatra abschätzen. Man muß sich nur fragen, was die letzten paar hundert Tiger der Insel davon haben, wenn Arpad Bondy und sein Team den furchtbaren Tod eines mit Stahlschlingen gemarterten Tigers für die WDR-Serie »Wir töten, was wir lieben« minutiös auf Zelluloid festhalten, wie kürzlich geschehen.

Ein solcher Film trägt weder zum Schutz der letzten Regenwälder bei noch zur Lösung des indonesischen Überbevölkerungsproblems, das zur Waldzerstörung mit beiträgt; er verhindert nicht einmal die illegalen Tigerjagden, weil die Abnehmer von Fell, Zähnen, Knochen und Blut des Opfers nicht im Westen sitzen, wo solche Filme ausgestrahlt werden, sondern in Singapur, Hongkong oder Taipeh. Erfolg haben solche Filme, die dann im sonntäglichen Morgenprogramm der Kinder wegen nicht wiederholt werden dürfen, trotzdem: Sie bringen ihren Machern Preise ein, Ansehen bei den Kollegen. Daß solche Filmemacher jedoch mit ihren »sensationellen« Streifen zu Komplizen von Wilderern und kriminellen Mittelsmännern werden, weil sie sich in Wirklichkeit am Tod bedrohter Geschöpfe schadlos halten, daran denkt keiner.

Gefühle heizen nicht nur das Geschäft mit dem Artenschutz an. Sie bestimmen auch weitgehend das Vorgehen der Artenschützer und verursachen später häufig Zweifel, wenn sie das gefühlsmäßig Richtige mit dem sachlich als richtig Befundenen, den Ergebnissen langwieriger Forschungen, miteinander vergleichen. »Gut gemeint« (etwa die Auswilderung von Orang-Utan-Waisen) entpuppt sich dann häufig als das Gegenteil von »gut« (etwa die Infektion der Wildbestände mit Krankheitserregern). In diesem Spannungsfeld lebt jeder, der sich mit Artenschutz befaßt, und jener, der sich um die Erhaltung mit nahen Verwandten wie Menschenaffen kümmert, ganz besonders. Emotionales Handeln bestimmte bisher immer die ersten Schritte, wenn es darum ging, das Schicksal einer schwindenden Art zu wenden. Das kann dahin führen, daß vorerst vor lauter Orang-Utans der Regenwald nicht mehr gesehen wird. Rationales Handeln, wie es der Schutz des gesamten ökologischen Systems erfordert, hinkt logischerweise hinterher. Es ist, wenn überhaupt, erst möglich, wenn die für Schutzvorhaben unerläßlichen Forschungen abgeschlossen sind oder zumindest erste relevante Daten vorliegen.

So lebt der »wilde Mensch«

Wie alle anderen großen Tiere des Regenwaldes ist auch der Orang-Utan selten. Zudem ist dieser größte aller echten Baumbewohner im Braungrün des Dschungeldaches, mit dem sein rostbraunes Fell verschmilzt, kaum auszumachen. Die imposanten Menschenaffen lärmen auch nicht wie eine Horde streitsüchtiger Schweinsaffen und fliehen nicht mit auffälligen Schwüngen und Sprüngen wie Siamang- und Gibbontrupps, wenn Menschen nahen. Sie bleiben ruhig sitzen, verbergen sich hinter einem Baumstamm und beobachten heimlich die Eindringlinge. Auch die erwachsenen Männchen, sie werden bis zu achtzig Kilo und damit doppelt so schwer wie die Weibchen, verlassen die Bäume selten, es sei denn, um eine Salzlecke aufzusuchen, eine breite Lichtung zu überqueren oder einen ihnen aufdringlich erscheinenden menschlichen Beobachter mit gewaltigem Imponier- und Drohgehabe brüllend und ästebrechend zu verjagen.

Die Schlafnester aus Laub und Zweigen verraten die Aufenthaltsorte der Orang-Utans. Gebaut werden die im Durchmesser einen halben bis anderthalb Meter großen Plattformen meist 15 bis 25 Meter über dem Boden in Astgabeln und auf Ästen, durchweg auf Bäumen, von denen aus ein verhältnismäßig weites Umfeld überblickt werden kann. In einer Höhe über 1000 Meter werden die Nester selten, über 1500 Meter findet man sie nicht mehr, Orang-Utans sind Bewohner des Tieflandes, der Mangroven-, Sumpf- und Flügelfruchtwälder. Am häufigsten sind sie in den Dschungeln, die auf Schwemmland wachsen, und damit just in jenen, die Menschen am rücksichtslosesten roden. Hier finden sie die wertvollsten Bäume und erhoffen sich reiche Nahrung.

Genaue Kartierungen von Orang-Utan-Nestern geben Aufschluß darüber, wo die heimlichen Waldbewohner häufiger vorkommen und wo seltener. Mit einfachen rechnerischen Überlegungen, so scheint es auf den ersten Blick, ist es auch möglich, auf die Zahl der in einem Gebiet lebenden Tiere zu schließen. So wie früher Barbara Harrison und George Schaller auf Borneo versuchte ich 1970 auch im Leuser-Rerservat den Orang-Utan-Bestand mit Hilfe der ausgezählten Nester zu schätzen.

Die Nestdichte innerhalb eines Beobachtungsgebietes ergibt sich aus der Anzahl gezählter Nester, dividiert durch die Fläche aus zurückgelegtem Weg mal dem Doppel der mittleren Distanzen, aus denen man links und rechts vom Weg die Nester sieht. Aus einzelnen Stichproben kann man dann auf größere Gebiete mit gleicher Vegetation schließen und weiß, wenn man Glück hat, wie viele Nester man insgesamt sehen könnte. Doch was

Beamte, Naturschutzorganisationen und Journalisten interessiert, ist die Zahl der Nestbauer. Man rechnet also weiter und begibt sich unweigerlich ins Reich der Spekulationen. Denn jetzt müssen Antworten auf folgende Fragen gefunden werden: Wie lange halten sich die nicht besonders stabilen Laubhaufen auf den Ästen, bevor sie vermodern, von Epiphyten überwuchert oder von einem heftigen Regen weggespült werden? Sind es sechs Monate oder vier, wie Barbara Harrison und George Schaller annahmen, oder zwei, wie ich glaubte? Baut jeder Orang-Utan täglich ein oder mehrere Nester? Schlafen mehrere in einem Nest, oder macht jeder sein eigenes?

Nach meinen Schätzungen gab es 1970 rund 5000 Orang-Utans im und am Rande des Leuser-Reservats und damit gleich viele, wie nach den Schätzungen von Tom und Barbara Harrison in ganz Borneo und Nordsumatra noch überlebten. Ich kam auf eine Bestandsdichte von einem Menschenaffen auf drei Quadratkilometer Dschungel. Genaue Studien ergaben später, daß ein bis fünf Orang-Utans auf dieser Fläche siedeln und der Bestand irgendwo zwischen 100000 und 150000 liegen muß. Die modernsten Studien gehen demnach von einem Bestand aus, der 30- bis 50mal höher ist als der in den sechziger Jahren erstmals geschätzte.

Mit solchen Fehlern operieren Artenschützer bei der Zählung vieler bedrohter Wildtiere, seien es nun Nashörner, Elefanten, Tiger, Hirsche oder Affen, und sie sind nicht ganz unproblematisch. Nach den ersten, meist falschen Daten gelingt es häufig, rasche Schutzmaßnahmen einzuleiten. Die sie begleitenden tiefgründigeren Forschungen korrigieren die Werte der Bestandsschätzungen dann laufend nach oben. Unkritische sehen darin entweder bereits erste Erfolge der angelaufenen Schutzbestrebungen oder kommen, was gefährlicher ist, zu dem Schluß, es sei ja alles nur halb so schlimm, und lockern die Schutzbestimmungen. Viel wichtiger als die meist falschen Bestandsschätzungen sind Angaben über die Größe des noch intakten Lebensraumes. Ihn gilt es in erster Linie zu erhalten. Und so gesehen, ist der Orang-Utan tatsächlich bedroht. Denn nur ein Fünftel seines gegenwärtigen Areals liegt in einigermaßen geschützten

Urwäldern, der Rest ist in dem Maße bedroht, wie die außerhalb von Reservaten liegenden Regenwälder den Sägen der Holzindustrie zum Opfer fallen.

Die ersten genauen Freilandstudien über den Orang-Utan im Leuser-Gebiet begann John MacKinnon Anfang der siebziger Jahre, und zwar am Renun-Fluß, also dort, wo Walman Sinaga und ich die ersten Spuren von Nashörnern fanden. John arbeitete mit einer Methode, die ihm Entbehrungen und äußerste Kondition abverlangte. Fand er mit seinem Führer einen Orang-Utan, so versuchte er so lange wie möglich in dessen Nähe zu bleiben, folgte dem lässig von Ast zu Ast hangelnden Tier im dichten Unterwuchs; ruhte es, so ruhte auch er, schlief es, so schlief auch er.

Orang-Utans sind Einzelgänger, sieht man davon ab, daß Mütter mit ihren Nachkommen Zweier- oder Dreiergruppen bilden. Gelegentlich ziehen Halbwüchsige zusammen durch den Wald, oder junge Männchen begleiten eine Mutterfamilie, aber Horden mit einem halben oder einem Dutzend Mitglieder bilden Orang-Utans, im Gegensatz zu Schimpansen und Gorillas, nicht.

Ausgewachsen ist ein Orang-Utan-Mann mit etwa 15 Jahren, dann trägt er den langen Bart, die breiten Backenwülste und den kropfartigen Kehlsack, den Resonanzboden für seinen fürchterlichen Gesang. Jetzt versucht er sich einen Eigenbezirk von zwei bis zehn Quadratkilometern zu erobern und ihn durch Kämpfe und eben jene dumpfen, rollenden, brüllenden, weit hallenden Schreie von Rivalen freizuhalten. Die Weibchen sind unter sich verträglicher, ihre Reviere messen einen bis fünf Quadratkilometer und überschneiden sich. Das ergaben jahrelange Studien von John MacKinnon in Nordsumatra sowie von Peter Rodman und David Horr auf Borneo. Andere Geheimnisse seines Sozialverhaltens gab der Eigenbrötler nicht so leicht preis, wie es die Primatologen von gruppenlebenden Schimpansen und Gorillas gewohnt sind.

In vielen Verhaltensforschern schlummert nun aber offenbar der Wunsch, ein kleiner Dr. Doolittle zu sein, also mit den Tieren sprechen zu können. Birute Galdikas sagt es deutlich:

»Ich hatte oft bedauert, daß ich nie fähig sein würde, mit Sugito zu sprechen, ihm Fragen zu stellen und seine Antworten zu hören.«

Menschenaffen können bekanntlich aber nicht sprechen, jedenfalls nicht wie Menschen. Sie lernen es nicht etwa deshalb nicht, weil ihre Lautbildungsorgane wie Kehlkopf, Zunge oder Lippen dazu nicht in der Lage wären. In ihrem Gehirn fehlt vielmehr das Sprachzentrum, die Brocasche und die Vernickesche Region. Nun verstehen aber Menschenaffen, wie viele andere Tiere auch, menschliche Befehle. »Dazu braucht es aber keines eigentlichen Wortverständnisses und erst recht natürlich keiner Kenntnis eines Alphabetes«, führt der große Tierpsychologe Heini Hediger dazu aus: »Eine grundsätzliche Schwierigkeit besteht bei der Interpretation tierischer Leistungen im Verkehr mit dem Menschen darin, daß Tiere meist nicht das einzelne Wort im Buchstabensinne verstehen, sondern das gesprochene Wort in Verbindung mit sehr komplexen Ausdruckserscheinungen wie Tonfall, Mimik, Gestik, Haltung und den vielen weiteren Signalen ... Was und wie Tiere verstehen, ist für uns schwer zu verstehen.«

Tiere können sich auch Menschen gegenüber verständlich machen. Sugito brachte zum Beispiel Birute Galdikas regelmäßig den Schlüssel zur Vorratskammer, wenn er Hunger hatte. »Zu einer simplen Zeichensprache war er fähig. Wie erlebte und interpretierte er aber seine Welt?« Birute suchte offenbar das intellektuelle Gespräch mit dem heranwachsenden Orang-Utan-Mann und kam zu folgender genialer Lösung: Gary Shapiro, ein amerikanischer Spezialist, der schon versucht hatte, gefangenen Menschenaffen eine Zeichensprache beizubringen, wurde auf die Station im Tanjung-Puting-Reservat eingeladen. Hier sollte er den handaufgezogenen, jetzt aber freilebenden Orang-Utans AMESLAN (American Sign Language), die amerikanische Zeichensprache für Stumme, beibringen. Sugito büxte aus, auch in seinem Lehrer sah der Heranwachsende einen Eindringling und schlimmen Konkurrenten. Lehrer, die von ihren Schülern bedroht werden, haben nichts zu sagen.

Da war aber noch Rinnie, ein bereits erwachsenes Weibchen.

Wenigstens während der ersten Wochen war sie eine gelehrige Schülerin, später langweilte sie der Unterricht wahrscheinlich. Immerhin kauderwelschte sie die ersten Sätze, und die hießen: »Gib mehr Fressen!«, »Gary, gib Fressen!« Auf die Frage, wer sie sei, kam kurz und bündig: »Süß.« »Die Zeichen, die ihr Gary beibrachte«, faßt Birute Galdikas zusammen, »waren in erster Linie ein Mittel, um das zu erhalten, was sie in ihrem Leben am meisten wollte – Nahrung.« Mehr ergaben die Experimente, so gut sie auch gemeint waren, bis heute nicht.

Nahrung bestimmt sicher zu einem hohen Grad den Alltag der Orang-Utans und ihre soziale Organisation. Gut die Hälfte finden sie zwischen 10 und 25 Meter über dem Boden. Im Gunung-Leuser-Regenwald setzt sie sich zusammen aus Eiern und Kleintieren, vor allem aber aus den Früchten von 92 Pflanzenarten, von 13 Arten essen sie Blätter, Knollen oder Rinde, die sie ausgiebig kauen und dann die harten Fasern ausspucken wie einen Tabakpfriem. Von insgesamt 114 Nahrungspflanzen, die Hermann Rijksen beschrieben hat, nutzen sie aber nur die Hälfte häufig.

92 Prozent dieser Bäume, Würgerfeigen, Lianen und Aufsitzer (Epiphyten), kommen nur in Hochwäldern vor, das heißt, Orang-Utans finden im Zweitwuchs, so nennt man jene Vegetation, die auf Rodungen wächst, keine Nahrung. Die südostasiatischen Dschungel sind zwar so reich an verschiedenen Früchten wie keine anderen Regenwälder der Welt, doch wachsen Fruchtbäume in großen Teilen der Tieflandwälder Südostasiens deshalb selten, weil hier Flügelfruchtbäume (*Dipterocarpalia*) vorherrschen, deren Früchte nicht zur Affennahrung gehören.

Da im Regenwald während des ganzen Jahres Früchte reifen, finden Orang-Utans immer Nahrung. Im Juni und Juli gibt es Durian, im August und September die Mallotusfrüchte und im September und Oktober die des Celastrusbaumes. Von November bis Dezember halten sich die großen Menschenaffen an Aglaia und Antiaris. Daneben sind immer reife Feigen von mehr als acht Arten vorhanden, zwischen September und November aber sind Feigen selten. In dieser Zeit ernähren sie sich besonders von den Früchten des Heritierabaumes.

Nun müssen aber Orang-Utans ihre Fruchtnahrung mit einer Menge anderer Tierarten teilen, mit Elefant, Sumatra-Nashorn, Malaienbär, Schleichkatzen, Javaneraffe oder Schweinsaffe, mit großen Nashornvögeln oder gar den beiden kleinen Menschenaffen Lar-Gibbon und Siamang.

Gibbon und Siamang sind mit fünf bis elf Kilogramm leichter als der behäbige Orang-Utan, sie schlafen und ruhen weniger als er und sind am Morgen meist schon auf den Fruchtbäumen, wenn der große Menschenaffe noch schläft. Sie erreichen Früchte, die hoch oben und weit außen in den Ästen reifen. Doch auch der schwere und damit langsame Orang-Utan kennt Vorteile, er ist kräftig und kann Werkzeug gebrauchen. So wird er auch mit hartschaligen und stachligen Früchten fertig, etwa mit der nußartigen Frucht von Heritiera oder mit Durian, dessen Stacheln die ledrigen Handflächen erwachsener Tiere nicht verletzen. Halbwüchsige rollen die Durianfrüchte auf ein Widerlager mit Blättern, beißen vorsichtig die Stacheln ab oder versuchen die Schalen mit Aststücken und Steinen zu öffnen.

Hohe Intelligenz, wie sie im Werkzeuggebrauch oder in ausgeprägtem Erinnerungsvermögen zum Ausdruck kommt, aber auch der Hang zur Fettleibigkeit lassen den Orang-Utan menschenähnlich erscheinen. Beide Eigenschaften wirken sich vorteilhaft für sie aus. Sie fressen sich, wenn sie Gelegenheit dazu haben, gehörige Fettbäuche an. In Gefangenschaft bereiten besonders die Männchen den Zootierärzten diesbezüglich gewisse Probleme. Bei Wildlebenden dienen die Fettpolster als Reserven für futterknappe Zeiten, mehr noch: Orang-Utans kennen ihren Lebensraum bestens, wissen aus Erfahrung im voraus, wann wo welches Futter reift, und sind folglich rechtzeitig zur Stelle. Schadlos überleben sie aber nur in geringer Bevölkerungsdichte, und die erhalten sie durch einzelgängerische Lebensweise, durch Territorialverhalten der Männchen und dadurch, daß Fremdlinge durch heftige Kämpfe vertrieben werden. Und schließlich passen die Weibchen ihre Nachwuchsrate den jeweiligen Gegebenheiten an: Ist das Nahrungsangebot hoch und die Konkurrenz gering, gebären und ziehen sie mehr Kinder auf als bei geringem Angebot und hoher Konkurrenz.

Selten sind Orang-Utans immer. Dasselbe gilt für das Sumatra-Nashorn, von dem ich bereits berichtet habe. Beide Arten überleben in freier Wildbahn nur im Regenwald, eine der artenreichsten Lebensgemeinschaften überhaupt. Jetzt stellt sich die Frage, warum ausgerechnet in dieser Pflanzenfülle, die auf den ersten Blick ja auf unerschöpfliche Nahrung schließen ließe, so wenige Tierriesen vorkommen. Vertauschen wir also den Blickwinkel, wenden wir uns nicht einer einzelnen Art, sondern einer Lebensgemeinschaft zu.

Sprit im Überfluß, Baustoffe rationiert

Der Regenwald lockte mich schon, als ich ein Junge war. Bücher wie Arthur Heyes »Amazonasfahrt« oder Heini Hedigers »Kleine Tropenzoologie« kannte ich auswendig. Regelmäßig zog ich auf Expedition ins Zoologische Museum, in den Zoo und in den botanischen Garten. Da staunte ich dann vor den Kästen mit säuberlich aufgereihten Riesenschmetterlingen, wehrhaft gehörnten Käfern und Heuschreckenverwandten, die aussahen wie Blätter oder trockene Zweige. Ich kannte jeden Orang-Utan und Gorilla hinter Glas und Gitter, hing dem Tierpfleger an den Lippen, wenn er von todgiftigen Korallenschlangen prahlte, und wünschte mir nichts sehnlicher als ein Terrarium voller winziger, bunter Pfeilgiftfrösche. Unter den Pflanzen fanden Palmen und Bäume mit riesigen Früchten meine Beachtung, Bromelien und Orchideen, die im Glashaus hinter dem botanischen Institut mit unglaublicher Farben- und Formenpracht auf nackten Ästen blühten .

Ich habe schon rein gefühlsmäßig nie daran gezweifelt, daß Regenwälder die artenreichsten Lebensräume sein müssen. Darin haben mich später, als ich in Zürich Biologie studierte, scheinbar weltfremde Assistenten in ihren für viele so langweiligen floristischen und faunistischen Kursen mit Listen voller lateinischer Namen, »auf denen wirklich nur die allerwichtigsten Familien zusammengefaßt sind«, bestärkt.

Wie viele Pflanzen- und Tierarten wirklich auf dem grünen Planeten leben, weiß niemand genau zu sagen. Edward O. Wilson, einer der führenden modernen Biologen, schätzt zusammen mit seinen Kollegen, daß rund 1,4 Millionen Arten bereits einen lateinischen Namen tragen. Doch mehr als doppelt so viele wurden bis heute noch nicht einmal wissenschaftlich beschrieben, obwohl doch die Systematik (neben der Anatomie) der älteste Zweig der Biologie ist. Mit fünf Millionen Arten kann man konservativ rechnen. Mehr als die Hälfte davon lebt im geschlossenen tropischen Regenwald, der lediglich sieben Prozent der Landfläche bedeckt, in jenem Waldgebiet also, in dem meist breitblättrige, immergrüne Baumriesen einen geschlossenen Teppich bilden und wo jährlich mindestens zwei Meter Regen fällt.

Terry L. Erwin vom National Museum of Nature History in Washington rechnet mit dreißig Millionen Arten. Zu seinem sensationellen Schluß kam er, nachdem er überblickbare Kontrollräume im Dach des peruanischen Amazonas-Regenwaldes mit einem Pestizidnebel besprühte und dann von seinen Mitarbeitern die toten Tiere auszählen ließ. Das Ergebnis rechnete er auf die Gesamtfläche der Regenwälder in der Alten und Neuen Welt hoch.

Ob heute dreißig oder nur fünf Millionen Arten die Welt bevölkern, wird wohl nie mit Sicherheit entschieden werden: »25000 Forscherleben wären dazu nötig«, meint Edward O. Wilson. »Ihre Arbeit ließe sich dann in einem Katalog nachlesen, der für jede Million neuentdeckter Arten sechzig Meter im Buchregal füllen würde.« Aber immerhin geben Schilderungen der Systematiker aus den Regenwäldern einen Eindruck von der Artenvielfalt: Von einem einzigen, zu den Schmetterlingsblütlern gehörenden Baum fing Wilson in Peru 43 Ameisenarten, die 26 Gattungen angehören. Die gleiche Vielfalt erreichen Ameisen auf den gesamten Britischen Inseln. Auf zehn ausgewählten Probeflächen von je einem Hektar Größe in einem Regenwald von Kalimantan (Indonesisch-Borneo) bestimmte der Harvard-Botaniker Peter S. Ashton mehr als 700 Baumarten. Etwa gleich viele sind in ganz Nordamerika heimisch. Im peruanischen Regenwald enthielt jede von zwei Probeflächen mit nur einem Hektar Umfang rund 300 Baumarten, wie Alwyn H. Gentry vom Botanischen Garten in Missouri 1988 nachwies.

Und hier einige Beispiele von der Vielfalt der Tierwelt: In den Regenwäldern der Malaiischen Halbinsel wurden bis heute 675 Säugetier- und 200 Vogelarten beschrieben. In ganz Südostasien sind es 656 Säuger- und 850 Amphibienarten (ein Drittel des bekannten Weltbestands). Hier werden mehr als 700 Tagfalter- und über 400 Stechmückenarten unterschieden. Allein die Sundainseln beherbergen 297 Säuger- und 732 Vogelarten. Europa (ohne die Sowjetunion), das fast viermal größer ist, kennt dagegen nur 134 beziehungsweise 398 Arten.

In jugendlicher Überheblichkeit betrachtete ich die Systematiker einst als »Erbsenzähler« und Theoretiker, die unentwegt getrocknete oder in Formalin fixierte Pflanzen und Tiere studieren und dabei wohl hoffen, zumindest eine neue Unterart irgendeines Insekts, einer Maus oder eines Krauts zu entdekken. Viel zu sehr war ich als Assistent des legendären Zürcher Zoodirektors Heini Hediger und durch monatelange Aufenthalte im Zirkus auf »Großtiere« geprägt, um zu erkennen, daß just diese bescheidenen Systematiker, die in ihren Studierstuben unermüdlich Ordnung in tausendfache Formenvielfalt zu bringen versuchen, das Wesentliche zum Verständnis des Regenwalds beitragen. Das merkt wohl jedes Greenhorn bald, wenn es auszieht, um Regenwald bewohnende Orang-Utans, Nashörner, Großkatzen oder Elefanten zu beobachten, und dabei hofft, sie auch schützen zu können.

Nun saß ich hier, mitten im Regenwald. Müde und enttäuscht. Wo war jetzt diese Artenfülle, von der ich soviel gelesen und gehört habe? Wo waren die 230 Baumarten pro Hektar? Meist glich einer dem anderen. Versuchte ich in meiner Unkenntnis Ordnung zu schaffen, so gelang es auf Grund von Blattformen, im besten Fall acht Typen auszumachen. Und fragte ich dann Bustami, wie dieser oder jener der Giganten hieß, so kam, sollte er ihn überhaupt kennen, die Antwort: »Ficus speciosus, Arthocarpus speciosus.« Mehr als die Gattung konnte auch dieser erfahrene Förster nicht sagen: »Um die Art zu bestimmen, brauchst du Früchte oder Blüten.« – »Die Bäume blühen aber nicht und tragen keine Früchte.« – »Vielleicht nächsten Monat, vielleicht nächstes Jahr oder erst in drei, fünf oder sieben Jahren.«

Es roch auch nicht nach Blütenduft und frischen Früchten. Dumpfer Moder reizte die Nase. Unweigerlich schloß ich auf allgegenwärtige Pilze, obwohl sich höchst selten einer durch einen meist kleinen Fruchtkörper an Totholz zu erkennen gab. Gelegentlich versperrte ein umgestürzter Baum den Weg, ein Blitz hatte ihn tödlich getroffen, tonnenschwere Last der aufsitzenden Farne, Orchideen und Lianen ihn zu Boden gezwängt. Sein lächerlich flacher Wurzelteller hatte den Boden mit der ganz dünnen Humusschicht aufgerissen, Termiten siedelten bereits in seinem rasch vermodernden Holz. Schmerzhaft beißende, stechende, giftspritzende Ameisen hatten ihre Straßennetze angelegt.

Frust erfaßt wohl jeden Biologen in den ersten Tagen im Regenwald. »Bäume und Pilze, Ameisen und Termiten«, kann man sich ins Notizbuch schreiben. Kaum eine der Arten kennt man näher, die Verwirrung ist perfekt. Da entdeckt man beispielsweise plötzlich im Dämmerlicht am Dschungelboden eine ganz absonderliche Pflanze. Auf dürrem holzigem Stengel trägt sie schneeweiße Blüten. Bewegt man sie, hüpfen die Blüten zu Boden, krabbeln dann einzeln den Stengel hoch und organisieren sich wiederum zum Blütenstand. Man meint, das Geheimnis ergründet zu haben. Die Blütentiere gleichen fingernagelgroßen Schmetterlingen mit bizarr ondulierten fiedrigen Flügeln. Hat man das Glück, die von Insekten dargestellte Blüte fotografieren zu können, und zeigt das Bild später einem Kollegen, der sich ein halbes Menschenleben mit Insekten des Regenwaldes beschäftigt hat, sagt der einem, bei den vermeintlichen Schmetterlingen handle es sich um Wanzen. Solche Begegnungen verunsichern ungemein. Was ich sah, kannte ich nicht. Die großen Dschungeltiere, die ich kannte, sah ich selten oder nie.

»Regen, Blitz und Donner«, kann man jeden Abend notieren,

auch dann, wenn offiziell Trockenzeit herrscht. Dann regnet es einfach nur weniger als in anderen Monaten. Das Bombardement von Sonnenstrahlen auf das Blätterdach muß man sich meistens vorstellen. »Boden ohne nennenswerten Humus«, also »unfruchtbar«, gehört wiederum zu den Standardeintragungen, die der Anfänger am Ende des Tages aufschreibt. Und wenn er dann nicht sofort vor Erschöpfung einschläft, kommt er ins Grübeln: Warum schießt hier dieser einmalige gigantische Pflanzenwuchs ohne entsprechende Bodenfruchtbarkeit in die Höhe? Warum diese unfaßbare Artenvielfalt, die den Biologen brutal überfällt und sprachlos macht, weil sie sich nicht in Bücher pressen läßt. Hilft da Schulwissen zumindest, um sich Wesentlicheres zu erklären als jene Frage, ob die Handvoll weißer Insekten nun Schmetterlinge sind oder Wanzen? Man kann es zumindest versuchen. Beginnen wir mit der Photosynthese!

Bekanntlich hat Blattgrün, Chlorophyll, die Eigenschaft, mit Hilfe des Sonnenlichts Kohlendioxid und Wasser in Zucker umzubauen und dabei Sonnenenergie in chemische Energie zu verwandeln. Bei diesem Vorgang wird Sauerstoff freigesetzt, den Tiere und Pflanzen atmen müssen, um Zucker oder kompliziertere, aus Zucker entstandene Stoffe wie Stärke, Zellulose oder Lignin zu »verbrennen«. So entsteht wiederum Kohlendioxid, einer der Ausgangsstoffe der Photosynthese. Wasser liefert der Regen, der reichlich fällt, über die Wurzeln nach. Nirgendwo auf dem Planeten ist der Motor für die Photosynthese, die Einstrahlung der Sonne, so ausgeprägt wie zwischen den Wendekreisen des Steinbocks und des Krebses. Licht und Wärme sind so intensiv, daß sich die Blätter des Kronendaches durch lichtbrechende Schichten schützen und mit reichlicher Abgabe von rasch verdunstendem Wasser kühlen. Somit läuft, solange die Sonne scheint, die Photosynthese weiter und erzwingt das sprichwörtlich »üppige« Wachstum. Irgendwie muß der Baum mit seiner Überproduktion an Zucker fertig werden. Er lagert sie in Stamm, Ästen und Wurzeln ein, gewissermaßen als totes Holzskelett.

Der lebende Teil des Baumes gleicht so einem Korallentier,

das handschuhähnlich eine selbst hergestellte feste Struktur überzieht, der Regenwald einem wellenbrechenden Korallenriff, das seine eigene Umwelt schafft. Über ihm türmen sich am Nachmittag, wenn der Sonnenball sich im Westen verzieht, die Wolkenmassen Tausende und Zehntausende von Metern hoch und laden ihre Wasserfrachten ab. Regen, den der Wind vom Meer in den Wald trug, zirkuliert so zwei- bis viermal über dem Wald selbst, bevor das Wasser von den Flüssen ins Meer zurückgetragen wird.

Mögen die Strahlen der Tropensonne tagsüber noch so unerbittlich auf ihn niederbrennen, die Nachtkälte ihn einhüllen, Gewitterstürme ihre Regenfluten über ihn schütten und ihn mit krachenden Blitzen beschießen, unter seinem von mächtigen Bäumen gestützten Laubdach herrschen Tag und Nacht, jahrein, jahraus, ungefähr dieselbe Temperatur von 26 Grad und die Luftfeuchtigkeit von 96 Prozent. Solche Bedingungen sind ideale Voraussetzungen für die chemischen Vorgänge, die Leben ermöglichen.

Photosynthese, Wachstum, Fortpflanzung und alle anderen lebenswichtigen Vorgänge in pflanzlichen und tierischen Organismen laufen nur dank Enzymen ab. Falls es nicht mehr aus längst verflossener Schulzeit bekannt ist: Enzyme sind von den Zellen gebildete Eiweiße (Proteine und Proteide), die als Biokatalysatoren die chemischen Umsetzungen der Lebewesen beschleunigen und somit den Auf-, Um- und Abbau der Bau- und Betriebsstoffe der belebten Welt bewirken. Eine Reihe von Nährsalzen, vor allem Phosphor- und Stickstoffverbindungen, sind die Rohstoffe der Enzyme, aber auch der Zellkerne, in denen Lebewesen die Informationen über Körperbau und -funktionen speichern und bei der Fortpflanzung an ihre Nachkommen weitergeben.

Nun sind aber die meisten Böden, auf denen Regenwald wächst, äußerst arm an Nährsalzen. Das zeigte als einer der ersten der Münchner Tropenökologe Ernst Josef Fittkau durch seine aufsehenerregenden Studien in Zentralamazonien. Er maß in der obersten, ein Meter tiefen Bodenschicht, also dort, wo die Urwaldbäume flach wurzeln, lediglich 58 Kilogramm

Kalium, 23 Kilogramm Magnesium und 14,7 Kilogramm Phosphor pro Hektar; das entspricht etwa anderthalb Gramm Phosphor je Kubikmeter Boden. »Davon kann natürlich kein Baum der Größe eines ›Urwaldriesen‹ leben«, meint der Ökologe Josef H. Reichholf, »weil das Angebot einem Verhältnis von 1,5 zu einer Million entspricht. Hinzu kommt, daß nicht einmal alles von diesen Phosphorspuren in pflanzenverfügbarer Form vorliegt. Die Bäume können also ihren Phosphorbedarf aus dem Boden mit Sicherheit nicht decken.« Das gilt ebenso für Kalium und Magnesium.

Ernst Josef Fittkau stellte dem bescheidenen Angebot im Boden jene Nährstoffmengen gegenüber, die in den lebendigen Bäumen festgelegt sind: fast die zehnfachen Mengen an Mineralstoffen. Jetzt wird klar, warum Urwaldbäume flach wurzeln und gewissermaßen dem Fallaub entgegenwachsen, das von Klein- und Kleinstlebewesen wie Milben, Asseln, Bakterien und vor allem Pilzen zersetzt und mineralisiert wird, bevor es Pflanzenwurzeln wieder aufnehmen. Jetzt gehen einem auch die Augen auf, warum viele Tropenhölzer eisenhart, ja wahre Sägen- und Axtbrecher sind, wie etwa *Quebracho colorado*, das Rote Eisenholz aus Amazonien; wieso andere Harze, Balsam und ähnliches als Schutzstoffe einlagern gegen holzzersetzende Pilze oder sich regelrecht »vergiften« mit Phenolen und anderen natürlichen Pestiziden, so daß sie nicht einmal für Termiten angreifbar sind.

So gesehen, kann die Biomasse des reifen tropischen Regenwaldes – sozusagen seine ökologische Hardware – nicht mehr wachsen. So, wie die mächtigen Bäume, die hoch über dem Boden verfilzten Lianen und Epiphyten Raum, Licht und Wasser im Laufe von Jahrmillionen bestmöglich nutzen, werden die vom Boden zur Verfügung gestellten Nährstoffe zum größten Teil aufgebraucht und in Lebewesen investiert. Das artenreichste Ökosystem, das wir kennen, wird von außen höchstens dadurch gedüngt, daß weitreichende Winde, in Südostasien und Südamerika die Passate, Nährstoffe aus fernen Wüsten herbeitragen, oder mit Hilfe der Blitze fürchterlicher Gewitter, die Luftstickstoff zu Stickoxiden verbrennen. Diese wiederum verbinden sich mit Wasserdampf zu Nitriten und Nitraten, die der Regen in den großen wilden Wald schwemmt, wo Stickstoff bei der Bildung von Eiweißen unerläßlich ist.

Daß das Reich turmhoher Baumgiganten in der Regel in »feuchter Wüste« liegt, beweisen die unheimlichen großflächigen Rodungen der letzten Jahrzehnte, denen Bäume, Orchideen, Vögel oder Termiten gleichermaßen zum Opfer fallen. Sie lassen lediglich unfruchtbaren, von heftigen Regenfällen rasch ausgewaschenen Boden zurück. Humus, wie er in den Wäldern der gemäßigten Zonen aus Fallaub, Totholz und anderem abgestorbenen Material entsteht, fehlt im Regenwald nahezu. Hier gibt es keinen Winter mit Bodenfrösten, wenn Nährstoff abbauende Kleinstlebewesen zwangsläufig ruhen müssen, und folglich auch keine »Nährstoffbank« aus halbverrottetem Material.

Fleischfressende Pflanzen und Ameisengärten

Nährstoffknappheit erzwingt erstaunliche Anpassungen. Zeuge davon werde ich, als ich auf einer Lichtung an steiler Bergflanke raste, wo der Regen das bißchen fruchtbaren Boden weggetragen hat, die Sonne den Boden erhellt und allerlei kleine Bäume und Kletterpflanzen sich in dichtem Filz lichtwärts hangeln. Plötzlich mache ich sonderbare grün-rötliche Blüten aus. Sie haben die Größe eines Pfeifenkopfes oder eines Weißweinglases, die Form einer Urne oder einer kleinen Kaffeekanne mit geöffnetem Deckel. Rasch merke ich, daß die merkwürdigen Gebilde nicht Blüten sind, sondern umgebildete Blatteile.

Die Blätter der Kannenpflanzen wachsen nahe am Stengel vorerst zu ganz normalen grünen Zungen aus. An ihrer Spitze laufen sie aber wiederum zum Stiel zusammen. Mit dieser Ranke »ellbogt« sich die Pflanze nach oben und hält sich an anderen fest. Vorn am Blattmittelstück baumelt die Kanne, Dornen schützen sie gegen Fraß, ein gerippter Kragen säumt den Kanneneingang. Honigdrüsen am Deckel und Kannenrand locken hungrige Insekten an. Die Innenwände der Kanne sind so glitschig, daß die kleinen Beutetiere unweigerlich in eine klare Flüssigkeit, ein Gemisch aus Regenwasser und Sekret von Verdauungsdrüsen, abrutschen. Spaltöffnungen des geradezu absurd umgestalteten Blattes nehmen die gelösten Nährstoffe auf.

Nepenthes, die fleischfressende Kannenpflanze, lockt zur näheren Betrachtung. Vorsichtig ziehe ich eins der Gefäße heran, um einen Blick in die Mördergrube zu werfen: Hier schwimmen unverdaute Insektenbeine, Flügel und Mundwerkzeuge. Bald entdecke ich mehr. Zwischen Halbverdautem zuckeln munter Moskitolarven, wie ich sie aus der Regenwassertonne im Garten kenne. Von selbst sind die wasserbewohnenden Mückenkinder sicher nicht in die Fangorgane der Pflanze gelangt, ihre Mütter müssen hier die Eier gelegt haben. Warum hat sie aber die Pflanze nicht sofort gefressen? Eischiffchen von Mücken und Larven sind sicher nicht zäher als chitingepanzerte Ameisen oder Käfer.

Schon fühle ich mich als Entdecker und eile, kaum zurück in der Stadt, in die Universitätsbibliothek, lese Fachbücher, um dann festzustellen, daß schon andere vor mir die Mückenlarven im tödlichen Verdauungssaft der Kannenpflanze beschrieben haben. In den Kesselfallen einer einzigen Nepenthes-Art (*N. ampullaria*) leben Larven von zwanzig Mückenarten, sechs halten sich an Aas, die andern filtern Vorverdautes aus der Nährlösung. Ferner tummeln sich drei Spinnenarten ausschließlich in den Fangorganen der Kannenpflanze und holen sich die angelockte Beute, bevor sie die Pflanze frißt. Alles in allem sind bis heute nicht weniger als 55 Insektenarten, vor allem Zweiflügler und Mücken, aber auch drei Spinnen bekannt, die, resistent gegen den verdauenden Saft, in den Kannen von Nepenthes leben. Hochspezialisierte Ameisen tauchen in ihnen nach Futter, und auf Borneo legt sogar eine Laubfroschart ihre Eier in die Verdauungsflüssigkeit. Die Kaulquappen halten sich an den Kadavern kleiner Insekten schadlos.

Als ich das nächste Mal auf einer Lichtung raste, verstehe ich Nepenthes bereits als Mikrokosmos. Ihre für viele so tödliche

Falle ist für andere, die durch entsprechende Anpassung den grünen Fleischfresser überlisten, Lebenszentrum. Jetzt will ich Zeuge werden, wie eine Beute, von süßen Honigtröpfchen angelockt, in den Kessel fällt. Ich warte und entdecke plötzlich eine winzige Ameise, gefährlich nahe turnt sie am Kanneneingang vorbei, klettert dann auf der dünnen Blattranke nach oben und verschwindet genau dort, wo diese sich spiralig windet, durch ein kleines Loch in die Pflanze hinein. Wahrscheinlich holt sie sich hier Nahrung, denke ich. Falsch. Denn bald entdecke ich, daß auch andere kannenhaltende Ranken an einer bestimmten Windung winzige Öffnungen haben, durch die Ameisen ein und aus gehen.

Nepenthes ist also ein Myrmekophyt, eine Ameisenpflanze. Das schrieb der Italiener Odoardo Beccari schon 1884. Welche Ameisenart bei der Kannenpflanze ein und aus geht, weiß man aber ein Jahrhundert später noch nicht. Bis heute ist unbekannt, ob Nepenthes bei Gelegenheit ihre Untermieter frißt, sicher ist nur, daß sie den winzigen Staatenbildnern ein Zuhause bietet und diese mit Abfällen von eingetragenem Futter, die von der Pflanze aufgenommen werden, die Miete bezahlen.

In den asiatischen Regenwäldern gehen wenigstens vier Dutzend Pflanzengattungen (wieviel Hunderte Arten es sind, weiß niemand) solche und ähnliche, mehr oder weniger enge Beziehungen mit Ameisen ein: Farne, Orchideen, Palmen, Schlingpflanzen, Kletterpflanzen und Bäume. Sie bieten in hohlen Wurzeln, Stengeln und Blattstielen Unterschlupf, lassen für ihre Untermieter Fettkörper und Nektardrüsen wachsen und nehmen Abfallstoffe auf.

»Macaranga ist eine der bekannteren Ameisenpflanzen«, habe ich mir beim Besuch in der Bibliothek angelesen. Meine einheimischen Begleiter zeigen mir dann den kleinen Pionierbaum mit den großen dreifach gefingerten Blättern. Er gleicht einer jener raschwüchsigen, aber sonst nicht besonders attraktiven Topfpflanzen und steht ziemlich unbehelligt auf einer Lichtung. Von seinen Untermietern merke ich vorerst nichts, oder etwa doch? Das zarte Macaranga-Laub ist erstaunlicherweise unverletzt. Im Gegensatz zu seinen Nachbarn mißbraucht ihn keine einzige der vielen jungen Schlingpflanzen, die ringsherum wachsen, als Klettergerüst. Könnte es sein, daß Macaranga über einen unsichtbaren Schutztrupp verfügt? Also die Probe aufs Exempel. Rasch verletzen zwei Fingernägel ein Blatt. Unverzüglich sind sie da, drei Millimeter winzige, zu allem entschlossene Ameisen wieseln über die Pflanze, in deren Inneren sie wohnen.

»Die Gründung der Kolonie erfolgt stets durch eine begattete Königin«, erklärt Brigitte Fiala: »Sie beißt ein Loch in eines der hohlen Internodien (Sproßabschnitt zwischen zwei Blattknoten, F. K.) einer Macaranga-Pflanze, kriecht ins Innere und legt ihre Eier ab. Der Wirtsbaum bietet den Ameisen aber nicht nur Wohnraum in Form hohler Sproßachsen, sondern sorgt auch für ihr leibliches Wohl.« Er produziert eiweiß- und fettreiche Nährkörperchen. Die Biologin aus Rauhenebrach weiß viel über die erstaunliche Symbiose zwischen dem Macaranga-Baum und seinem Untermieter, der Ameise *Crematogaster borneensis*. Für ihre außergewöhnlichen Studien erhielt sie 1990 den Karlson-Preis. »Im Inneren der Sproßachse betreiben die Ameisen eine Art Viehwirtschaft, bei der die Ameisen Schildläuse halten. Diese saugen vom Pflanzensaft der Macaranga-Pflanzen, und die Ameisen ernähren sich von den zuckerreichen Ausscheidungsprodukten der Schildläuse, dem sogenannten Honigtau«, berichtet sie.

So weit, so gut. Die Pflanze bietet Wohnung und Schutz für die Kolonien einer Ameisenart und ihr Vieh. Sie füttert beide. Und beide sind dermaßen an den Macaranga-Baum angepaßt, daß sie getrennt von ihm nicht lebensfähig sind. Was hat nun aber die Pflanze von ihrer Nächstenliebe? So selbstlos kann sie im harten Konkurrenzkampf um Nährstoffe oder einen Platz an der Sonne ohne entsprechende Gegenleistungen doch nicht sein. Mitnichten: Die Ameisen schützen sie vor vielen Freßfeinden, für die aggressiven Winzlinge keine einfache Aufgabe. »Die kleinen Ameisen fürchten auch Käfer und Heuschrecken nicht«, meint Brigitte Fiala, »zwar sind diese viel zu groß und durch einen harten Chitinpanzer zu gut geschützt, um durch die Ameisen ernsthaft gefährdet zu werden. Die dauerhaften

Angriffe der Ameisen werden ihnen doch meist so lästig, daß sie sich eine andere Pflanze suchen, wo sie in Ruhe fressen können. Besonders erstaunlich ist, daß die gelegentlich überwältigten Insekten nicht einmal zur Ernährung genutzt, sondern allein in Verteidigung der Pflanze getötet werden.«

Die Ameisen patrouillieren regelmäßig über ihren Wirt, entfernen Insekteneier, beißen Ranken fremder Pflanzen ab und halten ihn so frei von Kletterpflanzen. Ein von Ameisen besiedelter Macaranga-Baum wächst in einer nahezu konkurrenzlosen Schutzzone auf, in der er schnell aufschießt und andere Bäume ausschattet. Fehlen ihm dagegen die Untermieter, kränkelt er, wird leicht überwuchert und Beute hungriger Insekten. Kurz: Das Zusammenleben zwischen Macaranga und der Ameise *Crematogaster borneensis* bringt beiden überlebenswichtige Vorteile.

Das ist nur eines von Hunderten ähnlicher Beispiele von dem Zusammenwirken ganz unterschiedlicher Lebensformen, ganz verschiedener Talente. Von vielen habe ich gelesen, einige entdecke ich nach und nach selbst, etwa die Ameisengärten. Zuerst halte ich die kugeligen Gebilde von gut einem halben Meter Durchmesser, die hoch über dem Boden in einer Astgabel klemmen, für alte Orang-Utan-Nester. Ein Blick durchs Fernglas belehrt mich, es sind nicht welke Pflanzenteile, die hier zusammengetragen wurden, im Gegenteil: Auf der Kugel grünt und blüht eine kunstvoll arrangierte Vielfalt an kleinen Pflanzen. Ameisen haben ihre Samen in ihr Nest getragen, ein kammerreiches Gebäude aus kartonartigem Material, einer durchgekauten Mischung aus trockenen Blättern, Rinde und anderen Abfällen. Jetzt schützen sie ihren Dachgarten vor Schädlingen, jäten Unkräuter, trinken Nektar, ernten Fruchtfleisch und Elaiosomen, die kleinen fett- und eiweißreichen Anhängsel bestimmter Samen. Das Saatgut dagegen verschonen sie, klauben es gelegentlich sogar aus dem Kot von früchtefressenden Flughunden und lagern es im Nestinneren neben der eigenen Brut. Sie können gar nicht anders, denn die Samen ahmen den Nestgeruch der Ameisen nach. Den verlieren sie auch dann nicht, wenn sie vorerst unversehrt den Darm eines

Fledertieres passiert haben. Im geschützten Nest keimen die Samen und wachsen die Schößlinge besser als irgendwo sonst, Gärtnern und ihren Nährpflanzen ist gedient.

Über staatenbildende Insekten, vor allem Termiten und Ameisen, sind dicke Bücher geschrieben worden, noch dickere werden folgen und noch Unglaublicheres berichten über ihre perfekt organisierten Staaten, ihr Zusammenleben mit anderen Arten, mit Pilzen, die sie im Nest mit vorgekautem Holz und Blättern füttern und dann von den Fruchtkörpern leben, oder mit Grünpflanzen, die sie pflegen, düngen und von Konkurrenz freihalten und sich die Dienste durch Nahrung und Behausung entlohnen lassen.

Biologen, die Elefanten, Nashörner, Raubkatzen, Hirsche oder Affen studieren, um sie und ihren natürlichen Lebensraum zu erhalten, beachten staatenbildende Insekten leider kaum. Rein gefühlsmäßig stehen diesen Praktikern große Warmblüter näher. Sie sind meist Menschen, die lieber ihre Abenteuer in freier Natur suchen, als die Schulbank zu drücken. Doch Insektenforschung verlangt Spezialkenntnisse, Ameisenanatomie und Termitenphysiologie lassen sich nicht vom Schulwissen über den Menschen und seine nächsten Verwandten ableiten. Trotzdem: Wesentliches über die Ökologie des Regenwaldes bleibt auch dem fleißigsten und mutigsten Elefantenforscher immer schleierhaft, wenn ihn die Termiten, die sich rasch im Kot der Tierriesen sammeln, nicht faszinieren. Der Orang-Utan-Forscher wird kaum in der Lage sein, seine Erkenntnisse und Hypothesen den heute gängigen wissenschaftlichen Theorien von Verhaltensökologie und Soziobiologie anzulehnen, wenn er nicht über ein gewisses Maß an Kenntnissen über staatenbildende Insekten verfügt. Seine seltenen Studienobjekte, die großen Warmblüter, pflanzen sich langsam fort. Generationen folgen entsprechend langsam aufeinander, Mechanismen der Bestandskontrolle ahnt er eher, als daß er sie glaubhaft belegen kann. Ganz anders der Ameisen- und Termitenforscher: Seine Studienobjekte vermehren sich rasch hundert- und tausendfach und reagieren entsprechend schnell auf Veränderungen der Umwelt.

Schließlich hat der Biologe, der monate- und jahrelang versucht, etwas über die letzten Sumatra-Nashörner zu erfahren, und schon froh ist, wenn er hier und da einen ihrer Fußabdrücke im Boden findet, mehr als genug Zeit, darüber nachzugrübeln, warum die Nashörner dermaßen selten sind und immer selten waren. Hundertschaften allgegenwärtiger Ameisen plündern dagegen ununterbrochen seine Reis- und Zuckervorräte. Und wenn er abends sein Notizbuch nicht vorsichtig in Plastikbeuteln verstaut, stellt er am Morgen fest, daß Termiten es zum Fressen gern hatten.

Die erdrückende Grünmasse des tropischen Regenwaldes könnte doch viel mehr Nashörner ernähren, sagt er sich. Er weiß: Rhinos rempeln schnellwüchsige Bäume kurzerhand um und laben sich an Gipfeltrieben, und sie tricksen durch geschickte Nahrungswahl Giftwirkungen ihrer Nahrungspflanzen aus, sie fressen von jeder etwas und von keiner zuviel. Pflanzenangebot und Pflanzengifte sind nicht die einzigen Ursachen dafür, daß Nashörner oder andere große Tiere, Elefant, Tapir, Sambar oder Orang-Utan, im Regenwald so selten sind. Ich gewinne vielmehr den Eindruck, daß viele Regenwaldpflanzen diese Tierriesen nicht einmal ernst nehmen. Was ich damit sagen will, lehrt der oben erwähnte ameisenfreundliche Macaranga-Baum.

In Atjeh heißt er Mamas. Lau Mamas nennen die Pawangs im Leusergebiet aber auch jenen kleinen Bach, in dessen Einzugsgebiet Markus Borner, Nico van Strien und ich seinerzeit verhältnismäßig viele Sumatra-Nashörner ausgemacht haben. An diesem Lau wachsen besonders viele Macaranga-Bäume, sie sind Zusatznahrung für Nashörner, Elefanten, und in Malaya fressen auch die Schabrackentapire von diesem Baum. Ganz offensichtlich vermögen winzige Ameisen ihren Wirt nicht vor den Tierriesen zu schützen. Auch die der Pflanze eigene Abwehr versagt. Das mag erstaunen, denn Macaranga ist ein Wolfsmilchgewächs aus den Tropen und Subtropen Afrikas, genau wie Rizinus, der jetzt zur Zierde in unseren Gärten blüht.

Wohl jeder weiß oder hat zumindest geschildert bekommen, daß das Öl aus seiner Frucht äußerst abführend wirkt. Daß Kreuzblättrige Wolfsmilch, eine uralte Zier- und Heilpflanze aus unseren Gärten, Wühlmäuse vertreibt, glaubt jeder Biogärtner. Auch Maniok, der gelegentlich Kassava oder Tapioka genannt wird, ist ein Wolfsmilchgewächs. Wegen seiner bis zu zwei Kilo schweren Knollen pflanzen ihn heute viele Menschen überall im Regenwaldgürtel an. Bevor sie die stärkehaltigen Wurzelspeicher aber wie Kartoffeln essen oder zu Brot verbakken können, müssen sie sie rösten, räuchern, kochen oder mehrmals kauen und ausspucken. Dadurch verliert der Milchsaft seine Giftigkeit.

Schließlich gehört auch *Hevea brasiliensis*, der Kautschukbaum aus den südamerikanischen Regenwäldern, zu den Wolfsmilchgewächsen. Daß sich bei richtiger Behandlung aus seiner »Wolfsmilch« Gummibälle herstellen lassen, wußten die Mayas bereits im 11. Jahrhundert. Der amerikanische Chemiker Charles Goodyear erfand 1839 die Heißvulkanisation des Rohkautschuks zu Gummi. 37 Jahre später wurden Hevea-Samen nach England geschmuggelt, bald darauf zogen die Briten Kautschukbäume auf ihren Plantagen auf Sri Lanka und Java, ganz besonders aber in Malaysia, von wo heute der meiste Naturgummi stammt.

Wilde Elefanten plündern regelmäßig die in Reih und Glied wachsenden »Gummibäume«. Die weiße, klebrige Masse, die aus verletzter Rinde und gebrochenen Zweigen fließt, der Latex, eine Mischung aus Zucker, Harz und Eiweißen, stört sie überhaupt nicht. Die Pflanze verklebt damit die Mundwerkzeuge, Fühler, Beine und Flügel der Insekten oder ertränkt sie ganz einfach darin. Neben dem Macaranga-Baum produziert eine große Zahl von Pflanzen, die auf kleinen Lichtungen des Regenwaldes wachsen und von verschiedenen Familien abstammen, den klebrigen Abwehrstoff gegen Insektenfraß. Nicht nur den Elefanten, sondern pflanzenfressenden Säugetieren allgemein macht Latex dagegen nichts aus, das alkalische Milieu in ihrem Verdauungstrakt verhindert die Koagulation, die Gerinnung.

Warum räumen aber Elefanten und andere Tierarten des Regenwaldes nicht ein für allemal mit diesen gegen sie ungeschützten Macarangas auf? Ich vermute deshalb, weil diese Pionierbäume, die auf äußerst armem Boden wachsen, schlicht zu wenig Nährstoffe enthalten, als daß sich der Massenfraß lohnen würde. Möglicherweise verbraucht der Körper des warmblütigen Tierriesen zu ihrer Verdauung mehr der seltenen Stoffe in Form von Enzymen, als in den schnellwüchsigen Bäumen stecken. So gesehen, könnten sie sich an Macaranga und vielen anderen Urwaldbäumen schlank fressen.

Elefanten ziehen gehaltvollere Nahrung vor, Gras und im asiatischen Regenwald vor allem Palmen, die besonders auf verhältnismäßig fruchtbaren Schwemmlandböden wachsen. Die Rüsseltiere sind schlechte Futterverwerter, und Gras- wie Palmennahrung ist ausgesprochen faserreich, also schwer verdaubar. Das sind Gründe dafür, wieso wildlebende Elefanten fast den ganzen Tag, nämlich 18 Stunden, mit Fressen beschäftigt sein müssen, wieso sie in dieser Zeit bis zu 130 Kilogramm Grünzeug mampfen. Ihr Rüssel ist ein dermaßen hochspezialisiertes Organ, daß die Futteraufnahme selbst beim Gehen wie am Fließband läuft: Die Rüsselspitze sucht eine Portion Futter aus und rupft sie ab, eine zweite Portion klemmt gebündelt in der Rüsselspitze, eine dritte zwischen Unterlippe und Rüsselansatzstelle, während eine vierte gekaut wird.

Offenbar findet aber auch ein solcher Dauerfresser nicht überall im Regenwald genügend Nährstoffe. Das zeigt seine Verbreitung auf den Großen Sundainseln ebenso wie in Afrika. Auf Sumatra folgt das Areal der grauen Riesen ziemlich genau der Gebirgskette im Westen. Ihre in jüngster Erdvergangenheit erloschenen und die heute noch aktiven Vulkane, wie der 3805 Meter hohe Kerinci, versorgten und versorgen heute noch die Regenwaldböden mit wichtigen Nährstoffen aus dem Erdinnern. Derartige Nährstoffspender fehlen auf Borneo und also auch der Asiatische Elefant, sieht man von einem kleinen Bestand im äußersten Nordosten ab. Er geht aber auf eingeführte Arbeitselefanten zurück, die die Britische Ostindienkompanie 1750 dem Sultan von Sulu schenkte. Der zweitgrößte

Tierriese des Regenwaldes, das Java-Nashorn, kam bis in jüngste Zeit auf Sumatra, nie aber in den offenbar nährstoffärmeren Regenwäldern Borneos vor. Der mächtige Tiger bewohnt Sumatra, nicht aber Borneo.

Das zweite Vorkommensgebiet immergrünen Dschungel bewohnender Tierriesen sind die zentral- und westafrikanischen Regenwälder. Sie erhalten und erhielten Nährstoffe durch Vulkane des zentralafrikanischen Bergmassivs und durch Winde aus verhältnismäßig nahen Wüstengebieten. Deshalb leben hier Waldelefant, Rotbüffel, Zwergflußpferd, Okapi und Gorilla. Im vergleichsweise nährstoffarmen Regenwald Südamerikas fehlen derartige Tierriesen. Der Flachlandtapir, der größte Pflanzenfresser, erreicht mit höchstens 250 Kilogramm Körpergewicht nie die Größe seines südostasiatischen Vetters, des Schabrakkentapirs, der ohne weiteres hundert Kilo schwerer wird. Viele Neuweltaffen sind faustkleine Zwerge, die größten Primatenarten Amazoniens erreichen kaum zehn Kilogramm Körpergewicht. Erwachsene Gorillamänner in den Vulkanbergen von Ruanda werden dagegen 200 bis 300 Kilogramm schwer.

Langer Rede kurzer Sinn: Nährstoffe sind im Regenwald so selten und so sicher in lebenden Pflanzen, vor allem Baumgiganten, investiert, die sich mit allen erdenklichen Mitteln zu schützen wissen, daß hier warmblütige Tierriesen wenig oder nichts zu suchen haben. Wo es sie überhaupt gibt, verdanken sie ihre Existenz Vulkanen und Winden, die aus umliegenden Wüstengebieten Nährstoffe herantragen. Und die wenigen Tierriesen, die überhaupt in immergrünen Wäldern der afrikanischen und südasiatischen Regenwälder leben, sind Einzelgänger oder in kleinen Familientrupps organisiert, verteidigen vehement ihre Reviere und damit ihre spärlichen Nährstoffquellen gegen arteigene Rivalen. Das habe ich ja bereits vom Sumatra-Nashorn und vom Orang-Utan berichtet.

Wenn nun aber die großen Warmblüter wenig oder nichts taugen im Regenwald, wie steht es dann mit den mittelgroßen, kleinen und kleinsten? Besser bis sehr gut, würde jeder Ingenieur sagen, erhielte er den Auftrag, eine Maschine oder ein Fahrzeug zu entwerfen in einer Umwelt, die über sehr wenig

Baustoffe verfügt, in der Treibstoff aber häufig ist. Er würde weder riesige Turmuhren, Lastwagen noch Frachtschiffe entwerfen, sondern eher flache Armbanduhren, Rennwagen und kleine Schnellboote, die wenig Material für Motor und Rumpf brauchen. Dieser Strategie folgen die meisten Tiergestalten des Regenwaldes: Kleinstinsekten sind viel häufiger als mächtige Käfer und Schmetterlinge. Sie brauchen zum Bau ihrer winzigen Körper wenig Phosphor- und wenig Eiweißverbindungen und finden dank ihrer geringen Größe auch leichter Zugang zu verborgenen Futterquellen als überaus kleine Minierkäfer etwa im Blattgewebe oder als Schildläuse unter der Baumrinde, wo sie die Leitbündel der Bäume angreifen können, oder als unscheinbare Gallwespen in Feigen. Und sie werden auf die eine oder andere Art fertig mit den Giften ihrer Nahrungspflanzen.

Diese Fähigkeit schränkt aber andere Nahrungsquellen ein. Der Spezialist kann nur von einer Pflanze, wahrscheinlich nur von ganz bestimmten Blättern, Früchten, Stamm- und Stengelabschnitten einer Pflanzenart leben. Somit ist erklärt, warum der Regenwald Kahlfraß nicht kennt. Er wird von den Wolken gefräßiger Wanderheuschrecken der tropischen und subtropischen Zonen ebensowenig heimgesucht wie von Plagen durch Abermillionen von Raupen kleiner Schmetterlinge, wie sie gelegentlich in den Wäldern gemäßigter Regionen auftreten. In seiner unglaublichen Vielfalt an Pflanzenarten, die verschiedenste Gifte kennen, gibt es keine Massenvermehrungen. »Vielfalt der Arten und Seltenheit ihrer Individuen« lautet hier die Devise.

Ameisen und andere Staatenbildner

An die Devise will man aber nicht glauben, wenn man in den Gängen einer Termitenkolonie aus morschem Holz stochert, auch nicht, wenn einem ein Ameisenvolk die Vorräte plündert. Sie sind nicht nur äußerst arten-, sondern auch erstaunlich zahlreich vertreten. Nahezu Billiarden Ameisen bevölkern den Planeten. Eines von zehn Kilogramm seiner tierischen Biomasse steckt in den staatenbildenden Hautflüglern. Ihre Häufigkeit in einem so nährstoffarmen Lebensraum wie dem Regenwald verdanken sie erstaunlichsten Strategien.

Eine beschrieben die beiden deutschen Ameisenforscher U. Maschwitz und H. Hänel 1985, die von *Hypoclinea cuspidatus*. Diese Art lebt im Regenwald der Malaiischen Halbinsel und bildet Kolonien von 10000 Arbeiterinnen, 4000 Larven und Puppen und, wie üblich, einer Königin. Nester brauchen diese Nomaden nicht zu bauen. An einer im Laub oder zwischen Wurzeln verborgenen Stelle schützen Arbeiterinnen Königin und Brut mit ihren Leibern. *Hypoclinea* rodet bis zu zwanzig Meter lange Straßen vom Staatszentrum zu den jeweiligen Futterquellen, genauer gesagt, zu ihren »Viehweiden«.

Die Ameisen halten sich, wie andere Arten auch, Schildläuse. *Hypoclinea* ist mit ihrer »Milchkuh« *Malaicoccus formicarii* aber eine sehr enge Symbiose eingegangen. Sie transportiert die langbeinigen Schildläuse zu den ergiebigsten Weiden. Das sind frische, zarte Pflanzentriebe, hier zapfen die Rüssel der Schildläuse das Phloem, das Leitgewebe, an. Den Überfluß an Aminosäuren und Zucker »schwitzen« sie durch einen kleinen Siphon am Hinterende aus, wenn die Ameisen sie betrillern. So füttern sie das Hirtenvolk, das ausschließlich vom »Honigtau« der Schildläuse lebt. Ist einer der zarten Pflanzentriebe erschöpft, steigen die langbeinigen Schildläuse auf ihre allgegenwärtigen Beschützer oder lassen sich in deren Mandibeln (Kiefer) zu neuen Futterquellen schleppen, mehr noch: Die erwachsenen Schildlausweibchen bringen ihre Nachkommen inmitten der Ameisenbrut zur Welt.

Das Gegenstück zu derart friedlichen Nomaden sind die Wander- und Treiberameisen. Wo ihr Heer von Zehn- und Hunderttausenden Mitgliedern, von Arbeiterinnen und Soldatinnen, deren Mandibeln spielend menschliche Haut durchbeißen, in 15 Meter breiter und zwei Meter tiefer Front mit rasselndem Lärm der sich reibenden Chitinpanzer über den Dschungelboden quillt, wird alles tierische Leben, das nicht rechtzeitig flieht, getötet und gefressen, Spinnen, Skorpione, gelegentlich kleine Schlangen, Echsen und Schildkröten.

Eciton burchelli, die bekannteste Treiberameise aus den südamerikanischen Regenwäldern, versorgt während ihrer Raubzüge auch andere Tiere mit Nahrung, beispielsweise die Spechtdrossel, den Waldkuckuck und ganz besonders mehrere Arten der Ameisenvögel, die ganze bunte Vogelschar verschiedenster gefiederter Insektenfresser. Diese haben sich in der Morgendämmerung rechtzeitig eingestellt, wenn sich bei genau einem halben Lux das Biwak, das unzählige Ameisenleiber tags zuvor um Königin und Brut gebaut haben, auflöst, wenn sich die wehrhaften Soldaten und Arbeiter vom Kern schichtenweise wie Zwiebelhäute pellen, ihre langen Beine verhaken und so lebende Leitern und Brücken spannen, auf denen der schier endlose Heerzug zu Boden drängt. Was der mit etwa um einen Meter pro Minute vorrückenden Armee rechtzeitig entflieht, wird dann Beute der Vögel. In den Tropen der Alten Welt sind es verschiedene Arten von Timalien und Haarvögel oder Bülbüls.

Zweifellos verursachen Treiberameisen »eines der größten Spektakel der freien Wildbahn«, wie Berthold K. Hölldobler und Edward O. Wilson in ihrem soeben erschienenen Ameisenbuch schreiben. In diesem erstklassigen Wälzer, in dem, so bemerkt der »Spiegel«, »nicht ein einziger langweiliger Satz« zu entdecken ist, »Bildlegenden eingeschlossen«, enthüllt in unserem Zusammenhang Beachtliches über eine weitere Strategie Regenwald bewohnender Ameisen: über die Pilzgärten der in den Neuwelt-Tropen heimischen Blattschneiderameisen. »Sie sind, soweit bekannt, die erfolgreichsten Farmer und Gärtner des Tierreiches«, meinen Hölldobler und Wilson. In der Tat, die heißhungrigen Blattschneider (Attas) holen sich mehr frisches Pflanzenmaterial von Baum und Kraut als alle anderen Pflanzenfresser der Region. Was aber nicht heißt, daß sie das Grünzeug auch gleich selbst verzehren. Was großkiefrige Blattschneider portionsgerecht ins bis zu sechs Meter tief in den Boden gegrabene Nest ihres Millionenvolkes tragen, wird zuerst von kleineren Artgenossen zerlegt, zerkaut und in »Gartenbeeten« ausgebreitet. Dann impfen die »Gärtner« den Brei mit Pilzen, die von diesem Substrat leben und es entgiften. Schließlich ernten die Gärtner die Fruchtkörper und verteilen sie an den Rest des Volkes.

Auch Termiten, die man früher wegen ihres von Chitin kaum geschützten Hinterleibs »weiße Ameisen« nannte, versorgen in ihren Nestern Pilze mit frischem oder totem Pflanzenmaterial und machen sich, indem sie von den Pilzkörpern leben, indirekt Nahrung zugänglich, die sie selbst gar nicht verdauen könnten. Die Regenwaldpflanzen verschlüsselten nämlich Treib- und Nährstoffe zu äußerst komplizierten, häufig giftigen Verbindungen. Das braucht viel Energie. Für Grünpflanzen ist sie dank starker Sonneneinstrahlung reichlich vorhanden und kann mittels Photosynthese in chemische Energie umgewandelt werden. Hochkomplizierte Moleküle müssen aber bei der Verdauung durch tierische Körper wieder in passende Form zerkleinert werden, was durch entsprechende Enzyme zu geschehen hätte. »Die Synthese der Enzyme wäre, zumindest bei den schwer aufschließbaren Stoffen, für Ameisen, Termiten und andere Tiere teurer als der Gewinn, den sie daraus schöpfen könnten«, meint der Ökologe Josef H. Reichholf. »Denn sie müßten mehr Energie aufwenden, die Enzyme herzustellen, als sie danach selbst aus den Rohstoffen wieder herausholen könnten.«

Pilze und in anderen Fällen Bakterien sind da geeignete Helfershelfer. Ihre Körper sind einfach gebaut, ihre Zellen nur von vergleichsweise einfachen Hüllen umgeben. Solche ursprünglichen Organismen sind einfach in Betrieb zu halten. »Die chemische Maschinerie steht einem vielseitigeren Einsatz offen«, schließt Reichholf. »Aus diesem Grund kommen Bakterien und Pilze mit fast allen Stoffen zurecht, denen sie im Naturhaushalt ausgesetzt sind.«

Sicher ist die Hilfe von Mikroben eine elegante Art höherer Tiere, die Nähr- und Treibstoffquellen des Regenwaldes anzuzapfen. Darin sind Ameisen und Termiten aber nicht so einmalig, auch zigarrendicke Käferlarven beanspruchen Mikroben, wenn sie den Mulm von Totholz fressen. Und im Blinddarm der Elefanten hausen ebenfalls entsprechende winzige Symbionten, wie im Pansen von Sambar und Kantschil und anderen Wiederkäuern. Die Mägen der Langur- und Nasenaffen gleichen Retorten, in denen ein Heer von Bakterien Blattnahrung aufschließt. Um den chemischen Vorgang zu beschleunigen, wärmen die Affen nach der morgendlichen Nahrungssuche ihre prallen Bäuche in der Sonne.

In einer Hinsicht sind staatenbildende Insekten, Termiten, Ameisen, Bienen und Wespen, aber einmalig. Die Soldaten und Arbeiter im Termitenstaat sind ebenso Geschwister wie die Mitglieder eines Wespen- und Bienenvolkes. Auch die verschiedensten Kasten oder Berufsgruppen im Ameisennest sind Geschwister, seien es nun »Säuglingsschwestern«, »Raumpflegerinnen«, »Kellnerinnen«, Scouts, die neue Futterquellen ausmachen, »Wächterinnen«, »Polizistinnen«, die den Verkehr auf Ameisenstraßen regeln, oder lebende »Zeitbomben«, wie die Soldatinnen bei *Camponotus*, einer malaiischen Holzameise. Ihre Hinterkörper tragen auf der ganzen Länge gefüllte Giftkapseln, im Kampf sprengen die Ameisen ihren Chitinpanzer und überschütten sterbend die Feinde mit der Giftladung.

Der Ameisenstaat (wie auch die Staaten von Termiten, Bienen und Wespen) entspricht »einem Superorganismus, der mehr ist als nur die Summe seiner Einzelteile«, meint Edward O. Wilson. Hier arbeiten nicht »Einzeltiere sinnvoll zusammen, sondern Hunderte und Tausende von genetisch gleichen Zellen«. Lebenszweck der unfruchtbaren weiblichen Besatzung ist es, den Fortbestand der Großfamilie und der eierlegenden Königin zu sichern. Sie und die Brut von Männchen und jungfräulichen Königinnen, die bei guter Versorgungslage aufgezogen werden, erhalten vor allem die im Regenwald so seltenen hochwertigen Eiweiß- und Phosphorverbindungen. Der ohnehin vorhandene Überschuß an Kohlenhydraten dient den sterilen Arbeitstieren als Treibstoff.

So betrachtet, folgt das Leben in der Kolonie staatenbildender Insekten einem äußerst geschickten Konzept: Von der Königin werden so lange »emsige« (= »ameisige«) Arbeitstiere, die dank billiger Kohlenhydrate schuften, produziert, bis deren Schildlausherden, Jagdbeuten oder Pilzgärten genügend essentielle Baustoffe erbringen, daß sich die Aufzucht einer nächsten Generation von fertilen Mitgliedern lohnt. Vor einem wald- und weltzerstörenden gigantischen Ameisenheer, wie es fantastische Science-fiction-Filme malen, braucht man sich nie zu fürchten. Durch ihr Vorherrschen bekräftigen sie eben nicht den Überfluß, sondern die Mangelverhältnisse an lebensnotwendigen Nährstoffen. »Die Geschwindigkeit der Fortpflanzung bestimmt allein die Königin«, kommentiert Reichholf, »aber die Qualität der Nahrungsversorgung bestimmt die Größe des Volkes, das sie aufgebaut hat.«

Honigsauger und Kolibris

Der Regenwald ist nicht nur Hort für Abertausende Arten von staatenbildenden Insekten, sondern beispielsweise auch Lebensraum für mehr als die Hälfte aller bekannten Reptilien-, Säugetier- und Vogelarten. Sie bilden keine Staaten und verhalten sich ihresgleichen gegenüber auch nicht besonders altruistisch. Welche Nahrungsquellen sind für sie empfehlenswert? Beispielsweise die allgegenwärtigen Termiten und Ameisen. Unter den Echsen finden sich diesbezügliche Spezialisten, wie die Flugdrachen und Baumwarane der Alten und die dornschwänzigen Leguane der Neuen Welt.

Unter den Säugetieren wären in Australien und auf Neuguinea der eierlegende Schnabeligel, in Afrika und Südasien die Schuppentiere und im Neuwelt-Regenwald der Zwerg-Ameisenbär und seine Verwandten, die Tamanduas, zu nennen. Bezeichnenderweise fehlen allen diesen Säugern die Zähne, und alle sind mit einer überaus langen, dünnen, klebrigen Zunge ausgerüstet, mit der sie ihre Beute aus den Nestern angeln. Diesen Ameisenfressern kann Ameisensäure nichts anhaben, im Gegenteil: In Gefangenschaft verweigern sie das Ersatzfutter ohne eine gehörige Beigabe von Ameisensäure.

Lassen wir jetzt aber die staatenbildenden Insekten und ihre Widersacher außer acht und fragen nach anderen Futterwahl-

Strategien. Zu empfehlen wäre beispielsweise folgende: Einerseits bedient man sich leicht erhältlicher Kohlenhydrate aus Blütennektar oder Fruchtfleisch und nutzt diesen reichlich vorhandenen Treibstoff geschickt, um der seltenen Eiweiß- und Phosphorverbindungen habhaft zu werden. Diese finden sich etwa in den häufigen Klein- und Kleinstinsekten und deren Feinden, aber auch in vielen größeren Samen. Solche Gemischtfresser müssen klettern oder fliegen können, schließlich blühen die meisten Regenwaldpflanzen hoch über dem Boden. Weiter ist Spezialisation gefordert. Zum Knacken großer Samen sind beispielsweise bei den Vögeln andere Schnabelformen notwendig als zum Fang von Eidechsen oder zum Aufpicken winziger Insekten. Wer sich an große Früchte hält, kann wahrscheinlich nicht Nektar aus kleinen Blüten schlürfen. Es haben sich demnach verschiedene Typen ausbilden müssen.

Jeder Laie, den man nach einem typischen Regenwaldvogel fragt, würde wohl als erstes den Papagei nennen. Das stimmt zwar nicht, denn Papageien haben außer extremen Kältezonen alle Lebensräume in allen Kontinenten (bis auf Europa) besiedelt, aber immerhin: Die mächtigen, bis zu einem Meter langen bunten Aras, Araraunas und Kakadus stammen aus Regenwäldern. Daß Papageien Wesen mit hochentwickeltem Sozialverhalten sind, ahnt er nicht, wenn er sie einzeln im Käfig oder gar angekettet in Sammlungen und Zoohandlungen sieht, wo sie dumpf vor sich hin schaukeln oder aus mangelndem Kontakt zu Artgenossen so verblöden, daß sie menschliche Wörter und Sätze nachplappern. Und er ahnt auch nicht, daß die meisten Papageien gute Flieger sind.

Papageien klettern aber auch vorzüglich. Die vierte, die Außenzehe des Vogels zeigt rückwärts und kann zusammen mit der ersten Zehe der zweiten und dritten entgegengestellt werden. So bildet der Fuß eine Greifzange, ein perfektes Kletter- und Greiforgan. Der krumme Hakenschnabel ist gewissermaßen ein dritter beim Klettern benutzter Fuß, er läßt sich dank eines besonderen Gelenks auch nach oben öffnen. Der Unterschnabel schiebt sich schlittenartig vor und zurück. So öffnen Papageien Frucht- und Samenhüllen. Harte Querleisten an der Unterseite des Oberschnabels, sogenannte Feilkerben, schleifen die Ränder des Unterschnabels und raspeln dicke Samenschalen auf.

Früchte und Samen bieten Nahrung für die meisten Papageien, für fasangroße Riesen wie Aras, Araraunas und Kakadus aus den Regenwäldern Südamerikas und Australiens und für die zaunkönigkleinen Zwerge, die Spechtpapageien aus dem Regenwald von Neuguinea, die kolonienweise in Nestern baumbewohnender Termiten wohnen. Just bei den buntesten aller Papageien, den Loris von Neuguinea und Australien, stimmt die Regel vom Früchtefresser und Samenknacker nicht. Bei ihnen ist die Feilkerbe an der Unterseite des Oberschnabels zurückgebildet, ihre Zunge ist nicht dick und muskelstark, sondern pinselförmig ausgefranst. Die Loris halten sich an weiches Fruchtfleisch, kleine Insekten und besonders an Nektar.

»Sie leben wie Kolibris«, wird jetzt der interessierte Laie kommentieren. Denn Kolibris gehören auch ins Bild, das er sich von typischen gefiederten Bewohnern des Regenwaldes macht. Sie sind aber nur in der Neuen Welt anzutreffen. Das kann er nicht glauben. Denn auch im Hotelgarten von Singapur, Bangkok oder Colombo wird er ebenso »Kolibris« beobachten wie rund um die bescheidenen Lodges im Vulkano-Nationalpark von Ruanda oder im Leuser-Reservat von Nordsumatra. Die winzigen, meist bunten Vögel, die hier besondere, meist rotgefärbte Blüten schmetterlingsgleich ansteuern, sind aber keine »Trochiliformes«, gehören nicht der mit den Seglern und Schwalmen (Ziegenmelker) verwandten Ordnung der eigentlichen Kolibris an: Es sind Singvögel. In den Altwelt-Tropen spielen vier Familien von ihnen Kolibrirollen: die Blütenpicker oder Mistelesser, die Brillenvögel, die Honigesser und ganz besonders die Nektarvögel. Sie alle picken mit dünnen pinzettenförmigen Schnäbeln nach winzigen Insekten und saugen dank langer Zungen Nektar. Genau wie bei den Kolibris Süd- und Mittelamerikas haben sich bestimmte Pflanzen mit ihren Blüten ihren Bedürfnissen angepaßt, so etwa viele Eukalyptusbäume an die Honigesser in Australien oder viele Lobelien Afrikas an Nektarvögel.

Der Lebensraum des Regenwaldes verteilt ökologische Rollen, die von Tierarten wahrgenommen werden, die einander gar nicht besonders nahestehen. Das macht auch die kurze Betrachtung einer dritten, von interessierten Laien sofort als typischen Regenwaldbewohner ausgemachten Vogelgestalt klar: die star- bis entengroßen, meist schwarzen Vögel mit den mächtigen, häufig sehr bunten Schnäbeln. In der Alten Welt sind es Nashornvögel aus der Ordnung der Racken, die mit dem Eisvogel, dem Wiedehopf oder der Blauracke viel näher verwandt sind als mit den Spechten, zu denen der Systematiker jedoch die Tukane zählt, jene Großschnäbel aus der Neuen Welt. Gemeinsam haben Tukane und Nashornvögel lediglich ihr Rollenspiel: Beide Gruppen leben von Früchten, großen Insekten und kleinen Wirbeltieren. Beiden ist es gelungen, viel Treibstoff zu tanken und sich damit Eiweiß-, Phosphorverbindungen und andere seltene Nährstoffe des Regenwaldes zu erschließen. Durch welche Spezialisationen dies erst möglich ist, machen Kolibris deutlich.

Sie heißen Weißkehl-Berjuwel, Turmalin-Sonnenengel oder Topasrubin. Die ersten Forscher, die diese Vogelzwerge in den Wäldern Süd- und Mittelamerikas entdeckten, schwärmten von fliegenden Juwelen, so prächtig schillern die Farben auf ihrem Brust- und Rückengefieder. Die fliegenden Winzlinge, deren kleinste zwei Gramm schwer und nicht größer als eine Hornisse sind, ähneln, jedenfalls auf den ersten Blick, mehr den Insekten als den Vögeln. Sie gaukeln mit langsamen Flügelschlägen wie große farbenprächtige Falter zwischen den Blüten umher, erhöhen plötzlich brummend die Frequenz ihrer Flügelschläge, verharren wie Libellen am Ort, fliegen sogar rückwärts und tauchen schließlich ihre langen dünnen Schnäbel in Blumenkelche, in denen sie Nektar tanken, nach winzigen Gliedertieren picken und dabei die Blüten bestäuben.

Süßen Nektar finden die Zwerge übrigens sowenig wie die Honigbienen nur in Blüten, auch Blatt- und Schildläuse, die mit spitzen Rüsseln die Gefäße der Pflanzen anbohren und überflüssigen Zucker am Hinterende ausschwitzen, versorgen die Kolibris mit ähnlicher Nahrung wie die Blüten. So, wie der

Wiesensalbei Bienen, der Fingerhut Hummeln und der Sommerflieder Schmetterlinge anlocken und verköstigen, haben viele Pflanzen aus der Neuen Welt ihre Blüten den Kolibris angepaßt. Eine dieser Kolibriblumen kennt jedermann: die Fuchsie. Im Hochsommer leuchten ihre rotweißen und rotvioletten hängenden Blüten auf Balkon und Fensterbrett. Die kleinen Sträucher und Bäumchen stammen aus den Wäldern Süd- und Mittelamerikas.

Um sich zu verköstigen, fliegt ein Kolibri täglich rund 2000 Blüten der Fuchsie oder anderer ähnlich beschaffener Pflanzen an, das sind etwa so viele, wie gleichzeitig vierzig bei uns eingetopfte Fuchsien treiben. Der fast unstillbare Heißhunger der Vogelzwerge, die täglich das Dreifache ihres Körpergewichts an Nahrung aufnehmen, läßt sich leicht erklären. Die winzigen Körper geben laufend viel Wärme ab, wieviel, macht der Vergleich mit dem Haushuhn deutlich: Eine ruhende Henne »verbrennt« pro Gramm Körpergewicht in einer Stunde rund 50 Kalorien, ein Kolibri 30mal mehr, nämlich 1500 Kalorien, wohlgemerkt, im Ruhezustand, nicht im Flug. Dann schnellt der Verbrauch um gut das Dreifache in die Höhe.

Die Flugmuskeln sind Hochleistungsmotoren vergleichbar, bis 70mal pro Sekunde schlagen die Flügel bei Normalflug, 200mal pro Sekunde schwirren sie bei Spitzengeschwindigkeit. Und die übertrifft gelegentlich sogar hundert Stundenkilometer. Den dafür nötigen Treibstoff liefern die Blüten mit ihrem Nektar, leichtverdaulichen Zucker bieten Tropenpflanzen im Überfluß. Doch Kolibris müssen auch wachsen, Eier legen und Junge aufziehen, dazu genügt der Zuckersaft nicht, so süß er auch sein mag. Eiweiße, Fette und Spurenelemente finden die Vögel in winzigen Fliegen, Schmetterlingen und vor allem in Spinnen, die sie unaufhaltsam jagen.

Zwar kennt der tropische Regenwald, wo die meisten Kolibris wohnen, keinen Winter, Blumen blühen das ganze Jahr, und Kerbtiere gibt es auch ständig, doch ist die Nahrung für den Spezialisten nicht besonders häufig. Deshalb sind die meisten der bekannten Arten der Kolibris unverträgliche Eigenbrötler, jeder hält sich an sein Revier, das er eifersüchtig verteidigt, Eindringlinge werden mit Scheinangriffen verscheucht. Hilft kein Bluff, erfolgt hemmungsloser Angriff. Ihre Krallen sind winzige Dolche und ihre langen Schnäbel flinke Degen. Nicht von ungefähr tragen Kolibris eine sprichwörtlich dicke Haut, ganz besonders die Männchen. Sie haben in den Revieren der streitbaren Weibchen nichts zu suchen.

Aus Spinnweben, Flechten und ähnlich feinem Material bauen die Weibchen das Nest, das bei den kleinsten Kolibriarten etwa so groß ist wie eine halbierte Walnuß und später kaum Platz für die beiden Eier bietet. Zum richtigen Zeitpunkt sucht sich dann das Weibchen unter seinen Nachbarn den passenden Partner aus, lädt ihn ins eigene Revier ein und verjagt ihn wieder nach kurzem Hochzeitsflug. Brüten und Jungenaufzucht ist ausschließlich Sache des Weibchens. Die Nahrung in seinem Revier kann es nicht mit einem anderen erwachsenen Artgenossen teilen.

Dreieinhalb Wochen lang schafft die Mutter ununterbrochen Spinnen und andere Gliedertiere, die sie aus Blüten pickt oder fliegend fängt, zum Nest. Dann sind die Jungen erwachsen. Jetzt müssen sie nicht nur wachsen, sondern auch selbst Nahrung suchen, Treibstoff liefert zwar der Blütennektar, doch ganz so selbstlos lassen die Urwaldpflanzen die Nektartrinker nicht an ihren Blüten tanken, ebensowenig versorgen sie Nashornvögel und Papageien, Tauben oder Affen kostenlos mit süßem Fruchtfleisch. Nirgendwo wie hier sind Tiere so wichtige Mitarbeiter bei der Bestäubung von Blüten und dem Aussäen von Samen. Das erstaunt keinesfalls. Im Regenwald herrscht nahezu Windstille, Windgeschwindigkeiten von einem bis anderthalb Kilometern pro Tag (nicht pro Stunde) sind gang und gäbe. Und selbst zuoberst auf dem Dach des immergrünen Waldes, wo Böen branden und sich Orchideen und andere Aufsitzer mit staubfeinen Samen verbreiten, hat windverbreiteter Pollen wenig Chancen, auf entsprechende Narben zu gelangen, zu selten sind in der Vielfalt Artgenossen seiner Mutterpflanze.

Weg von den egoistischen licht- und nährstoffreichen Eltern, so lautet das erste lebenserhaltende Prinzip der Pflanzensamen, die sich dabei aller nur denkbaren Transportmöglichkeiten und Reiserouten bedienen. In den gemäßigten Zonen reisen die meisten Samen mit dem Wind. Ende Frühling trägt er die Löwenzahn-, Pappel- und Weidensamen mit ihrem weißen Haarschopf wölkchenweise mit sich fort, oft viele hundert Kilometer weit und in einer Höhe von bis zu 4000 Metern. Mit leichten Flughaaren, die wie »Fallschirme« wirken, segeln die Samen im Wind, andere gaukeln helikoptergleich mit ein oder zwei »Rotoren« in der Brise. Samen mit Flügelspannweiten von sechseinhalb Zentimetern (Feldahorn) oder gar acht Zentimetern (Hainbuche) fliegen viel weniger weit als unauffällige Leichtgewichte wie etwa Birken-, Pappel- oder Weidensamen.

Im nahezu windstillen Regenwald fliegen aber die 180000 flügeltragenden Früchte eines riesigen *Shorea-curtisii*-Baumes mit 3,6 Metern Stammumfang und einem Kronendurchmesser von 18 Metern im besten Fall 60 Meter weit vom Elternbaum fort, wobei die Art sehr leichte Früchte bildet. Von allen Samen sind nur acht Prozent lebensfähig und keimen im Umkreis von 25 Metern von der Mutterpflanze. Den Rest fressen Rüsselkäfer schon beim Reifungsprozeß an, so wird er leichter und fliegt nutzlos weiter. Einige Shorea-Arten, die auf Borneo an Flüssen entlangwachsen, produzieren große Früchte mit mächtigen Flügeln. Meist plumpsen diese Tengkawan- oder Illipe-Nüsse zu Boden, und zwar in so großer Menge, daß hungrige Wildschweine massenweise zu den fruchtenden Bäumen wandern. Die Einheimischen fischen den Segen mit Körben und Netzen aus den Gewässern. Aus den Illipe-Nüssen gewinnen sie ein wertvolles Öl für Seifen und Kerzen, ein Illipe-Jahr ist so für sie ein wahrer Segen. Doch es gibt keinen regelmäßigen Markt für die Nüsse, zu unregelmäßig fruchten die Bäume. Das gilt für alle der rund 550 Arten von Flügelfruchtbäumen, die in Südasien vorkommen.

Die Massenproduktion von windverfrachteten Samen in langen, unregelmäßigen Abständen ist eine Anpassung an die vielen Samenräuber, die diese Nahrung um so mehr schätzen, als sie nur leicht verpackt und dadurch vor spitzen Mäusezähnen, Vogelschnäbeln, Insekten-Mundwerkzeugen oder kräftigen Schweinekiefern kaum geschützt ist. Je mehr der windverfrachteten, häufig unscheinbar kleinen Samen gleichzeitig anfallen, desto größer ist die Wahrscheinlichkeit, daß der eine oder andere übersehen wird. Von den paar Millionen Flügelsamen, die ein Shorea-Baum in seinem Leben produziert, muß lediglich einer die Chance haben, zu keimen und zum mächtigen fruchtenden Baum heranzuwachsen, womit die Arterhaltung bereits gesichert ist. Und wahrscheinlich wird irgendwann einmal ein unheimlicher Gewittersturm Schneisen in den Regenwald schlagen, Startbahnen sozusagen für die per Luftfracht reisenden Samen der Flügelfruchtbäume. Nur so ist ihre große Verbreitung in Südostasien zu erklären.

Flügelfruchtbäume sind Ausnahmen, die eine Regel bestätigen. Im Regenwald wird Kooperation zwischen Pflanzen und Tieren großgeschrieben. Weitaus die meisten Samen der Bäume werden von Tieren verbreitet und weitaus die meisten Blüten von Tieren bestäubt. Viele dieser tierischen Symbionten sind unscheinbar und wirken für Gärtner von Eden, die sich nur um Tierriesen kümmern, nebensächlich. Jedoch: Wer vor lauter Orang-Utans oder Nashörnern den Regenwald mit seinen weniger spektakulären Organismen nicht sieht, kann ihn auch nicht erhalten. Davon im nächsten Abschnitt.

Früchte, Samen, Blüten: Werbung im Regenwald

Vorspiel beim Frühstück

Eine Gruppe von Touristen drängt in den Speiseraum des Hotels zum Frühstück. »Die Menschen in Südostasien leben ja ganz modern, so wie wir zu Hause«, staunt einer. »Haben Sie gebratene Schlangen oder gesottene Raupen erwartet?« witzelt ein anderer und macht auf die vielen verschiedenen Früchte aufmerksam. »Papayas, Ananas, Bananen und Mangos kann ich auch zu Hause in jedem Supermarkt kaufen«, meint der erste. »Selbst diese stachligen, rotgelben Kugelfrüchte«, dabei zeigt er auf ein Bündel Rambutan. Er solle doch nicht so angeben, weisen ihn die anderen zurecht.

In der Tat, was sich auf reichbefrachteten Büfetts in den modernen Nobelherbergen zwischen Hongkong und Kalkutta türmt, gleicht dem Frühstück zwischen Hamburg und Rom: Cornflakes, Eier, Schinken und Speck, Tee, Kaffee oder Schokolade, Zucker, Salz und Pfeffer, alles das gleiche wie zu Hause. Man muß es sich nur leisten können. Von der erwarteten kulinarischen Exotik merken die Erlebnishungrigen wenig oder nichts. Trotzdem: Das meiste, was sie sich auf die Teller laden, in Tassen gießen und wohldosiert in Speise und Getränke streuen, stammt ursprünglich aus Tropenwäldern, selbst das Spiegelei. Der wildlebende Vorfahre des Haushuhns ist das indische Bankiva-Huhn. Aber so weit wollte ich gar nicht gehen.

Kaffee stammt aus Kaffa im Süden Äthiopiens, Tee aus Assam und Schokolade aus südamerikanischen Regenwäldern.

Das gleiche gilt für die Rohstoffe der Flakes: Wilder Reis wuchs ursprünglich am Rande der asiatischen Regenwälder, und wilder Mais ist in den südamerikanischen Tropen zu Hause. Auch fast alles, was unser Essen würzt und süßt, kommt ursprünglich aus dem Regenwald, Pfefferkörner, Nelken und Muskat, Zimt, Vanille und Zuckerrohr, ja selbst moderne Süßstoffe wie Talin. Im Talin stecken Thaumatin I und II, Eiweiße aus der Frucht von *Thaumatococcus danielli*, dem westafrikanischen Katemfe-Baum, zwei natürliche Süßstoffe, die zwar 1600mal süßer sind als Sukrose, aber eben nicht nahrhaft wie Glukose, Fruktose oder Sukrose. Und Katemfe ist nicht die einzige Pflanze, die solche Stoffe erzeugt, in den vergangenen dreißig Jahren hat man in den Regenwäldern Westafrikas noch weitere entdeckt.

Mit derlei Informationen versuchte ich jeweils Touristengruppen einzustimmen, die von Europa nach Südostasien kamen, um die Orang-Utan-Station Bohorok, die Dayaks von Nordborneo in ihren Langhäusern zu besuchen, quer durch die Malaiische Halbinsel bis zu den Stränden zu reisen, wo Lederschildkröten ihre Eier ablegen, oder gar nach Komodo, auf die Insel der »Drachen«, der großen Warane. Die meisten von ihnen hatten bereits an Safaris nach Ost- und Südafrika teilgenommen, erwarteten folglich ähnlichen Reichtum an großen »fotogenen« Tieren wie auf offenen Savannen. Manchmal nahm mich der eine oder andere beiseite und fragte, ob es schlimm sei mit Moskitos und Blutegeln, Malaria und anderen Krankheiten. Und weil es weder ehrgeizigen Kamerajägern noch ängstlich um ihre Gesundheit Besorgten etwas bringt, wenn der wissenschaftliche Reiseleiter dauernd mit »Es ist ganz anders, als ihr euch das vorstellt« abwiegt, begann ich die Ausführungen zum Thema Regenwald mit etwas, das jeder schon kennt, eben mit den Zutaten zum Frühstück.

Jeder, der eine Tropenreise unternimmt, trägt in einer kleinen Reiseapotheke eine Sammlung verschiedenster Medikamente mit sich: das Nötigste für alle Fälle. Die chinesische Apotheke meidet er, zu ungewohnt erscheinen ihm die Tinkturen, die trockenen Wurzeln, Blüten und Kräuter in den Gläsern und Tiegeln. In Südostasien sind es Produkte von 6500 verschiedenen Pflanzen, erfolgreiche Mittel gegen Malaria, Magengeschwür, Menstruationsbeschwerden und manch andere menschliche Leiden.

Vertrauen schenken würde wohl kein Tourist einem Mittel aus dem exotischen Raritätenkabinett. Wer weiß, vielleicht mischt der Meister gar Nashornpulver, getrocknete Frösche oder Insekten ins Gebräu. Daß die Chinarinde, Chinin, ursprünglich von einem südamerikanischen Regenwaldbaum stammt, hat er vielleicht schon gehört, daß aber wenigstens eines von vier Medikamenten, das er im Westen kauft, seine Entdeckung, Entstehung und Entwicklung einer Pflanzen- und in selteneren Fällen einer Tierart aus dem tropischen Regenwald verdankt und diese Produkte weltweit jährlich für 20 Billionen US-Dollar gehandelt werden, macht ihn staunen. Und es sind darunter nicht nur altbekannte Drogen wie Chinin.

Vor 1960 hatte lediglich eins von fünf unter Leukämie leidenden Kindern eine Chance auf Linderung, heute sind es vier von fünf. Möglich machten den Erfolg Vincristin und Vinblastin, zwei Alkaloide aus einer Vinca-Art, einem Verwandten des allbekannten Immergrüns. Dem Pharmamulti Eli Lily and Company aus Indianapolis gelang der große Wurf, weil seine Wissenschaftler einheimische Heiler aus Jamaika und Madagaskar ernst nahmen. Den »Barfuß-Doktoren« war die heilende Wirkung des unscheinbaren Krauts seit alters bekannt.

»Von wenigstens 1400 anderen Regenwaldpflanzen wird eine Wirkung gegen Krebs erwartet«, faßt der Brite Normen Myers, ein anerkannter Spezialist, zusammen. Dabei ist zu bedenken, daß nur eine von zehn Arten bis heute oberflächlich, nur eine von hundert genau untersucht wurde.

Krankheiten sind nicht das Thema, um unternehmungslustige Reisende zu unterhalten. Ein Zoologe wie ich ist auch rasch am Ende, wenn er von Narkotika, halluzinogenen und stimulierenden Drogen, von Analgetika, Antibiotika oder antibakteriell wirkenden Stoffen berichten soll, von Emetin, Scopolamin, Pilocarpin, Ephedrin, Reserpin und dergleichen. Doch fürs Grundsätzliche reicht es:

Wieso just der Regenwald eine derartig riesige »Pharmafabrik« ist, macht die Konkurrenz um Licht, Wasser und die seltenen Nährstoffe deutlich. Nirgendwo tobt der Überlebenskampf, wie ich im vorigen Kapitel gezeigt habe, so ausgeprägt wie im Meer der Baumgiganten. Hier hält sich nur, wer sich vor Feinden verteidigen, seine Beute angreifen, sich seinen »Freunden« mitteilen kann. Chemische Waffen und Lockstoffe haben sich ganz besonders bei Pflanzen durchgesetzt. Viele ihrer Widersacher, Viren und Bakterien beispielsweise, finden im Regenwald, was Wärme und Feuchtigkeit anbelangt, idealste Bedingungen. Nur entsprechende chemische Bewaffnung sichert Pflanzenleben. Und was in dem fortwährenden biologischen Krieg zwischen Arten längst erprobt, ständig verbessert oder neu erfunden wird, hilft möglicherweise auch dem Menschen. Die Vielfalt der Wirkstoffe entfaltet sich im verborgenen.

Auf dem Früchte- und Gemüsemarkt, ebenso an den vielen kleinen Buden und Ständen entlang den Hauptstraßen, wo Kleinbauern den Überschuß verkaufen und ihr karges Einkommen aufbessern, drängt sich dagegen die tropische Vielfalt geradezu auf. Hier macht der aufmerksame Betrachter leicht ein halbes oder gar ein ganzes Dutzend verschiedener Zitrusfrüchte und Bananen aus. Den Großteil des Angebotes kennt er aber nicht einmal beim Namen: Kamepak, Jambu air, Jambu bol, Duku, Kampulasan, Salak usw.

»Weiß man, wie viele Früchte in Malaya, auf Sumatra oder Borneo überhaupt reifen?« ist eine der ersten Fragen. Verweisen kann ich auf Stichproben in Malaya: Auf einer Fläche von 500 Quadratkilometern pflanzen die Menschen rund hundert verschiedene Fruchtbäume (in ganz Europa sind es knapp zwanzig). Vier von fünf Arten sind einheimisch, stammen ursprünglich aus den Tieflandregenwäldern, der Rest wurde aus anderen Gebieten der Tropen eingeführt.

»Jede der durch Zuchtwahl veredelten Arten hat wildlebende Verwandte«, erkläre ich weiter, »die Mango zwei Dutzend, die Mangostine 200, Zimt, der ursprünglich aus Sri Lanka und Südindien stammt, oder der Pfefferstrauch haben Hunderte von wilden Brüdern. Doch zurück zu Fruchtbäumen. Durian, die Stinkfrucht, kennt 25 Wildformen, von denen wenigstens fünf auch Menschen schmecken.« Ich will hier noch hinzufügen, daß in den Regenwäldern der Welt rund 2500 verschiedenste Früchte als Menschennahrung reifen, wovon rund 250 weit verbreitet, 50 gut bekannt sind, aber nur 15 in großem Umfang gehandelt werden.

Theorie stößt bei erlebnishungrigen Touristen rasch an Grenzen: Zwei tun es dem einheimischen Fahrer gleich, lassen sich von der Marktfrau auf blanker Messerklinge portionsweise den Inhalt einer fußballgroßen, igelhäutigen Durianfrucht servieren. »Not like white man«, lacht der Fahrer schmatzend. Was er meint, machen die Feinschmecker naserümpfend deutlich: »Pfui Teufel, stinkt das«, meint der erste. »Wir sagen: Durian riecht wie die Hölle und schmeckt wie der Himmel«, sagt der Begleiter von der Reiseagentur ebenfalls lachend. »Man könnte auch unfein sagen«, schildert der zweite sein zweifelhaftes kulinarisches Vergnügen, »es sei, als würde man feinste Vanillecreme auf einem ungeputzten öffentlichen Pissoir essen.« Na, dann guten Appetit.

Ein Dutzend verschiedenster Früchte, von denen die Marktfrauen sagen, sie seien nicht so speziell wie Durian, sondern lediglich süß, läßt sich aber dann jeder einpacken. Auf der Fahrt ins Hotel wird das Unbekannte getestet und meist als sehr gut befunden. Da die ersten Bilder geschossen sind, setzten sich die Wissensdurstigen durch: »Sind schon alle eßbaren Früchte entdeckt?« fragt jemand. Ich muß grinsen, weil man das logischerweise nun wirklich nicht sagen kann. Bekannt ist dagegen, daß heute immer mehr Arten, die bisher nur einer Handvoll Menschen bekannt waren, einen beachtlichen Markt finden.

Die Pummelo gehört dazu, eine Zitrusfrucht, die aussieht wie eine riesengroße Grapefruit. Sie ist schon deshalb wirtschaftlich bedeutend, weil sie nicht wie die allbekannten Orangen, Grapefruits, Zitronen und Mandarinen, von denen weltweit jährlich sechzig Millionen Tonnen gegessen werden, in verhältnismäßig kühlen Hochlagen gedeiht, sondern im Tieflanddschungel, ja sogar auf versalzten Böden.

»So weit, so gut«, wirft einer der Reisenden ein. »Von Früchten allein wird aber die Menschheit nicht satt wie von Reis, Hirse oder Kartoffeln. Kennen Sie Beispiele, daß solche Pflanzen seit der neolithischen Revolution, also in den letzten 10000 Jahren, übersehen und nicht kultiviert wurden? Ich habe da so meine Zweifel.« – »Übersehen wurden sie wahrscheinlich nicht«, antworte ich. »Sie erreichten aber nie eine große Verbreitung und wurden auch nie züchterisch veredelt.« Als Beispiel erwähne ich die Flügelbohne, eine Kletterpflanze aus den Regenwäldern Neuguineas. Sie enthält bedeutend mehr Eiweiß als Kartoffeln oder Maniok und viele andere Grundnahrungsmittel, von denen weltweit Abermillionen von Menschen leben. Sie hat den Nährwert der Sojabohne, 40 Prozent Eiweiß, 17 Prozent Öle, dazu Vitamine und andere Aufbaustoffe.

»Nahrung für die armen Eingeborenen. Wohl ein zweitklassiges Produkt für eine drittklassige Gesellschaft«, kritisiert jemand. Was der Bauer nicht kennt, ißt er nicht, denke ich, äußere aber laut: »Mit ähnlicher Überheblichkeit haben seinerzeit die Amerikaner mehr als ein Jahrhundert lang die Sojabohne, ebenfalls eine Pflanze aus dem Regenwaldgürtel, betrachtet. Heute ist sie aber einer der Eiweißlieferanten schlechthin. Den gleichen Aufschwung wird bald die Flügelbohne nehmen, der zukünftige Eiweißlieferant der Regenwaldgebiete. Und das ist nur ein Beispiel.«

Auch für die Ertragssteigerung von tropischen Nutzpflanzen sei der Regenwald ein unerschöpfliches Reservoir, ein Ersatzteillager gewissermaßen, fahre ich fort: »Da hat man kürzlich in den Hochlandwäldern Südmexikos die Teosinte entdeckt, ein unscheinbares Kraut, eine der nächsten Verwandten von Mais, mit dem sie sich kreuzen läßt. Dieses Gewächs ist mehrjährig. Stellen Sie sich vor, es gelänge mit Hilfe der Teosinte, eine Maissorte zu züchten, die nicht alljährlich neu auf frischgepflügte Äcker ausgesät werden muß, sondern einfach im Frühjahr wieder wachsen würde, so wie etwa der Hopfen.«

Mehr noch: Die Teosinte ist resistent gegenüber vielen Krankheitserregern, allein gegenüber vier der acht schrecklichsten Viren. Gelingt es, die Eigenschaften von einer Maissorte mit hohem Ertrag mit denjenigen der Teosinte zu vereinigen, dann müßten die Bauern nicht mehr soviel Chemie versprühen. Und Mais könnte auch auf feuchten Böden in wolkenverhangenen Höhen zwischen 2500 und 3000 Metern gedeihen, dort wächst nämlich besagte Teosinte.

Ähnliche Beispiele haben längst Schule gemacht: 1920 brach im tiefen Süden der Vereinigten Staaten die jährliche Zuckerrohrernte von 180000 auf 43000 Tonnen zusammen, Grund: ein von Blattläusen übertragenes Mosaikvirus. Glücklicherweise entdeckte man auf Java eine wilde, gegen das Virus resistente Zuckerrohrart, die erfolgreich eingekreuzt werden konnte. Seither hat man wiederholt auf solche Weise die Widerstandskraft des Zuckerrohrs verbessert. Vom Kaffeestrauch, Bananenbaum und vielen anderen ursprünglich aus dem Regenwald stammenden Nutzpflanzen könnte ich gleiches berichten.

Der Regenwald schützt ein unermeßliches Reservoir an genetischem Material, er produziert Unmengen an rasch abbaubaren Giften, Lockstoffen und anderen biologisch wirksamen chemischen Verbindungen. Und schließlich sind seine Methoden des Recyclings seit 35 Millionen Jahren erprobt und im Konkurrenzkampf zwischen abfallverwertenden Organismen ständig verbessert worden, weil er sämtliche verfügbaren Rohstoffe längst in sein System eingebracht hat, das in seiner Vielfalt nur dann weiterbestehen kann, wenn nichts verlorengeht, und das wiederum wird durch rasches Reagieren erreicht. Kurz: Der Regenwald birgt *die* biologische Information schlechthin.

Damit wußte die moderne Zivilisationsgesellschaft bisher herzlich wenig anzufangen, und das, obwohl auch sie sich in einem ökologisch mit dem Regenwald vergleichbaren Klimax-Zustand befindet: Ihre Ressourcen sind zu einem großen Teil aufgebraucht und – teilweise als Abfälle und Schadstoffe – ins System integriert. Recycling, Symbiosen mit »Nützlingen« und Abwehr von »Schädlingen«, ohne dabei das ganze System zu gefährden, wären die Devisen für wirksame Strategien zur Sicherung ihres Fortbestandes. Lösungsvorschläge, um diese Ziele zu erreichen, fänden sich im Regenwald zuhauf. Auf einige symbiotische Beziehungen zwischen Pflanzen und Tieren komme ich jetzt zu sprechen, da sie für die Gärtner von Eden ausschlaggebend sind zum Schutz der letzten Regenwälder.

Tiere im Dienste von Pflanzen

Eine Reihe von Samen und Früchten trägt stachelbewehrte Panzer oder harzige Hemden. Diese Einkleidung schützt zwar vor Freßfeinden, doch bedeutet sie auch Ballast, und somit ist eine Reise mit dem Wind ausgeschlossen. Doch Harz klebt, und Widerhaken tragende Stacheln klammern sich fest – an Federn, Haaren oder auch an Wollstrümpfen und Hosenbeinen, wie jeder weiß, der in Europa über eine Sommerwiese geht und anschließend verzweifelt die Früchte des Laubkrauts oder des Benediktinerkrauts von seiner Kleidung klaubt. Verbreitung mit Haftsamen kommt auch im Regenwald vor, ein Beispiel: Rafflesia, die Riesenblume, der spektakulärste Parasit der Tropen. Ihr vegetatives Gewebe lebt unscheinbar wie Pilzfäden in Terastigmalianen, Verwandten unserer Reben.

Sichtbar wird die Pflanze erst, wenn sie Blüten treibt. Ihre Knospen wachsen am oder wenig über dem Boden und sehen aus wie Krautköpfe. Die offenen Blüten von *Rafflesia arnoldii* auf Sumatra messen bis zu einem Meter im Durchmesser, haben sechs Kilogramm Gewicht, ähneln einem riesigen fleischigen, purpurbraunen Seestern und riechen übel nach Aas. So ziehen die Blüten der einhäusigen Pflanzen aasliebende Käfer und Fliegen als Bestäuber an. Die Früchte reifen später an den zerfallenden weiblichen Blüten. Gelegentlich tritt dann ein schweres bodenlebendes Tier darauf, ein Wildschwein, Hirsch, Tapir, Nashorn oder Elefant. Die Samen bleiben zwischen den Hufen kleben, wahrscheinlich reizen sie die Haut, und die Tiere versuchen die blinden Passagiere gezielt an Stämmen, unter anderen auch denjenigen der Terastigmalianen abzustreifen. Dabei verletzen sie mit den scharfen Hufkanten deren Rinde, und wenn die Samen Glück haben, gelangen sie so zum richtigen Wirt. Der bekannte holländische Tropenbotaniker J. E. Teijsmann hat seinerzeit im berühmten Botanischen Garten von Bogor auf Java diese Strategie nachgeahmt. Mit einem Messer verletzte er die Rinde von Terastigmalianen und rieb die Samen in die Schnittstelle, der Wirt war infiziert. Jahre später blühte Rafflesia, die größte Blume der Welt, erstmals in einem botanischen Garten.

Ebenso elegant wie Rafflesia haben die Misteln, Halbparasiten, die fest verankert auf Ästen ihrer Wirtsbäume sitzen, das Problem der Samenausbreitung gelöst und bestimmen den Ankunftsort ziemlich genau. Bei der europäischen Mistel reifen Beeren und Samen ausgerechnet mitten im Winter, das schleimige Fruchtfleisch ist in der nahrungsarmen Zeit willkommenes Futter, vor allem für die Misteldrossel. An ihrem Schnabel bleibt, sobald sie die Beeren frißt, der Samen störend kleben und muß an einem widerstandsfähigen Ast, just dem Lebensraum der Mistel, abgestreift werden. Auch hier klebt er, bis sein Keimwürzelchen, das eine Haftscheibe trägt, ausgewachsen ist und sichert. Jetzt bohrt sich eine Nebenwurzel in den Ast, dieser Senker versorgt die rasch wachsende immergrüne Pflanze mit Nährstoffen und Wasser des Wirtes. Der Mistelsamen verliert seine Klebfähigkeit auch dann nicht, wenn er von hungrigen Vögeln verschluckt und unverdaut mit dem Kot ausgeschieden wird.

Mistelgewächse sind in den immergrünen Tropenwäldern Süd- und Südostasiens weit verbreitet. Ihre Beeren dienen vor allem vielen der 55 Arten der Mistelesser oder Blütenpicker (*Dicaeidae*), einer Singvogelfamilie, als Nahrung. Je nach Bau des Schnabels klauben sie entweder den Samen aus dem Fruchtfleisch und streifen ihn an einem Ast ab, oder sie verschlucken ihn ganz. Bei den wirklichen Spezialisten unter den Mistelessern fällt die außerordentliche Schnelligkeit auf, mit der Mistelbeeren die Verdauungsorgane passieren. Sie gelangen nämlich nicht mehr in den Magen, dieser wurde zum Blindsack mit Schließmuskel an seiner Öffnung. So wandern die leichtverdaulichen Beeren von der Speiseröhre direkt in den Darm, Gliedertiere, die ebenfalls gefressen werden, gleiten dagegen in den Muskelmagen, wo sie, wie bei anderen Vögeln auch, gründlich zermahlen und verdaut werden.

Ein dermaßen hochspezialisierter Vogel hält sich zwangsläufig an Mistelnahrung, was wiederum im Dienste der Pflanze steht: Viele ihrer Samen werden unbeschädigt fern der Mutterpflanze im richtigen Milieu ausgesät. Garantiert ist ein solch enges Zusammenspiel nur, wenn immer reife Beeren vorhanden sind, wenn sie möglichst viele der vom fliegenden »Gärtner« benötigten Nährstoffe enthalten und wenn sie sich von diesem leicht finden lassen, nicht jedoch von anderen Tieren, die die Samen weniger erfolgreich oder überhaupt nicht aussäen, gefressen werden.

Ist die für beide Partner lebensnotwendige Beziehung zwischen Mistelesser und Mistelgewächsen einmalig, oder gibt es andere, ähnliche Symbiosen zwischen fruchttragenden Pflanzen und Wirbeltieren? Um es vorwegzunehmen: Entsprechende Beispiele sind nach allem, was wir heute wissen, selten; eins der sonderbarsten: Bei einer der 19 auf Borneo vorkommenden Durianarten, dem »Schildkrötendurian« (*D. testudinarium*), reifen die Früchte an der Stammbasis, also praktisch am Boden, wo sie von Stachelschildkröten gefressen werden. Für die Ausbreitung und Keimung der Samen sind die plumpen Reptilien ausschlaggebend.

An Fruchtnahrung halten sich mehr oder weniger viele Tiere des Regenwaldes und sind dementsprechend verantwortlich für die Samenverbreitung: Affen, Elefanten, Nashörner, Tapire, Wildschweine, Schleichkatzen, Malaienbären, Warane oder sogar Fische. Der Ikan kli, eine kleine Welsart (*Clarias batrachus*) von Sarawak (Borneo), frißt die Früchte des Baumes *Gonystylus bancanus*, was man sofort seinem Fleisch anmerkt, es hat denselben Geschmack wie die Früchte. Wenn die reifen, braun-cremefarbenen Früchte von *Dysoxylum angustifolium*, einem Gewässer begleitenden Baum von Malaya, platzen, geben sie auffallende purpurfarbene Samen frei. Bestimmte Fische fressen diese Samen, ihr Fleisch soll dadurch vorübergehend giftig werden.

Das Innere vieler Samen ist, ganz im Gegenteil zu dem sie umhüllenden Fruchtfleisch, ungenießbar, wenn nicht gar giftig.

Häufig enthalten sie eines der giftigsten Gifte: Blausäure. Schon die alten Ägypter boten untragbar gewordenen Heerführern und Staatsmännern eine an Blausäure reiche Portion Pfirsichkerne zum Verzehr, die entsprechende Menge Apfel-, Pflaumen- oder Wildmandelsamen hätte, wie auch der Samen von weiteren achthundert Früchten, den gleichen tödlichen Effekt gehabt. Gift ist eine der Schutzmöglichkeiten der Samen, dicke harte Schalen eine andere, was nicht heißt, die eine oder andere Tierart würde nicht mit den Giften fertig oder wäre nicht in der Lage, steinharte Samenhüllen zu knacken. Doch süßes Fruchtfleisch, mit dem die Pflanzen ihre tierischen Samentransporteure entlohnen, verlangt weniger Spezialistentum und dient deshalb vielen als Nahrung, ganz besonders Vögeln und Fledertieren. Nicht von ungefähr, sie sind auf leichtverdaulichen Brennstoff angewiesen. Ein kompliziertes Verdauungssystem für zellstoffreiche Blatt- oder Grasnahrung, wie es etwa Wiederkäuer haben, würde die höchstzulässige Nutzlast der fliegenden Warmblüter bei weitem überschreiten. Sie leben deshalb von hochwertiger Fleischnahrung, leichtverdaulichen Früchten, Samen, Pollen und Nektar.

Fruchtnahrung erreichen die fliegenden Konsumenten auf den Bäumen, also dort, wo sie meistens wächst, und nicht erst am Boden, wo die Frischware leicht verderben könnte. Mehr noch: Sie haben große Reichweiten. Es besteht also die Möglichkeit, daß die ungenießbaren Samen verhältnismäßig weit weggetragen werden, ob dies durch einen Helmvogel oder einen Kulong, durch einen Schildschnabel oder einen Kurznasen-Flughund geschieht, spielt für die Pflanze keine Rolle. Feigen beispielsweise sind Nahrung für viele Vögel und Fledertiere, ebenso für Affen und Schleichkatzen, und die Männchen des Rhinozerosvogels tragen bis zu fünf Dutzend auf einmal zur Nisthöhle.

So läßt eine große Zahl von Dschungelpflanzen »billige Massenware« wachsen, auffallende Beeren und Früchte mit einem halben bis einem Zentimeter Durchmesser, die reich an Kohlenhydraten und Wasser, also süß und saftig sind und viele kleine Samen in sich tragen. Solche Früchte werden von den vielen verhältnismäßig häufig vorkommenden kleinen Fruchtfressern ebenso verzehrt wie von den wenigen relativ selten vorkommenden großen, von Generalisten wie von Spezialisten. Einige von ihnen werden Früchte vom Baum wegtragen und die Samen irgendwo fallen lassen, andere werden ein paar Samen verschlucken und sie später, wohlversehen mit Dünger, aussäen. Wer aber von lediglich kohlehydrathaltigen Früchten lebt, muß noch anderes Futter kennen.

Nashornvogel – Symbol der Wiedergeburt

Kohlehydrate stellen die Pflanzen des Regenwaldes im Übermaß her, in Früchten sind sie, wie wir gesehen haben, leicht erreichbar. Wenn viele der kletternden und fliegenden Waldbewohner bei ihnen ihren Treibstoff tanken, geht es gelegentlich besonders bunt zu. So hörte der deutsche Tiersammler Gustav Schneider, der gegen Ende des letzten Jahrhunderts in Südsumatra unterwegs war, am 10. Juli 1898 plötzlich ein eigenartiges Hämmern. »Ich ging ihm nach«, berichtet er in seinem Tagebuch, »bis ich unter den Ästen eines Waringin-Baumes stand, und sah über mir eine ganze Anzahl Schildschnäbel in der Luft flattern und wütend mit dem Kopf aufeinander losfahren, wobei sie mit der Stirn heftig zusammenprallten und auf diese Weise die rätselhaften Hammertöne erzeugten. Nach jedem Anprall fielen sie aus der Luft ganz oder ein Stück weit zu Boden, je nach der Stärke des Zusammenstoßes. Dabei kamen mir mehrmals einzelne so nahe, daß ich sie hätte greifen können, wobei mir noch auffiel, daß die zu Boden gestürzten Vögel größte Mühe hatten, sich zu erheben.«

Die »Angang tokok« hätten zu viele von den Früchten des Waringin gegessen und seien betrunken, bemerkten seine einheimischen Begleiter. In der Tat: Als Schneider ein halbes Dutzend der Vögel einfing, tötete und sich daranmachte, sie für seine Sammlung zu präparieren, stellte er fest, »daß ihre Mägen sämtlich prall gefüllt mit den zum Teil schon halbverdauten

Beeren waren. Es ging ein starker weinsäuerlicher Dunst aus, der mir bewies, daß eine Gärung stattgefunden hatte.« Und als er später noch einmal Schildschnäbel, die Einheimische unter einem Feigenbaum gefangen hatten, erhielt, notierte er: »Als ich sie auf einen Tisch setzte, wankten sie wie betrunken hin und her. Wenn sie dabei aneinanderstießen, vollführten sie einen furchtbaren Spektakel.«

Für Sammler wie Gustav Schneider waren die Schildschnäbel oder Schildhornvögel begehrte Beute. Die 165 Zentimeter langen und 2,5 bis 3 Kilogramm schweren Tiere mit dem pechschwarzen Rücken- und Brustgefieder und dem weißen gebänderten Schwanz, dessen außerordentlich verlängertes mittleres Federpaar beim Fliegen das Gewicht des mächtigen Schädels ausbalanciert, wollte vor einem Jahrhundert jedes zoologische Museum haben. Besonders exotisch wirkt der lange, leicht gekrümmte Schnabel mit dem aufgesetzten massiven Horn. Schädel und Schnabel dieses Baumkronenbewohners wiegen etwa 320 Gramm, also rund ein Zehntel des Gesamtgewichts. Der fast armlange Schnabel des aasfressenden Marabus wiegt dagegen samt Schädel nur etwa 100 Gramm oder anderthalb Prozent des Körpergewichts.

Der mächtige Schnabel der Nashornvögel, zu denen auch der Schildschnabel gehört, ist nach Form und Farbe auffallendes soziales Signal. Bei der Nahrungsaufnahme wirkt er wie ein verlängerter Arm, denn viele Früchte des Regenwalds reifen, wenn nicht an dicken Ästen und Stämmen, an den dünnen Enden der Zweige, wo die bis dreieinhalb Kilogramm schweren Vögel nicht absitzen können. Mit dem Schnabel, dessen Schneiden sägeartig gezähnt sind, holen sie sich von sicherer Warte aus die begehrte Nahrung, dazu gehören auch die Früchte verschiedener Strychnos-Palmen, deren Samen das für Menschen höchst giftige Strychnin enthalten. Einheimische Jäger wissen das und glauben, daß die Nashornvögel das Gift in den horn- oder helmförmigen Schnabelaufsätzen speichern.

Das ist aber nicht der einzige Grund, warum diese Gebilde ähnlich wie die Hörner der Nashörner als traditionelle Medizin Höchstpreise erzielen. Die »Schnabelhörner«, besonders die vom Schildschnabel, lassen sich schnitzen wie die großen Schneidezähne der Elefanten. Wie im Nashorn-Kapitel schon erwähnt, wurde das Elfenbein von Nashornvögeln besonders im Mittelalter nach China exportiert und galt als doppelt so wertvoll wie das der Rüsseltiere. Für die jagenden Stammesangehörigen in den Wäldern Südostasiens waren die Nashornvögel aber mehr als hochbezahlte Handelsware. Ganz besonders bei den Kopfjägern Borneos, den Dayaks, waren sie Symbol der Wiedergeburt, was jeder begreift, der etwas über das sonderbare Brutverhalten dieser Vögel weiß.

Wo immer ich in den Waldgebieten von Südindien, Sri Lanka oder Sumatra länger weilte und allmählich das Vertrauen seiner Menschen gewann, wurde ich zu dem Nistbaum einer der zahlreichen Nashornvogelarten geführt. Auf den ersten Blick erscheint sein Stamm wie jeder andere Baumstamm. Daß hier ein Höhlenbrüter sein Nest verbirgt, zeigt einem der einheimische Begleiter. Irgendwo, fünf bis vierzig Meter über dem Boden, entdeckt man dann eine enge Spalte, umgeben ist sie von einer harten Masse aus Nahrungsresten, Kot, Erde und Speichel. Männchen und Weibchen haben gemeinsam daran gebaut: er von außen, sie von innen.

Während der ganzen Brut- und Aufzuchtzeit bleibt das Weibchen, geschützt vor Feinden, in der Baumhöhle eingemauert. Es legt die Eier, brütet sie aus und mausert dabei seine Schwanz- und Schwungfedern, füttert die Jungen mit der vom Vater herbeigeschafften Nahrung und wirft Kot und Abfall durch den schmalen Spalt nach draußen. So keimen unter den Nistbäumen bald Samen, und erfahrene Jäger schließen je nach Wuchshöhe der Schößlinge ziemlich genau auf den Entwicklungsgrad der jungen Nashornvögel im verborgenen Nest.

Bei den großen Arten verweilen die Weibchen dreieinhalb bis vier Monate in der zugemauerten Nisthöhle, bei den kleinen Arten kürzer. Bei ihnen muß das Weibchen mithelfen bei der Aufzucht der Jungen, die die Mauer wieder aufbauen, wenn die Mutter das Nest verlassen hat. Und noch in einer anderen Beziehung unterscheiden sich kleine und große Nashornvogelarten: Die kleinen ernähren sich neben Früchten auch von

Kleintieren, die großen halten sich fast ausschließlich an Früchte.

Dabei genügt aber das saftig-süße Massenangebot vieler Dschungelbäume allein nicht. Eibildung und rascher Federwechsel der Mutter, ebenso das Wachstum der zwei bis fünf Jungen benötigen Eiweiße und Fette, sie sind zwar Mangelwaren im Regenwald, finden sich aber im Fruchtfleisch bestimmter Pflanzen, die nicht billiges Allerweltsfutter, sondern angepaßte Diäten für Nahrungsspezialisten wie die großen Nashornvögel bilden. Dazu gehören etwa Muskatnuß sowie die Steinfrüchte vieler Lorbeergewächse und Palmen, sie enthalten einen einzigen großen, bis zu sieben Zentimeter langen und vier Zentimeter breiten Samen. Die Schalen solcher Früchte sind zudem so dick, daß sie von kleineren Fruchtfressern nicht ohne weiteres geöffnet werden können. Denn für die erfolgreiche Verbreitung großer Samen sind auch entsprechende Transporteure zuständig. Bezahlt werden sie mit exklusiver Vollwertkost und angelockt mit Farben, die für Vogelaugen auffällig mit dem Grün des Laubs kontrastieren, meist sind sie rot, gelegentlich orange, selten gelb oder weiß.

Andere typische Vogelfrüchte verraten sich auch noch durch geradezu bizarre Formen und hängen an langen Stielen an den Zweigenden. Wie sie entstehen, zeigt der in Europa häufige Spindelstrauch, aus dessen Holz einst die Spindeln für Spinnräder gedreht wurden. Unscheinbar blüht er im Mai und Juni, um so auffälliger leuchten im September und Oktober die rosen- bis karminroten Früchte: drei- oder vierklappige, anderthalb Zentimeter lange Kapseln von der Form einer Kardinalskappe. Diese Pfaffenhütchenfrüchte öffnen sich bei Reife und geben die mit dem leuchtenden orange-gelben Samenmantel umgebenen, an einem Faden hängenden Samen frei. So wird der Samen selbst zum Signal, das für seine Verbreitung wirbt.

Sterculia und einige andere Dschungelbäume lenken mit großen freihängenden, knallroten Früchten und schwarzen, weißen oder schwarzweiß marmorierten auffällig zur Schau gestellten Samen die Aufmerksamkeit der auf Fruchtnahrung spezialisierten Vögel auf sich, die dank ihrer Körpergröße Samen mit beachtlichem Inhalt transportieren können.

Früchte färben aber auch das Gefieder der Vögel. Die Federn tragen »falsche« und »echte« Farben, die »falschen«, allen voran Weiß und Blau, entstehen durch Lichtbrechungen in feinsten Keratinlamellen der Federn, die »echten« aus Abbauprodukten des Stoffwechsels, oder sie sind abgelagerte Farbkörnchen, deren Grundstoffe aus den Farben der Früchte stammen. Die schwarzen, federlosen Flächen an Hals und Kopf des Schildvogels zum Beispiel fehlen bei gefangenen Tieren. Offenbar rühren sie vom natürlichen Futter her, das man ihnen im Zoo nicht geben kann, vermutlich von dem oft schwarzen Mantel auffallend zur Schau gestellter Samen.

Wo auch immer ein Samen auf den Dschungelboden gerät, muß er fast ausnahmslos in schattigem Umfeld keimen. Schößlinge, die während ihrer ersten Lebensabschnitte reichlich mit Nährstoffen aus dem Samen versorgt werden, wachsen schneller in hellere Zonen. Das erklärt, wieso viele Samen der Dschungelbäume erstaunlich groß sind. Der »Hunger« eines Mangokeimlings läßt sich am gänseeigroßen Samen in der Mangofrucht ablesen.

Die köstliche Mango ist allerdings keine Vogelfrucht, ebensowenig wie die Banane, von deren Formenvielfalt man erst beim Besuch eines tropischen Marktes einen Eindruck erhält. Das verraten schon ihre Farben: Weder leuchtet die Mango wie reife Kirschen, die bei uns die Stare kiloweise von den Bäumen holen, noch trägt sie die für Vogelaugen besonders leicht auszumachende Rotfärbung. Mangos, Bananen, Papayas und die Früchte von wenigstens 19 anderen Pflanzengattungen Südostasiens sind Flughundfrüchte, was nicht heißt, daß sie nicht auch von anderen Tieren gefressen würden. Sie sind nicht besonders auffällig gefärbt, häufig dunkel, meist grün, gelblich oder von einem schmutzigen Braunorange; sind sie reif, duften sie stark, meist nach Moschus.

Flughunde sind Verwandte der Fledermäuse. Die Chiroptera, die »Fingerflügler«, sind mit 950 Arten nach den Nagetieren mit 1700 Arten die formenreichste Ordnung der Säuger. In den Regenwaldgebieten dominieren die Fledertiere sogar: In Panama zum Beispiel gehören von 196 bekannten Säugetieren 100 zu den Chiroptera, im Tai-Nationalpark von Ghana in Westafrika sind von 140 Arten 43 Flughunde oder Fledermäuse, auf dem malaiischen Festland gehören 86 von 206 Arten dazu und in Thailand 94 von 263 Arten.

Systematiker, die versuchen, Ordnung in diese Formenfülle zu bringen, unterscheiden verschiedenste Ausbildungen von Schädeln und Kiefern und rund 50 Gebißtypen, was wiederum auf die unterschiedlichsten Nahrungsquellen deutet, die sich die aktiv fliegenden Säugetiere erschlossen haben. Viele ernähren sich, wie man es von den europäischen Arten kennt, von Insekten. Bestimmte Arten halten sich an Früchte, Blütenstaub oder Nektar, andere fangen Mäuse und kleine Säugetiere. Es gibt fischende Fledertiere und blutsaugende: die berüchtigten Vampire, die ahnungslose Warmblüter im Schlaf anfliegen, ihnen schmerzlos die Adern anzapfen und dabei das Tollwutvirus übertragen. Sie dienten als Modell für Graf Dracula, den die Legende schuf, kaum waren die ersten Berichte spanischer Eroberer über die fliegenden Blutsauger aus der Neuen Welt in Europa erschienen.

Wohl jeder Besucher von Süd- und Südostasien sieht die mächtigen Flughunde. Selbst mitten in den Großstädten fliegen sie am Nachthimmel und hängen tagsüber kopfunter zu Hunderten und Tausenden an den Ästen ihrer Schlafbäume. Fledertiere sind zwischen Bombay und Hongkong von erstaunlicher ökonomischer Bedeutung, und zwar im negativen wie im positiven Sinn. In den riesigen Niah-Höhlen von Sarawak verbringen Millionen von Fledermäusen den Tag, ihr Kot beschert sechzig Guano-Sammlern, Mitgliedern der Niah Bat Guano Cooperative Workers, ein erkleckliches Einkommen. Fledermaus-Guano gilt als erstklassiger Dünger auf den Pflanzungen, fallen hier aber, wenn

Ananas, Bananen, Mangos oder Zitrusfrüchte reifen, die Heerscharen der großen früchtefressenden Flughunde ein, dann ist es um die Ernte geschehen. In einer Nacht verwüsten Zehn- oder gar Hunderttausende der fliegenden Füchse die Ernte.

Wie viele Fledertierarten es tatsächlich gibt, weiß bis heute niemand zu sagen, noch immer werden neue entdeckt. So etwa am berüchtigten Kwai-Fluß. Hier starben im Zweiten Weltkrieg 100000 einheimische Zwangsarbeiter und 16000 alliierte Kriegsgefangene an Cholera und Malaria, Unterernährung und Folterungen durch die japanischen Kriegsherren beim Bau einer 400 Kilometer langen Eisenbahnverbindung zwischen Thailand und Birma. In der Nähe der berühmten Brücke über den Kwai gibt es zahlreiche Kalksteinhöhlen, hier fing 1973 der thailändische Zoologe Kitti Thonglongya eine bisher unbekannte Fledermaus, einen Winzling, dessen Gesicht nach menschlichem Ermessen »nur die eigene Mutter lieben kann«. Diese Schweinsnasen-Fledermaus oder *Craseonyctis thonglongyia* lebt von millimeterkleinen Insekten und ist mit drei Zentimetern Körperlänge, 13 Zentimetern Flügelspannweite und zwei Gramm Gewicht das kleinste Säugetier.

Unter den süd- und südostasiatischen Fledertieren gibt es aber auch Riesen, etwa den Kulong. Dieser Flughund hat eine Flügelspannweite von anderthalb Metern und ein Gewicht von nahezu zwei Kilogramm, er lebt, wie die anderen großen Flughunde, vorwiegend von Früchten. Dementsprechend sind Schädel, Gebiß und Mund gebaut: Mit langen Eckzähnen ergreift der Kulong Früchte und schneidet sie auf, seine kleinen Schneidezähne sind dabei hilfreich. Die hinteren Backenzähne sind abgeplattet und zerquetschen das Fruchtfleisch, Tastpapillen auf der langen Zunge finden weiches Futter, Hornpapillen raspeln es von Schalen und großen Samen. Dann gelangt das Fruchtfleisch durch die kleine Mundspalte in die Mundhöhle, hier drückt die Zunge den Brei gegen das Gaumendach und preßt den Saft aus dem Gewebe. Faserige Teile werden ausgespuckt. Die flüssige Nahrung gelangt in den Magen, der erstaunlich groß und dank sackartiger Anhänge sehr dehnbar ist, was nicht erstaunt: Selbst gefangene Flughunde, die nicht weite

Distanzen fliegen müssen, also ein nicht sonderlich energiezehrendes Leben führen, fressen täglich eine Fruchtmenge, die der Hälfte ihres Körpergewichts entspricht; bei wildlebenden ist sie sicher noch größer.

Im Magen und Darm erlegter Flughunde fanden Forscher meist nur einen milchigen Nahrungsbrei. Feste Teile der Früchte bleiben unter dem Futterbaum liegen, was einheimische Jäger längst beobachtet haben; sie behaupten dann etwa, Flughunde besäßen keinen Darmausgang und gäben ihre Ausscheidungen durch den Mund von sich. Indische Grundbesitzer, auf deren Land Ruhe- und Schlafbäume großer Flughunde stehen, wissen es besser: Sie verpachten den Boden um die Raststätten an Samensammler.

Wie erfolgreich Fledertiere Feigensamen verbreiten, wies der Amerikaner D. W. Morrison im Regenwald von Panama nach. Hier wirken allerdings nicht Flughunde, sondern Blattnasen, also Fledermäuse. Morrison trug sämtliche Feigenbäume seines 25 Hektar umfassenden Forschungsgebiets auf einer Karte ein und hielt ihren Fruchtertrag fest, dann machte er sich an die Beobachtung der mit kleinen Sendern markierten Blattnasen. Sechs von ihnen teilten sich einen Hektar Wald, und jede trug pro Nacht neun Feigen zum Rastplatz. So verschleppten sie mindestens sieben Prozent oder 650 Kilogramm der jährlich im Versuchsgebiet reifenden 200000 Feigen. »Damit ist die Fledermaus einer der besten Samenverbreiter für diese Feigenbäume«, kommentieren die beiden deutschen Fledermausforscher Erwin Kulzer und Uwe Schmidt. Von den Samen der afrikanischen Feige *Ficus umbellata* wissen sie, »daß sie erst nach einem Durchgang durch einen Flughund- oder Vogeldarm keimen«. Magensäure ätzt dabei die Wachsschicht von der Samenschale, die das Eindringen von Wasser verhindert und damit die der Keimung vorausgehende Quellung.

Flughunde sind in den Tropen der Alten Welt so begierig auf Früchte und für viele von diesen so erfolgreiche Samenverbreiter, daß sie selbst eingeschleppte Gewächse fördern. So ist etwa *Piper aduncum*, ein Pfeffergewächs, in Kuala Lumpur längst nicht mehr nur in Gärten zu finden. Flughunde haben die Samen des

Zierbäumchens in der ganzen Stadt und ihrer Umgebung ausgesät, so, wie sie andere Gewächse mit kleinen bis pfefferkorngroßen Samen, etwa die der Papaya, verbreiten.

Jedoch: Flughunde leben auch von der Brotfrucht. Sie ist bis zu einem Meter lang und wiegt gelegentlich fünfzig Kilo. Wo genau ihre wilden Vorfahren herstammen, man schätzt, aus den südindischen Regenwäldern, ist heute schwer festzustellen. Denn *Artocarpus heterophyllis* gedeiht längst überall in den Tropen. Nicht von ungefähr: Das Fruchtfleisch ist würzig und nahrhaft, eine billige, aber wichtige Zusatznahrung zu Reis und Tortilla. Der bescheidene, selten 15 Meter hohe Brotfruchtbaum wächst sogar in kleinsten Hintergärten.

Wenn nun die zentnerschweren Früchte sich gelblich verfärben und reifen, stülpen die Gärtner einen Jutesack darüber oder schützen sie mit Plastikfolien, da sie, wie übrigens auch die Mango, eine typische Flughundfrucht ist. Das erstaunt, denn die taubeneigroßen Samen der Brotfrucht oder gar die gänseeigroßen der Mango werden von den Flughunden sicher nicht aus Versehen verschluckt und transportiert. Was passiert also, wenn eine Schar Flughunde die Früchte riecht, wozu schon ein zehntel Gramm reifen Fruchtfleisches genügt, und einfällt, sich an die Früchte heranhangelt und mit dem Mahl beginnt? Besonders sittsam geht es dabei nicht zu: Viele Früchte werden fallen gelassen, zwischen den hungrigen Flatterern entsteht Streit. Und so trägt dann der eine oder andere in seinem Mund oder mit seinen Füßen, die als Hände gebraucht werden, einen Happen fort. Die Nutzlast des Großen Indischen Flughundes und des Kalongs beträgt 200 Gramm, daher kann es geschehen, daß eben auch größere Samen verschleppt werden, während unter den Fruchtbaum, auf dem sich keifende Flughunde ihre Nahrung streitig machen, abgebissene und halbgefressene Früchte fallen. Mit diesem Fruchtregen leiten die Flughunde vielfältige Samenverbreitung ein.

Ich habe in den Auwäldern des Menik ganga im Süden Sri Lankas mehrere Nächte unter einem mächtigen Mi-Baum (*Madhuca longifolis*) kampiert, als seine weißen kirschgroßen Früchte reiften und bald einen ähnlich üblen Gestank wie faules

Fleisch verbreiteten. Flughunde waren unverzüglich zur Stelle. Die Früchte, die sie abbissen, aber nicht fraßen, fielen nun während bestimmter Nachtstunden zu Boden. Regelmäßig erwachten wir, wenn eine Rotte grunzender Wildschweine durchs Lager zog, Schleichkatzen über die Zeltdächer sprangen, ein Lippenbär erschien und die nächtliche Gesellschaft in die Flucht schlug. Sie alle fraßen von den Mi-Früchten.

Schleichkatzen und Bären haben eine dermaßen schlechte Verdauung, daß sie aufgenommene Samen im Kot ausscheiden. Aber auch Wiederkäuer, Axis- und Sambarhirsche, vor allem aber kleine Muntjakhirsche und die hasengroßen Kantschile (Hirschferkel) erschienen unter dem Mi-Baum und fraßen die nach Aas riechenden Früchte. Früher oder später, wenn ihre Pansen gefüllt waren, zogen sie sich in sichere Ruhequartiere zurück, um die Nahrung aufzuwürgen und ausgiebig wiederzukäuen, dann spuckten sie die Samen aus.

Jeder Wiederkäuer in den süd- und südostasiatischen Wäldern frißt Früchte, sei er nun ein mächtiger Gaur, ein Hirsch oder ein Kantschil. Und ich fand regelmäßig an ihren Ruheorten häufchenweise ausgewöllte Samen. Sie wiederum sind Nahrung für viele Tiere, vor allem für Nagetiere, die sie in ihren Backentaschen sammeln und zu ihren Vorratslagern tragen. In den Regenwäldern Asiens sind es besonders drei Arten von Stachelschweinen, die Früchte und Samen verstecken. Vorratswirtschaft ist eine äußerst erfolgreiche Strategie zur Samenverbreitung, man denke nur etwa an Eichelhäher oder Tannenhäher in den Wäldern Europas.

Bei einem einzigen Ausflug auf eine Arve meißelt der Tannenhäher bis zu 130 Samen aus dem harzigen Zapfen, verstaut sie in seinem Kropf und fliegt damit oft mehr als zehn Kilometer weit zum Ort, an dem er im nächsten Februar und März nisten wird. Hier scharrt er an Stellen, wo keine Arven wachsen und folglich auch niemand nach Arvennüßchen sucht, Löcher in den Boden, versieht sie mit sechs bis zwölf Samen und deckt das Versteck vorsichtig wieder zu. Zwischen März und April zieht er seine Jungen auf und ernährt sie mit dem Vorrat, den er auch nach Monaten und unter tiefem Schnee wiederfindet.

Doch nie braucht der Tannenhäher dazu alle seine Vorräte, die »vergessenen« Samen keimen erst im zweiten Jahr: Eine neue Arvengeneration wächst auf an Stellen, an denen bisher keine Arven wuchsen. Ausbreitung über Vorratswirtschaft praktiziert der Eichelhäher, indem er den Samen der Eiche im Spätsommer sammelt und versteckt. Wenn der bunte Rabenvogel die verborgenen Eicheln zur Aufzucht der Jungen gebraucht, haben sie längst gekeimt, und Eichelschößlinge verraten die Vorratslager. Die noch vorhandenen Samenreste genügen dem Eichelhäher.

Die Samen der meisten Dschungelbäume keimen äußerst rasch, das erbrachten genaue Beobachtungen an 335 Baumarten aus dem malaiischen Regenwald: die Hälfte innerhalb von sechs Wochen, zwei Drittel in drei Monaten, der Rest brauchte länger, gelegentlich mehrere Jahre. Tiere des Regenwaldes, die Vorräte anlegen, müssen diese also rasch aufbrauchen, was ihnen wohl nie gelingt; denn wenn einmal ein Baum reife Früchte trägt, ist das Angebot höher als die Nachfrage der seltenen Bodenbewohner. So tragen also selbst Tiere, die ihrer Nahrung im Wortsinn auf den Kern gehen, harte und dicke Samen mit scharfen Zähnen aufmeißeln, schließlich zur Samenausbreitung bei.

Kein Makore-Baum ohne Elefanten

Ausgesprochen harte und dicke Hüllen schützen besonders die großen Samen mit vielen Nährstoffen für die Keimlinge. Eine solch massive Samenhülle birgt die Gefahr, daß es ohne fremde Hilfe nie zur Keimung kommt. Das klassische Beispiel: der Calvaria-Baum auf Mauritius. In den siebziger Jahren lebten noch 13 altersschwache Bäume auf der Insel, sie trugen zwar immer noch Früchte, doch ihre mit dicker verholzter Schale umhüllten Samen keimten nicht. Einst mußten sie aber gekeimt haben, sonst hätte es ja keine Mutterbäume gegeben.

Der amerikanische Biologe Stanley A. Temple kannte des

Rätsels Lösung: Dodo. Besser gesagt, das Aussterben der Tronte (*Raphus cucullatus*), die im Englischen Dodo heißt. Vor Jahrmillionen mußten taubenähnliche Vögel, die Vorfahren der Tronte, die Insel von Afrika aus besiedelt haben. Auf dem Eiland fehlten Feinde. Der Dodo konnte auf Fluchtverhalten verzichten, seine Flugorgane bildeten sich über Tausende von Generationen allmählich zurück: Die Flügel wurden zu Stummeln, der Schwanz zum schlaffen Federbusch. Körpergröße und Gewicht nahmen zu. Die truthahngroße Bodentaube blieb aber weiterhin wie ihre Verwandten Frucht- und Samenfresser und pickte mit krummem Hakenschnabel auch die Früchte des Calvaria-Baums auf.

Vogelnahrung wird erst im Muskelmagen zerkleinert, und zwar mit Hilfe von Fremdkörpern. Im Magen freilaufenden Federviehs auf dem Bauernhof finden sich gelegentlich sogar Eisennägel, und Lachmöwen zertrümmern in ihrem Magen dank kleiner Steinchen porzellanharte Schalen von fingernagelgroßen Wandermuscheln. Der Muskelmagenmühle eines truthahngroßen Frucht- und Samenfressers mögen kleine Samen entgehen, große sind ihr aber schutzlos ausgeliefert, es sei denn, sie tragen besonders dicke Hüllen wie die des Calvaria-Baums. Bei ihnen scheuern die harten Fremdkörper im Vogelmagen offenbar lediglich einen Teil des Panzers ab und ermöglichen so spätere Quellung und Keimung. Besitzt jetzt eine solche Steinfrucht wohlschmeckendes Fruchtfleisch, dann wird sie der große Vogel auch regelmäßig fressen. Damit ist beiden gedient: Der eine erhält exklusive Nahrung, der andere einen Samentransporteur, dessen Verdauungssystem die Keimung ermöglicht.

Aber so einmalig ist dieses System gar nicht, es funktioniert bei vielen europäischen Beeren und Früchten, etwa bei der Kirsche. Ihre Steine keimen erst nach der Passage durch Vogelmagen und -darm. Deshalb wachsen besonders viele Kirschbäume an Waldrändern, wohin sich Stare und Drosseln nach dem Früchteklau zurückziehen. Ob es zwischen dem Calvaria-Baum und der Tronte tatsächlich so gewesen ist, kann niemand mehr mit Sicherheit sagen. Denn 1507 landeten erstmals portugiesische Seefahrer auf Mauritius. Der flucht- und flugunfähige Vogel war ihnen willkommene und leichte Beute, 1681 hatten sie den letzten Dodo zu Tode geknüppelt. Und das einzige Museumspräparat ließ später bei einem Brand in Oxford seine Federn.

Stanley A. Temple fand ein Double, das stellvertretend für den ausgestorbenen Dodo die abenteuerlichen Calvaria-Früchte mit der anderthalb Zentimeter dicken steinharten Samenschale pickte, den Truthahn. Bis zu sechs Tage blieben die Kerne im Magen des amerikanischen Hühnervogels, einige brachen, andere wurden lediglich abgescheuert, ausgeschieden und konnten anschließend keimen.

Muskelmagenmühlen der Vögel sind nicht die einzigen Organe, die harte Samen der Urwaldbäume hobeln, die bauziegelgroßen Backenzähne der Elefanten gleichen Mahlsteinen; und die Tierriesen gelten als besonders schlechte Futterverwerter. In ihren Kotballen finden sich häufig »kleingeholzte« Äste und unversehrte Samen von Feigen, Brotfrüchten und ganz besonders Mangos. Die scheinen hier außergewöhnlich gut zu keimen, was mich immer erstaunt hat. Denn Gärtner, die einst Zoos und Zirkussen den Mist von Rinder- und Pferdeartigen abkauften, wollten nie Elefantendung. Und in Südindien, wo Rindermist als teurer Dünger gehandelt wird, sagen Pflanzer, Elefantenkot, der ebenfalls in großen Mengen anfällt, sei Gift für ihre Nutzgewächse.

In natürlicher Umwelt haben die mächtigen Kotballen aber zweifellos eine außergewöhnliche Wirkung auf Bodenlebewesen und Bodenfruchtbarkeit, innerhalb kürzester Zeit sammeln sich darin Insekten, beispielsweise Pillendreher. Das sind Käfer, die aus frischem Dung kleine Kugeln formen und sie als Nahrung für ihren Nachwuchs im Boden vergraben. Und mit den Pillendrehern reisen unzählige Pilzsporen, Milben und Fadenwürmer als blinde Passagiere mit, sie gehören zu jenen Organismen, die aus Abfall Aufbaustoffe für Pflanzen produzieren. Im Elefantendung tauchen regelmäßig Termiten auf, junge Königinnen und ihre Männchen, die unverdautes Holz und andere zellstoffreiche Reste zur Gründung eines neuen Volkes investieren, oder Arbeitstiere aus einem nahen Termitenbau, die den Kotballen unterirdisch finden und verarbeiten.

Dank Insektenfraß und Kleinlebewesen sind die im Dung der Tierriesen enthaltenen Nährstoffe schneller zerlegt, als wenn Laub, Äste, Palmwedel oder Bambusblätter ungefressen zu Boden fallen würden. So gesehen, sind die kilogrammschweren Kotballen ein vorteilhaftes Milieu für Keimlinge jener Pflanzenarten, deren Früchte Elefanten gern fressen, ohne die darin enthaltenen Samen zu zerstören.

In ganz Südasien gibt es unter Tausenden von Früchten nur eine, die ausschließlich von Elefanten ausgebreitet wird, sie wächst allerdings nicht im Regenwald, sondern in den laubwerfenden Monsunwäldern auf Sri Lanka. Gemeint ist der woodapple, der »Holzapfel«, *Feronia limonea*, der bis vor kurzem *Feronia elephantorum* hieß. Von kleinen Insekten abgesehen, deren Larven im Fruchtinneren leben, und vom Menschen, sind die Elefanten die einzigen Wesen, die das nach Limone schmekkende süßsaure Fruchtfleisch verzehren. Zwischen ihren mächtigen Backenzähnen knacken sie die hartholzfeste Schale der gut tennisballgroßen Frucht. Die Schosse, die aus winzig kleinen Samen keimen, fand ich nur auf Elefantenkot. Zwischen dem Holzapfel und dem Asiatischen Elefanten kam es im Laufe Tausender von Generationen gegenseitiger Anpassung zur Symbiose, einer Beziehung, die jedem der beiden Partner Vorteile bringt: Der Elefant hat mit der großen hartschaligen Fruchthülle exklusive Nahrung, der Holzapfel einen Transporteur mit ausgesprochen weiter Reichweite von einigen Dutzend Kilometern, der die unverletzten Samen in einem für diesen offenbar vorteilhaften Milieu aussät.

Aus den Regenwäldern Westafrikas sind mehrere derartig enge Beziehungen zwischen Pflanzen und den Tierriesen bekannt: Die Früchte der stachligen Liane *Strychnos aculeata* gleichen gelben Kanonenkugeln, sie wachsen hoch über dem Boden auf dem Dach des Dschungels und donnern dann zu Boden. Die gut einen halben Zentimeter dicke Schale verbirgt rund zwanzig sternförmig angeordnete falsche Samen, umgeben von seifigem Schleim. An der Elfenbeinküste betäuben Fischer ihre Beute mit der strychninhaltigen Masse, und den Menschen nützen gequetschte Samen als Brechmittel. Ob die Strychnos-Früchte auf Elefanten betäubend oder gar berauschend wirken, ist unbekannt, jedenfalls halten sich diese gern an die gelben Kugeln, die das ganze Jahr in kleinen Mengen reif zu Boden fallen. Ihre Samen keimen rasch im Elefantendung.

Hat sich, ähnlich wir der Holzapfel auf Sri Lanka, auch die Strychnosliane dem grauen Riesen, in diesem Fall dem Afrikanischen Waldelefanten, in koevolutivem Prozeß angepaßt? »Es ist tatsächlich schwer vorstellbar. Daß irgendein anderes Tier des Waldes eine derart unhandliche Frucht fressen oder auch nur aufbrechen könnte. Nur ein Elefantenkiefer scheint dazu noch fähig zu sein«, meint der Schweizer Ökologe Claude Martin, der jahrelang in Westafrika gearbeitet hat. Auch jene Forscher, die in westafrikanischen Regenwäldern Samenverbreitung durch ganze Gruppen von Tierarten nachwiesen und von einem »Affen-Vogel-Syndrom« sprechen, räumen ein, daß für gewisse Früchte eigentlich nur der Elefant in Frage kommt.

Mehr noch: Samen aus Früchten, die regelmäßig von Elefanten gefressen werden, keimen im Elefantendung besser als irgendwo sonst und treiben in spätestens drei Monaten kräftigere Schößlinge. Das bewies der französische Botaniker anhand von Versuchen an 48 Pflanzenarten aus dem Tai-Nationalpark an der Elfenbeinküste. Elefanten wirken also wie Gärtner, die für sie wichtige Gewächse in bevorzugtem entsprechendem Milieu aussäen.

Waldelefanten sind allerdings alles andere als Nahrungsspezialisten. Sie nutzen einen beträchtlichen Teil der Pflanzenvielfalt des Regenwaldes, halten sich an Zweitwuchs und besonders an Lianen, die am Rande von Lichtungen vorkommen. Auf ihrer endlosen Futtersuche verschlingen sie eher zufällig viele kleine Früchte, was Kotuntersuchungen deutlich machen: In neun von zehn Dunghaufen finden sich Samen. »Doch die Hauptmasse dieser Samen sind große, harte Nüsse aus Steinfrüchten, die alles andere als zufällig ins Verdauungssystem gelangt sind«, kommentiert Claude Martin. »Des Fruchtfleisches wegen, das sie umgibt, unternehmen Waldelefanten einzeln oder gruppenweise Wanderungen, die sie weit von den besonnten Lücken weg in den geschlossenen Wald hineinführen.«

In den Regenwäldern im Südwesten Ghanas locken zu bestimmten Jahreszeiten vier Baumarten Elefanten an. Das Fleisch ihrer unscheinbar gefärbten Steinfrüchte mit fünf und mehr Zentimetern Durchmesser riecht stark, stinkt sogar für menschliche Nasen. So laufen die Elefantenstraßen etwa bei einem *Pandaoleosa*-Baum zusammen oder bei einem *Balanites-wilsonia*-Baum, dessen Wurzeln Orgelpfeifen gleichen. Straßen kreuzen sich auch bei der Guinea-Pflaume (*Parinari excelsa*), deren Früchte auch Menschen in Notzeiten essen, oder treffen sich unter einem mächtigen, bis 60 Meter hohen Makore-Baum (*Tieghemella heckelii*). Dieser Gigant mit einem Stammdurchmesser von nahezu drei Metern liefert den Waldelefanten große grün-gelbliche Früchte und den Holzgesellschaften ein hartes, im Exportgeschäft begehrtes Rotholz.

Der Franzose A. Aubreville, eine der großen afrikanischen Forstkapazitäten, meldete 1958, daß der Makore-Baum überall entlang von Elefantenpfaden keime. Sein Bericht über die gärtnerische Wirkung des größten Landtieres erinnert an ähnliches bei einem der kleinsten Samenverbreiter: der Ameise. Die staatenbildenden Insekten verbreiten die Samen vieler Pflanzen, in Europa gehören beispielsweise Lerchensporn, Schöllkraut oder Veilchen dazu. Kaum sind die Fruchtkapseln der Veilchen aufgesprungen und haben dabei die Samen weggeschleudert, sammeln Ameisen den Nahrungssegen ein. Nicht etwa wegen der Samen selbst, sondern wegen eines beachtlichen Fettkörpers, des sogenannten Elaiosom, der mit dem Samen verwachsen ist. Der Leckerbissen sitzt so fest, daß die kleinen Insekten vorerst den ganzen Samen mit sich schleppen, erst irgendwo auf dem Weg zum Nest gelingt es, ihn abzuknabbern. Dabei verletzen die Ameisen die harte Samenschalen, was wiederum die Keimung erst ermöglicht. Aus diesem Grund säumen Veilchen oft die Ameisenstraßen, so, wie mächtige Makore-Bäume entlang den Elefantenstraßen in den Regenwäldern des östlichen Liberia, der Elfenbeinküste und Ghanas zu finden sind.

Der Makore-Baum ist seit zwanzig Jahren zur Seltenheit geworden, schon 1970 fanden die Botaniker J. B. Hall und M. D. Swaine in Ghana kaum noch Schößlinge und führten das Verschwinden des wichtigen Hartholzes auf Elefantenmangel zurück. In der Tat: Westafrikas Waldelefanten sind vielerorts bereits ausgerottet worden und selbst in Reservaten selten. Im Tai-Nationalpark (Elfenbeinküste) war 1980 der einstige Bestand von 1800 auf 800 Tiere gesunken, heute sind es schätzungsweise noch 100. Wenn Elefanten aussterben, verschwinden wahrscheinlich über vierzig Prozent der Bäume, die die obere Kronenschicht des Waldes bilden. Daß die Tierriesen für sie die wichtigsten Samenverbreiter sind, geht aus den Untersuchungen des Botanikers D. Y. Alexandre hervor.

»Die Tage des Waldelefanten in Westafrika sind gezählt, wenn Waldzerstörung und Jagddruck noch einige Jahre anhalten. Und damit wird die theoretische Frage, ob nun gewisse Pflanzenarten sich in koevolutivem Prozeß einzig oder vor allem an die Samenverbreitung durch den Elefanten angepaßt haben oder nicht, fast etwas nebensächlich«, faßt Claude Martin zusammen. »Eine Antwort verdient sie trotzdem«, meint er: »Welches andere Tier, welcher andere Faktor könnte den Selektionsdruck erzeugt haben für die Evolution von Steinfrüchten mit Samenbehältern von vier bis fünf Zentimetern Durchmesser und sechs Millimeter dicken Wänden, wenn nicht das größte Landsäugetier? Und kann es Zufall sein, daß ausgerechnet der Elefant unbändigst angezogen wird vom Geruch derselben Früchte und sogar seine Wanderungen auf sie abstellt? ... Die koevolutive Anpassung einiger afrikanischer Baumarten, die große Steinfrüchte tragen, an den Elefanten als praktisch einzigen Samenverbreiter ist offensichtlich.«

Derartige Beispiele über die Abhängigkeit einer Art von einer ganz bestimmten anderen finden sich, was Samenverbreitung anbelangt, auch im Regenwald selten. Meist sind es ganze Cliquen von ähnlich lebenden Arten, die ganz bestimmte Fruchttypen fressen und dabei Samen ausbreiten können. Lebenswichtige Beziehungen zwischen ganz bestimmten Tier-

und Planzenarten sind dagegen bei der Fremdbestäubung von Blüten gang und gäbe. Von ihnen ist im nächsten Abschnitt die Rede.

Wespen, die in Feigen wohnen

Wir rasten an einem Steilhang, tief unter uns rauscht der Alas-Fluß (Sumatra). Wir blicken von der kleinen Terrasse auf die Kronenschicht des Regenwaldes hinab. Über einem der gewaltigen Bäume kreisen kleine Schwalben und tauchen regelmäßig auf das grüne Blätterdach hinab; sie jagen. Ähnliches habe ich als Kind beobachtet, als die Straßen noch nicht geteert, die Kuhställe der Bauern noch Mehl- und Rauchschwalben ein Heim boten, mächtige Misthaufen stolz vor den Ställen lagen. Auch hier flogen die Schwalben, besonders wenn sich das Wetter änderte, tief über den Boden und jagten nach Mücken und anderen kleinen fliegenden Insekten.

»Weißt du, was die Schwalben über dem Baum fangen?« will ich von Bustami, dem Förster, wissen. – »Du siehst ja, die Früchte sind reif«, gibt er zurück. Was er damit meint, begreife ich nicht sofort. Deshalb gebe ich besserwisserisch zurück: »Schwalben fressen doch wohl keine Früchte. Übrigens: Weißt du den Namen des Baumes?« – »Ficus speciosus«, kommt es prompt. Wie oft habe ich bis jetzt den Namen Ficus gehört. Bustami hat ja recht, kann sich kaum täuschen, und würde er nur raten, er hätte wahrscheinlich noch einen Treffer. Allein von der Malaiischen Halbinsel und dem benachbarten Sumatra und Borneo sind 450 Feigenarten der Gattung Ficus bekannt. Jede fünfzigste bisher von Botanikern gesammelte, präparierte und später bestimmte Pflanzenform gehört zur Gattung Ficus.

Verwandte der allbekannten Eßfeige aus dem Mittelmeerraum können wahre Riesen sein, andere sind Zwerge. Ein Teil lebt als Liane und ein anderer als »Würger«, wie der heilige Bo- oder Pipalbaum. Die Samen dieser Wuchsformen keimen in Astgabeln, auf dicken Ästen oder am Stamm hoch über dem

Boden. Der heranwachsende Baum schickt seine Wurzeln nach unten, und diese umschließen den Stamm ihres Wirtes bald dermaßen eng, daß sie ihn am Dickenwachstum hindern und allmählich erdrosseln.

So unterschiedlich die weltweit über 700 bekannten wildwachsenden Feigenarten auch sein mögen, eines haben sie gemeinsam: Sie pflanzen sich nur dank winziger, etwa einen Millimeter langer Wespen fort. Auch die winzigen Hautflügler leben nur dank der Feigenpflanzen. Sie wohnen in den je nach Art sieben Millimeter bis zehn Zentimeter großen Früchten der Feige. Das bestätigte der israelische Botanikprofessor J. Galil, als er sich 1967 ganz besondere Sykomorenfeigen näher ansah. Sie stammten aus einer Grabbeilage, die einem ägyptischen Würdenträger der zwanzigsten Dynastie im elften oder zwölften vorchristlichen Jahrhundert auf die große Reise mitgegeben wurde. Die trockene Luft am Nil hatte kleine Feigenwespen perfekt mumifiziert. Mit dem Tod in der Feige endet das normale Leben jeder Feigenwespe. Das merkt auch der Genießer von echten Smyrnafeigen, wer gut hinschaut, bevor er ißt, entdeckt winzige Wespenleichen.

Lediglich die begatteten Weibchen verlassen vorübergehend die reifen Feigen, um sich rasch einen Feigenbaum zu suchen, der in Blüte steht. Explosionsartig fliegen sie zu Abertausenden aus ihrer einstigen Heimstätte, wo sie sich als Larven vollgefressen haben und die Paarung stattfand. Deshalb versammeln sich über den Bäumen der reifen Feigen die Schwalben und holen sich ihren Anteil vom Überfluß an winzig kleinen Wespen. Bustami, der, kaum hat er die Schwalben gesehen, auf »Ficus speciosus« schließt, kennt das Phänomen aus Erfahrung. Was aber in der einzelnen Feige vor sich geht, ist ihm schleierhaft.

Damit befindet er sich in bester Gesellschaft. Auch Plinius der Ältere (24–79 n.Chr.), Verfasser einer monumentalen 37bändigen »Historia Naturalis«, mit der er eine populärwissenschaftliche Darlegung der Natur in allen Bezügen zum Menschen geben wollte, blieb die Antwort schuldig. Das erstaunt, denn Feigen gehörten damals längst zum einfachsten römischen Mahl wie Wein und Brot. Doch sie gediehen nicht so ohne weiteres wie Weinrebe und Weizen. Die Eßfeige hatte ihr Geheimnis, davon wußte schon damals jeder einfache Bauer. Der Ertrag an Eßfeigen war am höchsten, wenn zwischen den Reihen der Bäume ein Caprificus, ein Geißfeigenbaum, mit ungenießbaren Früchten wuchs.

Plinius Secundus, der Jüngere (61–113 n.Chr.), Neffe des Naturschriftstellers, dazu: »Geißfeige heißt eine Feige wilder Art, die nie reif wird, aber einer anderen gibt, was sie selbst nicht hat, weil eine natürliche Übertragung der Ursachen stattfindet ... Daher erzeugt die Geißfeige Mücken; diese fliegen aus Mangel an Nahrung von der Mutterfrucht ... hin zu dem artverwandten Baum und öffnen durch häufiges Beißen der Hülle ... deren Poren und bringen, so in das Innere dringend, zuerst mit sich die Sonnenwärme hinein und lassen durch die Öffnung die fruchtbringenden Lüfte einströmen.« Die Beobachtung stimmt einigermaßen, die Interpretation ist falsch.

Was die Feigenwespen in den Feigen machen, wird einem erst klar, wenn man eine Feige längs entzweischneidet. Jetzt sieht man nämlich kleine Blüten oder kleine Früchte, die das Innere der Scheinfrucht ausfüllen. Der krugartige Blütenstand der Feigen wird oben mit fleischigen Schuppen verschlossen, durch ihn zwängen sich die geflügelten Weibchen mit ihren seitlich abgeflachten Köpfen, wenn im Innern die weiblichen Blüten reifen. Dabei verlieren die Insekten die Flügel, gelegentlich auch eine Antenne oder gar das eine oder andere Bein. Im Dunkeln des Blütenstandes bohrt nun das Weibchen mit seinem Legestachel das Gewebe der Griffel an, so entstehen Gallen, Wucherungen des Pflanzengewebes. Sie geben der bald heranwachsenden Wespenbrut Schutz und Nahrung. Also machen die Wespen den Feigen den Garaus?

»Nein, weil es zweierlei weibliche Blüten gibt, solche mit langen und solche mit kurzen Griffeln«, erklärt der Zoologieprofessor Friedrich G. Barth aus Frankfurt am Main: »Die Narben beider Typen liegen so dicht beieinander, daß sie eine gemeinsame Fläche bilden. Das Feigenwespenweibchen kriecht darauf herum, um Eier abzulegen. Es sondiert mit seinem Legestachel alle Griffel, kann aber nur in den Blüten mit kurzen

Griffeln erfolgreich ablegen. Nur dort reicht es weit genug bis zur Samenanlage hinunter.« So geschieht es bei Sykomore, einer einhäusigen Feige. Auf die zweihäusige Eßfeige komme ich später zurück.

Nach der Eiablage sterben die Weibchen. Die Gallen reifen. Die Larven entwickeln sich. »Dann passiert Unglaubliches«, schreibt Barth in seinem faszinierenden Buch »Biologie einer Begegnung«: »Die Larven haben sich verpuppt, und schließlich schlüpft die neue Wespengeneration. Zuerst die Männchen, die ganz anders als die Weibchen aussehen und keine Flügel besitzen. Sie kriechen aufgeregt in der Feige herum, suchen und finden Gallen, in denen die noch nicht geschlüpften Weibchen sitzen, durchbohren die Gallenwand und begatten durch diese kleine Öffnung hindurch die Weibchen.«

Es kommt noch besser: Nach der Begattung bohren die Männchen Löcher in die Feigenwand und sterben, die Weibchen sind inzwischen aus den Gallen geschlüpft. Zur gleichen Zeit sind die männlichen Blüten reif. Die Weibchen betasten die offenen Staubgefäße mit den Spitzen der Vorderbeine. Den festklebenden Pollen bugsieren sie dann mit Hilfe eines Kammes aus steifen Borsten in die Pollentaschen. Das sind ein fünftel Millimeter kleine Behälter am Brustpanzer, die den Pollen schützen, wenn die Weibchen aus ihrer Kinderstube kriechen, fliegend einen neuen Feigenbaum suchen und sich dort Eingang verschaffen. Im neuen Heim packen sie den verstauten Pollen portionsweise wieder aus und bestäuben die reifen weiblichen Blüten.

Nicht alle Feigenwespen tragen solche Pollentaschen. Bei *Blastophaga psenes*, der Feigenwespe, die die eigentliche Eßfeige bestäubt, fehlen sie samt den dazugehörigen Borstenkämmen. Wie gesagt, ist die Eßfeige zweihäusig. In den ungenießbaren Ziegenfeigen blühen nur männliche und kurzgrifflige weibliche Blüten, die keine Samen bilden und als Kinderstuben der Wespen dienen. Auf den anderen Bäumen wachsen nur Feigen mit fruchtbaren langgriffligen weiblichen Blüten. Diese Scheinfrüchte sind genießbar.

Wie dem auch sei: Wenn das Feigenwespenweibchen mit

seinem mitgebrachten Pollen die weiblichen Blüten in seinem neuen Heim bestäubt, sieht es so aus, als würde dieses kleine Insekt in Generationen vorausdenken, als wüßte es, daß seine eigene Art nur weiterbesteht, wenn auch der Feigenbaum sich erfolgreich fortpflanzt, auch wenn die Bestäubung weder den eigenen Bedürfnissen noch der gerade heranwachsenden Generation direkt nützt. »Natürlich unterstellt niemand, daß die Wespe wirklich weiß, was sie da tut«, kommentiert Friedrich G. Barth. »Die Evolution hat diejenige genetische Variante bevorzugt, deren Verhalten besser für das Fortbestehen der eigenen Art programmiert war.«

Genauso ist offenbar der Rundohr-Elefant in den westafrikanischen Regenwäldern »programmiert«, um die mächtigen Samen des Makore-Baumes auszusäen, oder die Stachelschildkröte auf Borneo, ohne die es keinen Schildkröten-Durian gibt. So einem »Programm« gehorchen offenbar auch die Kolibris, wenn sie die Fuchsienblüten bestäuben, oder bestimmte kleine Flughunde, von denen noch die Rede sein wird. Diese sind nämlich verantwortlich für die Frucht- und Samenbildung bei so wichtigen Bäumen wie Durian, Gewürznelke oder Banane. Umgekehrt hat offenbar die Evolution die Fuchsienbüsche, die Makore-, Durian-, und Bananenbäume so »programmiert«, daß sie auf die für sie so unersetzlichen Konsumenten maßgeschneiderte Frucht- und Nektarnahrung anbieten.

»Evolution«, »Selektion«, »Selektionsdruck« sind gescheite Begriffe, für den Nichteingeweihten mögen sie einen gewissen »Rumpelstilzchen-Effekt« haben. Damit meine ich: Wissenschaftliche Begriffe blenden und geben einem das Gefühl, daß Probleme gelöst sind, wenn sie einen Namen tragen. Genauso ist es im Märchen vom Rumpelstilzchen. Die zur Prinzgemahlin avancierte Müllerstochter kaufte sich und ihr Neugeborenes frei, als sie dank einem Informanten schließlich wußte, daß der erpresserische Zwerg eben Rumpelstilzchen hieß. Mich hätte jedoch in erster Linie interessiert, wie der Gnom aus Stroh Gold spinnen konnte.

Biologen werden selbstverständlich nie genau ergründen können, wie es die Feigenpflanzen und Feigenwespen in der langen gemeinsamen Geschichte zu so enger Kooperation gebracht haben. Beide sind Abkömmlinge von reinen Egoisten, die gegen alle erdenklichen Umweltwiderstände überleben wollen. Wieso kümmern sich aber solche Egoisten um fremde Interessen, ohne daß man ihnen Edelmut oder Angst vor Strafe unterstellen könnte? Eine zumindest modellhafte Erklärung blieben Evolutionsbiologen schuldig. Der Beweis lag bisher nicht vor, wie aus Nicht-Kooperation Kooperation wird, welche Kooperationsstrategien am besten taugen und wie sie sich durchsetzen.

Robert Axelrod, der amerikanische Politologe, hat einen solchen Denkansatz gefunden. Das Erstaunliche an dieser Strategie: Sie kann von einem Bakterium ebenso leicht benutzt werden wie von einem Gorillarudel, dazu bedarf es keines Gehirns. Die Strategie ist eher »reflexiv« und damit dem Kniescheibenreflex vergleichbar. Axelrod stützt sich bei seinen Gedankenexperimenten auf verschiedene Spielstrategien, die er in Computerprogrammen ablaufen ließ. Den Ausgangspunkt eines solchen Spiels beschrieb Douglas R. Hofstadter in »Spektrum der Wissenschaft« (8/1983) wie folgt:

Man stelle sich einen Käufer vor, der von einem Händler eine Ware gegen Geld erwerben möchte. Aus irgendeinem Grund kann die Transaktion nur so ablaufen, daß der Händler die Ware in einen Sack steckt und in einem Versteck vergräbt, während der Käufer einen Sack mit Geld woanders deponiert. Danach geht jeder zum Versteck des anderen, um sich zu bedienen. Weiter sei angenommen, daß beide sich nicht kennen und auch kein persönliches Interesse aneinander haben – jeder ist nur auf seinen eigenen Vorteil bedacht. Was geschieht?

Der Käufer überlegt: Wenn ich meinen Sack ehrlich mit Geld fülle, bin ich auf die Ehrlichkeit des anderen angewiesen, nur dann bekomme ich den Gegenwert, betrügt mich der andere, bin ich mein Geld los – für nichts. Wenn ich aber einen leeren Sack vergrabe, dann kann mich der andere nicht schädigen –

gleich, was er tut. Im schlimmsten Fall bekomme ich keine Ware und behalte mein Geld. Und falls der Händler so dumm ist, doch ehrlich zu sein, habe ich alles umsonst, also so ist es logisch, einen leeren Sack zu vergraben. Diese Überlegung stellt natürlich auch der Händler an, nur mit umgekehrten Vorzeichen: Auch er hinterläßt bei rationellem, egoistischem Kalkül einen leeren Sack. So führt diese Spielsituation zu dem paradoxen Ergebnis, daß die Partner letztlich gegen ihre Interessen handeln müssen, denn der eine wollte ja etwas kaufen, und der andere lebt schließlich vom Verkauf. Hier aber lohnt sich die Ehrlichkeit nicht.

Die Lage ändert sich, wenn beide Partner damit rechnen, die Transaktion noch viele Male zu wiederholen. Dann brächte Betrug nur kurzfristigen Vorteil, und jedes Geschäft wäre langfristig vereitelt. »Kooperieren« lautet jetzt die vernünftige Strategie. Was ist aber zu tun, wenn – nach einigen Spielrunden – ein Partner plötzlich betrügt? Soll man vorsichtshalber selbst von nun an nur noch betrügen, oder soll man es wieder mit Kooperation versuchen? Diesen Fragen ist Robert Axelrod mit einem Computerturnier nachgegangen. Spieltheoretiker sandten ihm ihre Strategieprogramme ein. Eine Strategie besteht hier aus einem Regelwerk zur Auswahl der Alternativen »Betrug« oder »Kooperation«. Eine Strategie wäre beispielsweise »Immer betrügen«, eine andere »Immer kooperieren«, eine dritte »Jedesmal auswürfeln, was zu tun ist«. Andere Strategien könnten ihre Kooperationsbereitschaft den Erfahrungen mit dem Partner anpassen.

Zur Gewinnberechnung setzte Axelrod folgende Punktebewertung an:

Ein kooperierender Spieler bekommt drei Punkte, wenn auch der Partner kooperiert; keinen Punkt bekommt er, wenn der Partner betrügt.

Ein betrügender Spieler bekommt einen Punkt, wenn auch der Partner betrügt.

Sechzig Strategien traten nach diesen Regeln gegeneinander an. Jede spielte 200mal gegen jede andere und gegen sich selbst, konnte kooperieren, verraten, rein zufällig handeln, das Verhalten des anderen mit einbeziehen oder nicht. Wichtig war, wer nach 200 Spielrunden die meisten Punkte eingeheimst hatte. Gewinner war die ganz simple Strategie des Spieltheoretikers Anatol Rapoport »Wie du mir, so ich dir«. Sie sieht so aus: Kooperiere beim erstenmal; dann tu das, was der Partner im Zug davor getan hat. Logischerweise war diese Strategie nicht überwiegend Sieger in den Duellen, sie mußte ja wegen ihrer Kooperationsbereitschaft oft verlieren. Sie verfügt aber auch über eine begrenzte Aggressivität und ein minimales Erinnerungsvermögen (sie weiß, was der Partner im vorausgegangenen Zug gespielt hat).

Dieser Strategie bedient sich auch der Feigenbaum im Umgang mit seinem wichtigen Komplizen, der Feigenwespe. Wie schon erwähnt, bestäuben die Wespenweibchen nicht nur seine Blüten, sondern legen mit langem Stachel auch ihre Eier in den Fruchtknoten. Gelegentlich kommt es nun vor, daß sie lediglich Eier in den kurzgriffligen Gallenblüten deponieren und die langgriffligen fruchtbildenden Blüten nicht bestäuben, also »betrügen«. Jetzt zieht die Feige gleich, »betrügt« ebenfalls, läßt die Blüten welken. Der Wespennachwuchs kommt nicht auf. Der Baum quittiert Kooperation mit Kooperation, Betrug mit Betrug.

Kooperation, das zeigen Computersimulationen wie auch Beobachtungen aus der Natur, ist Teil einer erfolgreichen Überlebensstrategie, die auch Geschöpfe, so egoistisch sie einem erscheinen mögen, übernehmen müssen. Der Macaranga-Baum und die in ihm wohnenden Ameisen haben ihre Lektion gelernt. Bietet der Baum seinen Untermietern weder Unterschlupf noch wertvolle Zusatznahrung, werden sie ihn verlassen. Beschließen umgekehrt die Ameisen, nur von den eiweiß- und zuckerhaltigen Tröpfchen zu naschen und die Pflanze nicht mehr von ihren Schädlingen und Konkurrenten zu schützen, dann wird sie so geschwächt, daß sie auf die Produktion von Ameisennahrung verzichten muß. Ein Fruchtbaum, der plötzlich seine Samen nicht mehr in süßem Fruchtfleisch einschließt, wird von den tierischen Samentransporteuren nicht mehr besucht, weil er »betrügt«. Auch die Samentransporteure könnten »betrügen«, etwa zu früh zur Stelle sein, zu spät oder gar den Samen samt Fruchtfleisch fressen.

Wer je in einen unreifen Apfel biß, weiß, daß er bitter und sauer schmeckt. Eine unreife Durianfrucht ist ein wahres Bollwerk aus spitzen Stacheln, sie öffnet sich erst, wenn die Samen reifen. Nur Früchte mit keimfähigen Samen sind süß. Frißt niemand sofort von ihnen und holt ihre Samen ab, dann gären sie. Damit werden auch zu spät eintreffende Samentransporteure bestraft: Sie handeln sich gräßliche Räusche ein, wie ich es von den Schildschnäbeln beschrieben habe. Und wer die Samen vieler Stein- und anderer Früchte noch knacken will, muß damit rechnen, sich mit Blausäure zu vergiften.

Eine Frage drängt sich auf: Wie haben sich die kooperierenden Strategien im Laufe der Entwicklungsgeschichte jeder der so verschiedenen Pflanzen- und Tierarten gegen unberechenbare oder aggressive Strategien schließlich durchsetzen können? In einem weiteren Computerversuch ließ Robert Axelrod wiederum fünf Dutzend Programme gegeneinander und gegen sich selbst antreten. Danach verglich er die von jedem gesammelten Punkte und sorgte dafür, daß die erfolgreichen Programme in der folgenden Spielrunde zahlreicher, die weniger erfolgreichen dagegen seltener wurden. Für die übriggebliebenen hatte dies Konsequenzen, weil sich die Gegnerschaft verändert hatte. Es kam vor, daß rabiate Programme, welche die »dümmeren« nach Strich und Faden schröpften – also durch geringe Kooperation große Gewinne machen konnten –, bald keine »Dummen« mehr fanden, auf deren Kosten sie sich bereichern konnten. So starben die Rabiaten aus, und die Kooperationsbereiten setzten sich letztlich durch. Genauso würde sich ein Beutegreifer selbst umbringen, der wehrlose Beute stärker bejagt, als sie sich fortpflanzen kann. Großen Nutzen aus der Unterlegenheit anderer zu ziehen ist eine selbstzerstörerische Tat.

Nach einigen tausend Spielrunden (das geht im Computer schnell), die einigen tausend Generationen entsprechen, hatte sich die genial-einfache Strategie »Wie du mir, so ich dir« am meisten vermehrt. Wohlgemerkt: Dieses Programm macht seine Gewinne nicht auf Kosten anderer. Es hat keine Rivalen besiegt und vernichtet, weil es gar nicht siegen kann. Es kooperiert im ersten Schritt und zieht damit im besten Fall mit seinem Rivalen gleich, falls der auch kooperiert; andernfalls verliert es. Allerdings verliert es nie sehr viel, weil es sich durch Betrug sofort zur Revanche provozieren läßt (wie der Feigenbaum im Umgang mit legefreudigen Feigenwespenweibchen, die nicht bestäuben). Wie es kommt, daß kooperierende Arten – auch ohne geheimnisvolle zielgerichtete Kräfte – überall in der Natur zu beobachten sind, läßt sich nach diesem einfachen Denkmodell erklären. Ebenso verständlich ist es danach, daß die Kooperationsfähigkeit keinerlei Ansprüche an die Intelligenz der Lebewesen stellt.

Die »Wie du mir, so ich dir«-Strategie ist dermaßen simpel, daß sie sogar von einem absolut gehirnlosen Einzeller angewendet werden kann. *Rhizobium*-Bakterien sind in der Lage, in den Wurzeln von bestimmten Pflanzenarten Knöllchen zu bilden, in denen sie als Parasiten leben. Einige von ihnen bezahlen aber die Kooperation ihres Wirtes, indem sie ihn mit gebundenem Luftstickstoff versorgen. Beide gingen so eine Symbiose ein, die Leben in nährstoffarmer Umwelt ermöglicht. Ähnlich haben sich bestimmte Algen- und Pilzarten in engster Tuchfühlung zu Flechten vereinigt. In engstem Kontakt leben aber auch wiederkäuende Säugetiere mit den in ihren Pansen wohnenden Einzellern oder Feigen und Feigenwespen. Die kooperierenden Partner müssen sich dank des ständigen Beisammenseins nicht suchen, können sich nicht verwechseln und, falls einer nicht mehr kooperieren will, auch sofort bestrafen. Wo Symbiosepartner nicht dauernd beieinander wohnen, schließen andere Mechanismen Verwechslungen aus.

Die vielen Arten von »Putzerfischen« und »Putzerkrebsen«

sind ebenso Bewohner von Riffen wie jene Raubfische, die sie von Außenparasiten freihalten. In diesen Lebensräumen sind größere Tiere territorial, jeder Partner weiß jederzeit, wo er den anderen findet. In diesem Sinne auch Blütensignale, Formen, Farben und Düfte sind genau auf die Sinnesleistungen der Partner abgestimmt, seien es nun Vögel, Fledermäuse, Bienen, Schmetterlinge oder Fliegen; erscheint der richtige Spielpartner auf der Blüte, so wird er mit Nektar und Pollenüberschuß belohnt. Trifft dagegen der Falsche ein, wird er »bestraft«: Er erreicht die Nektarquelle nicht.

Die Vorfahren der Blütenbestäuber und Samenverbreiter waren ganz gewöhnliche »egoistische« Pflanzenfresser, Pollen- und Samenräuber. Unzählige Spielrunden, will heißen, Generationsfolgen, nach dem Prinzip »Wie du mir, so ich dir« machten aus den Widersachern Symbionten, die just, weil sie Teile ihrer »Beute« fressen, diese vermehren. Je länger gespielt wird, das zeigt der Computer, desto erfolgreicher setzt sich Kooperation auch durch. Sicher genügt ein einziges kooperatives Individuum dazu nicht, aber schon eine kleine Gruppe reicht aus. »Sie bilden gleichsam einen Brückenkopf der Kooperation«, sagt Douglas R. Hofstadter. Solche kooperationsbereiten Mutanten von unterschiedlichsten Arten entstanden immer wieder, in Regenwald und Korallenriff haben sie sich am erfolgreichsten durchgesetzt, in den ältesten Ökosystemen der Erde. Hier sind die meisten und die erstaunlichsten Symbiosen bekannt. Der heutige Regenwald entstand vor etwa 135 Millionen Jahren, sein Milieu, das keinen Winter kennt, ist, was Temperatur und Luftfeuchtigkeit anbelangt, überaus lebensfreundlich und erlaubt jenen Arten, die Nektar und Fruchtfleisch verfügbar machen, beziehungsweise jenen, die davon leben, rasche Generationsfolgen. An Kohlehydraten mangelt es nicht im Regenwald.

Generationsfolgen und damit Spielrunden, an denen einzelne Arten teilnehmen, dauern nicht gleich lang. Ein Orang-Utan wird mit rund acht Jahren geschlechtsreif, ein blütenbestäubender Flughund spätestens mit zwei, die Feigenwespen spätestens mit einem Jahr, wenn nicht früher. Der Durianbaum fruchtet nicht jedes Jahr, er schaltet Ruhepausen ein, um genügend Baumaterial für seine vergleichsweise wenigen, aber riesigen Früchte zu sammeln. Feigenbäume dagegen setzen vor allem auf Quantität und haben häufigen und reichen Fruchtansatz. Auch den Tierarten stehen nicht gleich viele Programme, sprich, Nachkommen, zur Verfügung. Ein Feigenwespenweibchen legt in seinem kurzen Leben bis zu 300 Eier, eine Flughundmutter bringt es, obwohl sie länger lebt, vielleicht auf ein Dutzend und die langlebige Orang-Utan-Mutter möglicherweise nur auf ein halbes Dutzend Nachkommen. Versuchen wir, Ordnung in der Vielfalt zu schaffen!

Nehmen wir an, bestimmte Durianfrüchte, die zwei Prozent süßer sind als andere, würden von Orang-Utans hundert Meter weiter vom Mutterbaum fortgetragen als die gewöhnlichen Durian, um so die besonders süße Nahrung konkurrenzfrei auffressen zu können. Je weiter die Samen vom egoistischen Mutterbaum entfernt zu Boden fallen und keimen, desto besser wachsen sie auf. Denn der Mutterbaum schattet den Boden aus und wetteifert um dieselben Nährstoffe wie seine Nachkommen. So gesehen, haben süße Durian Selektionsvorteile und werden die Eigenschaft »zwei Prozent süßer als die andern« an ihre Nachkommen weitergeben. Nach fünfzig Generationen hätten die süßesten Früchte ihren Zuckergehalt verdoppelt, wenn man davon ausgeht, daß ein Durianbaum mit vierzig Jahren das erste Mal fruchtet.

Selektionsvorteile haben auch jene Orang-Utans, die rechtzeitig am Baum sind, die stacheligen, schweren Früchte pflükken und möglichst weit wegtragen. Sie können mit wenig Konkurrenz rechnen und ziehen erfolgreicher Junge auf. So hat der Durianbaum Körperbau und Verhaltensweise des großen Menschenaffen ebenso mit beeinflußt wie der Orang-Utan die Früchte des Baumes. Angenommen, dazu hätten beiden eine Million Jahre zur Verfügung gestanden, dann hätte der Durianbaum 25000, der Orang-Utan aber 125000 Runden (Generationen) gespielt.

Verglichen mit der Koevolution von bestäubenden Flughunden und Flughund-Pflanzen ist das wenig. Wann die beiden

Partner damit begannen, sich aufeinander einzustimmen, ist nicht bekannt, es gibt zwei Theorien. Die eine rechnet, es sei in der Kreidezeit geschehen, die andere glaubt, es sei erst im Eozän passiert. Sagen wir, es sei vor sechzig Millionen Jahren gewesen, dann sind die Vorfahren der Flughunde dreißig Millionen Male gegen Bäume wie Durian als Blütenbesucher angetreten. Die Vorfahren der Durian stellten sich dem Wettstreit, weil sie zwanzigmal längere Generationsfolgen haben, lediglich in anderthalb Millionen Runden. Sie warfen aber sicher mehr Programme ins Spiel, weil Bäume zehntausendfach mehr Samen produzieren als Flughunde Nachkommen. Und ein neues Programm ist dann vorhanden, wenn durch Rekombination oder Mutation die elterlichen Erbanlagen verändert werden. Dazu ist die Wahrscheinlichkeit bei Bäumen mit vielen Samenanlagen sicher höher als bei Säugetieren mit wenig Nachkommen.

Feigenwespen haben in sehr kurzer Generationsfolge Hunderte von Nachkommen. Feigenbäume bilden in ihrem Leben äußerst viele Fruchtbestände aus. Mehr noch: Feigen gehören einer alten Pflanzengruppe an und sind schon aus der Kreidezeit bekannt, die Vorfahren der Feigenwespen (*Chalcidoidea*) gab es bereits im Jura. »In über einhundert Millionen Jahren hat sich eine Beziehung entwickelt, die zu den kompliziertesten Symbiosen zwischen Tier und Pflanze gehört«, sagt Friedrich G. Barth: »Die wechselseitigen Anpassungen sind so groß und so vielfältig, daß ein Teil ohne den anderen (zumindest ohne Eingriff des Menschen) nicht existieren kann.« Wie viele Spielrunden und wie viele Programme zu diesem innigen Zusammenleben (die Feigenwespen leben praktisch dauernd in den Feigen) nötig waren, kann man höchstens schätzen. Es sind Abermillionen.

Die »Wie du mir, so ich dir«-Strategie hat sich aber auch in der Auseinandersetzung zwischen Pflanzen und den ihre Blüten besuchenden Fledertieren zu einem beachtlichen engen Verhältnis entwickelt, obwohl hier weniger Spielrunden stattfanden und auch weniger neue Programme auftauchten. Viele Blüten werden ohne Flughund oder Fledermaus nicht bestäubt, und viele Fledertiere sind auf Nektar und Pollennahrung angewiesen. Wie innig ihr Verhältnis sein kann, sehen wir im nächsten Abschnitt.

Der erdgeschichtliche Neuankömmling, der Orang-Utan, der auch spät in den Regenwäldern Südostasiens auftauchte, ist dagegen als Samenverbreiter für die Erhaltung der Durianbäume nicht exklusiv notwendig. Die Stachelfrüchte werden ebenso von Elefanten, Nashörnern, Flughunden gefressen. Auch sie breiten die Samen aus. Ebensowenig ist Durian die essentielle Nahrung für den Menschenaffen, er hält sich auch an viele andere Früchte, darunter Feigen.

Zur Bestäubung dienen den Feigenbäumen aber ausschließlich Feigenwespen. Zwischen diesen Partnern ist, wie bereits geschildert, die Beziehung so eng, daß jede Feigenart »ihre« Wespenart hat. Für die Eßfeige im Mittelmeerraum ist es *Blastophaga psenes*, für die Sykomore *Ceratosolen arabicus* und für den Pipalbaum *Blastophaga guadriceps*. Bis heute sind 17 Gattungen von Feigenwespen beschrieben worden, *Blastophaga* ist die bedeutendste. Wie viele Arten es bis heute sind, wissen bestenfalls Spezialisten. Und es werden immer mehr beschrieben. Solchen Neuentdeckungen folgen unmittelbar auch Revisionen in den Artenlisten der Feigenpflanzen. Entdeckt umgekehrt ein Botaniker eine neue Feigenart, können sich auch die Insektenkundler freuen. Ohne Zweifel beherbergen ihre Früchte eine bisher unbekannte Wespenart, möglicherweise sogar einen bisher unbekannten Parasiten.

Diese Profiteure sind Abkommen der Feigenwespen, tragen auch noch Reste der Pollentaschen am Brustpanzer. Irgendwann in ihrer Entwicklungsgeschichte sind sie der »Wie du mir, so ich dir«-Strategie ausgebüxt. Ihre Eier legen sie zwar immer noch in Fruchtknoten der Feigen, aber nicht mehr von innen, sondern von außen. Sie merken, wann die Feigenwespenweibchen in der Feige Eier ablegen und das Gewebe kurzgriffliger Blüten zu Gallen anschwillt. Dann bohren sie diese mit äußerst langen Legestacheln an und deponieren dort ihre Eier. Warum sich der »Betrug« lohnt, weiß bisher niemand zu sagen.

Ähnliche, schier unglaubliche Geschichten ließen sich von

anderen Pflanzen mit anderen Bestäubern erzählen, von Orchideenbienen und Orchideen, von prächtigen Tagfaltern, Schwärmern oder Käfern und »ihren« Blumen.

Halten wir fest: Die kleinen Tierarten sind häufiger und enger symbiotisch mit Pflanzen verbunden, sie gilt es zu erhalten. Das sollten jene Artenschützer zur Kenntnis nehmen, die vor lauter Tierriesen wie Nashörnern, Elefanten, Menschenaffen und Tigern den Dschungel nicht mehr sehen. Abgesehen davon, daß solche Arten beim breiten Publikum äußerst populär sind, was sich möglicherweise auf dem Spendenkonto und in politischen Entscheidungen niederschlägt, gilt noch ein anderes Argument zur Rechtfertigung des Schutzes möglichst großer Arten. »Sie bewohnen große Lebensräume«, heißt es. »Wenn es gelingt, den Lebensraum einer Elefantenherde zu schützen, werden wir damit auch die Lebensräume unzählbarer kleinerer Arten erhalten.«

Das kann, braucht aber nicht so zu sein. Was ich damit meine, verdeutlicht eine Kolonie kleiner Flughunde am Rande der Millionenstadt Kuala Lumpur. Von ihr und ihren Bewohnern ist im folgenden die Rede.

Blütenfledermäuse und Fledermausblumen

Aus den Tropen und Subtropen der Neuen Welt sind 180 Pflanzengattungen mit 590 Arten chiropterophil oder »chiropterophilverdächtig«, das heißt, sie werden sicher oder höchstwahrscheinlich von kleinen Fledermäusen bestäubt. In der Alten Welt sind es 90 Gattungen und 160 Arten. Als Bestäuber tragen hier Flughunde den Pollen aus den Staubbeuteln der einen auf die Narbe der anderen Blüte. Fledermäuse und Flughunde, die von Nektar und Pollen leben, haben sich durch Bau und Leistung ebenso an die von ihnen besuchten Blüten angepaßt wie umgekehrt die Blüten an die Fledertiere.

Unter den Wirbeltieren gibt es allerdings noch bedeutendere Blütenbesucher. In den Tropen wirken allein 2000 Vogelarten aus fünfzig Familien als Bestäuber der Blüten von Abertausenden von Pflanzenarten aus mehr als hundert Familien. Trotzdem will ich von »Blumenfledermäusen« und »Fledermausblumen« berichten. Denn in den Regenwaldgebieten sind viele für den Menschen wichtige Pflanzen chiropterophil. In Süd- und Südostasien gehören dazu Durian, Brotfrucht, Mango, Kokos- und Kaschunuß, Gewürznelken, viele Hartholzbäume sowie die eingeführten Guaven, Avocados und der Kapokbaum. Für sie sind die Fledertiere so bedeutend wie die Honigbienen für die Obstbäume in unseren Regionen. Rund zwei Millionen Tonnen Äpfel, 250000 Tonnen Kirschen und 360000 Birnen jährlich kämen hier ohne die für ihre Fruchtbildung notwendige Fremdbestäubung durch Bienen nicht auf den Markt. Die Bedeutung der tagaktiven, honigsammelnden Haustiere für die Fruchternte ist europäischen Obstbauern von alters her bekannt. Wie steht es aber um das Wissen von nachtaktiven, heimlich lebenden Bestäubern, wie es die Fledertiere sind?

»Überlieferte Bilderschriften (Hieroglyphen) und Malereien der Maya, Zapoteken und anderer alter Völker im südlichen Mexiko und nördlichen Mittelamerika legen den Gedanken nahe, daß die Kenntnis des Blütenbesuchs und des ›Nektartrinkens‹ durch die dort vorkommenden Blattnasen-Fledermäuse (*Phyllostimidae*) weit in die Vergangenheit zurückreicht«, schließen die Tübinger Botaniker Klaus Dobat und Therese Peikert-Holle bei der Durchsicht der volkskundlichen Studien von T. S. Barthel über mittelamerikanische Fledermausdämonen. Diese mythischen Gottheiten treten in Verbindung mit verschiedenen »Blumen« auf. Bekannt ist der mit einem Fledermauskopfputz versehene Gott »5 Blume«. Zapotekische Vasen zeigen mit Blüten geschmückte Fledermäuse, und die kolonialzeitlichen Chilam-Balam-Bücher von Yukatan berichten von zwei großen Fledermausdämonen, »die herabkamen und den Honig aus den Blüten saugten«.

Während die mittelamerikanischen Indianer wahrscheinlich bereits vor mehr als tausend Jahren von der Existenz blütenbesuchender Fledermäuse wußten, blieb das Phänomen in der Alten Welt bis vor gut 200 Jahren unbekannt – jedenfalls der

Wissenschaft. Als erster bemerkte es der französische Reisende de la Nux. Am 27. Oktober 1772 schrieb er von der Insel Rèunion an Georges Louis Leclerc de Bouffon, daß er an gewissen »Doldenblüten« zahlreiche Flughunde gesehen habe und daß am nächsten Morgen der Erdboden mit abgerissenen Staubblättern bedeckt gewesen sei. Der gelehrte Comte brachte die Neuigkeit vom Eiland im Indischen Ozean im dritten Ergänzungsband seiner »Histoire Naturelle«. »Sie sind überdies ganz begierig auf den Saft bestimmter Doldenblüten«, schrieb er zum Thema Flughunde. »Sie lassen die vielen Staubfäden dieser Blüten zu Boden regnen, und höchstwahrscheinlich haben sie zum Zwecke des Aussaugens des Nektars dieser Doldenblüten und anderer Blüten verschiedener Gattungen eine solche Zunge, wie sie M. Daubenton genau und sachkundig beschrieben hat.«

Erst ein Jahrhundert später vermutete man, Flughunde könnten bei ihren nächtlichen Blütenbesuchen Pollen übertragen. So vertrat etwa der Italiener O. Beccari in seinem Reisebericht aus Malaya (1886–1890) die Meinung, daß der Kleine Langzungen-Flughund (*Macroglossus minimus*) als Bestäuber der Durianblüte in Betracht komme. Spätere Beobachter glaubten, es sei der verwandte Bananen-Langzungen-Flughund (*Macroglossus sobrinus*) oder gar der mächtige Kalong (*Pteropus vampyrus*). Erst 1976 wiesen die beiden malaiischen Forscher Eow und Soepadmo nach langwierigen Forschungen nach, daß Durianblüten von einer einzigen Chiropterenart, dem Höhlen-Langzungen-Flughund (*Eonycteris spelaea*), erfolgreich bestäubt werden.

Es ist erstaunlich, daß diese Entdeckung erst so spät erfolgte. Denn *Durio zibethinus*, der Stinkfruchtbaum, ist für Südostasien von großer wirtschaftlicher Bedeutung, seine fußballgroßen Früchte mit dem strengen, eigenartigen Geschmack, der einer Mischung aus ranzigem Knoblauch und Erdbeeren entspricht, werden für umgerechnet drei US-Dollar pro Stück verkauft. So bringt die Ernte von den traditionell am Rande der Siedlungen wachsenden Bäume den Kleinbauern ein Einkommen von jährlich 35 Millionen Dollar. Neuerdings wachsen die Durianbäume auf rund 12500 Hektar Plantagenflächen, deren Jahresernte in ganz Südostasien wenigstens 120 Millionen Dollar gleichkommt, das entspricht einem Nettogewinn zwischen 15 und 20 Prozent während 25 Erntejahren. Gummi- und Ölpalmenplantagen erbringen nicht mehr. Kurz: Durian ist für Pflanzer äußerst bedeutend. Das gleiche gilt selbstverständlich auch für den Höhlen-Langzungen-Flughund, das kleine Fledertier von zwölf Zentimeter Körperlänge und vierzig bis siebzig Gramm Körpergewicht. Für die Reifung von Durianfrüchten ist er so ausschlaggebend wie die Honigbiene für die Obsternte in Europa. Daß man ihm erst 1976 auf die Schliche kam, liegt an seiner nächtlichen Lebensweise.

Aber auch die Blüten des Stinkfruchtbaumes sind nachtaktiv. Die drei bis zwölf knapp vier Zentimeter langen Knospen eines Blütenstandes hängen an den fast waagrecht vom Stamm abstehenden Hauptästen und öffnen sich zwischen zwei und vier Uhr nachmittags. Dabei platzen der dicke achtteilige Kelch und der ebenfalls fleischige Außenkelch auf, rahmweiße Kronblätter beginnen sich zu strecken und öffnen sich, wobei die Staubbeutel und die klebrige, über die Staubbeutel herausragende Narbe erscheinen. Um sechs Uhr abends sind alle Blüten soweit. Jetzt platzen die Staubbeutel, spreizen sich nach außen und legen einen etwa drei Zentimeter breiten Blüteneingang frei, der fast gänzlich vom sechs Zentimeter langen Stempel ausgefüllt wird. Die Blumenblätter biegen sich nach oben, legen sich so weit um, daß sie den Kelch fest umschließen und auf diese Weise die 0,10 bis 0,65 Millimeter Nektar nicht austreten lassen oder zumindest in ihren Faltstellen aufsammeln. Nur kleine Flughunde mit spitzen Köpfen und langen feinen Zungen erlangen so den zuckersüßen Saft, dabei streuen ihnen die Staubbeutel Pollenkörner aufs Fell, die sie auf die Narbe einer anderen Blüte tragen.

»Dieses Höhestadium der Blüte, in dem auch die Staubbeutel geöffnet sind, ist spätestens gegen zehn Uhr abends erreicht und hält die ganze Nacht über an, wobei ein intensiver Geruch nach saurer Milch ausströmt«, schrieb der Botaniker H. Winkler 1905 in den Berichten der Deutschen Botanischen Gesellschaft:

»Gegen vier Uhr morgens waren die Blüten äußerlich noch intakt, ihren Geruch aber hatten sie schon ganz eingebüßt.« Und weiter: »Gegen sechs Uhr morgens sind die meisten Blüten schon abgefallen, die übrigen im Abfallen begriffen.«

Ihrer Gestalt nach gilt die Durianblüte als »Pinselglockenblume«. Noch elf andere Typen haben die Tübinger Spezialisten Dobat und Peikert-Holle in ihrer hervorragenden Monographie über »Blüten und Fledermäuse« unterschieden. Sehr vereinfacht, gleichen sie entweder »Nadelkissen« und »Rasierpinseln«, die ihre Staubgefäße einem anfliegenden Fledertier entgegenstrecken, oder sie sind tiefe »Glocken«- oder »Trichterblumen«, die Kopf und Oberkörper der in sie eingetauchten Besucher maskenartig umschließen und so mit Pollen übersäen. Wie schon die Beschreibung der Durianblüte ergab, zeichnen sich aber Fledertierblumen noch durch weitere Merkmale aus: Sie blühen nachts beziehungsweise geben nur dann Pollen und Nektar ab. Die Zeitspanne zwischen Öffnung der Knospen und Welken, die sogenannte Anthese, beginnt bei 18 näher untersuchten Fledertierblumen in der Abenddämmerung, dauert oft nur wenige Stunden einer Nacht und ist spätestens am kommenden Morgen abgeschlossen.

Fledertierblüten wachsen, wie etwa beim Durian- oder beim Brotfruchtbaum, an dicken Ästen oder am Stamm (*Cauliflorie* nennt man das Phänomen). Beim Leberwurstbaum (*Kigelia*) und vielen anderen Arten erscheinen sie am Ende gelegentlich als zwei bis fünf Meter lange Geißeln, jedenfalls stehen sie auf die eine oder andere Weise vom Laub ab, so daß sie leicht angeflogen werden können. Möglicherweise hilft die auffällige Exposition der Blüten bei der Sonarortung. Doch den meisten Flughunden fehlt das für Fledermäuse so typische Orientierungssystem, dagegen verfügen sie, wie auch die blütenbesuchenden Fledermäuse, über feinsten Geruchssinn und hervorragende, allerdings farbenblinde Augen, die Restlichtmengen noch besser auflösen als die Augen von Schleiereulen und Ratten.

Was den nächtlichen Geruch der Fledermausblumen anbelangt, sind sich die Forscher einig. Er beleidigt menschliche

Nasen aufs unangenehmste. »Kohlgeruch«, »Biergeruch«, »säuerlich muffig« sind noch schmeichelhafte Beschreibungen. »Brechreiz hervorrufend«, »Aasgeruch« und »fauler Uringeruch« steht auch in den Berichten. Wie dem auch sei, offenbar finden die Fledertiere ihre Ziele in erster Linie durch den starken Duft der Blüten, der übrigens häufig auch ihrem eigenen gleicht.

Die Farbe der Blüten und Blütenstände ist dagegen von geringer Bedeutung, zwar sind einige typische Fledermausblumen, wie etwa die von Durian, hell und bleich getönt, andere dagegen sind dunkel und schmutzig gedämpft. Diese zweite Möglichkeit weckt die Phantasie der Ökologen. Könnten dunkle Farben von Fledermausblüten deren Gestalt auflösen, gewissermaßen als Tarn- oder Schutzeinrichtung wirken, etwa vor nachtaktiven farbsehenden Schwärmern oder sogar vor tagsüber fliegenden Insekten und Vögeln? Denn: Trotz einer gewissen Toleranz gegenüber »illegitimer« Ausbeutung müssen die Fledermausblumen ja so ausgestattet sein, daß ihr Pollen- und Nektarangebot vor allem den »legitimen« Besuchern zur Verfügung steht, den Flughunden und Fledermäusen; sie gewähren in erster Linie den Bestäubungserfolg.

Höchste Perfektion an der Tankstelle

Die Blütenknospen von *Oroxylum indicum* zum Beispiel, einem Pionierbaum in Malaya, öffnen sich nicht vor Ankunft der Höhlen-Langzungen-Flughunde. Erst die Wucht eines landenden Tieres läßt die fünf ineinandergefalteten Zipfel der Kronblätter aufspringen. Zwar produziert jede Oroxylum-Blume während ihrer kurzen Blühdauer von ein paar Stunden 1,8 Milliliter Nektar, der sich an ihrem Boden sammelt und von einem Haarkranz geschützt wird, doch in der ersten Minute nach dem Aufplatzen der Blüte ist ihre Krone noch so eng, daß die Flughunde ihre Köpfe kaum hineinstecken und ihre Zungenspitze höchstens den Haarkranz vor der noch fast leeren

Nektarkammer erreichen können. Erst bei späteren Besuchen passen Köpfe und Schultern in die erweiterten Blütenkronen wie der Schlüssel ins Schloß.

Eine Sekunde dauert der einzelne Blütenbesuch, dabei schleckt der Flughund lediglich fünf hundertstel Milliliter Nektar. Rein rechnerisch muß eine der sieben Zentimeter langen Oroxylum-Blumen 36mal angeflogen werden, bis der Nektar aufgebraucht ist. Portionierte Nektarabgaben und -aufnahmen sind für die Pflanze vorteilhaft: Die Vielzahl von Landungen bedeutet viele Kontakte der Kopfhaare mit Narbe und Staubbeutel. Fremdbestäubung wird dadurch wahrscheinlich und Selbstbestäubung durch eine Narbe, die sich sofort nach der Berührung schließt, wird verhindert. Selbstbestäubung ist auch deshalb kaum möglich, weil nicht alle Oroxylum-Blumen eines Baumes gleichzeitig blühen. 130 bis 230 Knospen wachsen an einem bis vierzig Blütenständen pro Baum, pro Blütenstand und Nacht springen aber höchstens vier Blüten auf, meistens ist es nur eine. So gesehen, kann ein einziger Blütenstand vier bis 32 Wochen lang Flughunde mit Nektar versorgen.

Höchstens »Vogelblumen« geben soviel Nektar ab wie die »Fledermausblumen«. Eine einzige Blüte der Kulturbanane, um das extreme Beispiel zu nennen, soll in zwölf Stunden 1,3 Deziliter des süßen Saftes ausschwitzen, der den Durst der Flughunde stillt, ferner liefert er Zucker und Kohlehydrate als Treibstoff. In einer einzigen Blüte des oben beschriebenen Oroxylum-Baumes können Flughunde während einer Nacht 1710 Kilokalorien tanken, demnach müßte sie ein hundert Gramm schwerer Flughund sechzigmal aufsuchen, um überhaupt fliegen zu können. Nektar kann aber auch Eiweiße enthalten; bei frisch geöffneten Blüten von Kulturbananen sind es 2,75 Milligramm auf einen Milliliter, bei älteren Blüten gut doppelt soviel. Bakterien und andere Mikroorganismen, die im Nektar leben, haben sie aufgebaut.

Im Nektar sind in geringen Mengen auch Aminosäuren (10 Mikrogramm pro Milliliter) und Phosphorverbindungen (319 Mikrogramm pro Milliliter) enthalten, sie reichen aber nicht aus als Nahrung; Zusätzliches muß, wie übrigens auch

Lipide (Fette und andere Stoffe), Vitamine und Alkaloide, aus anderer Nahrung aufgenommen werden. Doch woher sollen die nektarsaugenden Fledertiere diese nehmen? Ihr Gebiß ist bis auf die Eckzähne stark reduziert und sitzt auf langgezogenen Kiefern, die sich kaum zum Kauen eignen.

Wenig spezialisierte, blütenbesuchende Fledermäuse und Flughunde halten sich zusätzlich an Insekten oder Früchte. Die Spezialisten putzen sich die wichtige Zusatznahrung aus dem Fell, das heißt, sie fressen Abertausende winziger Blütenstaubkörner, die in öligen Tröpfchen, dem Pollenkitt, an ihren Haaren kleben. »Ihre langen Zungen konnten nahezu alle Körperteile erreichen, einschließlich ihren Kopf und selbst die Stellen zwischen den Ohren. Mit einer oder zwei Leckbewegungen konnten sie auf der von der Zunge bestrichenen Fläche fast den gesamten Pollen aufnehmen«, schreibt der schottische Biologe A. N. Start, dem wir die ausführlichsten Studien von blütenbesuchenden Flughunden in Malaysia verdanken.

Pollen enthält Kohlehydrate, Fette, Mineralstoffe, Vitamine, Enzyme, Pigmente, Nukleinsäure, Eiweiße und essentielle Aminosäuren, das sind solche, die vom tierischen Körper nicht selbst aufgebaut werden können. Prolin gehört dazu, das für die Bildung der Flughaut von Bedeutung ist, oder Tyrosin, das die Milchbildung bei Weibchen und das Jugendwachstum möglich macht. Mehr noch: Die beim Fellputzen aufgenommene Pollenmenge enthält mehr Eiweiße, als die blütenbesuchenden Fledertiere brauchen, vorausgesetzt, sie können den Blütenstaub verdauen. Denn die Exine, die Wand der Pollenkörper, ist so widerstandsfähig, daß Verdauungsfermente sie nicht aufbrechen können, andernfalls würde man in Magen und Darm keine intakten Pollenkörner mehr finden.

Nun vermuten aber einige Chiropterenforscher, daß der im Verdauungssystem ebenfalls vorhandene Nektar die Auskeimung der Pollenkörper einleitet. An einer bestimmten dünnwandigen Stelle der äußeren Wand tritt dabei die innere Kornwand hervor und wächst sich zum Pollenschlauch aus, der kaum geschützt ist und somit eine ideale Angriffsstelle für die Verdauungsfermente.

Aber auch in ganz anderem Zusammenhang beschäftigen sich Chiropterenforscher mit den Pollenkörnern im Magen der nächtlichen Blütenbesucher. Unter starken Mikroskopen lassen sie sich auszählen und bestimmen und liefern so Anhaltspunkte über die Freßgewohnheiten. Diese sind, wenn auch weniger genau, so doch ebenso bekannt durch direkte Beobachtungen an blühenden Pflanzen und den sie besuchenden Fledertieren.

Eines der Zentren der Forschung ist Westmalaysia. Hier leben drei spezialisierte nektartrinkende Arten: der Kleine Langzungen-Flughund (*Macroglossus minimus*), der Bananen-Langzungen-Flughund *(M. sobrinus)* und der Höhlen-Langzungen-Flughund *(Eonycteris spelaea)*. *Macroglossus minimus* kommt vor allem an den Küsten vor, wo er vorwiegend Mangrovenblüten besucht, *Macroglossus sobrinus* ist Binnenländer und hält sich stark an Bananenblüten, die sich zu jeder Jahreszeit finden. Auch die Mangroven der Gattung *Sonneratia* blühen dauernd (*S. caseolaris*) oder jedenfalls mehrmals im Jahr (*S. ovata*), so ist der Tisch für die beiden kleinen Flughundarten mit höchstens sieben Zentimeter Körpergröße und einem Gewicht von etwa 25 Gramm jahrein, jahraus gedeckt. Sie brauchen nicht weit zu fliegen, weil einzelne Bananenbäume oder Mangroven immer in mehr oder weniger großen Verbänden nebeneinander wachsen, und Artgenossen finden sich stets dort, wo nachts die Nektarquellen blühen. *Macroglossus*-Flughunde müssen deshalb wenig auf Gruppenzusammenhalt achten und verschlafen den Tag einzeln oder in kleinen Verbänden in Baumhöhlen, die nahe bei ihren Nahrungsorten liegen.

Ganz anders lebt der Höhlen-Langzungen-Flughund, er bevorzugt Nektar aus Blumen, die nicht immer zu finden sind, etwa die des Gewürznelkenbaums (er blüht nur im März und August) oder die des eingeführten Kabokbaums und seines einheimischen Vetters, des Bombaxbaums (sie blühen zwischen November und März), oder, wie schon erwähnt, die des Durianbaums; er blüht zweimal jährlich (zwischen März und April sowie im August). Das heißt übrigens nicht, daß jeder Baum wenigstens einmal im Jahr Blüten treibt; kurz: *Eonycteris spelaea* besucht launische Kundschaft, die zudem meist an weitverstreuten Einzelbäumen wächst. Das könnte zweifellos den Artzusammenhalt erschweren, träfen sich nicht, wie seit urdenklichen Zeiten, beim Morgengrauen Abertausende von Tieren in ganz bestimmten Höhlen, wo sie ruhen, sich paaren und ihre Jungen aufziehen.

Der Höhlen-Langzungen-Flughund mußte aber noch ein anderes Problem lösen, und zwar: Wo kriege ich Nektar und Pollen her, wenn meine weitverstreuten, möglicherweise seltenen und nicht immer blühenden Lieblingsbäume keine Blüten tragen? Auf Insekten- oder Fruchtnahrung können diese Spezialisten nicht umschalten, sie weichen dagegen auf Arten aus, die immer blühen, etwa auf Brotfruchtbäume im Regenwald oder auf Mangroven oder gar auf Kokospalmen an der Küste. Dies und noch viel mehr beschrieb 1974 A. N. Start in seiner erstklassigen Doktorarbeit.

Unter anderem zählte er unter dem Mikroskop 188000 Pollenkörner aus und bestimmte sie – eine unglaubliche »Fieselarbeit«, wenn man bedenkt, daß es sich dabei um Strukturen handelt, die nur 25 bis 152 Mikrometer Durchmesser haben. Damit man sich das besser vorstellen kann: 7700 Pollenkörner von Durian oder 20000 von der Sonneratia-Mangrove ließen sich auf einem einzigen Millimeter aneinanderreihen.

Übrigens wusch der fleißige Schotte Start die Pollenkörner aus den Kotballen, die er in den Tagesquartieren von *Eonycteris spelaea* fand. Und so kam er zu einem weiteren Befund: Im ganzen südmalaiischen Staat Selangor (8183 km^2) kennen die Höhlen-Langzungen-Flughunde nur ein einziges Ruhequartier, die Batu-Höhlen, 13 Kilometer nördlich des Stadtzentrums von Kuala Lumpur (West-Malaysia). Wie gesagt: Die »Höhlen-Langzungen« sind für die Fremdbestäubung und damit den Ernteertrag von Durian und einer Reihe anderer Nutzpflanzen so ausschlaggebend wie Honigbienen in Europa für die Apfel-, Birnen- und Kirschernte. Mir sei deshalb ein zweifellos hinkender Vergleich gestattet:

Die Batu-Höhlen erinnern an ein einmaliges riesiges »Bienenhaus«. Wären Bienen den wichtigen Flughunden gleichzusetzen, so genügten in einem Land wie Schleswig-Holstein

(15709 km²) zwei Bienenhäuser, die sich nicht abreißen und andernorts wieder aufbauen ließen. Darin müßten sämtliche für die Obsternte unerläßlichen Bienen wohnen, ihre Brut aufziehen oder Futtersuchflüge koordinieren. Sicher würden solche ökologisch und ökonomisch wichtigen Zentren mit allen Mitteln geschützt. Werden aber die Batu-Höhlen geschützt?

Hindutempel und Wirtschaftswunder

Die Engländer haben die Grotten 1878 erstmals beschrieben, 21 Jahre, nachdem 87 chinesische Abenteurer am schlammigen (lumpur) Zusammenfluß (kuala) von Klang und Gombak ein reiches Zinnvorkommen entdeckt und eine Siedlung gegründet hatten. Die Höhlen durchziehen die Spitze eines für regenreiche Tropenländer typischen »Inselberges«, der sich schroff aus der Abtragungsebene erhebt. Heute erreicht man den Eingang der domartigen Hauptgrotte über 272 Stufen oder mit der Zahnradbahn. Hier wie auch in kleineren unterirdischen Schreinen verehren Hindus Subramanyam, einen Sohn Schiwas, den Heerführer der Götter und Patron der Diebe.

Wenn im Januar der Vollmond am Himmel steht, dröhnen die Trommeln und lodern die Feuer. Jetzt versammeln sich Tausende von Hindu-Pilgern in den Flughund-Höhlen. Es ist der Zeitpunkt, wo den Knaben zum erstenmal die Haare geschnitten und den Mädchen die Ohrläppchen durchstochen werden. Abertausende von Tamilen, deren Vorfahren Ende des letzten Jahrhunderts aus Südindien und Sri Lanka als Billigstkräfte für britische Plantagen ins Land kamen, feiern das Thaipusam-Fest. Hunderte lassen sich Wangen und Zunge mit langen silbrigen Nadeln durchbohren oder an Haken, die tief in der Rückenmuskulatur sitzen, stundenlang waagrecht aufhängen, oder sie tanzen mit Kavadis auf den Schultern, mit buntgeschmückten Bogen, die mit spitzen Stangen, Haken und Federkielen in der Haut verankert sind. In tiefster Trance siegt der Geist über den Körper, es fließt kein Blut aus den Wunden der Tanzenden.

Unverletzbarkeit und Schmerzfreiheit sind die Gnade Schiwas. Der alljährliche Massenandrang gläubiger Tamilen konnte die Fledertiere nicht vertreiben, zu einmalig sind die Batu-Höhlen für sie. Abertausende flattern pünktlich mit der Dämmerung in den Abendhimmel, formieren fünfzigköpfige Geschwader, erreichen gegen 20 Uhr die nächsten Durianbäume und treffen ab 20.45 Uhr in den Mangrovengebieten an der Küste ein, hier verweilen sie bis 3.30 Uhr in der Frühe, dann machen sie sich auf den vierzig Kilometer langen Rückflug zu den Batu-Höhlen.

Die Entdeckung der Tatsache, daß die Höhlen-Langzungen-Flughunde von Selangor nur ein einziges Tagesquartier kennen, mag strenge Wissenschaft als Nebenprodukt moderner Forschertätigkeit ausmachen. Für Naturschützer, Planer, Kleinbauern, Plantagenbesitzer, aber auch für unzählige Durianliebhaber ist sie von ausschlaggebender Bedeutung. Denn die Kalkhöhlen am Rande der Millionenstadt locken nicht nur Fledertiere an und gläubige Hindus, sondern auch Zementfabrikanten, schließlich boomen Kuala Lumpur und seine Satellitenstädte. Ein Teil des Höhlensystems wurde bereits für die Kalkgewinnung gesprengt. Der Bestand der »Langzungen« schrumpfte in den letzten Jahrzehnten auch, weil immer mehr Mangrovengebiete und Regenwälder, in denen Flughunde einen wichtigen Teil ihrer Nahrung finden, dem Landhunger einer rasch wachsenden Bevölkerung weichen mußten.

Sollten die »Langzungen« einmal an Erschöpfung sterben, weil sie sich nicht mehr in ihre angestammten Ruhequartiere trauen, oder an Hunger, weil die unerläßliche Zusatznahrung bietenden Mangroven und Regenwaldbäume verschwunden sind, so ist es auch um die Ernte von Durian, Gewürznelke und zahlreicher anderer Nutzpflanzen geschehen. Die Ursache einer solchen Katastrophe wäre dann wieder einmal in der anmaßenden Dummheit wachstumsgläubiger Planer zu suchen. Durianliebhaber brauchen aber bisher noch nicht auf ihre stinkende Delikatesse zu verzichten, denn die Malayan Nature Society verbucht erste Erfolge: Ein Teil der Batu-Höhlen ist geschützt, und der Staat verzichtete offiziell darauf, in West-Malaysia weitere naturnah gebliebene Wälder zu roden.

Das Durian-Flughund-Beispiel macht einiges deutlich: Eine Art oder Artgruppe, etwa Durian, überlebt dank einer Reihe von mobilen Gliedern der Lebensgemeinschaft: Orang-Utans, große Flughunde und andere fruchtfressende Tiere verbreiten die Samen, eine einzige kleine Flughundart bestäubt die Blüten. Solche Schlüsselarten sind wiederum auf andere Lebensformen angewiesen, beispielsweise auf Feigen oder Mangrovenblüten. Und diese finden sich möglicherweise in einem anderen Lebensraum als der Stinkfruchtbaum, etwa, wie die Mangroven, im Brackwasser der Küste. Die mobilen Glieder einer solchen Beziehungskette nutzen zudem ganz bestimmte Fixpunkte, etwa Salzlecken oder Schlafhöhlen, die, gemessen am gesamten von ihnen belebten Areal, lächerlich klein, für die Arterhaltung aber unerläßlich sind. Derartige Überlegungen lassen sich beliebig weiterspinnen, etwa so: Der Feigenbaum, der für Durian wichtig ist, weil er seine Samenverbreiter mit versorgt, hängt wiederum von winzigen Feigengallmücken ab, also vermehrt sich der Durianbaum unter anderem auch wegen der Feigengallmücke. Oder so: Die Salzlecken, die für Durian nötig sind, weil hier die für ihn wichtigen Tiere ihren Salzstoffwechsel versorgen, werden von Elefanten gefunden, ausgegraben und unterhalten usw. Die Auflistung solcher möglichen indirekten Beziehungen und Abhängigkeiten würde ermüden, sie ergäbe auch das höchst unvollständige Bild eines Beziehungsgefüges, das wir in seiner Gesamtheit nie ergründen werden.

Ergründet wurde die lebenserhaltende Bedeutung des Höhlen-Langzungen-Flughundes für eine Reihe von Nutzpflanzen und damit auch für Kleinbauern und Plantagenbesitzer Mitte der siebziger Jahre. Zur gleichen Zeit wurde klar, daß die nächtlichen Blütenbestäuber von Selangor lediglich ein einziges Schlafquartier kennen. Beides geschah »fünf vor zwölf«, denn: In wenigen Jahrzehnten mußte der größte Teil einer einst nahtlosen Walddecke Plantagen, Industrieanlagen, Siedlungen und Straßen weichen. In einem einzigen Jahrhundert explodierte das 1857 von 87 Chinesen gegründete Kaff zur Weltstadt Kuala Lumpur, die heute aus allen Nähten platzt. Hier herrscht eine Gesellschaft, für die Autobahnen, Wolkenkratzer und folglich Beton sicher wichtiger sind als Flughunde und Kasteiung als Hindu-Hokuspokus, rascher Reichtum erstrebenswerter als akademische Würde. Für sie gelten chronisch unterbezahlte Ökologen wie Oew, Soepadmo und Start als spinnerte Außenseiter. Wer von der gebildeten Jugend Kuala Lumpurs krabbelt schon nachts, wenn es in den Discos »Merlin« und »Malaya« rockt, durch muffige Grotten und sucht im knöcheltiefen Dreck nach dem frischen Kot einer bestimmten Flughundart? Wer ruiniert schon seine Augen beim Auszählen staubfeiner Pollenkörner, wenn harte Dollars haufenweise auf richtig gewählter Laufbahn liegen? Und trotzdem: Die paar Spinner haben, wie es so schön heißt, »das Bewußtsein geweckt«, einmal mehr darauf hingewiesen, daß einzelne Arten, also auch der Mensch, von anderen Mitgliedern der Lebensgemeinschaft abhängen.

Meistens muß aber eine Art aussterben, bevor derartige Erkenntnis breite Kreise erfaßt. Den totgeknüppelten Dodos auf Mauritius wäre zweifellos auch der Calvaria-Baum gefolgt, hätte Stanley A. Temple nicht die genial einfache Idee gehabt und Truthähne mit seinen mächtigen Früchten gestopft, die in ihren Muskelmägen die Samen bis zur Keimfähigkeit scheuern. Doch, so kann man sich fragen, welche »Truthähne« sollen in Westafrika die jetzt schon schwer bedrohten Elefanten ersetzen, wenn sie einst total ausgerottet sind (die Annahme ist gerechtfertigt), und an ihrer Stelle die Samen des wirtschaftlich so bedeutenden Makore-Baumes zur Keimfähigkeit bringen? Der Artentod des einen zieht früher oder später das Aussterben anderer Mitglieder nach sich, und das ganz besonders im Regenwald, wo Symbiosen häufig sind. So mangelt es auch nicht an Beispielen aus den asiatischen Tropen: In »Rafflesia-Reservaten«, die die holländische Kolonialregierung schon vor dem Zweiten Weltkrieg anlegte, um der »Riesenblume« mit »Sicherheit« eine Überlebenschance zu geben (ich habe darüber berichtet), fehlt der von bestimmten Wildreben lebende Parasit längst. Die Schutzgebiete sind viel zu klein, um wildlebende Huftiere, die Rafflesia-Samen verbreiten, zu beherbergen. Ähnliches läuft in sogenannten Restwäldern, den kleinen Dschungelinseln in einem Meer von Plantagen und erodierendem Land. In vielen von ihnen scheinen Artenzusammensetzung und Altersbau der Bäume auch heute noch völlig intakt, doch diese Flächen werden bald ihre Vielfalt verlieren.

Dem Sungei-Menyala-Restwald in West-Malaysia bis zur Semengo-Waldinsel bei Kuching in Sarawak knallten Jäger längst die wohlschmeckenden Nashornvögel und die großen Flughunde von den Bäumen – ohne sie können aber viele Samen nicht keimen. Auch wenn diese letzten Waldreste mit allen Mitteln geschützt werden, leben viele Baumarten hier nicht besser als Dutzende von Feigenbaumarten aus verschiedenen Tropenzonen im Botanischen Garten von Singapur. Man hat sie liebevoll aus Samen gezogen. Selbst werden sie aber nie mehr Samen tragen. Die sie bestäubenden Feigenwespen gibt es in Singapur nicht.

Solche Beispiele, und ganz besonders das vom Höhlen-Langzungen-Flughund, der ebensowenig ohne die Grotten am Stadtrand von Kuala Lumpur überleben kann wie der wirtschaftlich so bedeutende Durianbaum ohne Flughund, machen hoffentlich auch Naturschutzplaner betroffen. Um ein ökologisches System zu erhalten, genügt es eben nicht, ein Gebiet unter Schutz zu stellen, in dem 500 zur Erhaltung genetischer Vielfalt nötige fortpflanzungsfähige Mitglieder einer als schützenswert erachteten Baum- oder Großtierart leben. Für Durian reichten schon ein halber, für große Nashornvögel 100 und für den Orang-Utan 500 Quadratkilometer ungestörter Tieflandregenwald. Die Flughund-Kolonie in den Batu-Höhlen aber hat eine Reichweite von vierzig Kilometern und benötigt damit einen Lebensraum von 5000 Quadratkilometern. Bedrohte Arten überleben heute nur noch an geschützen Flecken, sozusagen auf Inseln. Die Gärtner von Eden richten deshalb ihren Blick auf wirkliche Inseln. Kenntnis der Inselökologie kann ein Schlüssel zum besseren Verständnis, möglicherweise zu erfolgreicherem Schutz von Lebensgemeinschaften in Reservaten sein. Deshalb im folgenden Abschnitt einige Eindrücke, die ich auf ozeanischen und künstlichen Naturinseln gesammelt habe.

Von Komodo zum Himalaja: Inseln und Verinselung

Der Baron ist weg

»Where are you, Mister Reding!« ruft unser einheimischer Führer Sultan Wismar durchs Megaphon. »... ing ... ing ... ing!« verhallt das Echo in den schroffen Hügeln am Ende der Welt. »Where are you?« Alang-alang-Gräser und die dürren Wälder, die sich entlang selten wasserführenden Rinnsalen von blauen Buchten in die Höhe kämpfen, werfen Unverständliches zurück. »Answer – please!« Der laue Wind bläst jede Antwort weg. Jetzt brüllen die Sirenen der »Turangga Samudera«, die in der Bucht unter uns vor Anker liegt. Die Hügel werfen lange Schatten. Das Meer wird tintenblau, dann fast schwarz.

»Vor dem Nachtessen erleben Sie auf Komodo einen phantastischen Sonnenuntergang«, stand es für diesen 18. Juli 1974 bereits im Reiseprogramm zu lesen, so phantastisch hat ihn sich aber keiner vorgestellt. René Auchli, Sultan und ich sitzen nicht, wie vorgesehen, mit den 25 Teilnehmern dieser Adventure-Tour auf dem Oberdeck bei kühlen Drinks. Mit zwei Dutzend Einheimischen und der halben Schiffsbesatzung durchkämmen wir steile Hänge mit halb mannshohem dürrem Gras und enge Schluchten, in denen einem nacktes Gestein Hände und Schienbeine aufreißt, und suchen nach dem Vermißten.

Auf den Kuppen über uns bewegt sich eine Schar junger Männer, die Unverständliches rufen. »Haben sie ihn?« will ich von Sultan wissen. – »Nein, sie rufen nur ihren Freunden zu, die dort drüben suchen.« – »So weit müssen sie doch nicht gehen, so weit ist der Mann doch nie gekommen!« schreie ich ihn an. Verzweiflung und Müdigkeit machen aggressiv. Es wird Nacht. Jetzt ist sich jeder selbst der Nächste. Sirenengeheul und Scheinwerfer von der Turangga Samudera weisen den steilen Weg hinunter zur Bucht. Hoffnung kommt auf, als einer laut denkt: »Von Reding hat die Lichter längst gesehen, die Sirenen gehört, der schrullige Alte sitzt sicher schon bei seiner Whisky-Pulle und lacht uns junge Hüpfer ganz fürchterlich aus.«

Kurz nach 22 Uhr klettern René und ich vom kleinen Auslegerboot der Perlfischer auf die Yacht. »Ist er hier?« – »Nein.« – »So habt ihr ihn nicht gefunden?« – »Leider nein.« Die letzte Spur von Fröhlichkeit weicht aus den Gesichtern der abenteuerlustigen Reisenden. Zwei französische Reporter halten mich zurück, deuten vielsagend auf teure Armbanduhren, machen auf vier Stunden Verspätung und Termine, die sie in drei Tagen in Bangkok hätten, aufmerksam: »Wer zu spät kommt, soll selber schauen, wie's weitergeht.« So einfach ist alles für Egoisten, die am Vormittag Tausende von Filmmetern und Hunderte von Dias belichtet haben, als zwei und drei Meter lange Komodo-Warane einige Schritte vor ihnen tote Ziegen verschlangen. Knapp drei Tage zuvor baten sie untertänigst, auf die außergewöhnliche Fahrt mitkommen zu dürfen, und waren bereit, an Deck zu schlafen. Jetzt fordern sie frech programmgemäße Abfahrt.

Für den Rest der Gruppe ist es selbstverständlich, zu bleiben und die Suche am anderen Tag wiederaufzunehmen. Der Kapitän läßt Biskuits, Konserven, Früchte und Frischwasser ins schlanke Boot tragen, Verpflegung für die jungen Männer der Insel. Sie wollen am Strand übernachten und mit uns beim Morgengrauen wieder in die Hügel aufbrechen. Ich verziehe mich ans Heck des Schiffes, kann weder essen noch schlafen. Selbstvorwürfe quälen mich. Warum, zum Teufel, haben René und ich den über siebzigjährigen Rudolf von Reding auf die Tour in die 300 Meter hohen Berge mitgenommen? Die beiden Mediziner unserer Gruppe haben ihn doch ausdrücklich auf die für sein Alter ungewöhnlichen Strapazen unter sengender Sonne und auf glitschigem Boden hingewiesen. Er hätte die

Komodo-Warane ja auch im schmalen Küstenstreifen sehen können, so wie mehr als die Hälfte der Reisegesellschaft. Auch hier hingen Köder und lockten die Riesenechsen an. Hatten wir uns dann aber nicht gewundert, wie schnell der Alte die steilen Wände erklomm und wir durchtrainierten Jungen schwitzten und immer wieder rasten mußten?

Und jetzt sitzt er irgendwo auf dem westlichen Zipfel dieses gottverlassenen Eilands, einem winzigen Fliegendreck auf dem Globus, kaum 35 Kilometer lang und 19 breit. Von November bis April würde es hier regnen, habe ich gelesen, jetzt aber ist Juli, und offene Wasserstellen habe ich nicht gesehen. Das Pflanzenkleid der Dracheninsel ist braun und dürr. Die Mähnenhirsche und Kammschweine, die verwilderten Wasserbüffel und Ziegen, die von arabischen Seefahrern im 10. und 11. Jahrhundert hier als lebendige, sich rasch vermehrende »Nahrungsdepots« ausgesetzt worden waren, nahmen vermutlich die Flüssigkeit durch die Nahrung auf. Und die paar hundert Menschen, die hier vor allem als Perlentaucher und Händler lebten, kannten nur ein Dorf mit einer bescheidenen Zisterne.

Warum war ich überhaupt mit einer Touristengruppe nach Komodo gekommen? Hatte es nicht schon ein Jahr früher Schwierigkeiten gegeben, als ich es erstmals versuchte und uns ein Agent schlicht in Denpasar auf Bali sitzenließ und mit dem Geld das Weite suchte? Doch diesesmal ging ja alles gut. Wir besuchten zuerst Regina Frey und Monika Löwensberg und ihre Orang-Utan-Station in Bohorok auf Sumatra, dann die Dayaks auf Borneo und flogen anschließend über Singapur, Jakarta nach Denpasar auf Bali. Im Hafen von Benoa wartete dann pünktlich die Yacht, kein Traumschiff, aber immerhin ein hochseetaugliches Transportmittel, das mit acht bis zehn Knoten munter ostwärts tuckerte.

Als der mächtige Gunung Agung, der Vulkan im Osten Balis, am Horizont versank, hatten wir die »Wallacesche Linie« erreicht, die Westgrenze des »indoaustralischen Zwischengebietes«. Jetzt war es an mir, dem wissenschaftlichen Reiseleiter einen Vortrag zu halten zum Thema Tiergeographie. Der britische Naturwissenschaftler Alfred Russel Wallace (1823–1913) hatte diesen Zweig der Zoologie 1876 begründet. Ihm fiel auf, daß Hirsche im tropischen Afrika und Australien fehlen, daß Menschenaffen nur in Südasien und Afrika vorkommen, wildlebende Kamelverwandte nur in Asien und Südamerika und Beuteltiere, von wenigen Ausnahmen abgesehen, in Australien und auf den benachbarten Inseln. Daraus schloß er: Die Welt läßt sich in sechs geographische Regionen einteilen, jede davon hat eine eigene unverwechselbare Tierwelt.

Just jener Teil der Welt, den Wallace aus eigener Anschauung am besten kannte, die Kleinen Sundainseln, lassen sich weder der orientalischen noch der australischen Region zuordnen. Das indoaustralische Zwischengebiet, zu dem auch Sulawesi (Celebes), die Molukken und Timor gehören, zeichne sich auch durch eigene Gattungen aus, etwa den Hirscheber oder bestimmte Hundsaffen auf Sulawesi, erzählte ich der Gruppe.

Die Teilnehmer wollten vom Riesenwaran auf Komodo, den sie »gebucht« hatten, mehr wissen und nicht von Tieren, die sie nicht sehen würden. »Hat dieser Wallace dann den Komodo-Waran entdeckt?« fragte jemand. »Nein, er legte zwischen 1854 und 1862, als er hier war, nicht einmal auf Komodo, Rintja, Padar und einigen anderen kleinen Inseln an, und im Westen der Insel Flores, wo das ›Landkrokodil‹ auch vorkommt, hat er es wohl übersehen. Möglicherweise hörte er davon in allerlei Legenden und Schauergeschichten, die Einheimische erzählten, glaubte sie aber nicht«, antwortete ich.

Es sollte ein weiteres halbes Jahrhundert vergehen, bis *Varanus komodoensis* endlich seinen Platz in der zoologischen Systematik und auf der Wunschliste der Zoodirektoren bekam. Der Direktor des Botanischen Gartens von Buitenzorg auf Java, dem heutigen Bogor, Major P. A. Ouwens, schaffte 1912 Klarheit. Er organisierte eine Expedition auf die winzigen Inseln, die Einheimischen fingen ihm vier der Riesenechsen, die er lebendig zurück ins Hauptquartier nach Bogor bringen konnte. Die Welt hatte ihre zoologische Sensation. Am Anfang hielt man sogar die abenteuerlichen Berichte, nach denen es Komodo-Warane von sieben Meter Länge geben sollte, für möglich. Drei Meter und acht Zentimeter maß der bisher größte, über das Maximalgewicht der Echsen herrscht Unklarheit: 130 bis 170 Kilogramm ist in den wenigen wissenschaftlich fundierten Quellen nachzulesen.

Lange beherrschten Anekdoten das Bild: Im Berlinger Zoo der Vorkriegszeit spazierte ein mächtiger Komodo-Waran harmlos in Begleitung seines Wärters durch die staunenden Besucherscharen. Walter Aufenberg, ein amerikanischer Biologe, der – von 1969 bis 1970 – ein Jahr auf der Dracheninsel weilte, weiß dagegen von Angriffen auf Menschen, die nichtsahnend in den kleinen Gärten hinter dem Dorf arbeiteten oder im Schatten schliefen. Aufenberg beobachtete einen 2,8 Meter langen Waran, als er einen rund 150 Kilogramm schweren Hirsch anfiel und tötete. Ein zweimetriges Weibchen fraß ein etwa vierzig Kilogramm schweres Wildschwein in einer Viertelstunde restlos auf.

Der Aufenberg-Bericht kreist dauernd in meinem Kopf, während ich in dieser schlaflosen Nacht zum 19. Juli auf den Morgen warte und zu den langsam verglimmenden Feuern der Inselbewohner am Strand hinüberstarre. Ist allen Vorsichtsmaßnahmen zum Trotz das Schlimmste eingetroffen? Solche Gedanken lassen sich kurz verdrängen: Die Warane haben ja mehr als genug tote Ziegen bekommen, kein einziger hat gegen uns gedroht. Ich habe einen sogar angefaßt, während er eine Ziege samt Hörnern, Hufen, ja sogar samt dem Seil an ihren Hinterbeinen verschlungen hat. Haben wir aber nicht den einen oder anderen Waran übersehen? kommen die schlimmen Vorahnungen zurück. Die Echsen benutzen ja die tief in den Boden eingetretenen Büffelwechsel, wenn sie ihre Erdlöcher verlassen haben und auf Nahrungssuche gehen. Genügt nicht schon ein Biß mit den messerscharfen, wenigstens einen Zentimeter langen Zähnen, um sich mit Wundbrand zu infizieren? So erbeuten die »Landkrokodile« große Wasserbüffel, die sie im Zweikampf nie überwältigen könnten, die Gebissenen sterben früher oder später an den Vergiftungen. Und da jeder große hungrige Waran zubeißt, wenn sich ihm ein Tier nähert, versorgen sie sich gegenseitig mit Nahrung.

Endlich ist es vier Uhr. Die Bordküche schickt erneut Tee

und Biskuits zu den Männern am Strand, in der Nacht sind noch mehr gekommen. Fünfzig oder sechzig machen sich, kaum dämmert es, wieder auf die Suche. Und wieder brüllt die Schiffssirene. Zwölf kommen mit mir. Noch einmal erklimmen wir die steilen Hügel auf demselben Weg wie gestern. Wir erreichen den Platz, wo immer noch die langen Holzstangen zu dritt wie vier Meter hohe Kamerastative im Boden stecken. Daran haben die Einheimischen drei Tage vor unserer Ankunft je eine tote Ziege aufgehängt, der Aasgeruch hat dann die Echsen aus nah und fern angelockt. Sie haben sich belauert, mit kräftigen Schwänzen um sich gepeitscht, wenn einer dem anderen zu nahe kam, und sich dann flink über die stinkende Nahrung hergemacht, als sich die Touristen mit gezückten Kameras im Halbkreis um den schauerlichen Ort aufgestellt und scharfe Messer die Seile, an denen die toten Ziegen hingen, entzweigeschnitten hatten.

Jetzt ist der Platz völlig leer. Wieder schallt aus dem Megaphon: »Mister Reding!« – »Where are you?« – »Answer please!« Und wieder höhnt das Echo: »... ing ... ing ... ing«, »... iiis ... iiis ... iiis!«. Ich meine, die Spuren seiner Turnschuhe zu entdecken in jener Wegkurve, in der ihn zwei Reiseteilnehmerinnen zum letztenmal gesehen und gebeten haben, doch auf die anderen zu warten. Erneut schwärmen die Leute aus. Sie finden nichts. Die Sonne brennt jetzt unerbittlich. Jeder meiner Helfer ist der Erschöpfung nahe. Gegen Mittag brechen wir die Suche ab, kehren zur Yacht zurück. »Die Wasservorräte reichen noch für knapp zwei Tage«, meldet der Kapitän, »zu essen gibt es kaum noch etwas, wir müssen in den nächsten Stunden auslaufen.«

René Auchli, der technische Reiseleiter, und ich suchen dann in der Kabine des Vermißten Kleider und Waschzeug zusammen, wir wollen die Sachen beim Dorfchef zurücklassen. Seine Männer würden ihn schon finden, hat er versprochen. Und an einem ordentlichen Finderlohn solle es nicht fehlen, haben wir dem freundlichen Alten versichert. In der Kabine entdecken wir dann Ungewohntes: haufenweise starke Herzmittel. Hatte der liebenswürdige Baron von Reding uns seine hervorragende

Kondition nur vorgespielt, möglicherweise auch den Arzt getäuscht, der ihm ein Gesundheitszeugnis für die außergewöhnliche Reise ausgestellt hat? Hatte der weltweit bekannte erfahrene Jäger einen Herzanfall, und die Warane waren schneller zur Stelle als die Hilfstrupps?

Erneut quälen Fragen. Lösen können sie jetzt nur noch Major Johannes Purba und Major Michael Vinijo, in dessen Haus in Labuhan Bajo René und ich am Abend das Polizeiprotokoll aufsetzen. Am anderen Morgen werden sie von Flores aufbrechen und mit Armee- und Polizeikräften die Suche aufnehmen und die Schweizer Botschaft in Jakarta informieren, sobald sie etwas von Rudolf von Reding wissen, »dead or alive«.

Auch die Suchtrupps, die am 20. Juli auf Komodo eintreffen, finden nichts. Was an diesem 18. Juli 1974 wirklich auf der Insel geschehen ist, weiß bis heute niemand. Die Boulevardpresse schließt die Wissenslücke mit Absurdem. Noch acht Jahre nach dem Ereignis verbreitete sie Berichte von menschenfressenden Riesenechsen. Die beiden Reiseleiter und die wenigen Gewährsleute, die je auf Komodo waren, werden nie gefragt. Inseln haben ihre Schauergeschichten zu haben, basta. So war es immer.

Krakatau – ein Eiland fliegt in die Atmosphäre

Martin Egli, Lehrbeauftragter für Pflanzenbiologie an der Universität Zürich, drückt sich die Nase platt an seinem Fenster in der DC 9. Zu sehen gegeben hat es auf diesem Flug, ziemlich genau ein Jahr nachdem ich erstmals auf Komodo war, bisher nur 10000 Meter hohe Wolkenberge. Nach anderthalb Stunden weichen sie zurück. Sumatra liegt hinter, Java vor uns. Über der Sundastraße verläßt der Jet seine Reiseflughöhe. Martin erblickt am Horizont ein kleines Eiland: Krakatau. »Dort ist sie, meine Krabbe!« ruft er entzückt. Auch die anderen Mitglieder unserer Gruppe blicken jetzt gespannt nach Westen, darunter Martins Vater, der Geographieprofessor Emil Egli. Sein

Sohn hat ihm die Indonesienreise zum 70. Geburtstag geschenkt. Sie soll wiederum nach Komodo gehen. Im Gepäckraum liegt ein mächtiges Eichenkreuz, wie sie Alpengipfel tragen. Martin und ich sollen es auf Komodo zum Andenken an Rudolf von Reding errichten.

Die anderen Teilnehmer sind Ärzte, Lehrer und Studenten. Auch ein paar rüstige Pensionäre sind dabei, alles in allem Menschen, die weit gereist, belesen und an Biologie interessiert sind. Die vielen Gespräche, die wir auf der Turangga Samudera hatten, sind für mich unvergeßlich. Ich werde sie im folgenden zusammenfassen.

»Wie ist das mit der Krabbe?« will jemand wissen. »Rakata, die immer noch offizielle Bezeichnung der Hauptinsel mit ihrem 832 Meter hohen Gipfel, soll altjavanisch ›Krabbe‹ bedeutet haben und durch Seeleute in Krakatau oder Krakatoa abgewandelt worden sein«, weiß Martin. »Erzähl ruhig weiter!« fordere ich ihn auf, wohl wissend, daß er nicht nur ein hervorragender Biologe, sondern ein »Bibliomane«, ein geradezu fanatischer Bücherwurm ist, der die Berichte von Darwin, Wallace und vielen anderen der ersten klassischen Naturwissenschaftler in der Originalfassung gelesen hat und jeden Rappen für den Ankauf alter Schmöker ausgibt.

»Am 27. August 1883, einem Montag, um 4 Uhr 40 in der Frühe, kollabiert der Vulkan Krakatau«, beginnt er. »Die vulkanischen Detonationen werden in Singapur und Australien gehört. Am 28. August ist der Spuk vorüber. 18 Kubikkilometer Bimsstein und Asche sind bis achtzig Kilometer hoch geschleudert worden, der Aschenregen bedeckt eine Fläche von 827000 Quadratkilometern. Die Wassermassen, die in das durch den Zusammenbruch entstandene Loch stürzen, haben über zwanzig Meter hohe Sturmwellen ausgelöst und an die 40000 Menschen an den umliegenden Küsten getötet. In der flachen Javasee dringt die Sturmflut mit gebrochener Gewalt vor; immerhin werden in Batavia (Jakarta) während 26 Stunden 18 Flutwellen gezählt, deren höchste zwei Meter ist. Noch am selben Tag findet die Flut den Weg in die Weltmeere. Sie wird in Panama, San Francisco und sogar Le Havre registriert. Die

Luftdruckwelle umrundet den Erdball in allen Richtungen dreimal mit einer Geschwindigkeit von tausend Kilometern pro Stunde, was zum Beispiel in Berlin gemessen werden kann.«

In siebzig Kilometer Höhe, zwischen »Stickstoff- und Wasserstoffatmosphäre«, breitete sich eine vulkanische Staubwolke mit lichtreflektierenden und -absorbierenden Teilchen aus. Selbst über Basel beobachtete man im Jahre 1883 noch fast zwei Stunden nach Sonnenuntergang intensives Purpurlicht und das Nachglühen der schneebedeckten Alpen. Monatelang war das »reine Himmelsblau« über den Bergen durch den vulkanischen Staub dann völlig verdorben und einem milchigen Grau gewichen.

Über den schrecklichen Ausbruch des Krakatau diskutieren die Teilnehmer der Reisegruppe noch immer, als sie längst im Flugzeug mit Kurs auf Denpasar (Bali) sitzen. Wir werden von dort weiter mit der Turangga Samudera nach Komodo schippern. Im Osten Javas überfliegen wir eine Reihe aktiver Vulkane. »Schaurig-schön«, staunt einer. »Man stelle sich vor, der würde wie der Krakatau plötzlich in die Luft fliegen, einfach so explodieren.« Jetzt ist die Reihe an Egli senior, dem Geographen: »Der Tambora, ein Vulkan auf der Insel Sumba, die wir auf unserem Weg nach Komodo passieren werden, spie 1815 um vierzig Kubikkilometer Aschenmasse in die Atmosphäre. Die Staubschicht hatte eine Intensivierung der Rückstrahlung (Albedo) zur Folge. Die Welttemperatur sank. Hungersnöte in Amerika waren eine direkte Folge. In Europa führten Mißernten zu einem Anstieg der Auswandererzahlen. Neue Theorien wollen gar die Choleraepidemie von 1832 auf den Ausbruch des Tambora zurückführen, indem Hunger in Bangladesch zum Ausbruch des Krankheitsherdes aus seinen engeren Grenzen geführt haben soll.«

Nicht nur der Ausbruch des Tambora hinterließ in der Welttemperaturkurve tiefe Kerben, sondern auch andere ähnlich mächtige Eruptionen. Die meisten fanden in Südostasien statt: 1883 Krakatau, 1911 Taal (Philippinen), 1919 Kelud (Java), 1963 Agung (Bali).

Die Turangga Samudera fährt am Agung vorbei. »Seine

fruchtbare Asche läßt den Reis auf den Terrassen, die selbst an seinen steilsten Hängen kleben, jährlich dreimal reifen.« Emil Egli doziert aus Berufung, schwärmt vom Vulkan, der Bali beherrscht, Land und Menschen formt, Leben spendet und brutal vernichtet. Der Kapitän der Yacht bittet mich zur Seite: »Eine Schraube ist ausgefallen«, meldet er. – »Müssen wir umkehren?« frage ich besorgt. – »Nein, es geht nur langsamer. Hoffentlich wird niemand seekrank«, sagt er lakonisch.

Was er damit meint, wird deutlich auf der 21 Kilometer schmalen Meeresstraße, die Bali von Lombok trennt. Die Turangga Samudera kämpft schlingernd gegen die Fluten des Indischen Ozeans im Süden und der Floressee im Norden an, die hier aufeinanderstoßen. Wellen reißen den Bug meterhoch über die Wasserlinie und lassen ihn polternd in die Tiefe klatschen, während sich das Heck hebt und die zweite Schraube ohne Wasserwiderstand durchdreht und das Schiff ganz schrecklich erzittern läßt.

»Da würde keiner rüberschwimmen«, witzelt einer und deutet auf die Gischtwände, die über den Bug aufs Deck donnern. »Trotzdem haben es einige geschafft«, meine ich. »Hirsche und Wildschweine zum Beispiel, die haben, von Westen kommend, die Kleinen Sundainseln erobert.« – »Aber nicht der Tiger, ein ausgesprochen guter Schwimmer«, wird entgegnet. – »Vielleicht schon«, meine ich. »Nur hätte er auf den kleinen Inseln wenig Chancen zum Überleben gehabt.« Ich weiß, das klingt zu theoretisch. Deshalb bitte ich Martin, einmal mehr von seiner geliebten Krabbe, vom Krakatau, zu berichten, dem Schulbeispiel für die Besiedlung von Inseln ohne Leben. Angeregte Diskussion im engen Speisesaal soll flaue Gefühle im Magen dämpfen. Und warum es auf Sumbawa, Sumba oder Flores keine Tiger gibt, ja geben kann, kann ich dann immer noch erklären.

»Für die Beantwortung der Grundfrage des Besiedlungsproblems hat sich die durch eine Katastrophe entstandene Einöde Krakatau als gigantisches Experiment der Natur den Wissenschaftlern förmlich aufgedrängt. Retrospektiven Spekulationen konnten jetzt durch direkte dynamische Beobachtung eines

Modells harte Fakten entgegengesetzt werden«, beginnt der Botaniker etwas akademisch. Dann wird er konkret: »Die topographisch-geologische Expedition, die zwei Monate nach der Eruption die Inselgruppe untersuchte, konstatiert ungeheure Veränderungen: 23 Quadratkilometer der Hauptinsel sind mit den Vulkanen Perbuatan und Danan verschwunden. Die Bruchfläche geht mitten durch den Rakata-Kegel. Lava floß nicht, doch bedecken Bimsstein und Aschenmassen die erhalten gebliebenen Inselteile bis zu hundert Meter dick. Aus üppig bewachsenen Tropeninseln sind Wüsten geworden: Rasch entstehen durch die Monsunregen tiefe Erosionsfurchen. Und alles Leben ist tot.«

»Nicht für lange«, bemerke ich, »bereits neun Monate nach der Katastrophe findet ein Botaniker eine Spinne in der Einöde.« – »Die baute ihr Netz aber umsonst«, kontert Martin. »Zuerst mußten Pflanzen wieder Fuß fassen. Ohne pflanzliches kein tierisches Leben.« Wie dieses die Insel zurückeroberte, berichtet er ausführlich: »Drei Jahre nach der Eruption findet M. Trüeb, der Leiter des Botanischen Instituts von Bogor auf Java, daß die ganze Insel vom Strand bis hinauf zum Gipfel mit Blaugrünen Algen besiedelt ist. Die gallertig schleimigen Schichten, mit der diese vom Wind verbreiteten, Stickstoff fixierenden Mikroorganismen die Bimsstein-, Asche- und brachliegenden Gesteinsschichten überzogen, bildeten das geeignete Substrat für die Keimung von Moos- und Farnsporen ebenso wie die Samen von Blütenpflanzen, die auch vom Wind verbreitet worden sind.«

Martin ist in Fahrt gekommen, erzählt spannend, als sei er selbst bei diesen ersten Expeditionen nach Krakatau dabeigewesen. Aufmerksam hören wir ihm zu, während die Turangga Samudera sehr langsam durch das aufgewühlte Meer ostwärts pflügt. »Charakteristisch für die erste Epoche der Besiedlung ist das Vorherrschen der Farne. Sehr wohl wurzeln bereits neun Pflanzenarten aus angeschwemmten Früchten an den Gestaden, rascher aber erfolgt der pflanzliche Überzug mit windverfrachteten Gräsern und durch Korbblütler. Jetzt wird die Insel auch für deine Tiere bewohnbar«, meint er, zu mir gewandt.

»Ein Vierteljahrhundert nach der Eruption«, zitiere ich aus einem Life-Buch, das ich in der Schiffsbibliothek gefunden habe, »haben es bereits 263 Tierarten geschafft, auf der Insel zu siedeln. Die meisten sind Insekten, aber auch vier Landschnekken- und 16 Vogelarten sind dabei und zwei große Reptilien, der Python und der Waran, eroberten das Eiland von Java oder Sumatra aus, indem sie etwa vierzig Kilometer durchs Meer schwammen. Nach weiteren 25 Jahren sind es bereits 47 Arten von Wirbeltieren, vor allem Vögel und Fledermäuse, die den neuen Lebensraum fliegend erreicht haben, und zwei Rattenarten, die wohl mit Treibgut an den Strand geworfen wurden. Jetzt ist das Grasland auf der Insel einem jungen Wald gewichen.«

Martin Egli übernimmt: »Schon 1923, also vierzig Jahre nach der Eruption, werden 362 Pflanzenarten registriert.« Von 271 höheren Pflanzenarten seien die meisten, nämlich 112, mit dem Wind gereist, 76 seien als Samen vom Meer angeschwemmt und 15 vom Menschen angepflanzt worden. Lediglich 68 seien von Tieren, vor allem von Vögeln, auf die Insel gebracht worden. Auch heute sei der Wald auf der jungen Insel ziemlich untypischer Zweitwuchs.

»Habt ihr uns denn nicht erklärt, wie wichtig im tropischen Regenwald tierische Samentransporteure sind?« beginnt ein aufmerksamer Zuhörer. »Und Krakatau liegt doch im Regenwaldgürtel.« Ein Spaßvogel unterbricht und meint zweideutig: »Vielleicht mußten die Vögel und Fledermäuse auf ihrem Flug zur fernen Insel eben kurz mal und warfen etwas Gewicht, ich meine Pflanzensamen, ab, lange bevor sie sicher landeten.« Gelächter ist ihm sicher.

Mir fallen dann die Studien des Botanikers J. Wyatt-Smith ein. Er bestimmte 1953 die Pflanzen auf Jarak, einer 40 Hektar kleinen Insel mitten in der Malakka-Straße, etwa 65 Kilometer von den Küsten Malayas und Sumatras entfernt. Auch Jarak verlor einst alles Leben unter Bimsstein und Asche, als vor 34000 Jahren der Vulkan Toba im Hochland von Nordsumatra, 224 Kilometer westlich der kleinen Insel, verheerend explodierte und ein mächtiges Loch hinterließ, das »Toba-Meer«, einen bis zu 530 Meter tiefen See, der mit 1200 Quadratkilometern Oberfläche gut doppelt so groß ist wie der Bodensee. Von 93 Blütenpflanzenarten, die heute auf Jarak leben, sind alle bis auf 13 von Vögeln und Fledertieren auf das Eiland getragen worden. Die Samen von acht Arten, etwa der Kokospalme, warf das Meer an Land, drei kamen mit dem Wind, zwei mit dem Menschen. Warum hier tierische Samenverbreitung eine wichtigere Rolle spielte als im Fall des Krakatau, kann ich nicht erklären.

Inselzwerge, Inselriesen

»Also ist es ziemlich zufällig, welche Arten eine Insel erreichen«, nimmt ein Mitglied der nächtlichen Diskussionsrunde am anderen Morgen das Thema wieder auf. »Nicht unbedingt. Es gibt solche, die eine weite Reise übers Meer besser ertragen als andere«, antworte ich. »Süßwasserfische können sicher nur sehr dünne Salzwasserstreifen durchqueren. Große Säugetiere kommen auch nicht viel weiter als ein paar Dutzend Kilometer, sieht man von Flußpferden ab, die einst vom afrikanischen Festland aus schwimmend Madagaskar erreichten, dort später aber ausstarben.«

Dann erwähne ich den Galapagos-Archipel im Pazifik. Seine Landtiere, Nager, Landschildkröten, Leguane und Schlangen drifteten im Treibgut, das südamerikanische Flüsse ins Meer trugen, 800 Kilometer in der offenen See bis zu den kleinen Vulkaninseln. Fledertiere, Vögel, Insekten und Spinnen (sie machen Luftreisen dank eines langen Seidenfadens) legten sogar, als sie, von Westen kommend, Fidschi, Samoa, die Marquesas-Inseln und andere winzige Atolle des Pazifiks eroberten, 3000 und mehr Kilometer zurück. »Zufall ist, ob sie überhaupt auf eine Insel mit entsprechender Vegetation treffen«, sage ich, »jedenfalls wurden kontinentnahe Inseln rascher und dichter besiedelt als ferne.«

Um ein entsprechendes Beispiel zu finden, muß ich nicht

lange suchen. Die Turangga Samudera hat längst ruhiges Gewässer erreicht und tuckert jetzt an der Küste von Sumbawa vorbei, Balis zweitnächster Insel. »Auf Sumbawa leben nur noch 115 der 200 auf Bali und Java vorkommenden Vogelarten. Auf Lombok, der Insel, die wir letzte Nacht passiert haben, sind es 122, auf Flores, das wir morgen erreichen werden, 91 und auf Wetar, ganz im Osten, noch 78 Arten. Je weiter entfernt sich Inseln von möglichen Auswanderungsgebieten befinden, um so weniger Arten wandern ein.«

»Wenn Sie schon Sumbawa erwähnen«, meint eine Reiseteilnehmerin, »warum besuchen wir diese Insel und auch Sumba nicht? Hier gibt es zum Beispiel ein Reitervolk.« Sie zeigt ein Bilderbuch. Buntgekleidete Männer sitzen auf geschmückten Pferden. »Die reiten ja auf Ponys«, bemerkt einer. Stimmt, auch das ist typisch für Inseln. Warmblüter, ganz besonders Säugetiere, die auf kleinen Inseln leben, sind kleinwüchsig. Das trifft selbst für Hauspferde zu, die von Seefahrern auf Inseln ausgewildert wurden. Auf Island, den Shetland-Inseln, auf der Insel Delft im Norden Sri Lankas, auf den japanischen Inseln oder eben hier auf der kleinen Sundainsel Sumba überlebten in zur Nachzuchtsicherung genügender Zahl nur kleinwüchsige Ponys.

Der Nahrungsverbrauch von warmblütigen Riesen ist wegen ihres immensen Stoffwechsels schlicht zu groß für so engbegrenzte Lebensräume, deshalb setzt sich Zwergwuchs durch, auch bei Tierriesen wie Elefanten, die einst auf Inseln lebten. *Palaeoloxodon antiquus* von der Insel Tilos in der Ägäis maß maximal 150 Zentimeter bis zur Schulter. Und die nächsten Verwandten des mächtigen Wasserbüffels, der immerhin 1200 Kilogramm schwer und 190 Zentimeter hoch werden kann, die Anoas von Celebes oder der Tamarau von der Insel Mindoro (Philippinen), werden höchstens einen Meter hoch und 300 Kilogramm schwer. Gleiches läßt sich über Hirsche, Füchse und andere große Säugetiere berichten. Auf Inseln herrscht Zwergwuchs.

»Sie können sicher sein«, erzähle ich weiter. »Homer und Scheherazade irrten: Weder begegnete Odysseus auf der kleinen, Tunesien vorgelagerten Insel Stax dem menschenfressenden riesigen Einauge Polyphem, noch traf Sindbad, der Seefahrer, auf irgendeinem Eiland im Indischen Ozean den gigantischen Vogel Roch. Beide wären ganz einfach zu groß gewesen. Sicher trafen Seefahrer auf fernen Eilanden ganz sonderbare Wesen. Auf Madagaskar etwa eine Fülle von Halbaffen oder Lemuren, die so grotesk aussehen, daß man glauben könnte, sie seien einer Höllenszene des Hieronymus Bosch entsprungen. Und auf Haiti und Kuba lebt ein bizarres kaninchengroßes Tier, der Schlitzrüßler, ein sehr ursprünglicher, weit entfernter Verwandter der Spitzmaus; er könnte das personifizierte Nasobem Christian Morgensterns sein. Erste Begegnungen mit derartig ungewöhnlichen Tiergestalten haben sicher die Phantasie der europäischen Entdecker beflügelt, doch, wie gesagt, Riesen sind es eben nicht.«

Meine Zuhörer auf dem Oberdeck sind kritisch. Die Geschichte mit den Nicht-Riesen will einer nicht glauben: »Inselriesen gibt es doch bei den Landschildkröten. Denken Sie nur an Galapagos!« meint er, und er hat recht. Es gibt sie auch noch auf der Seychellen-Insel Aldabra, und einst gab es sie auch auf Mauritius und den Komoren. »Der Riesenwuchs dieser Reptilien – ihre Brustpanzer werden 1,2 Meter lang – ist eine geschickte Methode, wochen- und monatelang ohne Nahrung und Wasser auszukommen, also auf kleinen tropischen Inseln mit kurzer Regenzeit und beschränktem Nahrungsangebot zu überleben. Je größer sie sind, desto mehr können sie Reserven speichern und hungern und dürsten. Nur handelt es sich bei ihnen nicht um warmblütige, sondern um wechselwarme Wesen. Die Umwelt bestimmt ihre Körpertemperatur: Ist es warm, werden sie aktiv, ist es kalt, ruhen sie«, erkläre ich.

Wasser- und Futtermangel wurden zum Schrittmacher ihrer Evolution, Riesenwuchs und Hungerfähigkeit zur Ursache ihrer Gefährdung: Seeräuber und Walfänger, die auf den Seychellen- und Galapagos-Inseln lagerten, Schiffe flickten und Frischwassertanks füllten, entdeckten flugs die wehrlosen Frischkonserven, rollten sie zu Tausenden in die Zwischendecks und rotteten sie auf den meisten Eilanden in kürzester Zeit aus.

Auch der Komodo-Waran ist ein Riese unter seinesgleichen. Gehörige Reserven tanken seine Nachkommen bereits in den pergamentschaligen, 200 Gramm schweren, acht bis zwölf Zentimeter langen Eiern. Zwanzig bis vierzig Hungerkünstler schlüpfen nach zwei Monaten aus den Gelegen, die von den Weibchen in den Sand gegraben worden waren. Ob sie sofort Insektennahrung finden, ist nicht sicher. Sicher aber macht jeder größere Waran Jagd auf kleinere Artgenossen. Für die Echsenbabys sind die Äste von Bäumen und Büschen die sichersten Lebensräume; in freier Wildbahn sieht man sie daher nur selten.

Auf dieser Reise haben wir Glück. In Labuan Baio, dem Kaff im Westen von Flores, wo wir uns bei der Distriktbehörde anmelden müssen, bevor die Fahrt nach Komodo weitergeht, begrüßen uns die beiden Söhne des Naturschutzbeamten mit außergewöhnlichen »Haustieren«. Sie führen ein Dutzend frischgeschlüpfter Komodo-Warane an Leinen spazieren. Sie hätten sie für den Zoo in Surabaja fangen müssen, ist ihre Erklärung. In diesem Tiergarten im Osten Javas haben sich die »Landkrokodile« wiederholt fortgepflanzt. Ein Zuchtpaar von einem Meter Länge kam in Gefangenschaft, ein Jahr später maß das Weibchen zwei, das Männchen zweieinhalb Meter; soviel Nahrung wie im Zoo finden die Echsen hier auf den Inseln nie. Wahrscheinlich dauert es Jahre und Jahrzehnte, bis sie Höchstmaße erreichen.

Hungrig lauert ein Dutzend Komodo-Warane um die aufgehängten toten Ziegen, als uns am nächsten Morgen an Land der Führer zum Köderplatz führt. Jetzt trennt das steile Prallufer eines ausgetrockneten Baches Touristen und Warane. Seit Rudolf von Reding vor einem Jahr spurlos verschwunden ist, sind die Verantwortlichen offensichtlich vorsichtiger geworden. Kaum schneidet einer die Seile durch, an denen die toten Ziegen kopfunter hängen, kommen die Echsen stelzbeinig näher, ihre langen gespaltenen Zungen, die Geruchspartikel aus der Luft fischen und zum sogenannten Jocabsonschen Organ am Gaumendach tragen, weisen ihnen den Weg. Wieder läuft das makabre Schauspiel ab. Eigentlich komisch, da reisen

Menschen um die halbe Welt, um ein Dutzend große Aasfresser beim Verzehr von stinkendem Fleisch zu beobachten.

In die steilen Hügel gehen nur drei von uns, um das Kreuz aufzurichten. Hier oben wird seit einem Jahr nicht mehr gefüttert. Es gibt jetzt auch keine Warane hier. Sie sind, wie in der Trockenzeit üblich, mit der potentiellen Beute an die Küste gezogen. Kommen in einem halben Jahr die Regen, werden sie bergwärts wandern.

Am Abend auf dem Schiff prasseln Standardfragen: »Wie alt werden die Warane?« – »Vielleicht fünfzig, vielleicht hundert Jahre, man weiß nichts Genaues.« – »Wie viele Komodo-Warane gibt es überhaupt?« – »Je nach Schätzung, 700 bis 2000.« – »Haben sie überhaupt Feinde?« – »Eigentlich nicht, sieht man davon ab, daß die großen die kleinen bei Gelegenheit fressen. Ich glaube, so regulieren sie ihren Bestand. Finden sie viel Beute, vergrößert er sich. Die Weibchen legen viele Eier, und Kannibalismus ist selten. Wird die Beute selten, schmilzt der Bestand. Es gibt weniger Nachkommen, und die sind vermehrt stärkeren Artgenossen ausgesetzt.«

Wahrscheinlich haben die vor 700 oder 800 Jahren hier ausgesetzten Ziegen die Lebensgrundlage der Komodo-Warane wesentlich verbessert. Sie lichteten allmählich die Wälder, weil sie sich zwangsläufig an Jungbäume hielten. Dann breiteten sich vor allem in den Hügeln Grasländer aus, die regelmäßig von den Menschen abgebrannt werden, damit frisches Grün Platz erhält. Das nützt wiederum Ziegen wie auch wildlebenden Hirschen und Wildschweinen. Seit Menschen und Haustiere auf der Insel siedeln, geht es den Riesenechsen besser, und von Menschen droht ihnen keine Gefahr. Moslems essen weder Warane noch Wildschweine, die Hauptbeute der Reptilien. Im Gegensatz zu den feinschuppigen Häuten vieler kleinerer Waranarten ist die grobkörnige Haut des Riesen zudem für den Ledermarkt völlig unbrauchbar. Schließlich gibt es kaum Wasser auf Komodo, Rintja und Padar, wo der Waran wohnt, und damit verhältnismäßig wenig Menschen. Die Inseln sind schwer zugänglich, selbst Touristen kommen äußerst selten und nur mit Spezialbewilligung hierher.

»Dann müßte man jeder seltenen oder bedrohten Tier- und Pflanzenart eine eigene Insel wünschen; hier wäre sie vor dem Artentod sicher«, sagt einer aus der Runde. Der Gedanke scheint einleuchtend, jedoch: Betrachtet man die Verbreitung der in jüngster Zeit ausgerotteten Tierarten, fällt auf, daß die meisten von ihnen auf Inseln wohnten. Das Leben auf Inseln ist sicher nicht besonders gefährlich, und Natur-Touristen reisen deshalb besonders gerne auf Inseln wie etwa die Galapagos, weil hier weder Säugetiere noch Vögel oder Reptilien flüchten. Denn Tiere kleiner Inseln kennen, sieht man von Ausnahmen wie Komodo ab, keine Raubfeinde, für einen Beutegreifer gibt es hier schlicht zuwenig Nahrung. Also können viele Inselarten auf aufwendiges Fluchtverhalten verzichten. Eine Reihe inselbewohnender Vogelarten, etwa der Dodo von Mauritius, der Kormoran von Galapagos, der Eulenpapagei Neuseelands oder der Kagu, ein Kranichvogel aus Neukaledonien, verloren aus diesem Grund sogar ihre Flugfähigkeit.

Inseln seien aber äußerst anfällig gegen Störungen von außen, erzähle ich meinen aufmerksamen Zuhörern auf der Rückfahrt von Komodo nach Bali. Verwilderte Hauskatzen und Füchse, die in europäischen Fluren weder Feldhase noch Rebhuhn ernstlich gefährden können, rotteten in Australien, tiergeographisch auch eine Insel, mehrere Beuteltierarten aus. Das haben die europäischen Siedler nicht geplant, die eingeführten Beutegreifer sollten lediglich die ebenfalls eingeführten Kaninchen bekämpfen. Auf Neuseeland vermißten die weißen Eroberer große Säugetiere und wilderten bald Hirsche, Gemsen und viele andere Arten ihrer ehemaligen Heimat aus, unter ihnen auch das Wiesel. Der kleine Marder verfolgt seither den Kiwi, einen primitiven, nachtaktiven, flugunfähigen Straußenvogel, bis in seine Bruthöhlen. Ausgesetzte Mungos jagen auf Kuba und Haiti nicht etwa die eingeschleppten Ratten, sondern die viel weniger flinken Schlitzrüßler.

Werden Inseln durch Menschen und seine Haustiere entwaldet, folgt der Artenschwund. Auf Madagaskar, wo es heute vielleicht noch zehn Prozent der ursprünglichen Vegetation gibt, sind bereits sieben Halbaffenarten ausgestorben. »Und sicher verschwanden auf Komodo, Rintja oder Padar auch Arten, nachdem sie von islamischen Seefahrern aus dem Westen entdeckt worden waren, die auf den Inseln Ziegen aussetzten. Nur hat im 10. oder 11. Jahrhundert noch niemand daran gedacht, eine Artenliste aufzunehmen«, berichte ich. »Diese Inseln trugen sicher einmal ein dichtes Waldkleid, wie die Insel Subawa, an der wir jetzt vorbeituckern.« – »Hat man hier keine Ziegen ausgesetzt?« will jemand wissen. – »Offensichtlich nicht«, erklärt Martin Egli. »Hier hätten sie sicher genügend Nahrung vorgefunden. Doch wie hätte man sie nach einigen Generationen der Verwilderung wieder einfangen oder schießen sollen?«

Reservate – Inseln in der Kultursteppe

»So gesehen, sind kleine Inseln also gefährdeter als große«, zieht einer unserer Begleiter das Fazit der Diskussion. – »Ja, es ist ähnlich wie mit den Eiswürfeln in Ihrem Whisky. Je kleiner sie sind, um so schneller lösen sie sich auf«, sage ich. – »Bitte nicht so vorschnell«, antwortet er. »Bis jetzt hat niemand gesagt, alle einheimischen Pflanzen und Tiere einer Insel würden bei Störungen verschwinden, so, wie das Eis in meinem Glas dahinschmilzt.« – »Was ich damit sagen will, wird Ihnen sicher später einleuchten, wenn Sie überhaupt weiterdiskutieren wollen«, füge ich an. Als Beispiel können wir auch Lebensformen, die auf Kontinenten zu finden sind, betrachten. Denn alle bedrohten Arten und Lebensgemeinschaften leben heute bereits auf Inseln, worauf allein schon der Umfang der Zerstörungen von großräumigen Naturlandschaften deutet. In den letzten dreißig Jahren fielen jede Minute 21 Hektar Regenwald rodenden Motorsägen zum Opfer. Allein in der kleinen Schweiz verschwindet jede Minute ein Quadratmeter fruchtbarer Boden auf Nimmerwiedersehen unter Beton. Weit mehr als die Hälfte der afrikanischen Steppen, auf denen noch zu Beginn des Jahrhunderts Abertausende von wilden Elefanten wanderten, wich Viehweiden und Ödländern, denen jetzt häufig die Wüste folgt.

Naturschützer kämpfen in Rückzugsgefechten: Sie schaffen Schutzzonen und versuchen, wenn's geht, erhaltenswerte Lebensräume zu kaufen und sie so vor Zugriff, Nutzung und Zerstörung zu bewahren. So setzen sie Zeichen, erklären, was geschützt ist, und folglich auch, was nicht geschützt ist. Riesige Landstriche außerhalb von Reservaten fallen der Zerstörung anheim. Im alten Teil der Bundesrepublik Deutschland genügen nur anderthalb von tausend Quadratkilometern den strengen internationalen Naturschutzkriterien. 19 Prozent dieser Reservate sind höchstens fünf Hektar groß: knapp das Sommerrevier eines Rehbocks. 57 Prozent umfassen zehn bis 200 Hektar, damit sind sie zu klein, um auch nur einem gesunden Feldhasenbestand Lebensraum zu bieten. Nur eines unter 200 Naturschutzgebieten mißt über 200 Hektar und könnte ein paar Luchse beherbergen – falls man sie überhaupt wollte (siehe Reh-Kapitel).

Selbst Tansanias Serengeti-Nationalpark (12950 Quadratkilometer) kann seinen wandernden Tierherden nicht ganzjährig Asyl bieten. Und der Wood-Buffalo-Nationalpark in Kanada (44807 Quadratkilometer, und damit etwas größer als die Eidgenossenschaft), ein Gigant unter den Reservaten der Welt, ist zu klein, um seine Bisonherden vor Haustierkrankheiten zu schützen. Die mächtigen Wildrinder müssen regelmäßig eingefangen und geimpft werden. Reservate sind längst zu Inseln geworden in genutzter, übernutzter, geplünderter Kulturlandschaft.

Der Vergleich mit echten ozeanischen Inseln drängt sich auf: Seit Charles Robert Darwin im Galapagos-Archipel und Alfred Russel Wallace auf den Kleinen Sunda-Inseln im letzten Jahrhundert Material für die weltbewegende Evolutionstheorie sammelten, benutzten Biologen Inseln als Studiengebiete. Heute versuchen Naturschutzplaner einen Teil ihrer Prognosen von Erkenntnissen der Inselökologie abzuleiten. Die wissenschaftliche Klausur auf Eilanden macht methodisch schon Sinn: Wer sich mit Ökologie auf der einen halben Quadratkilometer kleinen Galapagos-Insel Jervis beschäftigt, braucht lediglich sieben Pflanzenarten zu unterscheiden. Frank Kötzli dagegen, der im Schweizer Mittelland das Nahrungsspektrum des Rehs ermittelte, mußte 600 Pflanzenarten kennen. Halb so viele, nämlich 325, kommen auf Abermarle (5757 Quadratkilometer) vor, der größten Insel im Galapagos-Archipel.

Kurz: Kleine Inseln beherbergen offenbar weniger Arten als große oder gar Kontinente. Das gilt gleichermaßen für Reptilien, Amphibien oder Käfer der Westindischen Inseln, für die Ameisen Melanesiens oder die Wirbeltiere auf den verschiedenen Inseln im Michigansee. Es gilt meist auch für den Vergleich der Artenvielfalt innerhalb ähnlicher Reservate: Seit vierzig Jahren gibt es im brasilianischen Staat von São Paulo nur noch Reste des längst großflächig gerodeten Regenwaldes, in dem einst 203 Vogelarten brüteten. Eine dieser Urwaldinseln, der 14 Quadratkilometer große Barriero Rico, beherbergt, wie der amerikanische Ornithologe E. O. Willis feststellte, nur noch 175 der ursprünglich 203 Arten, jede siebente war verschwunden. Im lediglich zweieinhalb Quadratkilometer umfassenden Restwald von Santa Genebra sind bereits zwei von fünf ehemaligen Brutvogelarten verschwunden. Und auf dem Gelände der Universität von São Paulo, wo lediglich noch ein fünftel Quadratkilometer ursprünglichen Waldes existiert, fehlen schon zwei Drittel der ursprünglichen Avifauna.

Ähnliches kann man auch von den Wasservogelreservaten der Schweiz sagen: Das größte unter ihnen, Fanel et le Chablais de Cudrefin, am Südufer des Neuenburgersees (1150 ha), beherbergt 14 seltene, dort brütende Vogelarten; das Ermatinger Becken am Bodensee (800 ha) neun und die Bucht von Gwatt am Thunersee (17 ha) drei.

Die triviale Regel, daß die Größe eines Areals die Anzahl der dort lebenden Tier- und Pflanzenarten mit bestimmt, gilt auch für einzelne Ausschnitte von zusammenhängenden Systemen, etwa Agrarlandschaften, in denen die meisten Amphibien überleben können. In der kleinen Kiesgrube bei Kloten, in der Nähe von Zürich, leben sieben Amphibienarten, im Kanton Zürich sind es 14, in der ganzen Schweiz 16 und in Europa 45.

»Daß der Botaniker C. B. Williams auf einer Fläche von zweieinhalb Quadratkilometern in Surrey lediglich 400 der über 1000 Blütenpflanzen Englands fand« – will ich noch hinzufügen, als mich einer unterbricht –, »ist ebenso logisch wie die Tatsache, daß sich in der vordersten oder hintersten Reihe, dem linken Drittel oder dem rechten Viertel eines Symphonieorchesters nie alle der verschiedenen Instrumente des Orchesters befinden. Die ersten Geigen sitzen vorne links, die Celli vorne rechts, in der Mitte spielen die Holzblasinstrumente. Posaunen, Trompeten und Tuba dröhnen von hinten Mitte usw.«

»Der Vergleich ist brauchbar«, finden Martin Egli und ich. Obwohl die räumlichen Positionen der einzelnen Instrumente alles andere als zufällig sind und jedem Mitglied des Orchesters nur seine eigene Melodie bekannt ist, vereinen sich die Tonfolgen aller Einzelinstrumente oder Instrumentengruppen zum wohlklingenden Ganzen. So ist es in der Partitur auf dem Dirigentenpult festgeschrieben. Ich bin überzeugt, daß auch ökologische Systeme einer solchen Partitur folgen, jedes Mitglied eine ganz bestimmte »Melodie«, sprich, ökologische Rolle, spielt.

»Was passiert, wenn das Orchester aus irgendeinem Grunde plötzlich verkleinert wird?« will ich wissen. – »Klar, dem Wohlklang folgt Unvollständiges, möglicherweise fehlt die wohlklingende Melodie«, ist die Antwort. – »Und was machen dann Tubaspieler und Paukist?« – »Sie können sich pensionieren lassen.« So, wie bestimmte Instrumente, beispielsweise Kesselpauke oder Tuba, nur in großen Klangkörpern mitspielen können, in kleinen aber überflüssig sind, so gibt es in künstlich verkleinerten natürlichen Lebensgemeinschaften für bestimmte Wesen, vor allem für Tierriesen und große Fleischfresser, die am Ende mehrgliedriger Nahrungsnetze stehen, keinen Platz mehr. Spielen sie trotzdem noch mit, wie etwa Elefanten, die in zu kleinen Reservaten überleben sollen, so »übertönen« sie, wie es von Tuba oder Kesselpauke im Streichquartett zu erwarten wäre, die anderen. Langsam, aber sicher fressen sie mehr als nachwächst.

Dann berichte ich, daß weitaus die meisten der indischen Schutzgebiete längst keine Elefanten und Tiger mehr beherbergen, obwohl beide einst in diesen Gebieten lebten. »Um so besser geht es jetzt den Pflanzen und kleineren Tieren«, findet einer der aufmerksamen Zuhörer. Ein anderer widerspricht sofort: »Fehlen den Hirschen im Schweizer Nationalpark tierische oder menschliche Widersacher, so vermehren sie sich auf Kosten der Vielfalt der natürlichen Pflanzendecke. Da sie während ihrer ganzen Entwicklungsgeschichte immer einem scharfen Jagddruck ausgesetzt waren, mußten Hirsche nie besonders wirksame Mechanismen zur Dämpfung der Nachwuchsrate entwickeln.«

In der Tat: Wo große Beutegreifer fehlen, kann das Gleichgewicht der Arten aus den Fugen geraten. So geschah es auch im 17 Quadratkilometer kleinen Schutzgebiet von Barro Colorado in Panama, einem der besterforschten Regenwaldsysteme der Welt. Daß hier neben einigen Reptilien- und Säugetierarten 48 Vogelarten, die am Boden oder bodennah brüten, verschwanden, geht auf die zahlenmäßige Zunahme allesfressender Nasenbären und Halsbandpekaris (Nabelschweine) zurück, die mehr Eier und Nestlinge erbeuteten, als die Vögel legen und aufziehen konnten. Nasenbären und Halsbandpekaris konnten sich so prächtig entwickeln, weil Barro Colorado flächenmäßig zu klein ist, um auch nur geringe Bestände des Jaguars und des Harpyies (die größte Adlerart im neuweltlichen Regenwald) zu beherbergen. Dem Fehlen eines Mitglieds, einer Planstelle im ökologischen System, folgt früher oder später das Aus für andere Arten.

»Arten verschwinden nicht nur von künstlichen Naturinseln«, wirft einer aus der Runde ein. Das Argument zieht. Martin Eglis Ausführungen über die Wiederbesiedlung der Krakatau-Insel sind noch gegenwärtig. Auf dem Eiland folgte der Wald rasch der Savanne, dabei können durchaus bestimmte Pflanzenarten wie auch Tiere, die von ihnen leben, auf der Strecke geblieben sein. »Auch auf anderen ozeanischen Eilanden ist das so«, bestätige ich und erzähle ein klassisches Beispiel: Auf den Channel-Inseln vor der Südküste Kaliforniens starb zwischen 1917 und 1968 jede dritte Vogelart aus. Mit Ausnahme des Wanderfalken, dem Pestizide den Garaus machten, gab es für keine einzige Art einen sichtbaren Grund des Verschwindens, doch während die einen Arten gingen, kamen andere. Unter ihnen erreichte lediglich der Fasan die Channel-Inseln mit Hilfe des Menschen.

Die anderen Vogelarten eroberten sie selbst, falls ein Platz frei war. Und wie viele Plätze eine Insel zu vergeben hat, hängt auch von ihrer Größe ab. Die kleinste der Channel-Inseln, Los Coronados (2,5 Quadratkilometer), beherbergte 1917 und 1968 elf Arten, aber nicht in genau gleicher Zusammensetzung: Vier starben aus, vier waren neu zugewandert. Santa Cruz, mit 246 Quadratkilometern die größte der Inseln, gab 1917 36 Arten Lebensraum, sechs davon verschwanden in den folgenden 51 Jahren, sieben neue kamen in dieser Zeit hinzu, unter ihnen der ausgesetzte Fasan.

Artenschwund ist programmiert

Inselökologie und Austausch von Arten auf Inseln waren Mitte der siebziger Jahre *das* Thema, einer der Knüller der modernen Biologie, die ja immer mehr auf experimentell nachprüfbaren Aussagen fußt. Ein klassisches ökologisches Experiment gelang 1970 den beiden amerikanischen Insektenforschern D. S. Simberloff und O. E. Wilson in den Mangrovengebieten vor Florida, den sogenannten Florida Keys. Hier leben ungefähr tausend Arten von Gliedertieren. Auf jeder einzelnen Schlickinsel mit elf bis 18 Metern Durchmesser krabbeln aber lediglich zwanzig bis vierzig Arten von Insekten, Spinnen, Skorpionen, Milben und anderen Arthropoden. Simberloff und Wilson wählten sechs Inselchen aus, bestimmten die darauf lebenden Gliedertiere und töteten dann mit einer Wolke sich rasch abbauenden Giftgases alles Leben. Dann verfolgten sie die Wiederbesiedlung.

»Nach acht bis neun Monaten hielten sich auf den Inseln

vorübergehend mehr Arten auf als zuvor«, berichte ich weiter. »Einige konnten sich aber nicht halten. Nach ungefähr zwei Jahren waren es ziemlich genauso viele wie zuvor, zwar nicht mehr in der gleichen Artzusammensetzung, aber so, daß ähnliche ökologische Rollen vorhanden waren wie vor dem Experiment. Die Tiergemeinschaften auf jeder der kleinen Inseln pendelten sich auf ganz bestimmte Rollenverteilung ein: Nach wie vor ernährte sich jede dritte Art von Pflanzen, waren zwei von fünf Arten Räuber oder Ameisen, jede achte Art ein Parasit und jede zehnte ein Abfallfresser.«

»Darf ich unterbrechen?« fragt ein Zuhörer. »Um auf den Vergleich mit dem Orchester zurückzukommen: Es sieht so aus, als seien durch das Experiment vorübergehend alle Stühle im Orchesterraum frei geworden. Mit der Neueinwanderung finden sich zu viele Anwärter ein. Wer keinen Platz findet, der seinen Fähigkeiten entspricht, muß gehen. Kommen zu viele Celli oder Trompeten, müssen einige von ihnen abtreten.« – »Ja, so können Sie sich das vorstellen«, bestätige ich und frage die versammelte Runde: »Was geschieht aber, wenn irgendwo in einem Ozean eine neue Insel entsteht, die aus irgendeinem Grund nicht von allen ›Instrumenten‹, um beim Vergleich zu bleiben, erreicht werden kann?« Nach kurzer Pause meldet sich eine rüstige Rentnerin, die bereits den Galapagos-Archipel besucht hat: »Dann entstehen diese ›Instrumente‹ eben allmählich auf den Inseln selbst. Die Finken, die einst die Galapagos-Inseln anflogen, waren angeblich ganz gewöhnliche Finken, die ihre Samennahrung am Boden aufpickten. Bald herrschte unter ihnen Konkurrenz, und weil ökologische Nischen frei waren, paßten sich einige im Laufe vieler Generationen diesen an. Heute gibt es 14 Arten der sogenannten Darwinfinken, einige sind Körnerpicker mit groben Schnäbeln geblieben, andere suchen Früchte oder jagen im Laub spitzschnäblig nach Insekten. Ja, sogar ein ›Specht‹ findet sich darunter. Er ernährt sich von Insekten, die er aus Baumstämmen holt. Da ihm aber die lange Zunge der Spechte fehlt, benutzt er Kakteenstacheln, die er im Schnabel hält und sehr geschickt handhabt.«

»Gespechtet« werde überall auf der Welt, wo Wälder wachsen, füge ich noch hinzu, obwohl Spechtvögel zwar in Eurasien und den beiden Amerika vorkämen, aber nicht alle Inseln erreicht hätten: Auf Hawaii hämmert der Akiapolaau, eine Kleidervogelart, Insekten aus der Rinde. Auf Madagaskar steckt ein Halbaffe, das Aye-Aye oder Fingertier, seinen zum langen, spindeldürren Bohrer abgewandelten Mittelfinger zwischen Baum und Borke. In Australien und auf Neuguinea stochert der Streifenkletterbeutler, ein Beuteltier, mit verlängertem »Ringfinger« unter der Rinde nach tierischer Nahrung. Und derartige Analogien gibt es nicht nur für die Spechtrolle, sie gelten ebenso für Nektarsauger, Blatt- oder Fruchtfresser. Auf Neuguinea fehlen beispielsweise Affen, die sich zu einem Großteil von Früchten ernähren; die Insel beheimatet aber besonders viele früchteverzehrende Vögel.

»So gesehen, spielen also alle Lebensgemeinschaften das gleiche Stück, die gleiche Melodie«, faßt jemand zusammen. »Wenn dem schon so ist, können einzelne ›Instrumente‹ auch ausgetauscht werden. Könnte man nicht jetzt auf Bali, wo der Tiger ausgestorben ist, Löwen, von denen es in Afrika genug gibt, auswildern? Dafür sprechen doch die Experimente der beiden Amerikaner in den Mangrovensümpfen vor Florida. Es kamen ja zum Teil andere Arten zurück, aber schließlich hatte sich eine ausgewogene Besetzung von Pflanzen-, Fleisch- und Abfallfressern eingependelt.«

Jetzt laufe ich fast Gefahr, den didaktischen Faden zu verlieren. Nach dem Beispiel von Simberloff und Wilson scheint es tatsächlich so, als seien die Darsteller auf Ökobühnen beliebig austauschbar, wenn sie sich an ihre Rollen halten. Allerdings: Für solche weitreichenden Folgerungen sind die winzigen Mangroveninseln zu klein. Was sich zufällig an Arten zum Gastspiel dorthin verirrte, war Teil eines abgestimmten Ensembles der großen Festlandbühne, der Küste Floridas. »Ein wirklicher Austausch von ›Instrumenten‹ oder ›Darstellern‹ verschiedener ›Ökoorchester‹ oder ›-bühnen‹ geht keinesfalls problemlos vor sich«, widerspreche ich. »Das wäre etwa so, als würde der Heldentenor aus der Staatsoper den jugendlichen Liebhaber im Bauerntheater mimen wollen: Er fände sich in der ungewohnten

Umgebung nicht zurecht und stünde zudem in Konkurrenz mit dem alteingesessenen Darsteller.«

Ein entsprechendes Beispiel drängt sich auf: der Dingo, der Wildhund, in Australien. Als ihn die ersten Menschen, die in grauer Vorzeit den kleinen Kontinent eroberten, freisetzten, lebte er von großen Bodentieren, die auch die Nahrung der ansässigen Beutegreifer Beutelwolf und Beutelteufel waren. Der Dingo verringerte sofort die Bestände der Känguruhs, ohne sie auszurotten. Die Beutetiere verbesserten nämlich Warn- und Fluchtstrategien. Beutelteufel und Beutelwolf hatten dagegen ausgespielt, starben aus und überlebten nur noch auf Tasmanien, wo der Dingo nicht hinkam. Fazit: Ökologische Doppelgänger können nicht kooperieren.

Das können in der Regel selbst sich ergänzende Rollenträger nicht – wie beispielsweise Räuber und Beute oder Pflanzenfresser und Pflanzen, wenn sie von allzu verschiedenen »Bühnen« stammen. Dazu eines von vielen Beispielen. Europäer bereicherten Neuseeland mit 15 eingeführten wildlebenden Huftierarten, mit Waschbär, Wiesel, Kaninchen, Feldhase und vielen europäischen Vogelarten. Sofort verschwanden zahlreiche einheimische Vogelarten, weil sie der übermäßigen Konkurrenz nicht gewachsen waren, auf Nimmerwiedersehen. Auch die ansässigen Pflanzen wurden von den neuen Konsumenten nachhaltig geschädigt. Das beweisen heute die verheerenden Waldzerstörungen.

»Wir haben begriffen.« Meine aufmerksamen Zuhörer nicken mir zu. »Mich stimmen Ihre ›Inseltheorien‹ trotzdem zuversichtlich«, beginnt jemand die Diskussion von neuem. »Was in einem Reservat, einer, wie Sie sagen, künstlichen Insel inmitten der Kultursteppe, ausstirbt, kommt früher oder später von selbst zurück. Oder Menschen bringen es zurück. Zudem haben wir ja durch die Ausführungen unserer Freundin über die Galapagos-Finken vernommen, daß neue Arten entstehen.«

»Bitte nicht so schnell«, wehre ich ab. »Das sind mindestens zwei Probleme: Die Wiederbesiedlung durch bestehende und die Bildung neuer Arten.« Denkbar ist es, daß wir Arten, die in einem Reservat oder einer naturnah gebliebenen Landschaft fehlen, wieder ansiedeln können. Das gelang mit Luchs und Steinbock. Wie schwer oder gar unmöglich es mit Elefanten oder Tigern sein kann, wußte ich zum Zeitpunkt unserer Diskussion noch nicht. Und daß die Hawaii- oder Ne-Ne-Gänse – sie stammen von Slimbridge in Südengland, wo mein Freund Sir Peter Scott seltene Wasservögel erfolgreich züchtet – sich in ihrer angestammten Heimat nicht halten können, weil auf Hawaii ausgesetzte Wildschweine ihre Eier fressen, bevor überhaupt eines davon ausgebrütet ist, will ich nicht sagen. Auch schweige ich über Probleme der wieder angesiedelten arabischen Oryx-Antilopen im Nahen Osten.

Trotzdem höre ich mich plötzlich kritisch sagen: »Der scheinbar hoffnungsfrohe Vergleich zwischen ozeanischen Inseln und letzten Naturoasen in der Kultursteppe hinkt. Denn richtige Inseln wurden immer von benachbarten artenreichen Regionen aus besiedelt. Doch woher soll Ersatz für Orchideen kommen, die durch Rehe ausgerottet wurden, wenn zwischen dem leer gefressenen Revier und dem nächsten, noch intakten Orchideen-Lebensraum Dutzende oder Hunderte von Kilometern Acker- und Industrieland liegen? Von woher sollen die verschwindenden Fruchtbäume im Restwald von Barro Colorado ersetzt werden, wenn ringsherum sowohl Dschungel als auch samenaustragende Vögel fehlen? Wie soll Nachschub für die inzüchtenden Hyänenhunde die Serengeti erreichen? Tausende Quadratkilometer von Viehweiden und Pflanzungen umschließen das Reservat, in denen Raubtiere rücksichtslos verfolgt werden.«

Unsere Kenntnisse reichen nicht aus, um vorauszusagen, welche Arten verschwinden, wenn großräumige Ökosysteme zusammenbrechen und ökologische Schlüsselpositionen ausfallen. Bei flugunfähigen Tierarten läßt sich zumindest abschätzen, wie viele Arten zahlenmäßig aussterben, wenn ihre einst weiten Lebensräume zu Inseln zersplittern.

Um meinen Freunden zu zeigen, was ich meine, falte ich die Südasienkarte auseinander und deute auf die Insel Sri Lanka: »Ceylon war einst durch eine Landbrücke mit dem indischen Subkontinent verbunden«, beginne ich. »Folglich hatten beide so ziemlich die gleiche Tierwelt, jedenfalls, was die größeren Arten anbelangt. Nach der geographischen Isolation von Sri Lanka starb aber der Gaur, das mächtige Wildrind, aus irgendeinem Grund aus. Auf der Insel leben heute zwar Elefant, Leopard, Lippenbär, Sambar und Axishirsch; Tiger, Rothund oder Vierhornantilope aber fehlen, obwohl sie auf der anderen Seite der ›Adamsbrücke‹ vorkommen, einer 25 Kilometer langen Kette von Riffen und Sandbänken, die Nordceylon mit Südindien verbindet.«

Warum sich die Insel Sri Lanka von Indien abgenabelt hat, will jemand wissen. Der Geograph Emil Egli springt ein: »Vor rund 18000 Jahren begannen die eiszeitlichen Gletscher abzuschmelzen. In den folgenden Jahrtausenden stieg logischerweise der Meeresspiegel an, schätzungsweise um hundert Meter. Tiefländer verschwanden unter den Fluten. Inseln entstanden, auch im Sundaland.« Dabei zeigt er auf der Karte Borneo, Sumatra, Java und Bali. »Das alles war einmal Festland, verbunden mit der Malaiischen Halbinsel. Die Überschwemmungskatastrophe hat ähnliches erreicht wie die heutigen Zerstörungen natürlicher Lebensgemeinschaften: die Verinselung. Pflanzen mit flugunfähigen Samen oder landbewohnende Säugetiere (sieht man von Fledermäusen und Flughunden ab) waren plötzlich auf Inseln gefangen.«

»So war die Tierwelt Sumatras, Borneos, Javas oder Balis schon vor der Katastrophe vorhanden?« will jemand wissen. So ist es. Allerdings müssen einst die einzelnen Faunen mehr Arten umfaßt haben als heute. Auf Borneo, der größten Insel, so nehmen Experten an, lebten einst 153 Säugetierarten, heute sind es 123; eine von fünf Arten starb aus. Auf Bali, der kleinsten der vier Inseln, so läßt sich hochrechnen, müssen einst 66 und nicht nur, wie heute, 19 Arten vorgekommen sein.

Den Siamang (eine große Gibbonart) gibt es nur auf Sumatra, den Leoparden nur auf Java. Der Banteng (ein Wildrind) lebt auf Borneo und Java. Sumatra-Nashorn, Orang-Utan, Malaienbär und Elefant fehlen auf Java. Tiger und Java-Nashorn gibt oder gab es bis in die Mitte dieses Jahrhunderts nur auf Java und Sumatra, nicht aber auf Borneo. Übrigens weiß man nicht, warum die eine Art auf einer der Inseln verschwand, auf einer anderen dagegen überlebte; warum der Elefant vor etwa tausend Jahren auf Java ausstarb. Man kann darüber spekulieren.

Der Tiger kommt heute nur noch auf Sumatra vor, auf Bali verschwand er in der ersten, auf Java in der zweiten Hälfte dieses Jahrhunderts. Daß er zuerst auf der kleinsten der drei Inseln ausstarb, auf der größten aber noch überlebt, liegt unter anderem an den Inselausmaßen. Der deutsche Säugetierforscher Ingo Krumbiegel errechnete dazu folgendes: Angenommen, ein Tiger bewohnt zehn Quadratkilometer Landfläche, so kann Sumatra maximal 117 000, Java 31 000, Bali aber lediglich 560 Tiger beherbergen. Ein Seuchenzug könnte den kleinsten Inselbestand leichter ausradieren als den größten. Menschen schaffen es, kleinere Inseln rascher und vollständiger zu entwalden als große und ihre Großtierwelt schneller zu vernichten. So ist es, was den Tiger anbetrifft, ja auch geschehen. »Doch das ist meist gar nicht nötig«, fasse ich zusammen. »Sind durch irgendwelche Katastrophen großräumige Lebensgemeinschaften zu Inseln zerfallen, verringert sich die Artenvielfalt von selbst. Das ist ein Naturgesetz.«

»Sie meinen, das gilt auch für so riesige Reservate wie etwa den Tsavo- oder Serengeti-Nationalpark?« fragt jemand besorgt. – »Will man Bruce A. Wilcox von der amerikanischen Stanford-Universität glauben, dann rascher, als uns allen lieb ist«, antworte ich. »Wilcox hat auf Grund von Vergleichen mit dem Artenkollaps auf ›Landbrückeninseln‹ wie Borneo, Sumatra und Java berechnet, daß allein von den großen Säugetierarten, die heute noch in Reservaten überleben, in den kommenden 50 Jahren zehn Prozent, in den nächsten 200 bis 500 Jahren weitere fünfzig Prozent aussterben werden, wenn sie nicht schon früher durch Wilderer oder in hoffnungsloser Konkurrenz mit Haustierherden umkommen. Wir können nur hoffen, daß nicht überall die gleichen Formen verschwinden.«

»Wir können doch auch hoffen«, wird eingeworfen, »daß in ferner Zukunft neue Arten entstehen, die Sie vorhin erwähnt haben. So geschah es doch auch auf Galapagos, Hawaii oder anderen Inseln, wo bestimmte ›Instrumente‹ fehlten, ökologische Nischen nicht besetzt waren.« – Die Hoffnung trügt, jedenfalls für landlebende Wirbeltiere: Der Galapagos-Archipel oder die kleinsten Inseln, Luzon und Kuba, auf denen einst aus einer Säugetier-, Reptilien- oder Vogelart zwei oder mehr neue entstanden sind, umfassen gut 100 000 Quadratkilometer. Madagaskar, wo sich eine unglaubliche Artenvielfalt an Halbaffen einstellte, mißt sogar 590 000 Quadratkilometer. Offenbar ist zur Aufspaltung von Arten ein verhältnismäßig großer Genpool unerläßlich, müssen relativ viele »Stammeltern« vorhanden sein. Jedenfalls sind selbst die Riesen unter den Reservaten, der kanadische Wood-Buffalo-Nationalpark (45 000 km^2), der Tsavo-Nationalpark in Kenia (21 000 km^2) oder die Elefantenschutzzonen von Bandipur und Mudumalai in Südindien (10 000 km^2), vergleichsweise Zwerge, viel zu klein, um hier neue Arten entstehen zu lassen. So gesehen, kommt die Evolution jener Wirbeltiere, die nur noch in Reservaten überleben können, zum Stillstand.

Mit dieser trüben Spekulation enden die informativen Gesprächsrunden auf der Turangga Samudera. Von Bali fliegen wir nach Kuala Lumpur, hier muß ich mich von Vater und Sohn Egli und den anderen Freunden trennen. Jeder von uns tritt jetzt in die reale Welt ein, eine Welt von Sachzwängen. Dabei begleiten ihn die Erinnerungen an die Ferienwelt: blaues Meer, blauer Himmel, zartgrüne Reisfelder, dunkelgrüne geheimnisvolle Dschungel. Blau und Grün stimme Menschen freundlich und friedlich, sagt Emil Egli noch zum Abschied. Ich hätte es gut, meint ein anderer, ich könne jetzt in den Himalaja fliegen, um rare Hirsche, Bären und Leoparden zu studieren.

Martin meint tiefsinnig beim letzten Whisky: »Auf den Vergleich mit dem rasch dahinschmelzenden Eis bist du in unseren Diskussionen nie eingegangen. Die Eiswürfel zerstören sich nicht selbst von innen, sie werden von außen ›bedroht‹.« Was er damit meinte, wußte ich gleich. Die Arbeit im Dachigam-Reservat, dem kleinsten Reservat, in dem ich bisher war, würde mich das einmal mehr lehren. Auch ich trat damit aus einer theoretischen erneut in eine reale Welt ein.

Dachigam, wo Kaschmirhirsch und Kragenbär sich gute Nacht sagen

Vom Paradies ist wenig übriggeblieben. Das merke ich, seit die Boeing über Chamba fliegt, das Bergland, das den Punjab vom Talkessel des Jhelum trennt. Die Wälder sind löchrig. Erdrutsche zeichneten braune Bahnen bis an den Talboden, wo gelbgrüner Reis auf die Ernte wartet. Bald schimmern Dal- und Nageen-See aus der Ferne, und im Westen, weit hinten am Horizont, ahnt man den großen Wular-See. Hier oben in Kaschmir soll ich während der nächsten fünf Jahre die Lebensgewohnheiten vom Hangul oder Kaschmirhirsch ergründen und ein Schutzkonzept für sein letztes Refugium, das Dachigam-Reservat, ausarbeiten.

Meine Aufgabe finde ich fast überflüssig, gemessen an den großen Umweltproblemen, die das kleine Land im Westhimalaja kennt. Sie sind allgegenwärtig. Abertausende von indischen und ausländischen Touristen, die auf Hausbooten wohnen, ahnen sie nicht. Die Krise zeigt sich ihnen von der prächtigsten Seite: Buntschillernde Eisvögel schwirren hier häufiger umher als zu Hause die Spatzen, Seerosen sind allgegenwärtig, am üppigsten blühen sie am Heck der Boote. Hier fließen die Abwässer in den kranken See, der im Winter, wenn der Filz der Wasserpflanzen rasch verfault und unzählige Fische sterben, zum Himmel stinkt.

Und dann die Mogulgärten! Shalimar, Chashma Shahi, Nassem und Verinag mögen einem besonders phantasievollen Besucher noch einen Rest längst entschwundenen Glanzes vermitteln. Hier residierten seit 1585 der große Akbar, Jahangir und andere der Herrscher über Indien, ihre Statthalter und Generäle. Geblieben sind elegante zeltähnliche Bauten inmitten großer Gartenanlagen. Eine Handvoll Gärtner bemüht sich liebevoll um magere Astern, Chrysanthemen, Ringelblumen und dergleichen, an Pflege mangelt es nicht, jedoch an Wasser.

Ich solle am Samstag abend wiederkommen, meint einer. Dann tauchen Scheinwerfer alles in künstliche Farben, Pumpen erwecken Springbrunnen und Wasserspiele für zwei Stunden zu kurzem neuem Leben. Dem verkarsteten Hinterland fehlt dazu das Naß. 750 üppige Gärten ließen die Mogulherrscher Mitte des 18. Jahrhunderts in Kaschmir zurück. Man erkennt sie noch an Kränzen uralter Chinarbäume. Die Kaiser ließen diese Platanen einst von Persien nach Kaschmir bringen, heute sind sie oft das einzige Grün an jenen Talflanken, wo Laub- und Nadelwälder abgeholzt sind.

Dürren geißeln häufig das Land am Jhelum. Wenn der Monsun über die Berge im Süden bricht, donnern die Bergbäche ins flache Land. Pratap Singh, Vater des letzten regierenden Maharadschas von Jammu und Kaschmir, ließ deshalb Srinagar mit einem Kanal umgeben, der Hochwasser fangen und rasch in den Fluß tragen soll. Die großen Seen vermögen die Fluten nicht zu schlucken, Abwässer und tote Pflanzen ließen den Dalsee zur seichten Kloake verkommen. Srinagar, das an seinen Ufern liegt, erhält Trinkwasser von Harwan im Norden.

Hari Singh, der letzte Maharadscha, ließ hier, 18 Kilometer im Nordosten der Hauptstadt, in den zwanziger Jahren den Dagwan stauen. Der kleine Stausee verbirgt jetzt die Ruinen einer vor 2000 Jahren erbauten buddhistischen Universität, Teil der sagenhaften Stadt von Vijayapuri. Die zehn Dörfer im Tal des Dagwan ließ der Herrscher räumen, ihre Bewohner auf eigenem Land ansiedeln; nur der Name ist geblieben: Dachigam, was soviel heißt wie zehn Dörfer.

Dachigam war wegen seines Wildreichtums bald weltbekannt. Allein 3000 Hangule lebten im 160 Quadratkilometer umfassenden Einzugsgebiet des Dagwan, im Winter ließ Hari Singh Hirsche und Wildschweine künstlich füttern. Und zogen Herrscher und Gäste gelegentlich auf die Jagd, so fielen an einem einzigen Tag zwanzig Wildschweine, ein Dutzend Moschustiere, fünf bis zehn Braun- und Kragenbären. Im Jagdrevier des Maharadschas hatte gemeines Volk nichts zu suchen, 120 Wildhüter wachten jahrein, jahraus, hielten das Wegenetz und drei feudale Lodges auf Vordermann.

Dann verließen die Briten, Hari Singhs Schutzmacht, Indien. Schlagartig verkam das Reservat am Rande des Kaschmirbekkens. Ein Jahr nach der Unabhängigkeit waren bereits tausend

Hirsche gewildert. Dann kampierten pakistanische Partisanen im wilden Tal und hielten sich am Wildreichtum schadlos, ihnen folgte die siegreiche indische Armee und wilderte weiter. 1952 trug die Regierung zwar Dachigam in die Liste der indischen Schutzgebiete ein, das schreckte jedoch keinen der vielen Wilderer aus den umliegenden Dörfern. Als Hari Singh 1961 im selbstgewählten Exil in Bombay starb, lebten noch rund 200 Hangule in Dachigam. In allen anderen Teilen seines einst großen Verbreitungsgebietes kannten die Menschen diesen Hirsch nur noch vom Hörensagen. Und nun sollte ich versuchen, die letzten Überlebenden in freier Wildbahn zu erhalten.

Einige der seltenen Exemplare sehe ich erstmals Ende September, wenn Nachtfröste die Eichen- und Auwälder entlang des Dagwans bunt färben. Die Hirsche verraten sich mit röhrenden Brunftrufen, die, je nach Distanz, sehr laut und dumpf tönen oder hell wie das Schreien eines Esels. Im Morgengrauen und während der Abenddämmerung verlassen sie die Deckung, treten auf vegetationslose Arenen aus, rufen, versuchen Weibchen und Jungtiere bei sich zu halten und vertreiben Rivalen. Beobachtung der Tiere und Kartierung ihrer Standorte werden zur Routine.

Am Morgen des 5. Oktober 1975 gehen der alte Kassim Wani und ich allein auf einen der Beobachtungsposten. Kasser Mir und die anderen bleiben im Lager, um das Festessen vorzubereiten, mit dem sie das Ende des Fastenmonats Ramadan feiern wollen. Kassim und ich schlottern vor Kälte und warten auf die warmen Sonnenstrahlen, die den Gegenhang in gleißendes Licht tauchen. Wir machen, wie immer um diese Zeit, einige Hirsche aus. Plötzlich knallt ein Schuß. Ein Hirsch flieht nach unten. Sechs Männer folgen, zwei tragen alte Vorderlader. Die wilde Jagd verschwindet im Wald. Kassim benutzt seine einzige Waffe: Er bläst durch seine Trillerpfeife. Das hat er seit dreißig Jahren getan, wenn er Wilderer aufspürte. Mehr war nicht drin, die Wilddiebe haben eine starke Lobby im nahen Srinagar.

Heute wird sich alles ändern. Am Abend spreche ich mit Indira Gandhi, die, wie jeden Herbst, in Kaschmir weilt, und mit dem Chefminister, dem legendären Tiger von Kaschmir, Sheik Mohammed Abdullah, und schlage vor, meine Arbeit niederzulegen. Das ist nicht nötig. Am nächsten Morgen meldet ein Gurkha-Major eine Kompanie Gebirgsinfanterie. Seither patrouillieren die Elitetruppen an den Grenzen des Reservats, ein Helikopter unterstützt sie und meldet Unregelmäßigkeiten. Die Wilderei ist damit unterbunden, die nächsten Jahreszählungen zeigen den Erfolg: 1975 schätze ich 180 Tiere, ein Jahr später 250, dann 300 Kaschmirhirsche, 1983 beträgt der Bestand wenigstens 500.

Das erstaunliche Bestandswachstum macht deutlich: Im kleinen Reservat finden die Hirsche beste Lebensbedingungen, Hunger kennen sie nicht einmal im Winter, wenn Wälder und Wiesen eingeschneit sind. Jetzt äsen sie an südlichen Hängen Knospen von 26 Busch- und Baumarten. Im Frühjahr ziehen sie zum Dagwan und seinen Seitenbächen, Feuerlilien, wilde Tulpen und Jasmin liefern nun die Äsung. Mit der Schneeschmelze ziehen sie talaufwärts. Bald trennen sich die gemischten Rudel. Trächtige Weibchen und Jungtiere bleiben im Auwald, die Stiere steigen durch äsungsarme Nadelwälder zur klimatischen Waldgrenze und halten sich an Kräuter. Sie meiden aber Upper Dachigam, den höhergelegenen Teil des Reservats, in dem sie einst den Sommer verbracht haben sollen, wie ich alten Berichten aus Hari Singhs Zeiten entnehme.

Amarnath Kaul, der Chef von Dachigam, und ich wandern dann in diese Zone. Mit dem Frühling sind auch die Nomaden gekommen. Seit sieben Jahren dürfen hier stolze Bakkerwalas ihre Ziegen und reiche Baniyaris ihre schweren Wasserbüffel weiden lassen, dementsprechend sieht es aus: Wo einst farbenprächtige Bergblumen blühten, ist alles rasenkurz abgefressen. An feuchten Stellen machen sich auf festgestampftem Boden Ampfer, Disteln und andere Weideunkräuter breit. Mächtige Birken, die den Gebirgswald abschließen, und Himalajatannen sind gefällt worden. Mit ihren Stämmen bauen die Büffelnomaden ihre trutzigen, tief in die Steilhänge eingegrabenen Sommerhäuser. Achtzig Quadratkilometer, die Hälfte der Reservatsfläche, sind überweidet und, wenn nichts geschieht, bald auch abgeholzt. Und das im einzigen Trinkwasser-Einzugsgebiet von Srinagar.

Die vielen Debatten in Ministerien nützen nichts, die Regierung hält selbst 5000 Schafe in Dachigam. Ausländer haben in indischer Lokalpolitik nichts zu suchen, sollen bestenfalls forschen. Das tue ich dann auch. 1976 unterstützen mich dabei zwei Dutzend, 1978 110 Studenten und Biologielehrer aus der Schweiz. 1979 folgen 70 aus der deutschen Bundesrepublik. Die Ergebnisse der freiwilligen Helfer, die ihre Sommerferien in Dachigam verbringen, lassen sich sehen: Über 1000 Pflanzen- und 120 Vogelarten werden nachgewiesen, die Vegetationskarten gezeichnet. Dachigam ist viel artenreicher als erwartet. Neben Hangul leben Moschustier und Serau, Braun- und Kragenbär im Reservat. Wir beobachten Himalaja-Langur, Leopard, Schakal, Rotfuchs, das Langschwänzige Murmeltier und immer wieder Kragenbären.

Den schwarzen Petzen mit dem weißen V auf der Brust gilt unsere besondere Aufmerksamkeit: Sie verdauen ihre Nahrung unvollständig, aus dem Kot läßt sich deshalb lesen, was sie fressen: Im April, wenn sie ihre Schlafquartiere verlassen haben, halten sie sich an Kräuter, Ameisen und andere Insekten, im Mai kommen Walderdbeeren hinzu. Im Juni laben sie sich an Maulbeeren und Wildkirschen, im Juli an Aprikosen, Mirabellen und Brombeeren. Eicheln, Trauben und Hagebutten sind die Hochsommernahrung. Mit Walnüssen und Mehlbeeren fressen sie sich dann im September und Oktober das nötige Feist für den Winterschlaf an.

Der Nahrungssegen reift im und am Auwald entlang den Bächen, hier ziehen die Bärenmütter auch ihre zwei oder drei Jungen auf. Und das nicht von ungefähr. Hier sind verschiedenste Pflanzengesellschaften eng ineinander verschachtelt. Sonnenlicht scheint an Busch- und Waldgrenzen intensiver als in ihrem Inneren und fördert hier Blüten- und Fruchtbildung ganz besonders. In grenzreichen Lebensräumen finden Muttertiere hochwertige Nahrung auf kleinem Raum. Es bleibt genügend Zeit für die Jungen, die meistens im Dickicht schlafen oder an der Sonne spielen. Sie gilt es zu schützen, zu ernähren und anzulernen, wie Beeren und Nüsse rationell gepflückt und Plattformen in den Bäumen gebaut werden.

In jenen Waldgebieten, in denen unterschiedlichste Pflanzengesellschaften auf engem Raum aneinanderstoßen, ziehen auch die Kaschmirhirsche ihre Kälber groß. Hier zählen wir 58 Brutvogel- und 48 Baum- und Straucharten, mehr als irgendwo sonst. In den monotonen, von Schafen überweideten Savannen macht sich ein halbes Dutzend stachliger Büsche breit, nur acht Vogelarten brüten hier, kurz: Pflanzenvielfalt erzeugt vielfältige Tierwelt. Und übermäßig viele Weidetiere zerstören diese Vielfalt.

Die Folgen beweist ein früher heftiger Monsun im Sommer 1978: Eine Sintflut bricht vom Himalaja über die Ebenen Nordindiens herein, zerstört sechs Millionen Hektar fruchtbares Land, tötet, so amtliche Schätzungen, 3000 Menschen, macht 30 Millionen obdachlos. Anfang August stauen sich violette Wolken am 3966 Meter hohen Mahadev und bersten. Ein einziger Blitz, so werden mir die Nomaden am anderen Tag erzählen, habe zwölf Büffel getötet. Der Dagwan schwillt sofort an, rollt Felsbrocken brüllend durch sein Bett, die Stämme umgestürzter Tannen und Zedern rammen die Pfeiler der einzigen Brücke über den Bach. In jener hochgelegenen Region des Reservats, in der 5000 Schafe den Sommer verbringen, kann die übernutzte Vegetation den Boden nicht mehr sichern, mehr als ein Quadratkilometer Bergflanke rutscht ins Tal. In Srinagar fließt nur noch braune Brühe aus den Wasserhähnen, die bald versiegen. Die Schleusen des Stausees von Harwan mußten, um Schlimmeres zu vermeiden, geöffnet werden.

Jetzt endlich will mir jeder glauben: Katastrophen sind leider oft wichtige Helfer für die Gärtner von Eden. Im Frühjahr des darauffolgenden Jahres weiden keine Haustiere mehr im Reservat. Die staatliche Schaffarm wird reduziert und eingezäunt. In Upper Dachigam blühen im Sommer 1979 erstmals wieder mannshohe Malven, Glockenblumen, Arnika, Schafgarben und viele andere Kräuter. Die Nomaden haben andere Weiden erhalten und sollen rasch auf Bienenzucht umgeschult werden.

Jetzt hat Dachigam, das letzte wildbewaldete Tal, das Einzugsgebiet für das Frischwasser von Srinagar, dichte Grenzen – jedenfalls, was Menschen und Haustiere betrifft, die im Schutzgebiet nichts zu suchen haben. Für wildlebende Tiere und Pflanzen sind die 3000 bis 4000 Meter hohen Bergketten, die das Schutzgebiet umschließen, alles andere als Grenzen:

Im Sommer, wenn viele Kaschmirhirsche auf den Bergrükken weilen, kann es durchaus sein, daß der eine oder andere auf der falschen Seite der entscheidenden Linie äst und tagsüber im Wald weit außerhalb der Schutzzone ruht. Ebenso kann niemand Kragenbären daran hindern, sich nachts die Bäuche in den Obstplantagen bei Shalimar vollzuschlagen. Und sicher reißt der eine oder andere der letzten Leoparden gelegentlich ein Schaf oder eine Ziege am Rande eines der nahen Dörfer. Auf der anderen Seite der Grenzen können Hirsch, Bär und Leopard jederzeit gewildert werden. Die Parkwächter merken davon nichts.

Selbstverständlich verlassen auch die Vögel, wann immer sie wollen oder müssen, das Schutzgebiet. Die Himalaja- und Bartgeier, die auf dem Felsband über Waskhar brüten, finden ihre Nahrung zur Hauptsache in den umliegenden Weidegebieten, fliegen häufig sogar nach Ladakh im Westen Tibets »aufs Dach der Welt« und versorgen sich dort in Regionen, die für Menschen nur in mindestens dreitägiger Jeepfahrt zu erreichen sind. Und wer gibt die Garantie, daß sie sich nicht früher oder später an einem Kadaver vergiften, weil die Hirten Endrin, Folidol oder ein anderes Pestizid über ihn geschüttet haben, hoffend, einen der letzten streunenden Braunbären oder Wölfe zu vergiften.

Dachigam ist für die meisten der 120 Vogelarten, die wir im Frühjahr und Sommer hier bestimmten, zwar Brutgebiet, doch Purpur-Mennigvogel, Paradiesfliegenschnäpper, Pirol und Kuckuck und die meisten anderen gefiederten Insektenjäger reisten im Herbst südwärts. Wie viele von ihnen dann im Frühjahr wieder zurückkehren, hängt nicht von Dachigam, sondern von den Lebensbedingungen auf dem indischen Subkontinent und Sri Lanka ab. So wird die Fauna eines Schutzgebietes von seiner Umwelt mit bestimmt. Gleiches gilt für die Pflanzengesellschaften.

Die künstlichen Grenzen, die Naturschützer festlegten, hindern selbstverständlich eingeschleppte Weideunkräuter nicht daran, vom Rande her ihre Teppiche Richtung Zentrum auszubreiten. Auch die amerikanischen Robinien, die der letzte Maharadscha vor Jahrzehnten am Taleingang als Winteräsung für den Kaschmirhirsch anpflanzen ließ, fressen sich mit kräftigen Wurzelauslegern langsam, aber sicher im Auwald voran. Standortfremde Aprikosenbäume haben sich dank der Kragenbären, die ihre Samen nach Dachigam schleppten, längst bestens etabliert. Ebenso wie der Maulbeerbaum, den ein Maharadscha im letzten Jahrhundert zusammen mit Seidenraupen, die von seinem Laub leben, aus China ins grüne Tal des Jhelum holen ließ, um der armen Landbevölkerung mit Hilfe seiner bescheidenen Seidenproduktion Nebeneinkünfte zu verschaffen.

Verwilderte Maulbeeren und Aprikosen tragen sicher wesentlich zur Verbesserung der Nahrung für Kragenbären, Himalaja-Langur und gefiederte Früchtefresser bei. Doch könnte es nicht sein, daß gerade wegen dieser eingeschleppten Vorzugsnahrung die einheimischen Fruchtbäume, Wildapfel, Felsenbirne, Weißdorn zum Beispiel, weniger beliebt sind, weniger häufig verzehrt und folglich seltener ausgesät werden?

Wie tiefgreifend selbst der geschützte Auwald dieses kleinen Dachigam-Reservats die Umwelt verändert, läßt sich am schütteren Laub der beiden Ulmenarten *Ulmus villosa* und *U. wallichiana* ablesen. Es fällt jetzt bereits Ende Sommer von den Ästen, und Jungbäume sterben früh ab. Ursache des Krankheitsgeschehens ist der amerikanische Schadpilz *Ophiostoma ulmi*, der vom Ulmensplintkäfer verbreitet wird. In den zwanziger Jahren überzog das Ulmensterben Europa, längst hat es die Täler im westlichen Himalaja erreicht.

Reservate von Kettensägen und unerlaubten Feuerwaffen freizuhalten ist – so schwer es im Einzelfall auch sein mag – ein vergleichsweise leichtes Unterfangen in Anbetracht der vielfältigen ökologischen Wechselwirkungen zwischen Schutzgebiet und Umwelt, die letzte erhaltenswerte Lebensgemeinschaften schmelzen lassen wie die erwähnten Eiswürfel. Und je kleiner diese Würfel, sprich, Reservate, desto schneller verläuft der verheerende Prozeß, gegen den Naturschützer, Förster, Jäger und all die anderen Gärtner von Eden machtlos sind.

Oder wie könnte man den Rehen beibringen, daß sie sich im Sommerhalbjahr nicht auf gedüngtem Kulturland vollfressen und mächtig Kitze großziehen und im Winter, wenn Schneefall und Frost sie in die Wälder drängen, nicht übermäßig Knospen naschen? Wie bringt man Bülbüls und anderen kleinen Singvögeln bei, bitte keine Samen der Lantana – des schrecklichen fremdländischen Unkrauts – in die letzten naturnahen Wälder Südindiens zu tragen? Wer sagt dem Elefantenbullen, wer dem Luchs, sich – schon aus Gründen der Erhaltung ihrer eigenen Art – nicht an Reis oder Schafen zu vergreifen und damit Bauern zu tödlichen Schüssen zu provozieren? Wie kann man den Rinderpesterreger daran hindern, Gaur und Bison anzufallen? Wer erklärt den Zugvögeln, rund der Hälfte der 9000 Vogelarten, besser auf gefährliche Interkontinentalreisen zu verzichten und fortan jahrein, jahraus in wohlbehüteten Schutzgebieten zu leben? Wie hält man Pestizide und Kunstdünger, die der Wind von den Agrarlandschaften fortbläst, von Reservaten fern?

Zur Auflistung der Ursachen solcher Grenzkonflikte bedarf es keiner großen Phantasie: Jede Art hat die Eigenschaft, sich auszubreiten und, wann immer möglich, neues Terrain zu erobern. Daß dies den Anpassern, die selbst in der Kultursteppe leben können, besser gelingt als Spezialisten, die nur noch in Reservaten leben dürfen, ist klar. Ebenso klar ist: Je kleiner ein Reservat ist, um so größer ist das Verhältnis zwischen seinen Grenzen und seinem Inhalt. Im Konkurrenzkampf siegt früher oder später die Kultursteppe über kleine Reservate oder andere Refugien, in denen noch wildlebende Pflanzen und Tiere vorkommen, da hilft kein Zaun. Ganz besonders die Ornithologen können davon ein Lied singen.

Wie viele Dorngrasmücken, Gartenrotschwänze oder Uferschwalben im Frühjahr nach Europa zurückfliegen, hängt unter anderem von den Niederschlägen in der langsam verdorrenden Sahelzone ab. Am Wasserstand des Tschad-Sees läßt sich ablesen, wie die Chancen für Laubsänger stehen, die in Wilhelmshaven brüten und in Malawi überwintern, wenn sie von der 8000 Kilometer langen Reise zurückkehren. Sie werden immer geringer; findet die anhaltende Trockenheit im Sahel kein Ende, verschwinden der See und mit ihm viele andere kleinere Gewässer von der Landkarte.

Es kommt noch schlimmer: Wenn die 300 Millionen mitteleuropäischen Zugvögel trotz afrikanischer Trockenheit und Pestiziden überleben, die südlich des Mittelmeeres ungehindert versprüht werden, wenn sie unbeschadet das Sperrfeuer italienischer und südfranzösischer Vogeljäger durchflogen haben und schließlich heimkehren, ist der geeignete Brutplatz immer häufiger schon von einem Anpasser besetzt. Allerweltsvögel wie Amsel, Kohl- und Blaumeise fühlen sich in der Kulturlandschaft des Menschen immer wohler und erobern zusehends die letzten Überlebensinseln der Zugvögel.

Jetzt entscheiden Agrarindustrie und Eurokraten über das Schicksal von 60000 Kranichen, die in Nord- und Osteuropa brüten. Im Oktober reisen die schiefergrauen Schreitvögel mit dem roten Scheitel in Keilformationen südwestwärts. Auf Rügen, in der Lüneburger Heide und südlich von Bordeaux rasten sie und tanken neuen Treibstoff. In Spanien, ganz besonders in der Estremadura, überwintern sie. In dieser abgelegenen Region an der Grenze zu Portugal verteilen sich die Zugvögel truppweise in den ausgedehnten Steineichenwäldern, Eicheln sind ihre Winternahrung. Jetzt aber soll der 400 Kilometer lange Waldgürtel mit Fördergeldern aus Brüssel monotonen Getreidefeldern und Maisäckern weichen.

»Dafür müssen Feuchtgebiete trockengelegt, Trockengebiete bewässert und chemische Unkrautvernichter gesprüht werden«, kommentiert der »Spiegel« in der Silvesterausgabe 1990. »Schon schieben Planierraupen in den Wäldern die Trassen für Schnellstraßen zusammen, die dem Fernverkehr mehr nützen als den Bauern, Konzerne kaufen sich in Molkereien und

Fleischfabriken ein.« Das alles sei für die wirtschaftliche Entwicklung eines Randgebietes der Europäischen Gemeinschaft unerläßlich, heißt es.

Ist es aber ökonomisch und ökologisch ohne Bedeutung, daß ein einziger Kuckuck in einer einzigen Minute zehn Raupen des schädlichen Kieferspinners verschlingt, daß ein Bussard- oder ein Waldkauzpaar zur Aufzucht der Jungen täglich hundert Feldmäuse zum Nest schafft? Gründeln im Winterhalbjahr nicht Abertausende von Schwimmenten Wasserpflanzen, die im Sommer kräftig ins Kraut geschossen sind, aus den Staubecken an Aare, Limmat oder am unteren Inn und verhindern so die Verlandung? Jagen nicht unzählige Tauchenten, wenn die Gewässer in ihren Brutgebieten im Norden und Nordosten Europas zugefroren sind, am Boden von Zürich-, Unter- oder Starnberger See nach Abermillionen bohnenkleinen Wandermuscheln? Ein Überhandnehmen der aus dem Schwarzen Meer zugewanderten Mollusken kann, fehlt der winterliche Aderlaß, Wasserleitungen, die in die Gewässer führen, verstopfen.

Wenn sich Vogelschützer über alle Grenzen hinweg vereinen, um wenigstens die wichtigsten Überwinterungs-, Rast- und Brutgebiete in letzter Minute von Bagger, Pflug und Mähdrescher freizuhalten, so hat das nichts mit spleenigem Getue ewiggestriger Fanatiker zu tun, vieles aber mit dem weisen Blick in die Zukunft einer rasch verarmenden Welt: »Natur ohne Grenzen« heißt zu Recht das Motto.

Wie abhängig irgendein naturnaher Flecken von seiner Umwelt ist, beweisen auch Abermillionen von ziehenden Schwärmern, Schmetterlingsverwandten, die Anfang Mai zu Beginn der Regenzeit in den Santa-Monica-Nationalpark von Costa Rica fliegen. »Es sind wenigstens vierzig Arten, die hier auf rund hundert verschiedenen Pflanzen ihre Eier legen und dabei ihre langen Rüssel nektartrinkend in Blüten stecken und sie damit bestäuben«, schreibt Daniel H. Janzen von der Pennsylvania-Universität in Philadelphia, der als einer der ersten auf Grenzeffekte in Reservaten hingewiesen hat. Nach drei Monaten schlüpft die nächste Generation aus den Puppen, wiederum treiben schmale Flügel brummend zigarrenförmige Falterkörper auf die rasante Reise zu fernen Zielen, bevor die Trockenzeit Santa Monica erreicht und dürre Blätter von den Bäumen regnen.

Kein Ei und keine Puppe lassen die reiselustigen Schwärmer zurück. Ihr Überleben hängt für die nächsten neun Monate einzig und allein vom Schicksal der Ausgewachsenen ab und damit vom Regenwald, der 15 bis 50 Kilometer westwärts auf der anderen Seite der Wasserscheide am Pazifik grünt. Auch hier trinken die Schwärmer Nektar, auch hier sind sie für die Bestäubung, also für die Samenbildung vieler Bäume unerläßlich. So hängt das Schicksal der Artenvielfalt zweier entfernter Ökosysteme, einem laubwerfenden Trockenwald und einem immergrünen Regenwald, direkt voneinander ab, obwohl sie durch Hügel und Berge, das heißt klare topographische Grenzen getrennt sind.

Auch Motorsägen schaffen Grenzen. Wo sie in Amazonien vor einem zukünftigen Reservat stoppen, nagt der Artenschwund weiter. Zuerst sterben an der scharfen Grenze zwischen Kahlschlag und Restwald viele der großen Bäume, weil sich das Mikroklima verändert hat: Die Temperaturunterschiede zwischen Tag und Nacht sind größer, die relative Luftfeuchtigkeit ist kleiner geworden; die Windstärke hat zugenommen. Mehr Licht dringt auf den Waldboden. Lichtliebende Schmetterlinge nehmen zahlenmäßig zu, der Großteil der Falter verschwindet. An der Grenze drängen sich durch die Rodung heimatlos gewordene Vögel, das führt zum Zerfall der sozialen Raumorganisation der ansässigen.

Wenigstens fünf Kilometer tief wirken Grenzkonflikte auf die eine oder andere Weise ins Innere des Reservats. Und der Zerschleißprozeß an seinen Rändern läuft rasch weiter. Zum Stillstand kommt er nur, wenn es dem aufschießenden Jungwuchs gelingt, an den Skeletten toter Bäume eine grüne Wand zu weben, die das Mikroklima stabilisiert, falls dies überhaupt noch möglich ist.

»Selbst wenn es gelänge, die Hälfte der Dschungel Amazoniens zu erhalten, dann würde die andere abgeholzte Hälfte des einst mächtigsten Regenwaldgebietes der Welt durch die Rodungen so viel Wasser verlieren, daß das System seine Fähigkeit zur Regulation von Klima und Wasserhaushalt verlöre«, kommentiert Norman Myers, der Regenwaldspezialist von Oxford, Studien von E. Salati und P. B. Vose. »Feuchtigkeitliebende Bäume könnten sich nicht mehr halten. Dem Regenwald folgt dann bestenfalls ein laubwerfender Wald. Um die einem feuchtwarmen, immergrünen Dschungel angepaßten Tierarten wäre es geschehen.«

Allzu vielen Planern erscheinen solche Hochrechnungen als graue Theorie. Wie schnell daraus Wirklichkeit werden kann, wie plötzlich übermäßige großflächige Rodungen letzte Regenwaldinseln klimatisch bedrohen, läßt sich an einer ganz unerwarteten Katastrophe auf Borneo abschätzen: Zwischen 1982 und 1983 fiel der Regen spärlich, große Teile der letzten Regenwaldinseln verloren ihre Feuchtigkeit und fielen in kurzer Zeit Bränden, entfacht von Rodungsfeuern und Blitzen, zum Opfer.

In Anbetracht der trüben Zukunftsaussichten träumen die Gärtner von Eden von fernen »Paradiesen«, von Traumländern, wo Menschen kaum Fortschritt kennen und zeitlos glücklich vereint mit ihrer Umwelt leben. Die gibt es nicht oder jedenfalls nicht mehr. Also hofft man auf reale Refugien, wo hochbedrohte Arten überleben können. Der zoologische Garten ist ein solches letztes Rückzugsgebiet.

Überlebensinsel Zoo

Der Leopard hat sich allmählich an beides gewöhnt: an das farbige Halsband aus Hartplastik, das einen Radiosender und anderes technisches Gerät enthält, und an die Menschen, die seit zwei Jahren häufig mit dem Jeep in seine Nähe fahren. Er zieht sich nicht mehr zurück, wenn er das Surren des Motors aus der Ferne hört. Er hat gelernt: Das Geräusch lenkt Wildschweine und Hirsche ab, und er macht leichte Beute, wenn das Fahrzeug naht. Er weiß nicht, daß die Zweibeiner das alles notieren. Ihm ist auch völlig gleich, daß sie ihn einer der seltensten der zehn oder dreißig Unterarten von *Panthera pardus* zuordnen.

Artgenossen spielen für ihn lediglich im Nahbereich eine Rolle: Die beiden Weibchen, die am Rande seines Reviers pirschen, haben seine Kinder großgezogen. Als diese nach knapp zwei Regenzeiten erwachsen waren und sich selbst versorgen konnten, vertrieb er sie. Zwei davon wurden von den Bauern am Rande des kleinen Reservats vergiftet, eins in einem Schafstall gefangen und dann totgeknüppelt; das vierte sprang hungrig einem Stachelschwein in den Nacken. Ein langer Stachel, der in der Wange stak, war das Ergebnis der Jagd. Und während die eitrige Wunde schwärte, konnte der junge Leopard nicht jagen. Total geschwächt, wurde er dann zur leichten Beute eines Bären.

Nun ist der alte Leopard das letzte wildlebende Männchen seiner Unterart. Auch davon weiß er nichts. Es wäre ihm auch gleichgültig, er hat sein Revier, seine ihm vertrauten Nachbarinnen. Und wird einmal Hirsch- und Wildschweinbeute knapp, knackt er Landschildkröten oder schleicht sich ins nahe Dorf, provoziert streunende Hunde und hält sich an den mageren Kläffern, die sich zu weit vorwagen, schadlos.

Seine Exklusivität hält aber verbissen ehrgeizige Artenschützer in Atem. Sie haben dem wilden Leoparden, als sie ihn einst erstmals fingen, Blut abgezapft und später im Labor untersucht. Jetzt kennen sie die außerordentliche Bedeutung seines Erbguts für die Weiterzucht seiner Unterart hinter Glas und Gitter. »Frisches Blut« soll er in die Zuchtlinien bringen. Deshalb lösen sie eines schönen Tages mittels eines kleinen Senders die scharfe Injektionsnadel in seinem Halsband aus. Der Leopard brüllt, schlägt mit einem Hinterlauf gegen den stechenden Schmerz, rasch verliert er das Bewußtsein. Die Forscher aus dem Jeep sind blitzschnell zur Stelle.

Sie wiegen ihn, zapfen ihm Blut ab. Dann schiebt ihm einer einen mit einem Gleitmittel eingeschmierten Stab in den Enddarm, schwach pulsierende Stromstöße regen die Nerven der Fortpflanzungsorgane an. Der narkotisierte Leopard schachtet den Penis aus und ejakuliert in ein bereitgehaltenes Gefäß. Die

Probe wird mit Glyzerol, Eigelb und Antibiotika vermischt, portionsweise in Glasröhrchen eingegossen und dann tiefgefroren.

Im fernen Zoo, wo noch ein Weibchen der seltenen Leopardenrasse lebt, löst das Telegramm von der erfolgreichen Spermajagd im Dschungel freudige Hektik aus. Das handzahme Weibchen, ein Produkt generationenlanger Inzucht, erhält eine Hormonspritze, die seinen Monatszyklus durcheinanderbringt und die Eierstöcke stimuliert. Zum richtigen Zeitpunkt erhält es nach zwei Wochen weitere Spritzen. Follikel stimulierende und andere Fruchtbarkeitshormone lösen eine Superovulation aus, das heißt: Übernatürlich viele Eier reifen. Genau das wollen die Spezialisten, die das Weibchen unter Narkose mit dem Sperma des letzten wildlebenden Männchen »impfen«.

Tage später, wenn aus befruchteten Eiern Embryonen geworden sind, werden sie das Weibchen noch einmal einschläfern, um durch entsprechende Eingriffe an das keimende Leben zu gelangen. Einige der Föten werden tiefgefroren, andere »Leihmüttern« implantiert, kräftigen Leopardenweibchen, die keinen schützenswerten Stammbaum haben. Sie gebären die seltenen Jungen und ziehen sie auch auf. Die wirkliche Mutter hat kinderlos zu bleiben und möglichst viele Embryonen für Transfer und Tiefkühltruhe zu liefern.

Zugegeben: Diese Geschichte habe ich erfunden, abwegig ist sie aber keineswegs. Selbst Halsbänder, die ihre Träger auf ein Signal immobilisieren, sind längst vorhanden. Dave Mech, der amerikanische Wolfsforscher, und seine Kollegen erprobten derartige Geräte erstmals 1984. Und künstliche Besamung – sie erfolgte bereits vor 200 Jahren, und zwar beim Haushund – ist, wie jeder weiß, bei Pferd, Schwein, Schaf und Ziege längst gang und gäbe. Jährlich werden schätzungsweise neunzig Millionen Kühe trächtig, ohne je einen Stier aus der Nähe gesehen zu haben. Aberhunderte von Millionen harte Dollars und Mark haben die Forschungen gekostet.

Entsprechende Experimente mit Wildtieren folgten gewissermaßen als Nebenprodukte: 1973 schwängerten Zootierärzte erstmals eine Wölfin mit tiefgefrorenem Sperma. Dann erfolgten die ersten durch künstliche Befruchtung ausgelösten Trächtigkeiten bei Gorilla, Puma und Chinesischem Leopard. Heute pflanzen sich Hirschziegen- und Addax-Antilopen, Großer Panda, Schimpanse und Pavian, Kraniche, Enten, Fasane und sogar Landschildkröten selbst dann in Gefangenschaft fort, wenn der Partner fehlt, nicht in Stimmung oder als naher Verwandter längst kastriert ist oder, um weitere Inzucht zu vermeiden, mit dem Futter die »Pille für den Mann« schlucken muß. Veterinärmedizinische Virtuosität deponiert immer geschickter frisches oder tiefgefrorenes Sperma in Vagina und Gebärmutterhals.

An die Stelle natürlicher Verhaltensweisen tritt der veterinärmedizinische Eingriff. Das Zootier wird immer weniger als komplexes Wesen verstanden, das sich eben nur fortpflanzt, wenn es in der entsprechenden Umwelt lebt, in Stimmung und vereint ist mit dem ihm zusagenden Partner. Für ehrgeizige Fortpflanzungsphysiologen gleicht es einer Maschine: Sie läßt sich programmieren, durch entsprechende Zugaben von Beruhigungsmitteln und Hormonen einstellen, abstellen, fortpflanzen oder auch nicht. Jede Ethik bleibt dabei meiner Meinung nach auf der Strecke.

Platznot zwinge zum Zoo in der Retorte, sagen die Artenschützer im Labor. In der Tat: Alle modernen Zoos der Welt messen zusammen etwa 180 Quadratkilometer! Auf einer Fläche, die der einer deutschen Großstadt entspricht, werden hinter Graben, Glas und Gitter rund eine halbe Million Tiere, vor allem Säuger, Vögel, Reptilien, Amphibien und Fische, gehalten. Doch nicht alle gehören bedrohten Arten an. Das Massenpublikum erfreut sich am Kamel, Löwen oder Rhesusaffen mehr als an hochbedrohten Tanreks von Madagaskar (Madagaskar-Igel) oder dem insektenfressenden Schlitzrüßler von Kuba.

»Selbst wenn die Hälfte des Zoo-Raumes der Haltung von bedrohten Arten zur Verfügung stände«, meint William Conway, Direktor der New Yorker Zoologischen Gesellschaft, »wäre er zu klein, um mehr als 900 Arten in genügend großer Individuenzahl zu halten.« So bleibt die Kühltruhe. Hier sollen die

Organismen in Form von tiefgefrorenem Sperma, Eiern oder Embryonen ruhen, bis man sie gebrauchen kann.

Aber nicht alle Arten lassen sich in Menschenobhut halten. Es wird beispielsweise nie eine Zoozucht von Blauwalen geben. Selbst kleinere Tiere wie Fledermäuse und Flughunde, Kolibris und Ameisenbären finden im Zoo keinen optimalen Ersatz für ihren natürlichen Lebensraum. Zwar gelang bis heute die Nachzucht von jeder fünften Säugetier- und jeder zehnten Vogelart, doch selbst populäre Zootiere pflanzen sich selten oder nie fort.

Jetzt reizt der Asiatische Elefant, der nur selten in Gefangenschaft Nachwuchs bekommt, den Ehrgeiz der Halbgötter mit Skalpell, Besamungs- und Hormonspritzen: Ausgerechnet Michael J. Schmidt aus Portland, in dessen Washington Park Zoo in einem Vierteljahrhundert zwei Dutzend Asiatische Elefanten auf natürliche Weise gezüchtet worden sind, machte dazu umfangreiche Experimente: Die Bullen werden zur Samenentnahme in einen Käfig mit verschiebbaren Wänden gesperrt und so fixiert, daß sie sich nicht mehr bewegen können. Dann betäubt sie der Tierarzt mit Ethorphin, schließlich wird der pulsierende Elektroejakulator in den Enddarm eingeführt; das so gewonnene Sperma fixiert man anschließend für den Transport.

Elefantenkühe läßt Schmidt mit langen Penisattrappen aus Silikon trainieren, durch die der Samen schließlich in den Gebärmutterhals kommen soll. »Zwar gelang die künstliche Besamung bei Elefanten bisher noch nie«, informierte Michael Schmidt im Januar 1988 die Elefantenexperten der IUCN im thailändischen Chiangmai. »Das heißt nicht, daß es nicht gelingen wird. Alles, was wir brauchen, sind mehr Versuche und mehr Versuchstiere.« Soweit war es dann im Herbst 1990. Die thailändische Regierung will alle Arbeitselefantenkühe der Zwangsbesamung zuführen. »Die wird wahrscheinlich mehr Elefanten töten, als neue zur Welt kommen lassen«, meint Pisit Na Parthalung, Generalsekretär des WWF Thailand.

Es lagert bereits tiefgefrorenes Sperma von mehr als 200 Wildtierarten in den Labors. Das ist jedoch nur der Anfang vom tiefgefrorenen Zoo. Seit 1972 die ersten Embryonen von Laborratten und -mäusen in entsprechendem Milieu den Kälteschock überlebten, boomt die Forschung über Fötenkonservierung. Gut 400 wissenschaftliche Schriften sind seither publiziert worden. Embryonen von Mensch, Maus, Ratte, Kaninchen, Pferd, Rind, Schaf, Ziege, Pavian, Elenantilope und Hauskatze sind bereits tiefgefroren, aufgetaut und im Nährlösungsbad zur Weiterentwicklung gebracht worden. »Das Einfrieren von Mäuseembryonen wurde längst zur Routine«, lobt 1990 Betsy L. Dresser, Direktorin der Cincinnati Wildlife Research Federation. »Embryonenbanken mit Hunderttausenden von Präparaten lagern reiches genetisches Material für die Forschung.«

Sie sieht eine rosige Zukunft für die Kryopräservation, den Tiefkühlartenschutz: »Die Zoos der Welt haben wenig Raum und sind oft nicht in der Lage, Tiere in großen Gruppen zu halten. Erfolge der Kryopräservation werden es den Zooprofis ermöglichen, Raumnot in Zoo und Reservaten zu umgehen, indem sie den größten Teil der genetischen Vielfalt im Tiefkühler einlagern. Embryonen mit neuen Blutlinien könnten von wildlebenden Tieren gewonnen und bei gefangenen implantiert werden, ohne die Wildbestände zahlenmäßig zu gefährden.« Technik löst offenbar alle Probleme:

1975 gelingt Embryotransfer nach einem operativen Eingriff beim Pavian. Ein Jahr später pflanzen Tierärzte zum erstenmal einen Mufflonembryo einem Hausschaf ein. 1981 gelingt das gleiche mit Gaur und Hausrind. Nach zwei Jahren erfolgt die Implantation erstmals ohne Operation: Eine Elenantilope trägt den Fötus einer Artgenossin aus. Auch das Experiment mit gefrorenen Embryonen verläuft erfolgreich, 1984 werden sie bereits zwischen nahverwandten Makaken und Antilopen ausgetauscht. Ein Fötus der seltenen Bongo-Antilope wird von Los Angeles nach Cincinnati geflogen, wo er zwölf Stunden später von Betsy L. Dresser einer Elenmutter eingepflanzt wird. Ähnliche Experimente wurden seither mit Zebras, Dallschafen und Tigern durchgeführt. Befruchtete Eier teilt man vor der Implantation in die Leihmutter unter dem Mikroskop. Das erhöht die Nachwuchsrate, läßt völlig identische Zwillinge, Drillinge oder Vierlinge entstehen.

Sicher stellen sich noch Probleme. Was zwischen Löwe und Tiger, Zebra und Pferd, Banteng und Hausrind möglich ist, gelingt nicht zwischen Arten, die einander nicht nahe verwandt sind, nicht derselben Gattung angehören. Der Fötus des Wasserbüffels entwickelt sich nicht vollständig in einer Hauskuh, der Gaur eignet sich nicht als Leihmutter für die Bongo-Antilope. Zu verschieden sind Immunsysteme, Uterus, Fötenwachstum, Tragzeit und Geburtsgewicht zwischen einzelnen Gattungen.

Auch dagegen wächst offenbar ein Kraut: Es heißt Chimäre, ist ein Wesen, das jeder als Sirene, Greif oder Kentaur aus der Sage kennt; aus Teilen von zwei oder mehreren Arten setzt es sich zusammen. Solche Chimären (keine Mischlinge!) sind Wirklichkeit geworden. Unter dem Mikroskop werden Zellen von zwei verschiedenen, möglichst jungen Keimen entnommen, der eine gehört zur selben Art wie die Leihmutter. Von ihm verwendet man jene Zellen, die später die Plazenta, den Mutterkuchen, bilden, jenes Organ, das dem Fötus durch die Nabelschnur Nahrungsstoffe und Sauerstoff aus dem mütterlichen Organismus zuführt und seine Stoffwechselabbauprodukte zurückleitet.

Auf den plazentabildenden Zellklumpen wird ein zweiter gepfropft, es sind jene Zellen, die den eigentlichen Embryo bilden. Sie stammen aus dem Keim der anderen, fremden Art. In der Leihmutter wird er als Teil der Chimäre heranwachsen. Ein Beispiel: Auf der Plazenta eines Embryos des Spitzlippen-Nashorns (*Diceros bicornis*), einer verhältnismäßig häufig in Gefangenschaft gezüchteten Art, soll sobald wie möglich ein Fötus des seltenen Sumatra-Nashorns (*Dicerorhinus sumatrensis*) – das eben nicht der Gattung *Diceros*, sondern der Gattung *Dicerorhinus* angehört – aufgepfropft und anschließend in eine *Diceros*-Mutter eingepflanzt werden. »Mit solchen Chimären gelingt es, den Uterus der Leihmutter auszutricksen«, sagt Betsy L. Dresser. »Die Gebärmutter glaubt, einen eigenen Embryo zu tragen.« Zwar sei dies noch ein sehr neues Verfahren, »doch weitere Forschung wird bei Wildtieren Embryotransfer ebenso erfolgreich machen wie bei Haustieren«. Alles in allem hofft sie, durch Artenschutz im Tiefkühlfach einen wichtigen Genpool aufzubauen: »Für viele Arten wird diese moderne Fortpflanzungstechnologie entscheidend sein für die nächsten Jahrhunderte.« So einfach ist das für fortschrittsgläubige Technokraten.

Einfache Lösungen auf komplexe Fragen haben leider einen Makel: Sie sind immer falsch. Auch wenn es gelingt, ganze Herden von Elefanten, Wildpferden oder Bongos (eine Waldantilopen-Art) als tiefgefrorene Keime in je einem trinkhalmkleinen Glasröhrchen jahrzehnte- oder gar jahrhundertelang über die Runden zu bringen, bedeutet das wenig oder nichts für die Erhaltung bedrohter natürlicher Vielfalt. Was sind schon ein paar hundert publikumswirksame Säugetier- und Vogelarten, die in Zoos gehalten werden können, gemessen an insgesamt 41 000 Wirbeltierarten? Und wer kümmert sich um möglicherweise 30 Millionen Arten von Insekten und anderer wirbelloser Tiere? Allein schon deren große Zahl macht es logistisch völlig unmöglich, ihre Eier für eine bessere Zukunft im Tiefkühlfach zu erhalten.

Mehr noch: Wie soll dereinst ein Berggorilla, der Jahrzehnte als millimeterkleiner Embryo im Eisschrank schlief, wissen, wie er Junge aufziehen soll, wenn ihm das seine Leihmutter nicht beibringen kann, weil sie einer anderen Art angehört oder selbst ein Retortenprodukt ist? Die entsprechenden Verhaltensweisen sind nicht konserviert worden, sie sind nicht angeboren; er muß sie lernen, wie der junge Kragenbär lernen muß, mit welchen Methoden er ökonomisch Ameisen, Maulbeeren oder Walnüsse erntet. Sollte es nach einem biologischen Winter, den Pessimisten für die kommenden Jahrhunderte voraussagen, wunderbarerweise noch ein winziges bewaldetes Bergtal wie Dachigam als Auswilderungsort geben, würden ausgewilderte Kragenbären dort inmitten reichen Futterangebots schlicht verhungern, weil sie nicht wüßten, wie sie es nutzen sollten. Ebenso hätte ein

Leierhirsch, den eine Leihmutter hochzog, kaum Chancen, von den mehrjährigen Gräsern zu leben, wie heute noch seine wenigen wilden Artgenossen: Seinem Pansen fehlten ohne Zweifel jene Kleinstlebewesen, die diese faserreichen Strukturen abbauen können.

Grenzen sieht selbst Ulysses S. Seal aus Minneapolis, einer der Vorkämpfer für die Idee des eingefrorenen Zoos: »Keine der modernen Fortpflanzungstechnologien und -strategien kann die durch sie entstandenen Wesen als Teil einer natürlichen Lebensgemeinschaft erhalten.« Und William Conway, Direktor der New Yorker Zoologischen Gesellschaft, meint: »Fortpflanzungstechnologie ist nicht ein Wundermittel gegen die Krankheit des vielfachen Artentodes. Sie ist ein zeitgemäßes Mittel, um Zeit zu gewinnen für den Schutz einiger Säugetierbestände oder -arten, die wir als besonders wichtig erachten. Im Grunde genommen ist sie nicht wichtiger als die Arten, die ausschließlich dank ihr langfristig erhalten werden können.«

Man mag sich jetzt ketzerisch die Frage stellen, welche Arten dann eigentlich wichtig sind? »Viele der weniger herzigen und weniger spektakulären Organismen, die Homo sapiens ausrottet, sind wichtiger als die meisten der bekannten bedrohten Arten«, meint Paul R. Ehrlich, der große Biologe von der Stanford-Universität, »Menschen brauchen Pflanzen und Insekten mehr als Leoparden ...« Brian J. Huntley, Direktor der Nationalen Ökosystemforschungen Südafrikas, setzt noch eins drauf: »Biologische Vielfalt ist nicht verbunden mit der Verbreitung von Elefanten, Nashörnern und anderer sogenannter charismatischer Mega-Herbivoren. Massive Investitionen in Schutzprogramme für all diese Arten erreichen mehr für das Seelenheil der Spender und das Ego der Elefantenexperten als für die Erhaltung biologischer Vielfalt. Die findet sich vor allem in weniger spektakulären Lebensgemeinschaften wie Gebirgswäldern, Sumpfgebieten, Seen und Flüssen.«

Zum Schluß

Fortpflanzungstechnologie wird die Welt nicht vor dem Artenschwund bewahren. Auch Reservate können es nicht für lange, weil sie sich bis zu einem gewissen Grade selbst zerstören oder von der sie umgebenden Kultursteppe überrollt werden. So lautet die Prognose, die aus wissenschaftlicher Theorie und praktischer Erfahrung resultiert. Gutwillige Gärtner Edens können sie in den Wind schlagen und, wie gewohnt, versuchen, in Reservaten, zoologischen und botanischen Gärten zu retten, was zu retten ist – »wohl nur vorübergehend«, sagen realistische Pessimisten. Immerhin: Auf diese gegenwartsorientierte Weise wird der Tod der einen oder anderen gefährdeten Art oder bedrohten Lebensgemeinschaft zumindest hinausgezögert.

Fraglich bleibt nicht nur, wie lange winzige natürlich belassene Inseln noch überleben werden. Fraglich bleibt auch, ob Reste letzter Ökosysteme, die sich in Jahrtausenden entwickelt haben, je richtig funktionieren können und ob die Menschen überhaupt fähig sind, sie zu nutzen.

Reservate, ebenso Zoos und botanische Gärten, wie wir sie heute kennen, sind im Grunde genommen Museen mit lebendigen Objekten, sie werden die Welt von morgen nicht überlebensfähiger gestalten. Konservierender Arten- und Naturschutz verzögert höchstens den Zerfall. Das schafft Zeit und damit Hoffnung auf umweltfreundlichere Erfolgsstrategien von Politik und Wirtschaft, allen voran wirksame Bevölkerungskontrolle, Verzicht auf den Verschleiß und Förderung rückhaltiger Nutzung natürlicher Hilfsquellen. Realistische Optimisten sehen hierfür zumindest erste winzige Anzeichen. Die Zeit drängt. Ein

Viertel der heutigen Tierwelt werde innerhalb der nächsten dreißig Jahre aussterben, mahnte Prinz Philip 1990 in Perth, wo die Spitzen des Weltnaturschutzes tagten. Wenn in gleichem Maße wie bisher Wälder zerstört und Meere verschmutzt werden, steht dem Planeten für das nächste Jahrhundert ein katastrophaler biologischer Winter bevor, der schlimmere Konsequenzen haben wird als der nukleare. Das ist die Befürchtung aller führenden Naturschutzbiologen.

Allein mit der Taktik eines Rückzugsgefechts – Schaffung von Reservaten, Genbanken und dergleichen – darf im Naturschutz nicht operiert werden. Naturschutz erscheint mir fast schon arrogant, weil er davon ausgeht, Homo sapiens und die für ihn wichtigen Tier- und Pflanzenarten würden einen kommenden biologischen Winter überleben. Sicher nutzen heute immer mehr Menschen immer weniger Arten; in seiner Geschichte bediente sich der Homo sapiens wenigstens 7000 Pflanzenarten als Nahrung, heute sind es vielleicht noch 400, also etwa ein Prozent. Daß aber immer mehr hungrige Mäuler mit Reis, Hirse, Mais, Weizen und knapp einem Dutzend anderer hochgezüchteter Nutzpflanzenarten gestopft werden, heißt noch lange nicht, daß Äcker und Felder ohne naturnahe Ökosysteme überleben können. Sie gilt es zu schützen, aber eben nicht nur mit Spenden für ein fernes Regenwaldreservat, sondern mit Verzicht auf wertvolle Tropenhölzer oder auf Fleisch, das billig auf kargem Boden gerodeter Dschungel produziert wird. Besser noch als Geld für das bedrohte Moor, den Tümpel und Trokkenrasen am Siedlungsrand ist eine Wende im eigenen Garten und in Parkanlagen: Verzicht auf Torf, Kunstdünger und Biozide, exotisches Ziergesträuch und fetten Humus. Das schafft in unserem Nahbereich Lebensräume für Pflanzen und Tiere, die von Natur aus zu uns gehören. Und dann sollten die Gärtner von Eden, all die vielen Menschen, die sich um die Erhaltung letzter biologischer Vielfalt kümmern, nicht mehr nur in Kirchen predigen. Überlaßt das Reden nicht den Politikern, die Moral nicht den Priestern und die Ethik nicht den Philosophen! Zu wenige von ihnen sind vertraut mit der auch heute noch vorhandenen Vielfalt und Schönheit des Lebendigen.

Literatur

Barth, F. G., 1982: Biologie einer Begegnung, Stuttgart
Dobat, K., und Holle, T. P., 1985: Blüten und Fledermäuse, Frankfurt/M.
Egli, M., 1986: Logotope, Zürich
Hölldobler, B., und Wilson, E. O., 1990: The ants, Heidelberg und Berlin
Jacobs, M., 1981: The tropical rain forest, Heidelberg und New York
Kaiser, D. (ed.), 1989: Wir töten, was wir lieben, Hamburg
Kurt, F., 1991: Das Reh in der Kulturlandschaft, Hamburg und Berlin
ders., 1986: Das Elefantenbuch, Hamburg und Zürich
ders., 1985: Das Management von Mutter Natur, München
ders., 1982: Naturschutz – Illusion und Wirklichkeit, Hamburg und Berlin
MacArthur, R. H., 1972: Geographical ecology, New York und London
McDougal, C., 1977: The face of the tiger, London
McNeely, J. A., und Wachtel, P. S., 1988: Soul of the tiger, New York
Martin, C., 1989: Die Regenwälder Westafrikas, Basel und Berlin
Myers, N., 1985: The primary source, London
Reichholf, J. H., 1990: Der unersetzbare Dschungel, München
Sankhala, K., 1978: Tiger!, London
Santiapillai, C. (ed.), 1988: Proceedings of the IUCN/SSC Asian Elephant specialist group, Changmai
Soulé, M. E. (ed.), 1986: Conservation Biology, Sunderland
Soulé, M. E., und Wilcox, B. A. (ed.), 1980: Conservation Biology, Sunderland
Sukumar, R., 1989: The Asian Elephant, Cambridge
Thapar, V., und Rathore, F. S., 1989: Tigers, Auckland
Tilson, R. L., und Seal, U. S. (ed.), 1987: Tigers of the world, Parkridge, New Jersey
Whitmore, T. C., 1988: Tropical rain forest of the Far East, New York
Wilson, E. O. (ed.), 1990: Biodiversity, Washington, D. C.
Ziswiler, V., 1965: Bedrohte und ausgerottete Tiere, Heidelberg und New York